さまよえる大都市・大阪
「都心回帰」とコミュニティ

鯵坂学・西村雄郎・丸山真央・徳田剛 編著

東信堂

はしがき

　生まれ故郷の鹿児島から3歳になって父の仕事の都合で京都に移り、京都市内の郊外住宅地で物心がついた。私が大阪（大阪市）という「都市」をイメージしたのは、1950年代後半の小学生の頃であった。数年に一度、父母に連れられて汽車で鹿児島の生家や墓参りに行く途中で、大阪の街を車窓から見ていると、父が「大阪の空は雲に覆われているだろう、あれは工場の煙だ、大阪は京都とは違い多くの工場があり豊かな大都市なのだ」と教えてくれた。
　大学生になっても祖母が住む東京を訪ねたり、神戸市に遊びに行くことはあっても、めったに大阪市内に入ったことがなかった。私の生活世界は育った京都市の郊外住宅地と市内の上京・北・左京区にあった幾つかの大学の周り、四条河原町の繁華街、祖母の住む東京の郊外住宅地、付け加えれば、古い家屋敷地が残っていた鹿児島県の小都市であった。
　ところが、運命のいたずらか大学院は大阪市南部にあった大阪市立大学に進学した。これにより、私の世界はかなり広いものとなった。京都市の自宅から4つの乗り物を乗り継いで、住吉区杉本町に半年ほど通ったが、阪急電車や京阪電車、地下鉄御堂筋線のラッシュアワーのすごさには、驚愕した。2時間を超える通学で体調を壊し、杉本町近くの木賃アパートに下宿し、銭湯に通う生活を6年間体験した。
　市立大学の社会学研究室では、社会調査実習や地域問題の調査のお手伝いをさせてもらい、とても視野が広がった。農村調査や都心のお菓子屋の消費調査、被差別地域の調査にも参加した。都心区の区役所での住民票のサンプリングや調査票の点検・入力作業なども経験した。特に記憶に残る調査は、盛り場が広がり商店街が減少しつつあった南区（現中央区）の大宝地区の調査であった。ドーナツ化の進む大宝地区の町会の役員さんにもインタビューし、繁華街の賑わいとともに地域の居住人口の空洞化を知ることができた。日雇い労働者であふれる釜ヶ崎を訪れたり、院生仲間らと新世界や梅田の飲み屋でコンパをし、場末の劇場の大衆演劇や漫才を見た。フィールド調査を繰返

したうえでサーベイ調査を重ねるという私の研究調査の手法を決定づける経験となった。

この時期に鮮明に覚えていることがある。1971年4月の大学院入学式の日に、(元)市立大学の法学部長であった黒田了一先生が大阪府知事に当選されたことである。「革新大阪」のイメージが一気に広がったが、私が就職のため大阪市を離れるころには、その光も消えつつあった。その後は、自公社民の相乗り知事やタレント議員・タレント知事が続いていった。「さまよえる大阪」である。

1990年代後半から2000年代の初めにかけて地方出身者の同郷者集団を調査する中で、大阪府・市内のお風呂屋さんの同郷団体の調査を行う機会があった。谷町九丁目のラブホテル街に囲まれた大阪府公衆浴場業同業者組合の事務所である「大浴会館」を訪ねたり、南区や北区のお風呂屋さんのインタビューを続けた。この方たちの出身地である石川県への「故郷訪問」ツアーにも何度か同道した。戦前期から大阪には主に西日本各地や朝鮮半島から労働者が移住していたが、彼ら彼女らとその家族のために公衆浴場は必須の集合的消費手段であった。この人々を顧客に石川県出身で「加賀浴友会」「能登互助会」に組織された地方出身者が浴場業を担ってきたことも知った。この大都市は、江戸期からの大坂の流れをくむ人と、戦前・戦後の歴史的画期ごとに地方から移住してきた人々＝都市移住者とによって形成されていることが認識できた (鯵坂 2009)。

調査のために大阪市に通う中で、都心地域にマンションが建ち、今までと違った建造環境が形成されていることに気がついた。現代都市では次第に自家風呂が増えて、都心では毎週のように公衆浴場が閉店し、その跡地に中小のマンションが建てられたり、駐車場になっていっていた。ちょうどその時期はバブル経済がはじけた1990年代中ごろであった。

2000年代に入ると、都心でかなり大規模なマンション(共同住宅)が建てられ始めていた。官庁統計でも都心の人口は、減少から増加に転じていることが確認できるようになった。2008年に若い研究者の参加を得て、「都心回帰」と地域コミュニティの変動をテーマに科学研究費(基盤研究(B))の申請

をしたところ、採択された。

　まずは大阪市役所と北区区役所の職員の方へのインタビューから調査を始めた。行政職員や地元の連合振興町会の役員の方々の協力があって、北区全域の連合振興町会単位の地域社会の状況が分かってきた。同じ都心区の連合町会域でも状況がずいぶん違うことが判明した。

　この科研の最後のまとめとして、北区の人口増加地域のマンション住民への質問紙調査を行った。数年前に京都市で行った調査では、マンション住民の回答はほとんど得られていなかったので、大阪市では選挙人名簿の中から、中規模以上のマンション住民に限定して、サンプリングを行うといった工夫を試みた。回答のお礼として1000円の商品券を送るとしたこともあってか50％近い回答を得ることが出来た。これは我々にとって画期的なことであり、都心の調査で5割の回収が可能となったのである。これによりマンション住民の生活や意識の一端が明らかとなった。

　それ以降、合計3回にわたる科学研究費及び一般財団法人都市のしくみとくらし研究所(元・一般財団法人第一生命財団)の研究助成金を得て、調査研究を継続することができた。比較の観点から、大阪市に次いで福岡市中央区、札幌市中央区、東京都中央区、名古屋市中区、京都市中京区の都心回帰の調査を行った。また地域社会学会・都市社会学会などでの研究報告の討論から、マンション住民だけでなく全地域住民を対象とした調査を求める意見があり、第2回目の科研の最終年からは、全地域住民を対象とした質問紙調査(地域コミュニティ調査と総称)も実施するようになった。

　地域調査を行う経過の中で、大阪では橋下徹氏をリーダーとした「大阪維新の会」の登場をみた。「維新」の政策は多岐にわたるが、補助金を介した住民統治システムの変更を目指したものでもあった。強力な行政のリーダーシップのもとに、市と協調的であったそれまでの「地域振興会」システムから「地域活動協議会」への変更を求めるものであり、現場では戸惑いや混乱がみられた。私達は「維新」の出現は、「さまよえる」大阪固有の社会・政治状況もあるが、「都心回帰」により新しい階層が流入し、これまでにない居住スタイルの住民が増加したことも一つの原因ではないかと考えるようになった。

そのため、本書では「都心回帰とコミュニティ」だけではなく、大阪市という日本の第二の都市についての歴史的、地理的空間的な問題・課題も取り上げることにした。

6大都市の調査を行い幾つかの報告論文を刊行して来たが、そのまとめとなる書籍を世に問おうということになり、まずは最初の都市として大阪を選んだ。最初に手掛けて最もインテンシブに調査ができていたからである。

個人的なことであるが、私の定年退職とこの本の出版が重なり、私自身の時間的制約、気力・体力の限界もあって、出版が遅れたことを共著者の方々にはお詫びせねばならない。ともあれこれまで一緒に研究してきた仲間の方々と本書が出版できることを、心から喜びたい。この本が大阪市を始め大都市の都心問題の解決に苦闘されている市民や行政職員の方々の参考になれば幸いである。

最後になりましたが、出版事情の厳しい中でこのように図や表が多い本書の出版を引き受けてくださった東信堂・下田勝司社長に心からのお礼を申し上げたい。

2019年1月20日

鰺坂　学

目　次／さまよえる大都市・大阪――「都心回帰」とコミュニティ――

はしがき　（i）

序　章　本書の課題と視点……………………………………鯵坂 学・徳田 剛　3
　　1　さまよえる大都市・大阪　（3）
　　2　大阪の発展と停滞――大都市大阪の歴史的展開　（5）
　　3　本書のねらいと構成　（16）

第Ⅰ部　都市が変わる、都心が変わる――都市再編と『都心回帰』………… 21

第1章　「都心回帰」時代の「第二都市」大阪の社会学に向けて
　　　　………………………………………………………………丸山 真央　23
　　1　再都市化する大阪　（23）
　　2　世界都市大阪論　（26）
　　3　「第二都市」論　（32）
　　4　「第二都市」大阪の社会学に向けて　（35）

第2章　グローバル期における大阪市の「中心性」………………西村 雄郎　41
　　1　はじめに　（41）
　　2　日本三大都市圏の構造変動　（41）
　　3　京阪神大都市圏における大阪市の位置　（44）
　　4　大阪市の地域・空間構造　（52）
　　5　おわりに　（69）

第3章　職業階層から見た京阪神大都市圏の空間構造とその変容
　　　　………………………………………………………………妻木 進吾　72
　　1　はじめに　（72）
　　2　方法とデータ　（73）
　　3　職業階層による居住分布　（74）
　　4　職業階層による居住分布の変化　（77）

第4章　大阪市の「都心回帰」現象の特徴——人口・世帯動態を
　　　　中心に………………………………………徳田 剛・妻木 進吾　82
　1　はじめに（82）
　2　大阪市の空間構造と行政区別の人口動態（84）
　3　大阪市の人口構成——年齢、性別、世帯構成の統計データから（91）
　4　考察（100）
　5　おわりに（105）

第5章　「都心回帰」と都市政治——大阪市政の「維新」ブームを
　　　　めぐって……………………………………………… 丸山 真央　106
　1　問題の所在（106）
　2　選挙地図からみた戦後大阪市政（109）
　3　都心区民の投票行動の分析（117）
　4　まとめにかえて（122）

第Ⅱ部　都心に暮らす——都心居住と都心コミュニティ　125

第6章　大都市の発展と住民統治・地域住民組織政策の変遷
　　　　……………………………………………… 鯵坂 学・徳田 剛　127
　1　都市行政の住民統治・地域組織政策（127）
　2　大阪における江戸・明治・大正・昭和期の住民統治・地域組織（128）
　3　終戦直後における日本赤十字奉仕団への転換（133）
　4　「大阪市地域振興会・大阪市赤十字奉仕団」体制の確立と展開（1975
　　　～2012年）（136）
　5　地域活動協議会への改編（2012-）（144）
　6　まとめ——大阪市の住民統治・住民自治のゆらぎ（147）

第7章　都心の地域社会の変動と町内会——地域振興会から地域活動協議
　　　　会へ………………… 鯵坂 学・中村 圭・杉本 久未子・田中 志敬・
　　　　　　　　　　　　　　　　　加藤 泰子・柴田 和子・徳田 剛　150
　1　大阪都心の地域構造の類型——北区・中央区の校区＝連合町会別を中

心に（150）
　2　ターミナル・商業地域——北区曽根崎・堂島地区（156）
　3　ビジネス地域——中央区集英地区（164）
　4　商店街地域——北区菅北地区（171）
　5　商業・住宅地域——北区菅南地区（178）
　6　工場・住宅地域——北区大淀西地区（184）
　7　まとめにかえて（191）

第8章　マンション建設と地域社会……………………………鯵坂 学　195
　1　大都市都心の人口動態（195）
　2　都心へのマンション建設の動因（196）
　3　都心住民の階層的変化と新たな都市問題（201）
　4　マンション住民・地域住民の近隣関係：質問紙調査の分析から（202）
　5　旧住民とマンション住民の関係（206）
　6　これからの都心社会＝マンション社会のゆくえ（207）

第9章　ジェントリフィケーションとしての都心地区の変動
　　　……………………………………………丸山 真央・徳田 剛　210
　1　はじめに（210）
　2　研究の文脈（211）
　3　都心地区の景観変化（213）
　4　新・旧住民（215）
　5　長屋リノベーション店舗の商店主・スタッフ（220）
　6　来訪者（223）
　7　考察（226）
　8　おわりに（229）

第10章　「都心回帰」と大阪市の商業……………杉本 久未子・柴田 和子　232
　1　はじめに（232）
　2　大阪都心部の卸売業と高層マンション（233）

3　大阪市の商店街・都心と周辺の格差　（236）
4　都心住民の買い物行動　（240）
5　おわりに　（246）

第11章　変貌する新世界――戦後新世界の地域イメージと商店街
　　　　　　　　　　　　　　　　　　　　　　　　　八木 寛之　248

1　はじめに　（248）
2　大阪の都市化と新世界イメージの変容　（250）
3　新世界における商店街活動　（255）
4　おわりに　（258）

第III部　都心の「周辺」――マイノリティのコミュニティ　261

第12章　「都心回帰」する大阪の貧困　堤 圭史郎　263

1　はじめに　（263）
2　寄せ場の無用化と野宿生活者問題　（264）
3　都市住民と野宿生活者　（266）
4　生活保護世帯の拡大　（270）
5　都市サービス施設と貧困　（274）
6　むすびにかえて　（276）

第13章　学ぶ都心――夜間中学にみる大阪　浅野 慎一　279

1　夜間中学と大阪　（279）
2　大阪の夜間中学の特質――東京との比較　（280）
3　夜間中学生の生活実態　（283）
4　夜間中学校の意義と課題　（287）
5　夜間中学からみた大阪都心　（291）

第14章　外国人たちの大阪都心　徳田 剛　295

1　はじめに　（295）
2　日本への外国人移住者の来住の経緯　（295）

3　大阪市の外国人人口の構成　(297)
　　4　大阪市における外国人人口の空間分布　(300)
　　5　おわりに　(303)

第15章　大阪都心のニューカマーコリアン……………………二階堂 裕子　305
　　1　はじめに　(305)
　　2　在日コリアンのコミュニティ　(305)
　　3　大阪市都心のニューカマーコリアンをめぐる状況　(307)
　　4　ニューカマーコリアンの意識とネットワーク　(310)
　　5　ニューカマーコリアンにとっての大阪市　(314)

第16章　インナーシティの新華僑と地域社会………………………陸 麗君　316
　　1　はじめに　(316)
　　2　西成区あいりん地域の商店街と新華僑のカラオケ居酒屋経営　(316)
　　3　新華僑経営者と地元の日本人経営者との関わり　(319)
　　4　新華僑と地元コミュニティとの今後の関係──win-winの可能性　(322)
　　5　おわりに　(323)

終　章　大阪の求心性はいかに回復されるか……………………岩崎 信彦　325
　　1　「公都」大阪の破れ　(325)
　　2　「第二都市」大阪は「第一都市」東京を追いかけるだけでよいのか　(327)
　　3　「京阪神三極ネットワーク都市」のなかの大阪　(329)
　　4　大阪の求心性回復のための「都心」と「都心周縁」のあり方　(331)

あとがき　(335)

文献一覧　(338)
本書に関連する研究成果　(350)
索引　(352)
執筆者・編者紹介　(358)

<図表一覧>

図序-1　1930年代：大阪市域の拡張　(7)
図序-2　大阪都市圏の郊外化　(8)
図序-3　京阪神大都市圏の1人あたり課税所得(2017年)　(10)
図1-1　三大都市圏の人口動向(1920年を100とした指数)　(23)
表2-1　三大都市圏等の人口の推移(単位：千人、%)　(42)
表2-2　三大都市圏の経済集積度(%)　(43)
表2-3　京阪神大都市圏の都市圏別人口と増加率、構成比(万人)(%)　(45)
図2-1　京阪神大都市圏　(45)
表2-4　大阪市の経済活動別市内総生産の推移　(百万円)　(46)
表2-5　近畿圏における大阪市・大阪府の経済機能　(47)
表2-6　大阪市昼間流動人口の推移(人)　(48)
表2-7　大阪市の昼間就業者構成・市外流入率　(49)
図2-2　大阪市と周辺都市の世帯所得分布　(50)
表2-8　大阪市の行政区別昼夜間人口(人)　(51)
図2-3　大阪市の行政区　(51)
表2-9　大阪市行政区別従業地別従業者数・職業構成　(52-53)
表2-10　大阪市の産業別事業所数の変化(1986-2006年間の増減率)　(54-55)
表2-11　大阪市産業別事業所数特化係数　(56-57)
図2-4　大阪市の事業所分布　(58)
図2-5　1980-2015年人口増減パターン　(59)
表2-12　1980-2015年人口増減率パターン　(59)
表2-13　年齢別人口構成　(60)
表2-14　区別　家族類型パターン　(61)
図2-6　行政区別家族類型パターン　(61)
表2-15　行政区別産業職業構成特化係数のクラスター分析　(62-63)
表2-16　行政区別職業構成特化係数のクラスター分析　(64-65)
図2-7　行政区別産業別職業構成　(67)
図2-8　行政区別職業構成　(67)

図 2-9　行政区別の平均所得分布　（68）
図 3-1　1980 年におけるブルーカラーの居住分布　（74）
図 3-2　1980 年におけるホワイトカラーの居住分布　（75）
図 3-3　ホワイトカラーの居住分布（神戸市周縁部）　（77）
図 3-4　ホワイトカラー・ブルーカラーの居住分布（1980 年）　（79）
図 3-5　ホワイトカラー・ブルーカラーの居住分布（1990 年）　（79）
図 3-6　ホワイトカラー・ブルーカラーの居住分布（2000 年）　（80）
表 3-1　ブルーカラー比率　（81）
表 3-2　ホワイトカラー比率　（81）
表 3-3　ホワイトカラーの下位分類別比率　（81）
図 4-1　三大都市における常住人口の推移（1950〜2015 年）　（82）
図 4-2　大阪市人口総数の推移　（84）
図 4-3　大阪市の人口動態（自然増減・社会増減）（1955〜2015 年）　（85）
図 4-4　大阪市 24 区と大阪環状線、主要ターミナル　（86）
図 4-5　大阪市 24 区の人口増加率の推移　（88）
図 4-6　各区人口の推移（1980 年を 100）　（90）
図 4-7　年齢（5 歳階級）コーホート別人口増減数　（92）
図 4-8　出生コーホート・男女別人口増減（2015年データまで追加）　（94）
図 4-9　世帯類型別に見た人口増減数　（96）
表 4-1　大阪市 24 区別の職業別就業者数（上段）と構成比（下段）・増減　（98-99）
図 4-10　15 歳未満人口の推移（1980 年を 100）　（101）
図 4-11　都心 6 区の市立小学校児童数の推移　（102）
図 5-1　大阪市の区別の人口増減，2000-05 年　（108）
図 5-2　「大阪都構想」住民投票の賛成率　（108）
表 5-1　戦後の大阪市長選挙（当選候補と次点候補のみ）　（110）
図 5-3　歴代大阪市長の初当選時の行政区別得票率(1)　（112）
図 5-4　歴代大阪市長の初当選時の行政区別得票率(2)　（115）
図 5-5　歴代大阪市長の初当選時の行政区別得票率(3)　（117）
表 5-2　2011 年ダブル選の大阪市長選における投票行動　（118）

表 5-3　「大阪都構想」の住民投票における投票行動　(119)
表 5-4　2011年ダブル選の大阪市長選における投票行動を従属変数とした多項ロジスティック回帰分析の結果（参照カテゴリは「橋下徹に投票」）　(121)
表 5-5　「大阪都構想」の住民投票における投票行動を従属変数とした多項ロジスティック回帰分析の結果（参照カテゴリは「賛成に投票」）　(121)
図 6-1　明治期の大阪市学区図　(131)
表 6-1　大阪における地域住民自治組織の変遷　(137)
図 6-2　大阪市地域振興会組織図　(138)
図 6-3　大阪市の連合振興町会の地区における住民組織の重なり　(143)
図 6-4　地域活動協議会のイメージ　(146)
図 7-1　天六からの工場の写真挿入　(151)
図 7-2　中央区と北区の連合町会別の人口動態　(153)
表 7-1　中央区・北区の連合町会別の人口動態（単位：人）　(154)
図 7-3　第15回堂島薬師堂お水汲み祭の様子　(162)
図 7-4　第2回2018年9月26日北新地プライド『温故新地』パンフレット（左）北新地プライドの会「クラブ山名」のオーナーママ（山名和枝氏とご子息の上代直紀氏）（右）　(163)
図 7-5　大阪取引所（左）と北浜プラザ（右）　(165)
図 7-6　小西家住宅　(165)
図 7-7　集英地区の世帯数・人口推移　(166)
表 7-2　町丁目別人口と年齢構成　(167)
図 7-8　集英連合振興町会をめぐる地域関係　(169)
図 7-9　菅北地区の世帯・人口推移　(172)
図 7-10　池田町の世帯・人口推移　(173)
表 7-3　住宅の建て方別世帯人数（1995年〜2015年）　(180)
図 7-11　ジーニス大阪　(183)
図 7-12　大淀西地区の世帯数と人口の推移　(186)
表 8-1　大阪市における地域別の新規共同住宅の建設動向　(195)

表 8-2　大都市およびその都心区の共同住宅に住む世帯の割合（2015 年）（197）
図 8-1　大阪市における都心区居住者の就業状況　（198）
表 8-3　大阪市における小世帯化　（199）
図 8-2　大阪市＋郊外都市の女性（15 ～ 64 歳）の就業率の動態　（200）
表 8-4　一戸建て住民とマンション住民の近隣の付き合い比較（大阪市中央区）（203）
表 8-5　マンション類型別住民の付き合いの程度（大阪市北区）（205）
表 9-1　済美地区、北区、大阪市の人口　（214）
表 9-2　済美地区の「住宅の建て方」別の主世帯数と主世帯人員　（215）
表 9-3　済美地区の職業（大分類）別の 15 歳以上就業者数　（216）
表 9-4　各住民層の住宅の建て方と面積　（217）
表 9-5　各住民層の年齢構成　（217）
表 9-6　各住民層の職業構成　（217）
表 9-7　各住民層の収入（世帯年収）階層の構成と平均世帯年収　（218）
表 9-8　各住民層の世帯類型の構成　（218）
表 9-9　各住民層の前住地　（219）
表 9-10　住民層別にみた済美地区のイメージ（上位 7 位まで）（229）
表 10-1　卸売業の推移　（233）
表 10-2　事業所数の推移　（234）
表 10-3　販売額の推移　（235）
図 10-1　久宝寺界隈　（235）
図 10-2　松屋町筋　（236）
表 10-4　小売業事業所数の推移　（237）
図 10-3　商店街および周辺地域の印象　（238）
図 10-4　業態別大型小売店舗の推移　（240）
表 10-5　業態別小売店舗の推移　（241）
図 10-5　都心住民の購買行動　（243）
表 10-6　日常の食料品の買い物先 3 地区比較（％）（244）
図 11-1　新世界周辺図および新世界町会連合会　（249）

| 表 11-1 | 新世界（大阪市浪速区恵美須東）の人口推移　（253）
| 図 11-2 | 新世界の大規模店舗立地の変遷（住宅地図および聞き取り調査により作成）（256）
| 図 12-1 | 1998年夏の野宿生活者の地理的分布　（267）
| 表 12-1 | 大阪市の生活保護状況（2016年と2002年の比較）（272-273）
| 表 13-1 | 生徒の基本属性（大阪府・東京都の比較）（％）（281）
| 表 13-2 | 学校別にみた生徒の年齢構成（大阪府・東京都の比較）（282）
| 表 13-3 | 学校別にみた生徒の属性（2016年。大阪府・東京都の比較）（283）
| 表 13-4 | 生徒の基本属性（％）（283-284）
| 表 13-5 | 生徒の生活と社会関係（％）（287）
| 表 13-6 | 夜間中学に通ってよかったこと、解決すべき課題　（288）
| 表 13-7 | 【日本系】と【在日コリアン系】の通学時間・「よかったこと」（％）（289）
| 図 14-1 | 在留外国人数の推移（国籍別）（296）
| 表 14-1 | 大阪市在住の外国人住民数の推移（国籍別）（298）
| 表 14-2 | 大阪市の外国人住民の就業（2015年国勢調査、産業別大分類より上位3件を掲載）（299）
| 表 14-3 | 大阪市の外国人住民の就業（2015年国勢調査、職業別大分類より上位3件を掲載）（300）
| 表 14-4 | 国・地域別に見た大阪市内の外国人住民の分布（上位5行政区）（301）
| 表 15-1 | 大阪市北区・中央区・生野区における韓国および朝鮮の国籍者の推移　（308）
| 図 15-1 | ニューカマーコリアンの多い東心斎橋・島之内のエリア　（309）
| 図 15-2 | ハングルで書かれた看板　（309）
| 図 16-1 | あいりん地域のアーケード商店街の分布図　（317）
| 図 16-2 | アーケード商店街で営業するカラオケ居酒屋（2017年8月に筆者撮影）（320）

さまよえる大都市・大阪

――「都心回帰」とコミュニティ――

序章　本書の課題と視点

鯵坂　学・徳田　剛

1　さまよえる大都市・大阪

　日本の大都市の中で、大阪ほど激しい盛衰を経験してきた都市はない。かつて東洋のマンチェスターと呼ばれ、東京をしのぐ人口を誇った時代もあった。戦後軽工業から重化学工業への転換をはかったが、公害の深刻化と製造業の域外・海外への流出により経済再生の兆しはみえなかった。大阪万博が終わり、1970年代後半以降、東京一極集中の流れの中で脱工業化・知識産業化と情報化、グローバル化の経済変動にうまく対応できず、長い低迷の中で苦しみ、さまよえる時代が続いている。

　21世紀を迎えるあたりから、大阪の底流では大きな構造変化が始まった。それまでの「〈空洞化する都心〉と〈成長する郊外〉」という構図が反転して、「〈成長する都心〉と〈衰退する郊外〉」という構造へと転換し始めたのである。こうした構造変化は、近年かまびすしい「大阪維新」や「大阪都構想」、「副首都」構想といった政治・行政の動きと決して無縁ではない。

　バブル経済の崩壊後、都心の余剰地に大規模なマンションが建てられ、新しい住民（相対的富裕層〈アッパーミドル、ミドル〉、共働き層・単身層）が大量に都心に流入しジェントリフィケーションの様相を示している。また、これらの層は、共働きや専門職、サービス業につく単身女性層の増加としてもみられる。近代的な核家族を中心居住とするジェンダー都市である「郊外都市」と、女性も働くことを当然とするジェンダーフリーな方向を示す「都心」との対照ともなっている。

　都心回帰をもたらした原因は何なのか。第1に、バブル経済の崩壊によ

り土地を含み資産とする日本的な資本主義が終わり、同時に企業の倒産や合併により都心に余剰の空地ができ、そこに規制緩和政策に誘導されて大規模マンションが建設されたことがある。その一方で、第2に労働形態の変化(24時間サービス労働やIT化の深化、非正規雇用の浸透、共働きの一般化)が、都心に住むことを必然化している。これと関連して、第3に家族の小規模化と兼業主婦の増大も、都心居住を求める原因である。性別役割分業により成り立つ「郊外住宅地」とは異なり、共働き層の増大による通勤時間の短縮及び保育施設・介護施設の充実が不可避となったために、「都心居住」(マンション居住)は選択されて広がってきたのである。

　こうした中で、2010年以降大阪では、それまでの既存政治を批判する勢力として「維新」が、大都市政策としての「都構想」をはじめ新自由主義的な政策を打ち出し、大きな支持を得てきた。また、この「都心回帰」現象のさなかに、大阪維新の市長は、住民統治・地域コミュニティ政策として、旧来の保守・都市自営層に支えられた「地域振興町会」システムから、一括補助金による効率的な「地域活動協議会」システムに大きく舵を切った。こうした新しい地域住民組織を再編する政策によって、地域コミュニティは再生しつつあるのであろうか。それとも、地域の住民間の溝は深まっているのか。

　「維新」の評価や「都構想」の賛否に表れているように、大阪市では大きな裂け目が生じている。西ヨーロッパや北米での都心再開発によって生じたジェントリフィケーションとの比較の視点から政治的、社会的な影響として、これを肯定的にとらえ都市諸階層の融合を予測する「開放都市論」(emancipatory city thesis) (Florida 2002 = 2008)と、否定的にとらえ階層的な分化・対立をみる「報復都市論」(revanchist city thesis) (Smith 1998 = 2014)の立場からみると、現在進行している大阪の「都心回帰」の状況は、「報復都市論」によって説明できる。

　大阪市や大阪都市圏の停滞を再生させるには、単に大阪市を分割し「大阪都」(大阪府)に財政や権限を委譲することにより可能となるのであろうか。そうではなく、まずは人・モノ・カネ・情報や行政権限が首都に集中する東京一極集中システムの是正が必要ではないか。また、大阪都市圏の問題の根

源には、大阪市に住み働く市民と大阪市内で働き府内や兵庫県の郊外に住む中間層・富裕層の間に大阪市に期待するものに大きな乖離が存在しているのではないか。

　大阪の困難を切り開く産業政策や地域政策は「さまよい」をみせている。日本の「第二都市」である大阪市が、西日本・京阪神都市圏での強みを生かした都市再生を目指す政策、新・旧及び都心・非都心地域住民間の裂け目を埋める住民統治政策が待たれる。地方分権を掲げて多様で個性的な京阪神多核心都市を核としてネットワーク化し、その京阪神圏の中枢都市としての大阪市という未来像もありうるのではないか（杉森2017）。それは、大阪の都市イデア（伊藤2010）の再建、都市のイメージの再形成（Lynch 1960）をも謳うものであるだろう。

　なお、「大阪」という用語は、大阪市域、大阪府域、府県を超えた大阪都市圏（大阪市への通勤圏）の三つの範域を意味する。また、大阪都市圏は①大阪市の都心区、②大阪市のインナーシティ（都心区以外の周辺行政区）、③内郊外（大阪市近接都市：尼崎・豊中・吹田・東大阪・堺など）、④外郊外（それ以外の大阪都市圏の市町村）の四つの地理的地域に区分される（小長谷2005）。各章はその違いと関連性に留意して展開される。

2　大阪の発展と停滞——大都市大阪の歴史的展開

2.1　戦前の大阪の都市地域構造

　大阪は、江戸時代には江戸、京都と並んで、商品経済の中心地・大坂として栄えていた。明治維新後の近代化、工業化の中で大阪は西の経済的拠点として、東の東京と並んで経済的な中枢都市として形成された。江戸期からの商工業から、都心への大阪砲兵工廠・大阪造幣局の設置を画期にして繊維産業を中心とした近代工業化が進んだ。その周辺には中小零細企業の叢生がみられ、大阪は商業都市・問屋都市から「東洋のマンチェスター」といわれる工業都市へと発展した。

　1889（明治22）年には大阪市（府知事が市長を兼ねる特例市）が発足、1898（明

治31) 年には第一次市域拡張 (現在の都心6区の範囲に近い) が行われ、翌年の1899年には自立した自治体としての大阪市が確立した。1900 (明治33) 年を過ぎるころには人口が100万を超え、製造品出荷額が一時期は東京を上回り、日本経済は東京と大阪を中心とした「楕円型中心構造」を形成するようになった (西村 2008)。

　大正期になると、商工業の発展により大阪市の都心部には商店街と歓楽街、ビジネス街が集積し、西部の沿岸部や河川沿いに工場地帯が形成された。1925 (大正14) 年の第二次市域の拡張により現在の市域とほぼ同じになった。当時の大阪市長の関一による都市計画に基づき、都心では御堂筋 (1937年完成) などの主要街路や地下鉄 (1933年竣工) など近代都市としての基礎ができ、道路網・地下鉄網が整備されていった。市行政による都心開発と周辺部における土地区画整理事業を梃子とした不動産資本家となりつつあった地主層による開発が進められた。都心には古くからの商業・サービス業関係者、インナーエリアには日雇い労働者や植民地からの外国人居住者が住み、その外側には地方から移住してきた工場労働者が住むようになった。1940年には一時的に東京市を抜いて人口は330万人となり、日本一を誇る大都市となった (**図序-1**)。

　大阪市内の居住環境の悪化を嫌った富裕層・中間層は、次第に阪神間や大阪府北部・南部地域の郊外にその階層的な特性をみせながら住居を移していった。郊外化の始まりである (石川 1999)。都心で働く事務職層や専門職層、管理職層などのホワイトカラー層は、阪神電鉄や阪急電鉄などの私鉄の発展とその沿線開発とともに府下の (現) 豊中市・吹田市・箕面市などや兵庫県の (現) 神戸市東灘区・芦屋市・西宮市・宝塚市の郊外住宅地に住んで都心に通勤するようになった。大阪ではシカゴ学派のバージェス (Burgess 1925) のいう同心円地帯に似た空間形成がみられるようになった (**図序-2**)。

　これに対応して1930年代後半ころには市周辺の町村から大阪市への編入を要請する動きがあり、1939年に大阪市は都市域の拡大を企図した複数の「大合併構想」を計画したが、戦時体制のもと中央政府の許しが得られず頓挫した (大阪市史編纂所編　1999)[1]。一方で数度における郊外化 (三浦　2016)

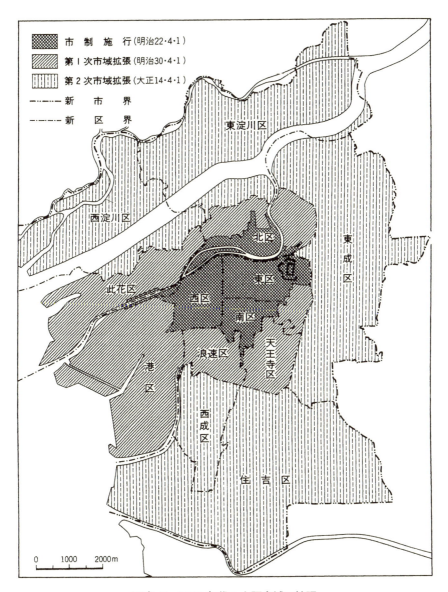

図序-1　1930年代：大阪市域の拡張

出典）大阪市史編纂所編 1999

により市街地を広げていた東京市は、戦時体制のもと東京都となり、「大東京」が形成されるようになった。この結果、東京の区部は大阪市の面積の約3倍となった[2]。大阪市は他の大都市が拡張を遂げたのに対して、都心・インナーシティ・内郊外・外郊外という同心円的地帯構造（小長谷 2005）からみると、

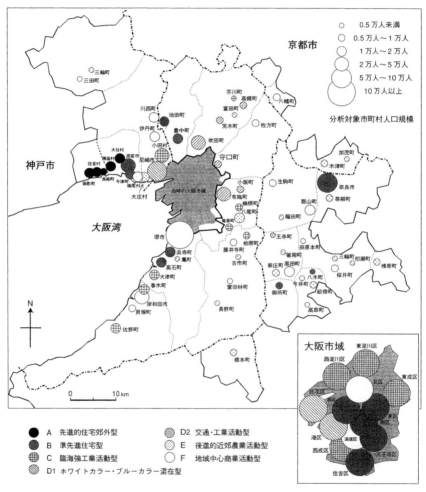

図序-2　大阪都市圏の郊外化

出典）石川雄一 2008

ほとんど都心とインナーシティのみが市域に存在する都市地域構造となった。「さまよえる」大阪を招来する中心都市—郊外という都市システムである。

2.2 戦後から高度成長期

1950年代の戦後復興期以後に、大阪の今日を決定づけたことは、(1)堺・泉北コンビナートの形成、(2)中央政府の工場三法による大阪市内からの工場や大学の流出、(3)大阪府企業局の千里・泉北ニュータウンの建設による人口の郊外化の深化、付け加えるなら(4)千里丘陵を舞台とした大阪万国博覧会（1970年）の開催がある。

第二次世界大戦により大阪市の市街地は約3割が焼失し、土地区画整理事業を中心として戦後復興が図られた。大阪府や財界は大阪経済の高度化を図るために、1957年から1972年にかけて堺・泉北のコンビナートの建設を行い、それまでの繊維中心の産業構造から重化学工業化が実現し、大阪府下の製造業出荷額の約14％を占めるようになった。しかし、この開発により立地した企業は外来企業がほとんどであり、大阪市や大阪府の税収としては大きなメリットとはならず、また重化学工業により、環境悪化が一層深刻になった（宮本1977）。公害・環境問題が市民・府民の中で大きな問題となり「大阪に青空を、産業より生活を」という運動が生じ、これがのちの革新府政の誕生につながった。

さらに、この時期に中央政府により、第一次全国開発計画（1962年）に基づく「新産業都市建設促進法」（1962年）・「近畿圏整備法」（1963年）・「工場等制限法」（1964年）・「工場再配置促進法」（1972年）が出された。これらにより大阪市内の工場の他府県への移動（滋賀県や兵庫県、岡山県などへ、80年代からは中国・アジアへ）が進行した（生田2008）。また、大学も郊外への移動を余儀なくされた[3]。結果として、大阪市は製造業に従事する工場労働者層を減らすことになり、新たな産業形成の方途を模索する中で、税収も減り家族・世帯の再生産が可能な階層の減少がみられた[4]（**図序-3**参照）。

次いで注目しておきたいのは、大阪府企業局により1950年代から構想された千里・泉北ニュータウンの建設である。千里ニュータウンは豊中市と吹

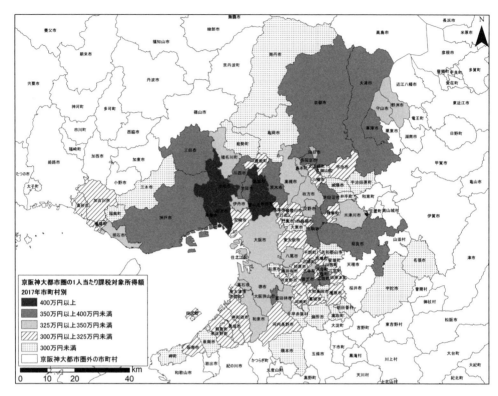

図序-3　京阪神大都市圏の1人あたり課税所得（2017年）
出典）総務省2018, 筆者作成。

田市にまたがる計画人口15万人、泉北ニュータウンは堺市と和泉市にまたがる計画人口18万人であった。60年代に入居が始まり、日本でも最初の本格的なニュータウンであった。両タウンとも最寄りの駅より私鉄で、梅田や難波の都心ターミナルまで20分から30分で通える距離にあり、一戸建てから住宅公団の分譲集合住宅、民間の集合住宅、府営の賃貸住宅まで、さまざまな階層が住むことを目指したニュータウンであった。両者合わせて25万人程度が住むことになり、大阪都市圏の居住環境の改善には大きく寄与したが、大阪市内から中間層・富裕層を移動させた。結果として、低所得層の市内周辺への滞留がみられ、税収の低減、福祉行政の財政的負担が増大した。

この時期に、千里ニュータウンの近隣に位置する千里丘陵で万国博覧会が開催され、5,000万人を超える来場者数を記録し、大成功に終わった。大阪市では、この博覧会を契機に地下鉄網や道路網の建設が一気に進み、現代都市としての都市インフラが整備され、結果として郊外からの通勤の便を拡充することとなった。

　工場の他府県への移動、人口の郊外住宅地域への一層の流出により、大阪市からの人口の郊外化はさらに進み、60年代より都心は業務地区化（職住分離）が一層進行し、居住人口は減少していった。市内就業者は漸増したが、これらの人々は市外か府外に住むという空間的疎隔体制（自治の空洞化）が作られた。これらの開発計画にみられることは、産業や住宅をめぐる大阪府と大阪市の住宅開発政策の齟齬が顕在化したことであり、「さまよえる大阪」の始まりである。

　高度成長期の環境破壊や生活施設（社会的共同消費手段）の不足に端を発した市民・府民の声は、政治的システムとしては、60年代からの保守中道連合（10年）[5]の市政を、府政は1971年に革新府政（2期8年）を成立させた。この時期の革新府政や中道保守市政は環境問題の解決や共同生活条件の改善、福祉行政の充実などの成果を上げたが、1973年のオイルショックによる低成長の時期に有効な産業政策・財政政策を打ち出せないまま、革新勢力（社会党・共産党）の退潮を背景に頓挫した[6]。この後、市行政では保守中道連合・市役所と旧地付き層・関西財界のコーポラティズムによる行政・政治が続いていった。また府政でも同様の動きがみられ、自公民を中心勢力にタレントや中央官僚経験者が知事に就任していった。

2.3　低成長・グローバル化、バブル経済の時代

　低成長からバブル経済の時期には、脱工業化、サービス化、情報化、グローバル化の中で、大阪市・大阪府・関西財界は有効な都市再生の方途を見出せずにいた。首都一極集中システムにより東京に差をつけられ、神戸市や京都市を含んだ関西都市圏の中枢都市としての位置に甘んずることになった。

　具体的には第2章でふれられるように、1970年代以降：大阪市・大阪府

内から大企業の本社機能など中枢機能が離脱し始め、東京の一極集中が進行していった。1990年代の金融ビッグバン・情報革命の進展によるITバブルや対事業所サービス業などは東京都市圏のさらなる発展を促した。また、グローバル化の中で、中央政府や多国籍企業の人的なネットワークのもつ意味が高まり「世界都市」としての東京（加茂2005）の形成が進行したが、この面でも大阪は首都に大きく離されていった。2010年代には電気や機械金属、繊維産業など製造業出荷額の漸減の中で、輸送用機器生産による世界企業を有する名古屋圏にも抜かれるという事態に陥っていった。

1980年代には、それまで大阪市内にあった各種卸売市場が府下の郊外都市に移転され、それに代わる業態が見出せず、大阪市の中心産業の一つであった卸売り小売業もその比率を減らしていった。1990年代には市内の再開発、遊休地へのアミューズメント施設（フェスティバル・ゲートやUSJなど）の建設や、阿部野地区再開発、湾岸開発など公共事業が取り組まれた。1994年には関西国際空港の開業を見すえたオリンピック招致などによる観光事業に期待した政策も試みられた。しかし、USJなどを除くと市によるほとんどの開発は成果を出せず、大きな負債を残して大阪市財政を困難にしていった[6]。

80年代後半からのバブル経済により大阪市内の地価は急騰し（85年比で約10倍）、そして91・92年のバブル崩壊により旧価格にまで下がり、1990年代前半の平成の大不況により企業の合併や倒産が増え、市内には未利用地が続出した。大阪市は、都心人口（おおむね環状線の内側）の回復を目指して、79年から総合設計制度を制定していたが、94年には一定数以上の面積をもつ民間商業・業務ビルに「住宅付置誘導制度」の実施を導入し、都心住宅の居住容積ボーナス制度が適用されるようになった。こうした制度にも誘導されて90年代の後半より、都心では多くのマンションが建設されるようになり、人口の「都心回帰」が生じ始めた。

新しい産業の形成が見通せず財政的にも負債が増加し人口減少も続いていくという大きな困難を抱えている時期に、皮肉にもバブル経済の崩壊に条件づけられて、都心に人口が増加するといった大きな都市構造の転換期が訪れた。まさに、この時期に橋下徹というタレント知事・市長が登場する。

2.4 「都心回帰」と大阪維新の動き

　大阪の地盤沈下がいわれるなか、バブル崩壊後の住専問題にみられるように、大阪市は大きな痛手を被った。あとの章で詳述するように、遊休地の増加にともない、オフィスや商業ビルの建設が停滞する中で、都心の北区・中央区・西区を中心に大中規模のマンションが建てられ、そこに需要があるとみた全国的な金融・不動産・建設企業は、21世紀に入って一斉に大規模なマンション建設を行い、地場の企業や不動産地主は単身者や小世帯向けの中小のマンションを提供することとなった。これらにより郊外から都心に移住してきたりあるいは以前は郊外へ向かっていた世帯・人口が都心のマンションに住むようになり、人口の都心回帰が始まった。これらの層は比較的新しく大阪市に居住した専門技術職層・管理的職業層と各種の販売職・サービス業就業者層であった。

　もともと自民党から推薦されて当選したタレント弁護士であった橋下徹知事は、国と地方自治体との財政負担の関係の見直しを主張するとともに、これまでの府政・市政の関係であった府市協調路線に対する政策批判を強め、府市統合＝「大阪都」構想を打ち出した[7]。大阪都構想は、高度成長期からいわれていた大都市問題を再提起したといえる。2010年から12年にかけて打ち出された大阪都構想は、都市競争に打ち勝つために政令指定都市である市を解体し大阪都を設け、その都(府)に財源・権限を集中させるというものである。そのもとに解体された大阪市24区を8から9つの特別区に、もう一つの政令指定都市である堺市を3つの特別区に再編し、さらに豊中・吹田・守口・八尾・大東・門真・摂津・東大阪をも特別区として、大阪都に組み込む構想であった。まさに、戦前の1940年に頓挫した大合併構想の地域が、大阪都の特別区とされたのである。しかし、堺市を始め周辺の諸都市の市長や市民の反対により、初期の構想は撤回され、当面は大阪市を解体し、五つの特別区に再編することの是非を市民投票で問うこととなった。

　2015年5月に市民の投票により僅差で大阪市の解体案は否決された。投票結果を区別にみると、人口の増加がみられる区では比較的「賛成」に、人口が減少している区では比較的「反対」に投票した人が多かった。また我々

の北区や中央区で都心住民を対象とした質問紙調査では、新しく移住してきたマンション居住者には比較的「賛成」に投票した人が多く、以前から大阪市に住んでいる居住者には比較的「反対に投じた人が多かったことが分かっている(第5章で詳述)。

2.5 大阪の再生への方途

日本における第2の都市圏の中心都市である大阪市の解体は免れたとはいえ、大都市や大都市圏がかかえる問題はなくなったわけではない。我々はこの大阪市の行く末について、真摯に考察し、あるべき大都市制度についても提案していかなければならない。

2002年の工場等制限法・2006年の工場再配置法の撤廃により、大阪市内でも工場や大学の設置が可能となった。素材型産業や労働集約的な製造業の多くは海外に移転しているが、高度な研究開発やITを基礎にした情報文化産業、少量で複雑に関連し合う高度な製造業は大都市に特有な産業である。それらを支える大学や大学院・研究所・シンクタンクが造られ、研究者や技術者・職人が暮らしていくこと、移住することを望む魅力のある都市として大阪が発展することが望まれる[8]。

魅力のある都市を作るには、都市文化の検討が必要であろう。これまで幾人かの識者による大阪論がなされてきた。一つは、(1)木津川計の大阪文化論であり、大阪が蓄えてきた文化を①宝塚型文化:都市的華麗さ:ファッショナブルな文化　(宝塚歌劇:阪急文化:梅田)、②河内型文化:土着的庶民性(漫才・落語:吉本新喜劇:河内)、③船場型文化:伝統的大阪らしさ(文楽・歌舞伎:船場)の三つに分類している。高度経済成長期に都心に住む多くの旦那衆が郊外都市に移転することにより船場型文化:伝統的大阪らしさが消えつつあることを木津川は惜しみ、高い都市格をもつ大阪の文化再生を希求している(木津川1981)。

次いで、(2)梅棹忠夫等の大阪論がある。大阪市立大にも在職し、千里の万博跡地に作られた国立民族学博物館に強くコミットしていた梅棹は、「大阪には「神殿」(情報交換施設・文化施設群)がない」といい(梅棹1983)、「大阪は江

戸期には文化都市であったが、現在は「下司の町」になってしまったと嘆き、大阪の復権には、都市文化の復興が必須であると説いている（梅棹1987）。これらの文化論には大きく示唆されるものがある。

　最後に、長らく大阪市や大阪府の経済・財政・産業の研究にかかわってきた宮本憲一の議論に耳を傾けておこう。宮本は大阪の再生のためには、80年代以降のニューヨークの再生から学び「コミュニティ委員会」などによる住民参加が大切だという。続いて、大阪の企業、特に大企業の経営者が地域性（土着性あるいは地域固有財の性格）を回復することを提案している。つまり、大阪の企業は大阪市に整備された社会資本や公共サービスの外部集積利益を最大限に享受してきたにもかかわらず、疑似的対価である法人税は国税か府税として国家や府に吸い上げられていき、市には還元されていない。また、70年代から、中央官庁との結びつきや経済団体との情報の交流がますます必要になり、かなりの大企業が本社を東京移転させている。そして大阪市に本社をもつ大企業の重役の7％しか市内に住んでいないことから、企業人の大阪市に関与する度合いの弱さを指摘している。さらに堺・泉北コンビナートは外来資本を中心としたものであったので、経済効果よりも環境破壊や地元の資源を収奪した面の方が多かった。やはり地元の人材や資源を生かした、内発的発展と地域内の産業連関の構築が大切だと語っている。都市にも都市格があり、都市格を再生する都市政策が必要であると結んでいる（宮本ほか2015）。

　大阪市を中枢とする大阪都市圏の持続的な再生を考える場合に、都市圏そのものが大阪府の領域で完結するものは一部分で、広域としての広がりをもっている（大阪市を結節点とすると滋賀県・京都府の南部から奈良県・和歌山県北部、兵庫県の南部など）ことに留意する必要がある。また、グローバル時代の大都市をみると、国家の枠を超えた世界的な都市・地域間のネットワークの存在もある（加茂2005；砂原2012）。そういう時代を考えると、都市としての有機的なまとまり＝磁力をもった都市は残し、府県を廃止・再編して道州制や連邦制（ドイツは連邦共和国）とし、国家の権限を地方へ大きく委譲する方策の方が、筆者には東京一極に対する対案となると考えられる[9]。それが

無理でも、人・モノ・カネと情報・行政の権限を東京が独占する経済財政システム・地域構造を変えていくことなしには(宮本憲一の提言)、大阪の、地方の復権はないはずである。東京都の外形をまねて、大阪市や堺市の政令指定都市を廃止・分割して大阪都(大阪府)を作っただけでは、なんとも展望がないように思われるのである。

現在のインバウンドの増加を見すえて、維新府政・市政は新たな大阪万国博覧会の誘致を目指してカジノを目玉としたIR(統合型リゾート)産業の展開に熱心である。大阪圏は、製造品出荷額を誇るようになった名古屋圏に比べても歴史的な文化や多様な中小企業の蓄積にみられるように産業の厚みがある都市である(愛知県知事政策局 2012、本多哲夫 2013)。イベントなどの一過性の開発政策でなく、これらを生かした持続的な産業の創造が期待される(重森 2017)。

また、マンションの建設による人口の都心回帰が進行する一方で、郊外都市の人口が減る状況がある。これは、都市圏全体としての衰退現象の兆しであり、都市圏を牽引する大阪市の持続的な産業の創造が必須であろう(小長谷 2005)。

3　本書のねらいと構成

3.1　本書のねらい

意外に思われるかもしれないが、大阪という大都市に関する都市社会学や地域社会学の研究は、これまでそれほど多くの蓄積があるわけではない。もちろん古くから、都市コミュニティ、郊外住宅地、あるいは民族関係や差別問題などの社会問題や都市問題に関する各分野の調査研究は、膨大な蓄積があり、近年でも多くの調査研究が進められている(たとえば代表的なものとして、谷 2002)。しかし、大阪の都市構造に関する調査研究は、少なくとも、上述した近年の人口の「都心回帰」という動向を視野におさめた調査研究に限っても、意外なほどに手薄であるように思われる。谷富夫らの社会地図を活用した研究(谷ほか 2006)、『日本都市社会学会年報』25号における三大都

市圏の比較研究(西村 2007)、西村雄郎の研究(西村 2008)、浅野慎一・岩崎信彦・西村雄郎らの京阪神大都市圏の研究(浅野・岩崎・西村 2008)は、そうした数少ない例外である。

人口の「都心回帰」以前の都心空洞化・郊外化の時期に関しては、経済学者の宮本憲一をはじめとする多くの調査研究があった。大阪府南部の大規模コンビナート建設を対象にした共同研究(宮本 1977)はその代表的成果といってよいだろう。また、大阪自治体問題研究所や大阪市政調査会など都市問題に関する調査研究機関も、自治体財政問題を中心に多くの成果を発表してきた(大阪自治体問題研究所 1999, 2003；大阪市政調査会編 2004 など)。また近年では、「創造都市」政策に関して、佐々木雅幸や塩沢由典らの調査研究が豊富にある(佐々木・総合研究開発機構 2007；塩沢・間藤編 2006 など)。

都市構造の変動という点では、地理学者を始めとする隣接分野で多くの研究がなされてきた。人口の「都心回帰」を視野に入れたものとしては、地理学者の成田孝三によるかなり早い時期からの研究(成田 1995, 2005 など)や経済地理学者らによるもの(高橋ほか編 1994；生田 2008)、都市地理学者たちによるもの(香川 1988, 1993, 2004；由井 1998；富田 2005；富田ほか 2007 など)、あるいは都市計画分野の研究(広原ほか編 2010)などがある。

人口の「都心回帰」という変動は、大阪という都市をどのように変えつつあるのか。またそれは都市住民たちの生活世界としての地域社会をどのように変えつつあるのか。都市のマクロな変動と地域社会の具体的な現場の変化をつなぐ地域社会学・都市社会学的研究が、今日必要である。

そこで本書は、文献研究や国勢調査などのデータ分析によって、日本の大都市で生じている「都心回帰」と呼ばれる現象を、大阪都市圏の歴史的な変動を引き起こしている経済・政治・社会的なメカニズムから文献研究や国勢調査などのデータ分析による解明を企図する。また同時に、その「都心回帰」の現場で起きている都市社会・都市コミュニティ内部の変化を、10年近くをかけて積み上げた大規模な質問紙調査とインタビュー調査、フィールドワーク、資料分析を通じて、克明に描き出すことを目指すものである。

3.2 本書の構成

　本書は、大阪都市論とその都心コミュニティの両者を焦点に 20 人近い社会学者が共同した都市研究である。グローバル化や人口構造の変動のもとで、人口の「都心回帰」が進行し、そこにおいて大阪の都市政治や都市政策は、今再び「さまよい」のただなかにある。都市コミュニティという、都市住民たちの生活の場である社会的世界も大きな変化の波に呑みこまれつつあるわけだが、それはかかる「さまよい」とどのような関係にあるのであろうか。こうした課題を据えて、本書は次のように構成される。

　まず第Ⅰ部では、「都市が変わる、都心が変わる——都市再編と『都心回帰』」として、大阪都市圏の郊外化の終焉と「都心回帰」の現状が提示される。また、「第二都市」としての大阪市が論じられ、その中心性からみたポテンシャルと限界が示される。さらに、調査研究のさなかに生じた「大阪維新」による政治行政改革・「さまよえる大阪」の政治過程についても分析がなされる。

　第Ⅱ部では、「都心に暮らす——都心居住と都心コミュニティ」として、まず、大阪市の明治期以降から現在までの地域住民統治の仕組みが解明される。次いで、90 年代後半以降の大規模なマンション建設による都心回帰により人口の急増に見舞われている北区と中央区の地域コミュニティの現況についての実相を、フィールドワークの成果や質問紙調査のデータ分析により明らかにする。その際、「維新」市政により住民統治のシステムの改編がどのような意味をもったかにも言及がなされる。また、ジェントリフィケーション論からみた都心地域についての分析もなされる。

　第Ⅲ部では、「都心の『周辺』——マイノリティのコミュニティ」として都心に移動してきた労働者や貧困層、外国人などさまざまな人々のコミュニティとそのアソシエーションの動態を明らかにし、もう一つの大阪市の多様性を明らかにする。

　終章では、こうした大阪市がみせる限界と魅力の中で、第二都市としての大阪市の求心性の回復の方途についての提言がなされる。

注

1 戦後の高度経済成長期に郊外化が一層進展する時期に、中馬馨市長は大阪市に周辺から通勤する人々を大阪市に包摂する必要性を述べ、自治体の合併により市域拡張を提言している（砂原 2012）。

2 現在の東京都 23 区の面積は 626.7km²（2015 年国勢調査）、大阪市 24 区の面積は 225.2km²（同）であり、大阪市の広さは東京 23 区の約 36％しかないことになる。さらに横浜市や名古屋市、京都市など戦前からの 6 大都市や戦後の政令指定都市と比べても、大阪市は日本の大都市の中で最もコンパクトな都市域となっている。土地の様態や水系は、都市の自然的基礎であり、大都市としての大阪市の発展や開発計画に限界を与えていることは、想像に難くない。現在の横浜市の面積 435.4km²（同）、名古屋市のそれは 326.8km²（同）、京都市のそれは 827.8km²（同）、神戸市のそれは 557.0km²（同）である。そのためもあって、大阪市は高度成長期にも大阪湾の埋め立て事業を行ってきているが、埋め立て地の有効利用は進んでいない。

3 そもそも大阪市内には、高度経済成長期の前より大阪市立大学のほかには総合大学は立地しておらず、全国の大都市でも大学の少ない都市であった。さらに、この工場等制限法以降、市内にあった大阪大学医学部、大阪外国語大学、大阪教育大学などの国立大学が郊外都市に移動していった。市内にあった私立大学の関西大学の夜間部も 2003 年に大阪市内のキャンパスを閉じている。近年になって、かなりの公私立大学が小規模なものではあるが、大阪駅の近くにサテライト・キャンパスを設置しているが、大都市都心と大学・研究機関との関係を考えさせられる。

4 この同心円構造は現在まで継続し、図序 -3 のように 2017 年の市民一人当たりの平均課税所得をみても、大阪都市圏内における順位は、芦屋市（兵庫県）の 611 万円〔全国 6 位〕を筆頭に、西宮市（兵庫県）429 万円〔同 24 位〕、箕面市（大阪府）422 万円〔同 39 位〕、豊中市（大阪府）、吹田市（大阪府）、宝塚市（兵庫県）、生駒市（奈良県）が 397 万円以上で、すべて郊外都市である。中心都市の大阪市は 332 万円〔203 位〕であり、名古屋市の 393 万円〔54 位〕、神戸市の 363 万円〔100 位〕や京都市 353 万円〔125 位〕よりも低い。

5 市政では 1963 年に当時の市助役であった中馬馨氏が社会党・共産党の支援を得て、元助役であった現職との一騎打ちを制し市長に当選した。2 期目以降は、共産党を除く社会党・自民党・公明党・民社党などの支持を得て当選している。以後、この構図は 2000 年代の大阪維新の登場までは、継続されることになる。府政では 1971 年に社会党・共産党に支持された黒田了一氏が当選している。2 期目は共産党だけの推薦のもと、黒田氏が僅差で再選しているが、議会での少数与党のためその運営は困難を極めた。

6 この時代の大阪の産業政策については、遠藤（2003）や生田（2008）、大阪自治体問題研究所（2003）を参照されたい。

7 大阪維新の政策についての詳細は、砂原（2012）や上山ほか（上山・紀田 2015）、重森ほか（2017）を参照されたい。

8 この論点からみると、2018 年 7 月に吉村市長が大阪駅北の北ヤード跡地に残された空地を、公園にすると提案したことは、素晴らしいことである。

9 岡田知弘は、安易な道州制の導入には慎重であるべきと提言しているが、その理由は傾聴に値する(岡田 2008)。なお、筆者の構想は中央集権的な日本の国家システムの根本的な見直しを企図している。

(執筆分担：1・2節＝鯵坂、3節＝鯵坂・徳田)

第Ⅰ部

都市が変わる、都心が変わる
――都市再編と「都心回帰」

　21世紀に入るあたりから、大阪都市圏は歴史的な変動を経験している。大都市・大阪は、近代化から戦後の高度成長の時期にかけて、郊外への膨張と都心部のドーナツ化という趨勢を経験してきた。郊外は外へ外へと広がり、その陰で都心部は無住化していった。そのような事態が反転し始めたのが、1990年代末から2000年代にかけての時期であった。都心部の人口は底を打ち、再び増加するようになった。「都心回帰」と呼ばれる事態である。タワー型の超高層マンションの林立は、その象徴的な景観である。

　第Ⅰ部では、このような大阪都市圏の「都心回帰」の基本的な性格を明らかにする。まず第1章では、東京に次ぐ第2の都市・大阪の政治経済の位置取りとその変化が、「都心回帰」とどのように関連しているのかを検討する。大阪のような「第二都市」は、世界各地でさまざまな試練を受けているが、そうした広い文脈の中で大阪という都市の現在を理解する視点を得ることが第1章の課題である。

　第2章は、大阪という都市がもつ「中心性」に焦点をあてて、それがたどってきた道と現在地を、各種データの分析から明らかにする。そこで明らかになるのは、しばしばいわれるような大阪の一人負けという事態ではなく、西日本の中心都市として、そしてアジアに向かって開かれた都市の姿である。

　第3章と第4章は、いよいよ大阪の「都心回帰」の具体的な内実を、各種のデータに拠って明らかにする。まず第3章では、社会地図という手法を用いて、過去30年ほどの間に、大阪、そして京阪神大都市圏の人口構造がどのように変化してきたのかを、視覚的に明らかにする。続く第4章では、国勢調査をはじめとする各種統計データの詳細な検討を通じて、大阪の「都心回帰」がどのように進行し、その背景要因や特徴がどこにあるのかを明ら

かにする。

　以上で明らかになる大阪の「都心回帰」という変動は、都市社会のさまざまな局面に大きな影響を与えているわけであるが、第Ⅰ部の最後に置かれる第5章では、大阪の都市政治に与えている影響に焦点をあてる。具体的には、大阪市政や府政を席巻した「維新」ブームが、「都心回帰」とどのような関連をもっているのかが検討課題となる。

（丸山　真央）

第 1 章 「都心回帰」時代の 「第二都市」大阪の社会学に向けて

丸山　真央

1　再都市化する大阪

　まず、21 世紀初頭の大阪の都市社会に関するマクロレベルの変動として、都市圏の人口の空間構造の変化というところから始めることとしよう。すでに広く知られているように、大阪だけでなく、東京や名古屋も含めて、日本の主要な都市圏の多くで 1990 年代後半以降、都市圏の人口の空間構造が歴史的な転換を経験しつつある。**図 1-1** から明らかなように、三大都市圏において、高度経済成長期から 1990 年代半ばごろまで、都心区の人口は減少傾向を示していた。都市圏の中心都市においても、東京（東京都区部）と大阪（大阪市）で顕著なように、1960 年代まで増加していた中心都市の人口は、それ以降減少傾向を示していた。それが 1990 年代半ばあたりで底を打ち、以後

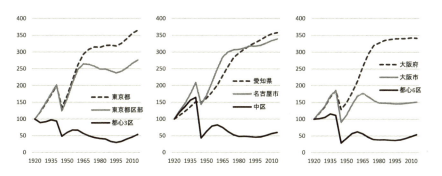

図 1-1　三大都市圏の人口動向（1920 年を 100 とした指数）

出典）丸山（2016：69 図 1）。ただし 2015 年の人口データは国勢調査確定値に入れ替えた。
　　東京の都心 3 区は千代田・港・中央区、大阪の都心 6 区は福島・西・浪速・天王寺・中央・北区。

は上昇傾向に転じるようになった。名古屋都市圏だけは中心都市（名古屋市）の明確な人口減少を経験していないが、それでも一時横ばいになりかけていた人口増加の傾向が、1990年代半ば以降、再び右肩上がりの傾向をみせるようになった。

　周知のように、こうした都市圏の人口の空間構造の変動は、「都心回帰」と呼ばれたり、都市圏の発展段階論を参照して「再都市化（re-urbanization）」と呼ばれたりしている。都市圏の発展段階論にはいくつかのヴァリエーションがあるが、ここでは最もよく参照されるL・ファン＝デン＝ベルグらの議論（van den Berg et al. 1982）に従うことにしよう。ファン＝デン＝ベルグらは、1970年代のヨーロッパ都市の経験をふまえて、都市圏が、「都市化」の段階（中心都市でも都市圏全体でも人口増）から、「郊外化」の段階（中心都市で人口増が止まるが、都市圏全体では人口増）、「逆（反）都市化」の段階（中心都市でも都市圏全体でも人口が減少に転じる）を経て、「再都市化」の段階（中心都市で人口が再増加するようになる）に移行すると説明してきた。もっとも彼らの研究では、「再都市化」は政策目標として提示されたものであり、その時点では現実のものではなかった。しかし、1970年代に都市（都心）衰退に悩まされていた西欧や北米の都市の多くでは、1980年代以降、実際に再都市化とみられる人口動向がみられるようになった。

　都市圏の発展段階論は実際の人口変動をよく説明するものであったが、問題点を抱えているということもしばしば指摘されてきた。日本では成田孝三が早くからファン＝デン＝ベルグらの都市圏の発展段階論を紹介してきたが、そのなかで、「各モデルの提示者達は……諸段階を出現させる要因の説明、とくに本書で問題となる反都市化と再都市化のそれを十分に行ってはいない」（成田 1995：13）と指摘していた。また松本康も、「たしかに、この理論モデルは、じっさいの都市人口の動向に見合っていた。しかし、工業経済から情報経済への転換や、経済のグローバル化のような構造的な転換の影響を十分に考慮していない点で、理論的課題も残していた」と指摘した（松本 2014：107）。

　では、日本の三大都市圏にみられる再都市化段階への移行は、その背景要

因として、どのような説明がなされてきたのか。前出の成田は、1980年代末の時点で、東京を含む先進国の大都市において再都市化の兆候がみられるようになったことを指摘したうえで、再都市化の要因として、「国内要因が重要な意味をもつ都市もあろうが、すくなくともロンドン、ニューヨーク、東京等先進国大都市の再都市化をもたらしている最大の要因は『世界都市』化であると考えてよいだろう」(成田1990:6)と指摘した。1995年の著書でも、次のように述べて、再都市化の要因として「世界都市」化をあげた。

> 「反都市化現象が指摘されてから20年を経ずして再都市化を云々することは早計にすぎるかもしれない。……しかしその中で極めて限られた最先進的大都市は、社会・経済のグローバル化に対応した機能的・物的再構築(リストラクチャリング)によって世界都市化を遂げたこと(例えば、都心部への多国籍法人本部の集中やジェントリフィケーションの発現)、新保守主義に基礎を置く中央や地方の政策がそれを強力にバックアップしたこと(例えば、大幅な規制の緩和や、民間活動への特典の付与)によって、人口は下げ止まりないしは微増の兆候を示すようになった。筆者はこれを都市発展モデルがいう再都市化と解するのである」(成田1995:18、( )は原文)

前出の松本も、21世紀初頭の時点において、日本の三大都市圏の人口動向を、都市圏の発展段階論と突き合わせたうえで、「近年の再都市化は、たんなる人口の都心回帰ではなく、グローバル情報経済という新しい都市経済のもとで生じている趨勢である」と指摘している(松本2014:112)。これらの指摘は、こんにち再都市化の要因を考えるうえで、都市圏がおかれた政治経済的な諸条件に着目することが不可欠であることに注意を促した貴重なものである。

しかしここで一つの疑問が生じる。成田は、再都市化を世界都市化と関連づけて説明しているが、少なくとも大阪に関して、再都市化を世界都市化との関連で直接的に説明するのが、はたして本当に妥当なのかということであ

る。というのは、このあとみるように、世界都市論の観点からの大阪の都市研究では、大阪を世界都市とみなしうるかどうかについて、一貫して疑問が突きつけられてきたからである。成田自身も、1990年代初頭の時点で、大阪について「世界都市であるにしても低次なものであるといわねばならない」(成田 1990：8)と指摘していた。再都市化を世界都市化と直接的に関連づけて説明するのではない議論が必要であろうということが、本章の問題関心の出発点である。

　そこで、以下では、まず世界都市論の観点からの大阪の都市研究(世界都市大阪論と呼んでおく)をふりかえるところから始める。世界都市大阪論に共通する特徴として、「低次の世界都市」と「衰退する都市」を指摘してきたということがあげられる。こうした大阪の都市変動の理解は、世界都市論が当初もっていた方法論的問題——「収斂」論的な問題に強く影響されたものでもあったと本章ではみる。しかし、世界都市論そのものは1990年代以降、そうした「収斂」論的性格を脱色して、都市ごとの多系的な発展経路に光をあてる方向へと、方法論的な転換を遂げていった。

　そうした研究動向のもとであらわれた議論の一つに「第二都市」論がある。これは、地球規模の都市間ヒエラルヒーの頂点に立つ大都市(たとえばニューヨークやロンドン)以外の大都市を世界都市論の中にうまく位置づけるべく登場したものであり、大阪という都市を理解するうえで有力な視点を提供してくれるものではないかと思われる。そこで、この「第二都市」論を概観することで、大阪の都市変動を論じるうえでの視点と課題を引き出したい[1]。

2　世界都市大阪論

2.1　「低次の世界都市」と「大阪の東京問題」

　1980年代以降、大都市の政治経済学的研究において世界都市論がもってきた影響力について、ここで詳説する必要はないだろう[2]。S・サッセンの著作(Sassen 2001)の副題をあげるまでもなく、世界都市論は、ロンドン、ニューヨーク、東京、あるいはパリといった世界の主要な大都市を主たる研究対象

としてきた。ここでは、そうした世界都市論の観点からの大阪の都市研究の代表的な議論を検討してみよう。

よく知られているように、世界都市仮説では、資本主義世界経済における大都市の経済機能——具体的にはトランスナショナル大企業の本社機能、FIRE（金融・保険・不動産）産業、生産者サービス、国際金融などに焦点があてられてきた。また国際的な人の移動（移民）の結節地であることも、一つのポイントとされてきた。J・フリードマンの仮説をふまえた議論では、そうした各種の指標が検討されて、各都市が地球規模の都市間ヒエラルヒーにおいてどのように位置づけられるのか、あるいはどの程度の機能集積があるのかが検討されてきた。

世界都市仮説が提起されたフリードマンの論文では、地球規模の都市間ヒエラルヒーを示した有名な図が掲げられているが、そこに東アジアでは東京、ソウル、台北、香港は登場するものの、大阪は見あたらない（Friedmann 1986=2012：44、図1）[3]。ただ、同論文が収載されたジャーナルの同じ号では、P・J・リマーが東京をはじめ日本の主要大都市を世界都市仮説の検証素材としており、その中で大阪にも言及している。リマーは、東京、大阪、名古屋の経済指標を比較して、「これらの数字は、大阪がせいぜい周辺的世界都市（a marginal world city）でしかない……ということを示している。……換言すれば、大阪はグローバル経済との密接なつながりを失っており、国内的な管理範囲しか有していない」と述べている（Rimmer 1986: 135）。

このような大阪の理解は、日本でいち早く世界都市仮説をふまえて日本都市を検討の俎上にのせた成田孝三にも共通している。成田も、各種の経済指標を検討して、「……東京はニューヨークやロンドンと並ぶ最上位の世界都市であり、大阪は機能集積の絶対量では相当なレベルにあるものの、その作用範囲や質的重要性からみて、世界都市であるにしても低次なものであるといわねばならない」と結論づけた（成田 1990：8）。

「低次の世界都市大阪」は、必ずしも古くからそうであったわけではなく、東京一極集中にともなって、大阪の都市間ヒエラルヒーにおける凋落によって生じた——こうした認識も世界都市大阪論の多くが共通して指摘してきた

ものであるといってよい。それはしばしば「大阪の東京問題」と呼ばれてきた (Hill and Fujita 1995)。たとえば宮本憲一は、「大阪は多くの問題に苦しんでいる。ひとつは、企業の管理機能が東京に移っていることである。それによって大阪は経済的な意思決定能力が衰弱している。大阪に本社を置く企業の56％が東京に事務所をもち、その多くが管理機能を東京に移しつつある」と述べていた (Miyamoto 1993: 75)。加茂利男も、たとえば多国籍企業の本社所在都市ランキングにおける大阪の多国籍企業本社数が「関西系の大企業の多くが東西二本社制をとっていたためにできた数字」であり、「名目的には大阪にも本社があることになっている企業でも、実態は東京本社に中枢管理機能がかなりシフトしていることを勘定に入れると、大阪にはとても世界7位にランクされるような国際的中枢管理機能はない」と指摘し、「むしろ国際化のなかですさまじい一極集中化が起こっていた点にこそ、日本の世界都市時代の特徴があった」と論じた (加茂 2005：99)。

　このような東京一極集中によって引き起こされた大阪の凋落は、一つには大阪の産業構造上の問題があったという見立てがある。前出の宮本は、次のように大阪の凋落を説明した。

　　「東京への企業本社の集中は、経済センターとしての大阪の役割の地位低下を引き起こしている。……大阪には企業関連サービス業がほとんどない。研究、開発、広告、宣伝、コンサルティング企業の東京集中は、そうした管理機能の移動の要因のひとつである。同時に、企業関連サービス業の欠如とサービスの質の低さは東京への管理機能の移動に拍車をかけている。東京では大阪をはるかにしのぐ情報化と国際化が進んでおり、このことが両都市間の格差を広げている。大阪の産業構造上の致命的な脆弱さが、研究、教育、文化、環境アメニティに関する企業の僅少さである」(Miyamoto 1993: 75)

　サッセンも、大阪の凋落が経済のグローバル化によって顕著になったとみる点では、宮本の理解に近い。

「日本では、生産者サービスは大阪にも過剰に集中していた。しかし詳しい資料を分析してみると、1980年代から1990年代にかけて、グローバル市場を志向する主要なセクターはすべて東京に集積し、企業本社から株取引、外資系企業まで集まっていたことが明らかになった。……主導セクターや企業本社、商社や銀行、最先端の製造部門がますます東京に集積することで、東京に次ぐ主要都市・大阪——かつては日本でもっとも産業が盛んな地域だった——との差は開いている」(Sassen 2001=2008: 186)

こうした産業構造上の問題に加えて、R・C・ヒルとK・フジタは、東京一極集中と大阪の凋落をもたらしたものとして、日本の国家構造が重要であると強調した。ヒルとフジタは、世界都市論が経済決定論的であり国家論的な配慮が不足していることを指摘したうえで、日本の国家構造として、政治的アクターと経済的アクターが協調して経済成長をめざす「開発主義国家」の特徴をもつと論じた。開発主義国家においては、政治と経済の協調の必要性から、政治的な中心都市と経済的な中心都市が一体化することが重要となる。このことが東京一極集中と大阪の凋落を進行させたといい、「東京の機能的卓越性は、日本の開発主義国家の空間的な所産である」というのが彼らの見立てである (Hill and Fujita 1995: 191)。

2.2　大阪の世界都市戦略

このような「低次の世界都市」と「大阪の東京問題」を共通の特徴とする世界都市大阪論は、1990年代初頭、実際の都市の政治・経済的エリートたちに「世界都市戦略」(町村 1994:6) を立案させることにもなった。「東京では [鈴木俊一都政のあと]『世界都市』の概念が輝きを失ったにもかかわらず、大阪や他の地方都市は1990年代にもなお世界都市への道を模索しつづけた。……東京以外の都市はグローバリゼーションの新たな進展に乗じて、東京による世界都市の地位独占に挑戦したのである」(加茂 2005：117-8、[] は引用者)。

その代表が大阪であり、その具体化されたものが、たとえば『大阪 21 世紀計画　新グランドデザイン——文化立都−世界都市・大阪をめざして』(大阪 21 世紀協会編 1992) や『世界都市・関西の構図』(関西空港調査会編 1992) などの世界都市戦略であった。それぞれを少しのぞいてみよう。

『大阪 21 世紀計画　新グランドデザイン』は、上田篤を起草委員長として、阿部功、植田政孝、鳴海邦碩、橋爪伸也などの都市研究者もかかわって起草されたものであり、副題に「文化立都−世界都市・大阪をめざして」と掲げられている。もっとも、ここでいわれる「世界都市」とは、『西洋の没落』で知られる哲学者 O・シュペングラーなどの概念らしく、世界都市仮説が直接参照されたものではない (大阪 21 世紀協会編 1992：20)。しかし、「……現在の大阪は、地球化への対応の点においても、情報・文化基盤の整備の点においても、世界の大都市に比べれば遅れをとっていると言わざるをえないだろう」という現状認識 (大阪 21 世紀協会編 1992：20) は、世界都市大阪論とそれほど大きな懸隔があるものではない。こうした「低次の世界都市」的認識は、「文化立都」——学術・技術、芸術・スポーツを盛り立て交流拠点となる都市という戦略へとつながってゆく。留意すべきは、そこでいわれる「文化」が、「21 世紀に向かう大阪の産業・ビジネスは、豊かな精神生活に対応する文化性を帯びなければならない。大阪における研究開発型産業の集積やソフト化は、産業活動それ自体が文化と融合し、一体化する動きを指し示している」(大阪 21 世紀協会編 1992：9) という言述にみられるように、脱工業・知識資本主義と結びついたもの、あるいはその基盤として重要なものであることである。そうしたうえで、具体的な提言として、「『文化のハコづくり』に集中的に投資を行うべきである」(大阪 21 世紀協会編 1992：10) として、当時進行中であった関西国際空港や学研都市の建設プロジェクトを「積極的に支援をしてゆ」くこととともに、大阪ベイエリアの「スポーツアイランド」や大型博物館の建設構想を列挙するという論述になっている (大阪 21 世紀協会編 1992：40-7)。

対して、関西空港調査会編『世界都市・関西の構図』は、より直截的に世界都市仮説とそれに基づく分析をふまえた世界都市戦略である。関西国際空港の建設が進行する中で、国際空港や臨空産業を中心にして、世界的な都市

間ヒエラルヒーにおける大阪の地位を向上させようというねらいが、より明確にみられるものということができる。執筆者には成田孝三、植田政孝、阿部功などが名を連ねている。「東京の一極集中は、関西とくに大阪の経済力の動向に強くかかわっている。かつて、日本経済をリードした大阪の経済力は大幅に低下し、国土政策も事実上大阪を東京に対するサブセンターとして位置づけてきた」(関西空港調査会編 1992：125)というように、「大阪の東京問題」的理解が、同書全体を通底している。ただ、大阪(府・市)でなく京阪神を一体のものとしてみれば、決して「低次の世界都市」では必ずしもないという指摘もされており、それが「世界都市・関西」という表題につながっている。いわく、「これら[世界都市にかかわる諸指標]をみると京都・大阪・神戸のそれぞれは単なる大都市の域を出ないが、その3都市を合わせた KANSAI はニューヨーク・ロンドン・パリ・東京といった世界都市に比べてそれほど大きな差がなく、分野によってはほぼ伍するほどの位置を獲得しうるということが推察される」(関西空港調査会編 1992：220、[]は引用者)[4]。

以上、代表的な二つの大阪の世界都市戦略をみてみた。ところで、このような「低次の世界都市」において世界都市戦略が掲げられることに対しては、しばしば「なりたがり(wannabe)世界都市」という表現が用いられる。そこにおいて「世界都市」は、都市政治におけるシンボリックな意味をもつものとして、たとえば巨大開発やグローバル・メガイベントの招致レースへの狂奔に帰結していくことが多いとされる (Short and Kim 1999: 99-102)。実際、『大阪21世紀計画　新グランドデザイン』は「文化のハコづくり」を正面からうたっているし、『世界都市・関西の構図』は関西国際空港とその周辺開発の推進を求めるものとなっている[5]。またこうした大阪の世界都市戦略は、その後、2008年のオリンピック招致運動へとつながっていった(町村1999)。2018年に開催が決定した2025年大阪万博も、そうした延長上にあるものと理解して、ひとまず的外れではないだろう。その意味で大阪の世界都市戦略は、決してバブル期の遺物ではない[6]。

さて、世界都市大阪論の検討を終えるにあたって、次節における議論と関連するものでもあるので、世界都市ランキングにおける大阪の位置について

も一言しておこう。後述する「第二都市」論で指摘されるように、「世界都市仮説は明らかに『グローバル性 (global-ness)』を、あらゆる都市を単一の測定基準でランク付けするものとして、つまり企業本社、国際金融、生産者サービス複合体があるかどうかによって概念化している」(Hodos 2007: 318)。それゆえ、世界各地の都市の「世界都市」度を測定しようとする試みが登場してくるのは、世界都市論の必然的な副産物である。実際さまざまなランキングが存在するし、それらはビジネスや都市政策の分野では大きな力をもつといわれる[7]。

その代表的な一つである、P・テイラーらによる英ラフバラ大学 GaWC (Globalization and World Cities Research Network) のランキング (The World According to GaWC 2018) をみてみよう。そこにおいて大阪は「γ＋」にランクされている。同ランクには、デトロイトや中国の西安、鄭州などがランクされている。なお最上位の「α＋＋」はロンドンとニューヨークの2都市であり、東京はその下の「α＋」である[8]。

3 「第二都市」論[9]

3.1 収斂論から多系化モデルへ

世界都市論の展開を回顧したN・ブレナーとR・カイルは、「世界都市論の初期の論者は、ある都市の『内在的』な主要開発やプロセスを、グローバル都市システムにおける当該都市の『外在的』位置取りと関連づけて説明しようとした」と指摘したうえで、その後の研究動向について、「それに続く論者たちは、……ある世界都市の歴史、空間性、制度配置、社会政治的環境が、世界経済に挿入される際のありように強力に作用するということを示すことによって、そうした因果的説明を効果的に転換させてきた」と論じている (Brenner and Keil eds. 2006: 130)。それらを前提として、ブレナーとカイルは、近年の世界都市研究の方向性について、次のような課題を提示している。

「この観点からすると、ある都市の世界経済における位置取りを所与の

ものと考えるわけにはいかない。むしろ、その都市内部の複雑で競合的な社会経済プロセスと戦略、およびその都市が埋め込まれた広範な（一般的には地域・国家の）空間経済の表現と結果として、それ自体分析の対象としなければならない。それゆえ、世界都市研究の基本的な方法論的挑戦のひとつは、同時に、現代世界経済において都市が演じる一般的な役割を明らかにするだけでなく、都市ごとに特有な歴史、地理、政治経済、発展の軌跡を明らかにすることとなる。

　こうした理由から、世界都市論は、都市の政治経済と空間構造がある単一の一般モデルに『収斂』するものだと前提にするわけにはいかない、と我々は論じたい。そうではなく、世界都市論の概念枠組は、都市再編の一般的かつ国家を超えた趨勢と、主要都市に内在する場所・領域特有の帰結との間の『相互作用』を明らかにする手段として理解するのが望ましい」(Brenner and Keil eds. 2006: 130)[10]

　世界都市論が当初もっていた「収斂」論的な性格を脱色して、多系的な都市発展のモデルを目指すという、この方法論的課題は、1990年代後半以降の世界都市研究において有力な研究趨勢を形成するものとなっている。

　そして、このような「収斂から多系化へ」の展開の一つとして、ここでは「第二都市 (second city)」論 (Hodos 2007, 2011) に注目することとしたい。これは、アメリカの都市社会学者 J・I・ホドスが、イギリスのマンチェスターとアメリカのフィラデルフィアのモノグラフ研究において提唱した議論であり、「この第二都市という概念をグローバリゼーション論に明示的につなげ、世界都市仮説を拡張しより精緻化するものとして再構成する」(Hodos 2011: 6) というねらいをもつものである。以下、少し詳しくみていこう。

3.2　「第二都市」

　前述のように、「第二都市」論は、マンチェスターやフィラデルフィアを対象として提起されたものであるが、「第二都市」に分類されるものとして、大阪もその一つにあげられている[11]。そこでいわれる第二都市とは、まずもっ

て世界都市との対比において定義されるものである。世界都市論において世界都市とは、資本主義世界経済における都市間ネットワーク・分業あるいは都市間ヒエラルヒーにおいて頂点に位置する大都市とされる。それに対して、「第二都市は単なる世界都市のミニチュアや世界都市『ライト』ではない。第二都市は、世界社会に統合するために特定の経路を追求しており、それは世界都市のパターンとは全く異なるものである」(Hodos 2007: 315-6)[12]。このような「世界都市とは異なる発展の経路」としての第二都市という理解は、第二都市論の方法論的アドヴァンテージにかかわるものであり、あとでもう一度論じることとしたい。

　第二都市の特徴として、いくつかの指摘がなされているが、ここでは都市経済、都市社会、都市政策について、簡単にその指摘をみてみよう。

(1)都市経済

　世界都市と対照させるとき、第二都市の経済的特徴として、第一に、産業構成面の違いがあげられる。世界都市ではFIRE産業が重要な位置を占めるが、第二都市では、世界都市で衰退するとされる重工業のトランスナショナル大企業が立地し、有力な産業となっているといわれる。また、金融業はあっても、世界都市のようにグローバルな金融を動かす国際金融業ではなく、国内向けに重点を置く金融業が、第二都市の金融業の中心となっているとされる。さらに、サッセン(Sassen 2001)が強調したように、世界都市では、トランスナショナル大企業の活動を支える生産者サービスが大きな特徴とされるが、それに対して第二都市には、生産者サービスはあっても、世界都市のように集積や複合体が形成されているわけではなく、「グローバルなニッチに特化した生産者サービス」であると指摘される。

(2)都市社会

　世界都市を特徴づける一つに国際移民があるが、第二都市においてみられる移民は世界都市と異なる特徴をもっているといわれる。一つは、世界都市のように世界各地から広く移民が集まるというよりも、特定の国からの移民

が中心であることが挙げられる。もう一つの特徴として、国際移民以上に、国内移民が大きな位置を占めていることが挙げられる。それも「かなりひどい差別にさらされた民族的な背景をもち、地方から都市へと移住してきた人びと」(Hodos 2007: 323) という特徴をもつとされる[13]。

　このような移民労働者の来住パターンは、都市内部の社会的な分断にも影響していると指摘されている。世界都市研究では、FIRE 産業のビジネスエリートや知識労働者と、下層労働力としての移民労働者の両極の増大、いわゆる社会的分極化の進行という現象が注目されてきた。それに対して、「［グローバル都市にみられる］このような都市内の不平等は、フィラデルフィアとマンチェスターにもみられるが、しかし事態はもっと複雑である。これらの都市における不平等は、移住者の独特なパターンによって形成される。それゆえ不平等は、少なくとも、階級分断線だけでなく、人種的・民族的・宗教的な諸次元においても展開している」として、分極化モデルとは異なる社会的な分断の形があると指摘されている (Hodos 2011: 7、［］は引用者)。

(3)都市政策

　最後に、都市政策について、前述のフィラデルフィアとマンチェスターの事例研究では「グローバルな交通インフラの建設」と「第二都市アイデンティティ」の形成という共通の特徴がみられると指摘されている。両都市とも 19 世紀以来、鉄道、運河、船舶などの交通インフラの整備に力が注がれてきた歴史的経緯があり、21 世紀の今日でも、いずれでも国際空港の整備が都市政策上の大きな位置を占めているという。また、「グローバル都市とは違う、しかし数多ある都市とも違う」という都市アイデンティティの形成が都市政府当局の主導で進められるという共通点もみられるとされる (Hodos 2011)。

4　「第二都市」大阪の社会学に向けて

　以上から明らかなように、第二都市論は、世界都市研究における収斂論から多系化モデルへという方法論的転回の中で登場した。フィラデルフィアと

マンチェスターの事例研究が18世紀以来の都市発展史をひもといているように、そこでは各都市の発展の経路が重要なものとされ、ひとつのモデルへと収斂していくという論理構成は周到に避けられている。

脈々と形成されてきた都市の内部構造や都市間ヒエラルヒーにおける位置取りは、一朝一夕に変えられるものではない。しかし、前述のように、都市間ヒエラルヒーの頂点に立たない大都市はしばしば世界都市をめざす世界都市戦略をとる。特に二番手の都市群は、「なりたがり世界都市」化する傾向が強い。だからこそ、そこにおいて第二都市論の視点が重要になってくる。第二都市論は、地球規模の一元的な都市間ヒエラルヒーを想定することを拒絶し、世界都市モデルとは異なる大都市の発展のオルタナティヴな経路を適切に捉えることをめざすものということができよう。

大阪を「低次の世界都市」ではなく「第二都市」として捉え、世界都市とは異なる発展の経路をもつものとして位置づけること。それによって、今日の大阪という都市を理解する視点が得られるであろうし、適切な都市戦略を引き出すこともできるのではないかと思われる。たとえば、世界都市論の観点から大阪の都市経済をみるとき、そこでは旧産業の「衰退」と新産業の「未発展」、あるいはグローバルな金融機能や生産者サービス複合体の「欠落」に焦点があてられがちである。しかし、グローバルスケールではなく、アジアや日本、あるいは西日本という地理的スケールの中に大阪を位置づければ、「衰退」や「未発展」や「欠落」の「低次の世界都市」とは異なる都市像や都市戦略が浮かび上がってくる可能性がある[14]。

また、都市社会の分断や再統合を読み解く際の着眼点も、世界都市論とは異なるものになるだろう。世界都市仮説では、グローバルエリート層と下層サービス業の移民労働者という階層分裂モデルが想定され、各都市の現実がそうしたモデルにどの程度適合しているかという検討に関心が集中してきた。しかし、第二都市論が描く社会的分断の分析によるならば、「階層構造のパターンは、もっと多様であり複雑である」(Hodos 2011: 71) という観点から、単純な分断線だけでなく、錯綜した分断線群を見出すことができるだろうし、再統合のモデルも異なるものを想定することができるようになるだろ

う。大阪の再都市化という変動のもとで、都市社会や近隣コミュニティには、どのような社会的分断が生じているのか。そこにはどのような再統合の可能性があるのか。第二都市論の社会的分断論からは、こうした問いが浮かび上がってくる。

　大阪を世界都市（東京）の「ミニチュア」や「劣位にあるもの」とみるのではなく、都市発展の異なる経路をもつものとしてみること。独自の発展経路や都市内部の編成・再編成の構造と論理を明らかにすること。こうした課題を浮上させること、そこに第二都市論の方法論的なアドヴァンテージがあると思われる。

　以下、本書の第Ⅰ部では、世界都市とは異なる「第二都市」大阪における再都市化の実態と背後にある要因を探っていく。そしてグローバル化のもとでの大阪の位置取りについて、従来の世界都市論とは異なる視点から検討し、その中心性や機能を明らかにする。これらの作業から明らかになるのは、世界都市大阪論が描いてきたものとは異なる大阪の姿と位置取りであるだろう。また第Ⅱ部は、再都市化がもたらす都市社会への影響を、特にその影響が顕著な都心地域に照準をあわせることによって明らかにする。そこからは、「第二都市」大阪における都市社会の分断の現実、そして再統合に向けた住民たちの活動の諸相が明らかになるだろう。最後の第Ⅲ部では、グローバル化の波にさらされながら、再都市化が進行する大阪の都心地域の「周縁」に焦点をあてる。それは地理的な周縁というより社会的な周縁であり、都市分裂の重要な焦点である都市のアンダークラスや貧困層、そして外国人住民によって、どのような都市社会が生まれつつあるのかが明らかになるだろう。

注
　1　本章に近い関心をもつものとして、重森ほか編（2017）がある。同書は、「大阪都構想」にみられる「大都市圏ガバナンス」の再編成に焦点をあてた大阪の都市研究であるが、比較対象として韓国の釜山も取り上げている。そこでは、大阪と釜山が「首都と相似の都市戦略をとるのか（追いつけ路線）、異なる都市戦略をとった方がよいのか（独自路線）」という関心が掲げられており（重森ほか 2017：ⅰ、（）は原文）、本章の関心と重なるところがある。ただ、「両都市がともに国内第２都市のポジションにあるという共通性をもつ」（重森ほか 2017：ⅰ）という以上の対象設定の必然性や理論的含

意はうかがえない。
2 P・ホールをはじめとして「世界都市 (world city)」という概念そのものは古くからあるが、世界都市論は、1980年代にJ・フリードマンが提起した世界都市仮説がその後の世界的な研究展開の出発点となっている。一連の議論の中で、「グローバル都市 (global city)」や「グローバル都市地域 (global city-region)」などの代替概念が提起されてきたが、こうした一連の研究群が世界都市仮説に始まるものであることから、ここでは世界都市論と呼んでおく。
3 フリードマン自身は、世界都市仮説を提起してから10年ほどのちの1990年代半ばに、大阪について次のようにコメントしている。「神戸や京都といった他の都市も含む日本の関西圏を代表する都市である大阪が、私の先の世界都市のリストにあがっていなかったのは、日本経済の主要な管理機能のほとんどが当時東京に集中する傾向を強く見せていたからである。しかし大阪の経済的な比重には無視できないものがあり、また東京への更なる一極集中がもたらす様々な外部不経済もこの間改めて明白なものとなってきた。現在大阪には、24時間型の国際空港が湾内の埋立地に建設されるとともに、知識集約産業の面で新しい発展が示されつつある。……世界に冠たる日本の通信技術の更なる発展によっては、大阪・神戸地域が東京に次ぐ重要な国際的管理機能の中核へと変貌をとげる可能性も、あながち否定し尽くせるものではない」(Friedmann 1995=1997：40)。
4 こうした大阪の世界都市戦略に対して、成田孝三は次のようにコメントしている。「多国籍企業の立地戦略はその時々のグローバルな最適地を選択するから、必ずしも固定的なものではなくうつろいやすい。またヒエラルキーの頂点に立つ世界都市はその数が限定されているし、他面では上述のような [『二都問題』といわれる都市内の社会的分極化などの] 諸問題点を包含している。したがって『世界都市』化が必ずしも諸都市によりよき未来を約束することにはならないと思われる。それにもかかわらず諸分野で進展しているグローバリゼーションは不可逆的な趨勢であり、さまざまの都市が『世界都市化』を戦略目標にすることも自然である。ただしその場合の世界都市には1980年代と異なる性格付けが要求されよう」(成田 1995：227、[ ] は引用者)。このコメントに対して宮本憲一は「含蓄深いが、このヒエラルキーの頂点に立たない場合には、もう世界都市ということばは使わない方がよいのではないだろうか」と述べて、世界都市論の観点から大阪を語ることに対して懐疑的な立場を示している (宮本 1999：390、注32)。
5 こうした大阪の世界都市化戦略の批判的検討は、たとえば大阪自治体問題研究所編 (1991、1999) などを参照。
6 砂原 (2012) は、2000年代末以降の橋下徹大阪府知事・市長や「維新の会」の勢力伸長、及び府・市の「改革の時代」の到来を、政治や行政のシステム内部の論理に重点を置いて説明しているが、そうした「改革」や「転換期」の前提条件として、1990年代前半の大阪の世界都市戦略とその挫折があると位置づけている (砂原 2012：107-9)。
7 たとえば大阪に関していえば、大阪府商工労働部 (大阪産業経済リサーチセンター) が2013年に公表したレポート「アジア主要都市と大阪の都市間競争力比較～企業立

地の観点から(基礎調査)〜」において、森記念財団の「世界の都市総合力ランキング(Global Power City Index)」をはじめ各種の世界都市ランキングでの大阪の位置が整理されている。その結論は、「大阪は、アジアの新興都市と比べて成長力は弱い上、拠点立地のポテンシャルでも劣ることが分かった」というものである(大阪府商工労働部 2013:94)。

8 http://www.lboro.ac.uk/gawc/world2018t.html (2019 年 3 月 17 日閲覧)。

9 この節は、「「第二」の大都市はどこへ向かうのか——解題」(日本都市社会学会第 36 回大会(2018 年 9 月、名古屋学院大学)シンポジウム報告原稿)の一部を大幅に改稿したものである。

10 こうした世界都市論の収斂モデルから多系化モデルへの転換に関しては、世界都市東京論を整理した丸山(2010)も参照。

11 そのほかに、アトランタ、デンバー、フェニックス、サンディエゴ、サンノゼ、シアトル(以上アメリカ)、モントリオール、バンクーバー(以上カナダ)、バーミンガム、グラスゴー、リーズ(以上イギリス)、リヨン(フランス)、デュッセルドルフ、ハンブルグ、シュトゥットガルト(以上ドイツ)、ロッテルダム(オランダ)、バルセロナ(スペイン)、リスボン(ポルトガル)、メルボルン(豪州)などが例示されている(Hodos 2011: 183)。

12 以上からも明らかであろうが、ここでいわれる「第二都市」とは、「かつて地方首都(provincial capital)と呼ばれたものの一種である」(Hodos 2011: 5)と述べられているものの、ある地域において 2 番目の経済機能や政治行政機能をもつ都市というわけでは必ずしもない。その意味で、「首位(首座)都市の法則」など途上国都市論でよく用いられる「第二位都市(secondary city)」とは別種の概念である。また、ホドス自身が第二都市概念の着想源としてあげている経済学者 P・K・クレスルの「第二都市(second city)」の議論(Kresl 1992, Kresl and Gappert eds. 1995)や地域経済学者 A・マークセンの「第二層都市(second-tier city)」という分類(Markusen et al. eds. 1999)は、いずれも都市の経済的競争力を論じるために案出された、都市の経済機能や能力上のものであり、やはり別物である。近年、大都市以外の都市における集積経済への注目から「第二位都市(second-rank city)」という概念も提起されているが(Camagni and Capello 2015)、これは「第二層都市」に近いものであって、ホドスのいう「第二都市」とは異なるものである。

13 たとえばフィラデルフィアの国際移民はベトナム、中国、インド、ウクライナから、マンチェスターの国際移民はパキスタン、ジャマイカ、インド、中国、バングラデシュからが、それぞれ中心であるとされる。またフィラデルフィアでは、米国の他地域出身者の人口比率がニューヨークより高く、アフリカ系とプエルトリコ系が中心であるという。またマンチェスターでは、アイリッシュの国内移民が多いとされる(Hodos 2011)。

14 たとえばヒルとフジタは、大阪の産業のアジア圏との結びつきに注目して、世界都市東京とは異なる発展経路が大阪にあることを指摘している(Hill and Fujita 1998)。

付記

本章は JSPS 科研費（25285160、6H03703、16K04086）の研究成果の一部である。

第2章　グローバル期における大阪市の「中心性」

西村　雄郎

1　はじめに

　本章の目的は、大阪市の都市中枢機能の「中心性」のあり方に検討を加えることにある。
　そこで、本章では、第一に高度経済成長期以降の全国レベルにおける大阪市の都市機能の変容に分析を加える。次いで、京阪神大都市圏、大阪都市圏における大阪市の位置づけに分析を加え、最後に大阪市の行政区別の地域・空間構造に分析を加えることによって、大阪市の「中心性」のあり方を検討していきたい。

2　日本三大都市圏の構造変動

　東京、名古屋、大阪といった日本の三大大都市圏の発展過程に検討を加えた松本康は、第2次世界大戦後の日本の大都市圏の発展過程を、
　1) 日本の工業が重化学工業化をはかる過程で、農山村地域から三大都市圏にむけての大量の人口移動が生じ、三大都市圏の人口が急増した1955-1965年（都市化期）、
　2) 政府が三大都市圏への人口集中を緩和するため工場立地規制などを行い人口分散を図るとともに、日本経済のサービス化が進展し三大都市圏のホワイトカラー労働者が増加する中で住宅地の郊外化が進んだ1965－1985年（第一次郊外化期）、
　3) バブル経済にともなう都心地域の地価が高騰したことによって、都市

労働者層による都心地域の住宅取得が困難となり、住宅地域の一層の郊外化が進んだ1985-1995年(第二次郊外化期)、

4) バブル経済の破綻とともに都心部の地価が低下したことによって都心部の再開発が進み、第一次郊外化期以降減少を続けてきた都心部の人口が再び増加を示した1995-2010年(再都市化期)、

の四期に分けている (松本2007)。

三大都市圏人口は、**表2-1**の三大都市圏総計欄にみられるように、1950年の人口2,921万人(全国占有率34.7%)が2010年には6,546万人になり、日本全人口の51.1%が集住している。ただし、国立社会保障・人口問題研究所の推計によれば三大都市圏の人口は2010年をピークとして減少し、2040年にはピーク時人口の88.3%にあたる5779万人になるとされる。この一方、日本社会全体の人口減少が進むことで三大都市圏の人口占有率は2010年以降も上昇し、2040年には53.9%になるとされている。

表2-1 三大都市圏等の人口の推移(単位:千人、%)

年		1950年	1960年	1970年	1980年	1990年	2000年	2010年	2020年	2030年	2040年
全国	総数	84,115	94,302	104,665	117,060	123,611	126,926	128,057	124,100	116,618	107,276
	全国構成率	100.0%	100.0%	100.0%	100.0%	100.0%	100.0%	100.0%	100.0%	100.0%	100.0%
	増加率	1.00	1.12	1.24	1.39	1.47	1.51	1.52	1.48	1.39	1.28
東京圏	総数	13,051	17,864	24,113	28,699	31,797	33,418	35,618	**35,693**	34,392	32,314
	全国構成率	15.5%	18.9%	23.0%	24.5%	25.7%	26.3%	27.8%	28.8%	29.5%	30.1%
	増加率	1.00	1.37	1.85	2.20	2.44	2.56	2.73	2.73	2.64	2.48
名古屋圏	総数	6,396	7,330	8,688	9,869	10,550	11,008	**11,347**	11,191	10,692	10,024
	全国構成率	7.6%	7.8%	8.3%	8.4%	8.5%	8.7%	8.9%	9.0%	9.2%	9.3%
	増加率	1.00	1.15	1.36	1.54	1.65	1.72	1.77	1.75	1.67	1.57
大阪圏	総数	9,764	12,186	15,469	17,355	18,117	18,443	**18,490**	17,544	16,847	15,448
	全国構成率	11.6%	12.9%	14.8%	14.8%	14.7%	14.5%	14.4%	14.1%	14.4%	14.4%
	増加率	1.00	1.25	1.58	1.78	1.86	1.89	1.89	1.80	1.73	1.58
三大都市圏総計	総数	29,211	37,379	48,270	55,922	60,464	62,870	**65,455**	64,428	61,931	57,786
	全国構成率	34.7%	39.6%	46.1%	47.8%	48.9%	49.5%	51.1%	51.9%	53.1%	53.9%
	増加率	1.00	1.28	1.65	1.91	2.07	2.15	2.24	2.21	2.12	1.98
その他の地方	総数	54,904	56,922	56,395	61,138	63,147	64,106	62,602	59,672	54,687	49,490
	全国構成率	65.3%	60.4%	53.9%	52.2%	51.1%	50.5%	48.9%	48.1%	46.9%	46.1%
	増加率	1.00	1.04	1.03	1.11	1.15	1.17	1.14	1.09	1.00	0.90

資料)2010年までは「国勢調査」、2020年以降は国立社会保障・人口問題研究所の予測に基づき作成。
「東京圏」とは東京都、神奈川県、埼玉県、千葉県、「名古屋圏」とは愛知県、岐阜県、三重県、「大阪圏」とは大阪府、兵庫県、京都府、奈良県。

表 2-2　三大都市圏の経済集積度 (%)

	大阪市	東京都区部	名古屋市	全国	資料
常住人口	2.1	7.3	1.8	12,709 万人	2015 年「国勢調査」
市民所得	2.3	16.7	2.1	35,911 百億円	2013 年「県民経済計算」「国民経済計算」
資本金 1 億円以上企業	6.5	37.1	2.9	29,937 社	2014 年「経済センサス-基礎調査」
製造品出荷額等	1.2	1.1	1.2	30,514 百億円	2014 年「工業統計調査」
卸売業販売額	8.6	41.8	5.7	35,665 百億円	2013 年「商業統計調査」
小売業販売額	3.2	10.2	2.4	12,217 百億円	2013 年「商業統計調査」
銀行貸出金残高	5.5	40.1	2.8	46,592 百億円	2016 年日本銀行「経済統計月報」
手形交換高	13.5	66.9	4.2	30,453 百億円	2015 年「全国手形交換高調」

　地域経済構造の変容をみると、戦前期の東京－大阪を頂点とする楕円型二中心構造は、1960、1970 年代に入り東京の拡大がすすみ、東京が「オールマイティな全国的中枢管理機能都市」になるとともに、大阪、名古屋も東京の 4～2 割のスケールにまで落ちるとはいえ当時はまだ東京と並びうる「独立型の全国的中枢管理機能都市」としての地位を保持し、この時点で大、中、小の「全国的中枢管理機能都市」が太平洋ベルト地帯のそれぞれの地域の頂点となった「三極ヒエラルヒー構造」をとる、「三大都市圏構造」が出現している (寺西 1990：252-5)。

　この後、1970 年をピークに第二次産業人口が減少し、日本経済の脱工業化とサービス化がすすみ、さらには 1985 年のプラザ合意によって円高が急速に進行し、日本企業のグローバル化がすすんだことで、企業内の国内分業と国際分業の結節点である「世界都市」東京は金融機能、国際的機能、情報関連の諸機能とシェアを拡大させた。この結果、**表 2-2** のように大阪、名古屋には人口規模程度の経済的機能が集積するにとどまるのに対して、全人口の 7.3％しか占めていない東京都区部の経済的機能集積は、製造品出荷額を除いて、突出して高い割合を示し、「東京一極集中」化がすすんでいることが分かる。

　松本康によれば、東京は「グローバル都市である」が、「金融業よりも情報

サービス業を成長の原動力」とした再都市化が90年代後半から生じている。また、名古屋は、グローバル製造業との関連を深め、グローバル製造業支援型の事業サービス拠点に転換しつつ、都市規模、都市機能を拡大させている。これに対して大阪は「製造業が衰退するなか、構造転換の模索が続いており、転換の方向が見えないまま、わずかに再都市化の兆しが現れているのみである」とされる(松本2007)[1]。

3 京阪神大都市圏における大阪市の位置

3.1 人口構造

　ところで、どのような範域を特定の都市の都市圏と定めるかはさまざまな議論がある。表2-1の定義は中心都市を定めた上でその周辺の都府県を便宜的に都市圏と定めたものといえる。大阪都市圏を例にとると、この定義では大阪都市圏を構成する府県を京都府、大阪府、奈良県、兵庫県としている。しかし、大阪市への通勤が困難で、人口減少地域である京都府、兵庫県の日本海沿岸地域を含んだ都市圏定義では、大阪都市圏の人口動態の実態を示したものとはいえない。このほか、都市圏の定義として使われるのは、中心都市の人口規模と都市圏郊外地域の範囲確定の基準となる通勤・通学率を基準とする方法である。この場合は、中心都市の人口規模と通勤・通学率をどのように設定するかが問題となる。たとえば、国勢調査の都市圏設定では中心都市への通勤・通学率を1.5％という極めて低い水準に設定しており、これ以外の研究においても5％、10％といった値が恣意的に設定され、都市圏域設定を行っていることが多い。

　この中で山田浩之、徳岡幸一(1983)は①中心市の人口が5万人以上でかつ都市圏人口が10万人を超えること、②郊外地域は、中心市への通勤率が10％以上という、標準大都市雇用圏(SMEA)を設定している[2]。

　表2-3は上記の基準をもとに、大阪市を中心とする大阪都市圏、京都市を中心とする京都都市圏、神戸市を中心とする神戸都市圏、これらを合わせた京阪神大都市圏の1955年以降の人口動態をみたものである(**図2-1**参照)。

表 2-3　京阪神大都市圏の都市圏別人口と増加率、構成比 (万人) (%)

	1955年	1965年	1970年	1980年	1990年	2000年	2005年	2010年	2010年/1955年増加率	1955年構成比	2010年構成比
京阪神大都市圏	900	1231	1394	1589	1676	1717	1728	1738	1.93	100.0	100.0
大阪都市圏	606	872	1000	1137	1192	1215	1221	1227	2.02	67.3	70.6
大阪市	255	316	298	265	264	260	263	267	1.05	28.3	15.4
京都圏	163	190	208	240	253	263	265	268	1.64	18.1	15.4
京都市	122	137	142	147	146	147	147	147	1.20	13.6	8.5
神戸圏	132	170	186	213	231	239	241	243	1.84	14.7	14.0
神戸市	99	122	129	137	148	149	153	154	1.56	11.0	8.9

資料) 各年『国勢調査』

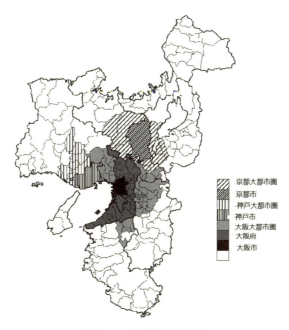

図 2-1　京阪神大都市圏

資料) 大都市標準雇用圏
　　　http://www.csis.u-tokyo.ac.jp/UEA/uea_data.htm

　これをみると、京阪神大都市圏の人口は一貫して増加しており、1965年を人口のピークとして人口減少を示した大阪市、1980年をピークに人口停滞が続く京都市といった中心都市における人口減少・停滞を含みながらも、都

市圏域でみた場合、大阪都市圏、京都都市圏、神戸都市圏の三都市圏とも、近年の人口増加率は低いとはいえ、一貫して人口増加を示していることがわかる。とりわけ大阪都市圏は一貫して京都、神戸都市圏の人口増加率を上回っており、京阪神大都市圏にしめる人口構成比も1955年の67.3%を2010年には70.6%まで上昇させている。

また、大阪市の人口も2000年以降反転して増加に向かい、2010年には268万人になっている。

3.2 経済活動

表2-4は1980年以降の大阪市の市内総生産の推移と増加率、構成比をみたものである。これをみると大阪市の総生産額は1980年から1990年まで上昇したが、1990年の21.8兆円をピークに緩やかな低下を示している[3]。1980年と2005年の産業別の伸び率をみると製造業、鉱業、農林水産業の総生産額が低下しているのに対して、サービス業、運輸通信、不動産などが大幅な伸びを示し、建設、卸・小売り、金融・保険業などが全体の伸び率からみると停滞気味であることがわかる。これを各産業の総生産額に占める構成比からみると、製造業、卸・小売業の構成比が1980年以降、1990年、2005年と低下しているのに対して、サービス業は1980年以降大幅な上昇

表2-4 大阪市の経済活動別市内総生産の推移 （百万円）

	実数（名目）				2005/1980年増加率	1980年構成比	1990年構成比	2005年構成比
	1980年度	1990年度	2000年度	2005年度				
総計	13,062,501	21,837,366	21,353,851	20,828,978	159.5	100.0%	100.0%	100.0%
農林水産業	3,807	4,454	2,726	2,570	67.5	0.0%	0.0%	0.0%
鉱業	1,146	1,270	955	323	28.2	0.0%	0.0%	0.0%
製造業	2,896,213	3,794,407	2,779,503	2,393,234	82.6	22.2%	17.4%	11.5%
建設業	457,451	1,056,765	633,804	556,021	121.5	3.5%	4.8%	2.7%
電気・ガス・水道業	189,101	297,812	343,373	316,100	167.2	1.4%	1.4%	1.5%
卸売・小売業	4,850,471	7,617,527	6,523,917	6,767,738	139.5	37.1%	34.9%	32.5%
金融・保険業	1,049,101	1,619,880	1,703,495	1,515,232	144.4	8.0%	7.4%	7.3%
不動産業	982,158	1,791,714	1,844,896	1,830,518	186.4	7.5%	8.2%	8.8%
運輸・通信業	979,502	1,706,943	1,973,434	1,894,278	193.4	7.5%	7.8%	9.1%
サービス業	1,653,549	3,946,594	5,547,747	5,552,968	335.8	12.7%	18.1%	26.7%

資料）大阪市『大阪の経済2010』

をみせている。とりわけ、サービス業の大阪経済に占める構成比は1980年12.7％、1990年18.1％、2005年26.7％と大幅に拡大しており、経済成長が停滞する中で、大阪経済のサービス化が進展していることがわかる。

表2-5は今日における大阪市、大阪府の近畿圏における経済的な地位をみたものである。これをみると近畿圏内で12.6％の人口を占める大阪市は、域内総生産23.6％、事業所数21.0％、従業員数24.4％と、人口規模の2倍前後の高いシェアを占めている。さらに、卸・小売販売額48.7％、銀行貸出残高42.7％、手形交換額82.1％、情報サービス業売上額72.1％などの集中率も極めて高く現れている。このように近年の近畿圏内のおける大阪市の都市機能は第三次産業に特化する形で現れており、大阪市が、全国レベルでみたとき対東京との関係で都市機能の相対的低下はいえるものの、近畿圏における中枢管理都市として高い都市機能をもっていることが分かる。

表2-5　近畿圏における大阪市・大阪府の経済機能

	域内総生産（2013年度）	事業所数（民営）（2014年）	従業者数（民営）（2014年）	卸売業・小売業販売額（2013年）	銀行貸出金残高（2016年9月末）	手形交換高（2015年度中）	情報通信業年間売上高（民営）（2013年）
	百万円	カ所	人	百万円	億円	億円	百万円
大阪市	18,736,094	190,629	2,267,364	34,747,852	258,512	410,393	1,440,486
大阪府	37,314,976	413,110	4,487,792	47,303,124	373,464	410,393	1,599,698
近畿	79,444,935	909,747	9,282,381	71,384,983	604,945	499,782	1,998,839
大阪市の対近畿シェア（％）	23.6	21.0	24.4	48.7	42.7	82.1	72.1
大阪府の対近畿シェア（％）	47.0	45.4	48.3	66.3	61.7	82.1	80.0

資料）『大阪市の経済2014』
注）ここで近畿圏では大阪府、兵庫県、京都府、和歌山県、奈良県、滋賀県を指す。

3.3　通勤

表2-6は大阪市への昼間流入人口の推移をみたものである。大阪市の昼間流入人口は1980年から2010年の間、約124万人から約150万人の幅で変

表 2-6　大阪市昼間流動人口の推移（人）

	1980 年	1990 年	2000 年	2010 年
総数				
常住人口	2,648,180	2,623,801	2,598,774	2,665,314
流入人口	1,246,746	1,481,750	1,333,131	1,113,574
流出人口	241,521	285,078	264,111	240,312
流入超過人口	1,005,225	1,196,672	1,069,020	873,262
昼間人口	3,650,644	3,800,461	3,664,414	3,538,576
昼夜間人口比率（％）	138.0	146.0	141.2	132.8
うち、就業者				
常住人口	1,298,054	1,345,405	1,231,235	1,143,391
流入人口	1,144,024	1,330,279	1,231,282	1,031,087
流出人口	176,003	220,350	210,749	196,463
流入超過人口	968,021	1,109,929	1,020,533	834,624
昼間就業人口	2,266,075	2,455,334	2,251,768	1,978,015
昼間流入就業者率（％）	50.5	54.2	54.7	52.1

資料『大阪の経済』2017 年版（原データは国勢調査）
注 1）昼夜間人口比率は昼間人口を常住人口で除したものである。
　2）昼間流入就業者率は就業者流入人口を昼間就業人口で除したものである。

動している。これを昼夜間比率でみると 1980 年の昼間人口 138.0％が 1990 年には 146.0％まで上昇し、その後は下降し、2010 年には 132.8％になっている。このように 1990 年以降昼間流入人口の減少がみられるものの、大阪市は依然として夜間人口の 1.3 倍程度の人口を周辺地域から吸収している。

　これを就業者に絞ってみると、大阪市の昼間就業者数は 1990 年の約 245 万人が 2010 年には約 200 万にまで減少しているが、そのうちの 50％を超える従業者が依然として周辺地域からの流入者であり、大阪市が就労の場所として多数の就業者を周辺地域から吸収していることが分かる。

　大阪都市圏の通勤率の変化に検討を加えた石川雄一は大阪都市圏の中で「オフィス機能の郊外化」が進展しており、「人口の郊外化が先行する都市外延部では大阪市への通勤率は増加する傾向にあり、産業の郊外化が進展する内側では通勤率が低下する傾向がある」と指摘している（石川 2008：98-99）。また、石川は大阪都市圏の周辺、郊外都市のオフィス機能が「弱い階層的な

補完的多核化」(石川 2008：141) の段階にあるとしており、就業の面からみても大阪都市圏、京阪神都市圏における大阪市の中心性は依然として強いものがあるといえる[4]。

3.4 就業者構造

表 2-7 は大阪市の昼間就業者の産業別職業構成を市内常住者と市外流入者に分けてみたものである。全体の構成をみると卸小売業 20.2％、製造業 13.0％、医療・福祉 7.3％が上位 3 位を占めている。

表 2-7 大阪市の昼間就業者構成・市外流入率

	総数(人)	就業者職業構成	市内に常住(人)	市外から流入(人)	市外流入者率
農業、林業	1,093	0.1%	693	392	35.9%
漁業	55	0.0%	40	13	23.6%
鉱業、採石業、砂利採取業	43	0.0%	28	12	27.9%
建設業	126,389	6.4%	52,325	68,424	54.1%
製造業	256,873	13.0%	112,816	138,663	54.0%
電気・ガス・熱供給・水道業	11,927	0.6%	2,431	9,412	78.9%
情報通信業	117,015	5.9%	31,701	84,468	72.2%
運輸業、郵便業	105,454	5.3%	46,702	55,772	52.9%
卸売業、小売業	400,199	20.2%	170,559	222,684	55.6%
金融業、保険業	86,285	4.4%	21,034	64,493	74.7%
不動産業、物品賃貸業	61,897	3.1%	28,420	31,809	51.4%
学術研究、専門・技術サービス業	101,863	5.1%	33,749	67,086	65.9%
宿泊業、飲食サービス業	118,964	6.0%	74,838	41,221	34.6%
生活関連サービス業、娯楽業	65,200	3.3%	34,405	29,135	44.7%
教育、学習支援業	56,909	2.9%	24,434	31,561	55.5%
医療、福祉	144,278	7.3%	87,080	54,715	37.9%
複合サービス事業	4,405	0.2%	2,095	2,252	51.1%
サービス業(他に分類されないもの)	137,415	6.9%	59,182	74,729	54.4%
公務(他に分類されるものを除く)	45,642	2.3%	11,623	33,659	73.7%
分類不能の産業	136,106	6.9%	42,508	20,586	15.1%
合計	1,978,012	100.0%	836,663	1,031,086	52.1%

資料) 2010 年『国勢調査』

先にふれたように大阪市の昼間就業者の 52.1％は周辺都市からの通勤者である。この職業別通勤者率(市外流入者率)をみると、電気・ガス、金融・保険、公務、情報通信業従事者の 7 割以上が市外からの流入者であり、市内居住者は飲食・宿泊、医療・福祉業に従事する割合が高いことが分かる。

　フリードマン (1986) によればグローバル期における都市を分析する場合「金融パッケージとか技術的助言とかいった最終生産物だけでなく、専門家からかれが働くビルの清掃人にいたるまでの、それら最終生産物にかかわるすべての仕事である。こうしたサービス部門の拡大は、高所得の職種と低所得の職種との両方の増加をもたらしてきた。」とされる。この観点から大阪市の就業構造をみると、金融・保険、情報・通信といった生産者サービスとよばれる比較的高所得の専門的職業従事者は大阪市外から通勤し、これらの産業従事者をサポートする低所得者層は大阪市内に居住するという構図をみてとることができる。この結果、**図 2-2** のように大阪市民の所得分布は、豊中市、高槻市、芦屋市などの周辺都市と比べると 300 万円未満の所得層が

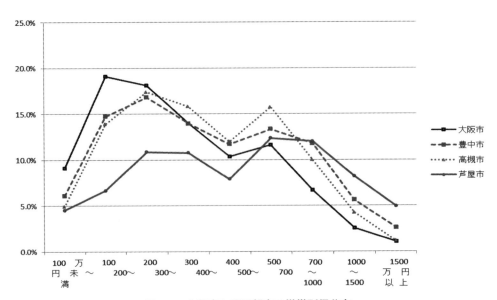

図 2-2　大阪市と周辺都市の世帯所得分布

資料：2013 年「土地・住宅統計」

43.6％を占めるように、低所得層に偏っている。

表 2-8　大阪市の行政区別昼夜間人口（人）

	夜間人口	昼間人口	昼夜間人口比率		夜間人口	昼間人口	昼夜間人口比率
中央	78,687	465,786	5.92	西淀川	97,504	101,005	1.04
北	110,392	382,705	3.47	西成	121,972	125,958	1.03
西	83,058	177,691	2.14	東成	80,231	81,431	1.01
天王寺	69,775	116,468	1.67	生野	134,009	131,818	0.98
浪速	61,745	97,184	1.57	都島	102,632	100,668	0.98
福島	67,290	89,796	1.33	東淀川	176,585	166,654	0.94
淀川	172,078	221,686	1.29	平野	200,005	187,089	0.94
此花	65,569	78,925	1.20	旭	92,455	86,277	0.93
住之江	127,210	140,794	1.11	住吉	155,572	142,489	0.92
阿倍野	106,350	115,197	1.08	城東	165,832	149,853	0.90
港	84,947	90,644	1.07	東住吉	130,724	117,409	0.90
大正	69,510	72,508	1.04	鶴見	111,182	98,541	0.89
				合計	2,665,314	3,538,576	1.33

資料）2010年『国勢調査』

図 2-3　大阪市の行政区

表 2-9 大阪市行政区別従業地別従業者数・職業構成

	従業地別従業者数		従業地別職業特化構成					
	就業者総数（人）	構成比	I 卸売業、小売業	E 製造業	P 医療、福祉	R サービス業（他に分類されないもの）	T 分類不能の産業	D 建設業
中央	413,911	20.9%	1.20	0.71	0.40	1.16	0.48	0.75
北	313,115	15.8%	0.97	0.62	0.53	1.28	0.60	0.97
淀川	127,905	6.5%	1.00	1.30	0.79	0.98	0.96	1.06
西	126,452	6.4%	1.33	0.84	0.53	1.03	0.39	1.32
平野	71,936	3.6%	0.79	1.84	1.59	0.73	1.63	1.22
住之江	70,947	3.6%	0.78	1.03	1.00	1.09	1.06	0.86
東淀川	63,995	3.2%	0.79	1.14	1.60	0.77	1.92	1.20
天王寺	60,618	3.1%	1.01	0.66	1.64	1.04	1.04	0.72
城東	58,998	3.0%	0.76	1.27	1.70	0.84	1.59	1.04
浪速	55,905	2.8%	1.31	0.71	0.75	1.23	1.11	1.02
福島	55,382	2.8%	1.32	0.94	1.03	0.82	1.07	0.72
生野	52,596	2.7%	0.83	2.02	1.67	0.56	1.80	0.80
阿倍野	49,278	2.5%	1.03	0.78	1.85	0.81	1.27	0.84
西淀川	48,067	2.4%	0.74	2.42	1.13	0.73	1.01	1.27
住吉	46,491	2.4%	0.79	0.47	2.47	0.65	1.89	1.18
都島	44,947	2.3%	0.91	0.68	1.69	0.79	1.58	1.18
東住吉	44,551	2.3%	1.00	1.07	2.06	0.74	1.57	1.22
港	44,343	2.2%	0.67	0.74	1.13	0.93	1.32	1.42
此花	43,327	2.2%	0.54	1.60	0.70	0.86	0.96	1.20
西成	43,191	2.2%	0.87	1.08	1.94	0.85	2.14	1.14
東成	39,646	2.0%	0.95	2.00	1.55	0.83	1.25	0.76
鶴見	38,301	1.9%	0.88	1.60	1.36	0.82	1.41	1.31
大正	33,497	1.7%	0.75	1.55	1.29	0.87	1.32	1.47
旭	30,613	1.5%	0.90	0.91	1.85	0.76	1.62	1.13
大阪市	1,978,012	100.0%	20.2%	13.0%	7.3%	6.9%	6.9%	6.4%

資料) 2010年『国勢調査』
注 1) なお本表は従業者数が0.1%未満の農業、漁業、鉱業は除いている。
 2) 特化係数は各行政区の職業別構成率を全市平均の構成率で除したものである。
 3) グレーでマークしているのは特化係数1.1以上の箇所である。

4 大阪市の地域・空間構造

4.1 大阪市の業務空間

表 2-8 は大阪市の行政区別に夜間人口を1とした場合の昼・夜間人口の比率をみたものである。これをみると大阪市の都心三区といわれる中央区 5.92、北区 3.47、西区 2.14 の昼間人口率が高いことがわかる（**図 2-3** 参照）。

G 情報通信業	H 運輸業、郵便業	M 宿泊業、飲食サービス業	L 学術研究、専門・技術サービス業	J 金融業、保険業	N 生活関連サービス業、娯楽業	K 不動産業、物品賃貸業	O 教育、学習支援業	S 公務(他に分類されるものを除く)	F 電気・ガス・熱供給・水道業	Q 複合サービス事業
1.53	0.44	0.95	1.41	2.35	0.85	1.23	0.49	1.76	0.82	0.95
1.78	0.63	1.41	1.62	1.12	1.17	1.16	0.89	0.90	1.98	0.64
1.34	0.79	0.95	1.19	0.74	0.78	0.98	0.88	0.47	0.52	0.81
1.67	0.93	0.64	1.49	1.01	0.76	1.06	0.52	0.48	1.31	0.60
0.16	0.75	0.81	0.31	0.33	1.05	0.77	1.24	0.59	0.27	1.80
0.38	3.75	0.77	0.36	0.38	0.90	0.59	0.92	1.43	2.90	0.96
0.35	1.11	0.91	0.64	0.38	1.07	0.91	1.52	0.56	0.85	1.26
0.51	0.86	1.32	1.05	0.88	1.02	1.17	2.40	0.54	0.08	0.90
0.38	1.23	0.79	0.64	0.52	0.96	1.01	1.18	1.04	1.27	1.16
1.04	0.68	1.11	0.73	0.74	1.36	1.07	0.94	0.65	0.57	0.72
1.47	1.04	1.01	0.83	0.39	0.79	0.75	0.59	0.97	0.81	0.77
0.13	0.68	0.93	0.25	0.33	0.85	0.65	1.34	0.64	0.20	1.35
0.29	0.58	1.19	0.57	0.90	1.06	1.11	2.42	1.17	0.08	1.21
0.24	1.70	0.62	0.34	0.26	0.61	0.65	0.86	0.49	0.27	0.94
0.24	0.83	1.03	0.50	0.46	1.25	1.09	2.74	0.78	0.84	1.56
0.54	0.88	1.39	0.74	0.50	1.30	1.05	1.31	1.06	0.41	1.12
0.13	0.74	0.90	0.47	0.32	1.07	0.85	1.38	0.70	1.01	1.89
0.60	3.51	0.83	0.49	0.29	0.85	0.69	1.06	1.96	0.39	0.96
0.39	3.02	0.80	0.83	0.14	2.61	0.48	0.59	0.52	2.33	1.30
0.10	0.90	1.08	0.29	0.29	1.05	0.82	0.79	1.16	0.63	1.42
0.25	0.66	0.74	0.60	0.43	0.80	0.88	0.82	0.58	0.51	1.38
0.18	1.45	0.78	0.38	0.26	0.96	0.84	1.21	0.57	0.15	0.98
0.17	2.22	0.81	0.39	0.25	0.80	0.64	0.89	0.75	1.02	1.09
0.27	0.95	1.03	0.51	0.33	1.16	0.87	2.35	0.83	0.50	1.50
5.9%	5.3%	6.0%	5.1%	4.4%	3.3%	3.1%	2.9%	2.3%	0.6%	0.2%

これに次ぐのが西区、中央区に隣接する天王寺区1.67、浪速区1.57で、さらに北区に隣接する福島区1.33、淀川区1.29が続いている。これらの地域は通勤者や買い物客などの流入によって昼間人口の比率が高い大阪市の主要な業務空間となっている。これ以外に昼間人口比が1を超えるのは西淀川区と住之江区を結ぶ西部沿岸地域の区であり、これとは逆に東部内陸地域の昼間人口は夜間人口を下回っている。

表 2-10　大阪市の産業別事業所数の変化（1986-2006年間の増減率）

| | 2006年事業所数 | 86-06増減数 | 増減率 | 減少率の高い上位5区 | | | | | | | |
				1位		2位		3位		4位	
建設業	9,949	-3,059	77%	阿倍野	57%	西成	59%	天王寺	61%	旭	65%
製造業	23,163	-22,854	50%	阿倍野	32%	旭	37%	浪速	38%	都島	39%
運輸・通信	8,928	1,368	118%	旭	46%	西成	47%	住吉	51%	平野	52%
卸・小売り	58,254	-49,873	64%	西成	50%	阿倍野	52%	旭	53%	西淀川	54%
金融・保険	2,753	-1,140	71%	東成	40%	西成	40%	阿倍野	41%	東住吉	42%
不動産	15,338	1,875	114%	西成	60%	此花	76%	阿倍野	82%	住吉	87%
サービス	82,635	1,193	102%	西成	62%	阿倍野	74%	浪速	80%	旭	82%
大阪市全体	201,462	-72,551	74%	西成	52%	阿倍野	56%	東成	60%	旭	60%

資料）2006年『事業所統計』
注）増減率は1986年を基準とした値である。

　表 2-9 は2010年国勢調査結果報告を用いて従業地別就業者数と従業地別職業特化係数を大阪市の行政区別にみたものである。これをみると就業者数は中央区、北区、淀川区、西区が上位4位を占め、これら四区の昼間就業者数は大阪市全体の49.6％を占めている。これに次ぐのが、平野区、住之江区、東淀川区といった夜間人口数の多い住宅地と業務地域が混在する地域で、これに天王寺、浪速区といった業務地域が続いている。

　同じく行政区別の職業特化係数をみると、卸・小売業は中央区、西区、福島区、浪速区の4区に高く現れている。また、生産者サービスと総称される情報通信業は北区、中央区、西区、福島区、浪速区の5区、金融・保険は中央区、北区の2区に特化して現れている。さらに、サービス業（他に分類されないもの）は北区、中央区、浪速区の都心3区、学術研究は中央区、北区、西区、淀川区に特化して現れている。

　他方、製造業は西淀川、生野、東成、平野、此花、鶴見、大正区などの西部沿岸地域から北東、東部地域の都心周辺地域、建設業は大正、港、此花、西淀川といった西部沿岸地域から西成、住吉、東住吉、平野といった南部内陸地域に広がっている。飲食・宿泊業は北部の北、都島区、南部の天王寺区、阿倍野、浪速区の特化係数が高く現れている。

　ところで、大阪市の事業所統計をみると**表 2-10**のように大阪市の事業所

		減少率の低い (含む増加率) 上位 5 区							
5 位		1 位		2 位		3 位		4 位		5 位	
東成	65%	鶴見	128%	住之江	99%	中央	99%	平野	94%	西淀川	91%
西成	40%	中央	76%	西	69%	西淀川	66%	港	63%	平野	63%
東住吉	60%	中央	271%	北	200%	西	185%	淀川	177%	住之江	113%
城東	55%	北	74%	西	74%	住之江	74%	中央	70%	鶴見	70%
福島	45%	鶴見	100%	中央	90%	東淀川	86%	西	84%	北	81%
天王寺	91%	鶴見	189%	生野	174%	東淀川	148%	福島	147%	城東	141%
此花	83%	鶴見	144%	中央	135%	住之江	119%	北	119%	平野	116%
生野	62%	中央	91%	鶴見	90%	北	88%	住之江	88%	西	88%

数は 1986 年から 2006 年の間に増減率で、-26％、72,551 所もの事業所が減少している[5]。この間の減少率が最も高いのは製造業で -50％、22,854 所が撤退し、これに卸・小売り -36％、49,873 所、金融・保険 -29％、-1,140 所がつづいている。これに対して増加を示しているのは運輸・通信が 18％増の 1,368 所、不動産が 14％増の 1,875、そしてサービスが 2％、1,193 所増となっている。

この増減を行政区別にみると、減少率が高いのが南・東部に位置する西成、阿倍野、東成、旭、生野区である。これに対して減少率が低いのは中央、北、西の都心 3 区と 1980 年以降都市開発が進んだ鶴見区、住之江区である。この中で都心三区には情報・通信業、サービス業の新たな立地が進み（注：西区のサービス業増加率は 1.13 で第 6 位）、金融・保険業の撤退も相対的に低いレベルでとどまっている。

表 2-11 は 2014 年の事業所統計をもとに行政区別の産業別事業所特化係数を求め、その結果をクラスター分析したものである。

まず、大阪市全体の事業所構成をみると卸・小売り 27.4％、宿泊・飲食サービス業 14.8％、製造業 9.6％が上位 3 位を占めている。

次に、クラスター分析の結果をみると、西淀川区、東成区、生野区、平野区で構成される第 1 クラスターは製造業に特化している。第 2、3、4 クラ

表 2-11　大阪市産業別事業所数特化係数

	事業所数(所)	従業者数(人)	1社当従業者数(人)	産業別事業所特化係数					
				建設業	製造業	電気・ガス・熱供給・水道業	情報通信業	運輸業	卸売・小売業
北区	27,397	349,458	12.8	0.68	0.41	1.56	2.18	0.47	0.81
中央区	31,805	457,700	14.4	0.49	0.43	0.51	2.01	0.52	1.14
福島区	5,503	55,493	10.1	0.80	0.90	0.74	0.83	0.77	1.30
西区	11,846	137,857	11.6	0.97	0.73	0.69	2.17	1.09	1.22
浪速区	5,790	60,789	10.5	1.02	0.71	1.05	0.57	0.81	1.33
淀川区	11,934	130,622	10.9	1.20	1.01	0.85	1.79	0.80	1.02
天王寺区	6,796	65,170	9.6	0.72	0.84	0.00	0.56	0.21	1.06
阿倍野区	5,691	50,323	8.8	0.95	0.58	0.36	0.34	0.47	1.03
此花区	2,945	42,990	14.6	1.90	0.85	2.76	0.18	2.46	0.81
大正区	3,893	34,797	8.9	1.58	1.24	2.61	0.07	2.51	0.95
港区	4,825	45,315	9.4	1.68	1.16	1.27	0.24	2.87	0.93
住之江区	5,583	71,836	12.9	1.26	0.79	3.28	0.27	3.37	1.04
都島区	5,686	47,034	8.3	1.31	0.91	0.36	0.57	1.15	0.93
旭区	4,465	30,735	6.9	1.32	0.93	0.46	0.15	1.04	1.00
住吉区	6,412	44,548	6.9	1.50	0.47	0.63	0.14	0.96	0.92
東住吉区	6,894	45,677	6.6	1.40	1.19	1.18	0.08	0.92	1.10
西成区	6,733	46,043	6.8	0.88	1.01	0.30	0.04	0.57	0.98
西淀川区	4,706	50,072	10.6	1.61	2.29	0.86	0.09	1.80	0.82
東淀川区	6,013	63,427	10.5	1.44	0.68	2.03	0.40	1.95	0.88
城東区	7,018	60,328	8.6	1.26	1.76	2.03	0.16	1.79	0.83
鶴見区	4,592	37,106	8.1	1.85	1.50	0.89	0.14	2.26	0.81
東成区	6,158	41,903	6.8	0.79	2.27	0.33	0.22	0.46	1.07
生野区	10,532	55,226	5.2	0.75	2.44	0.77	0.10	0.55	0.93
平野区	8,245	72,769	8.8	1.11	2.36	0.74	0.12	0.95	0.86
大阪市	201,462	2,097,218	10.4	4.9%	11.5%	0.0%	2.1%	2.3%	28.9%

資料）2006年『事業所統計』
注1）特化係数は各行政区の産業別構成率を全市平均の構成率で除したものである。
　2）グレーでマークしているのは特化係数1.1以上の箇所である。

第2章　グローバル期における大阪市の「中心性」　57

金融・保険業	不動産業	飲食店、宿泊業	医療、福祉	教育、学習支援業	複合サービス事業	サービス業(他に分類されないもの)	公務		産業別事業所クラスター
1.37	0.88	1.42	0.62	0.98	0.84	1.46	1.34	1	金融、情報、公務
2.01	0.85	1.07	0.57	0.68	1.25	1.28	1.85		
0.57	0.82	0.98	0.93	0.87	1.97	0.83	1.19		卸・小売、情報
1.20	0.72	0.74	0.55	0.51	1.13	1.18	0.72	2	
1.04	1.30	0.94	0.74	0.73	1.14	0.75	0.56		
0.91	1.04	0.91	0.91	0.87	0.83	0.96	0.55		
1.02	1.05	0.92	1.06	1.79	1.35	1.17	0.87	3	教育、医療・福祉、複合サービス
1.02	1.29	1.07	1.62	1.97	0.99	0.92	1.15		
0.42	1.28	1.12	1.16	1.03	0.96	0.83	1.33		
0.53	0.71	1.02	1.10	0.88	1.03	0.80	0.84	4	運輸・建設
0.50	0.77	0.97	0.98	0.87	0.68	0.85	2.17		
0.59	0.82	0.92	1.32	1.35	1.39	0.81	1.64		
0.79	1.31	1.13	1.22	1.22	0.91	0.80	0.69		医療・福祉、教育、建設
0.57	1.40	0.85	1.69	1.20	0.69	0.86	0.59	5	
0.68	1.47	1.03	1.85	1.60	0.88	0.95	0.41		
0.51	0.97	0.78	1.42	1.25	1.16	0.83	0.47		
0.54	1.24	1.44	1.36	0.73	0.73	0.72	0.78		
0.44	0.90	0.64	0.99	0.86	0.80	0.73	0.56		建設、運輸、製造
0.67	1.71	0.92	1.48	1.44	0.86	0.84	0.44	6	
0.57	1.19	0.75	1.33	1.19	0.54	0.78	0.93		
0.41	1.45	0.63	1.20	1.50	0.97	0.76	0.43		
0.55	0.86	0.73	1.04	0.72	0.88	0.65	0.42		製造
0.52	0.90	0.85	1.14	0.81	0.67	0.63	0.31	7	
0.52	0.68	0.79	1.36	1.08	1.06	0.68	0.56		
1.4%	7.6%	15.7%	4.9%	2.0%	0.4%	18.0%	0.2%		

58　第Ⅰ部　都市が変わる、都心が変わる

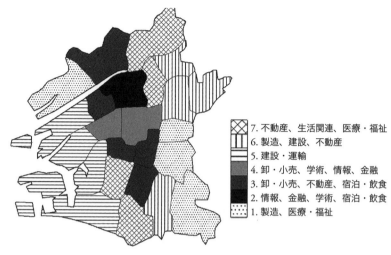

図2-4　大阪市の事業所分布

資料）2006年『事業所統計』

スターは都市的な三次産業に特化した地域で、第2クラスターの北区は情報、金融、宿泊・飲食の特化係数が高く、第4クラスターの中央区、西区は卸・小売業が3割を超えているが、ここも情報、金融の特化係数が高く、都市の中枢管理機能が集積している地区といえる。これに対して、第3クラスターの福島区、天王寺区、浪速区、淀川区、阿倍野区は卸・小売、不動産、宿泊・飲食サービス業に特化している。第5、6、7クラスターは建設業の特化係数が高い地域である。このうち此花区、港区、大正区、住之江区から構成される第6クラスターは運輸業、第5クラスターの旭区、城東区、鶴見区、東住吉区は製造業、不動産業、都島区、東淀川区、住吉区、西成区からなる第7クラスターは不動産、生活関連業の特化係数が高く現れている。また、医療・福祉サービス業については第二次産業従事者比率が相対的に高い第1、5、6、7クラスターの特化係数が高くなっている。

　図2-4はこれを図示したものであるが、これをみると都市中枢機能が集積している北区、中央区、西区を核に、これに隣接する地域に二次的な都市サービス機能を集積させた地域が広がり、その外周に運輸といった現業的サービ

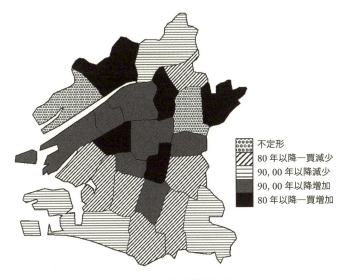

図 2-5　1980-2015 年人口増減パターン

資料）各年『国勢調査』

スや製造業、建設業と医療・福祉サービス業事業所が分布している。

4.2　大阪市民の生活・居住空間

表 2-3 でみたように大阪市の常住人口は 1995 年の 260 万人を底にわずかずつではあるが増加し、再都市化が徐々に進んでいる。

図 2-5、表 2-12 は 1980 年から 2015 年までの人口増減パターンを 5 つに

表 2-12　1980-2015 年人口増減率パターン

典型区	80-90年増減率	90-00年増減率	00-10年増減率	10-15年増減率	人口増減パターン
A. 西	1.10	1.07	1.31	1.11	一貫増加
B. 中央	0.89	0.97	1.42	1.18	90、00年増加
C. 住之江	1.22	0.96	0.94	0.97	90、00年減少
D. 生野	0.89	0.92	0.94	0.97	一貫減少
E. 西淀川	1.05	0.97	1.05	0.98	不定形

資料）各年『国勢調査』
注）増減率は規準年を 1 とした値である。

表 2-13　年齢別人口構成

	総数(人)	年齢別人口構成 (%)				80-15年人口増減	
		15歳未満	15〜64歳	65歳以上	75歳以上	人口増減パターン	人口増減率
大阪市	2,912,353	11.2	65.7	22.7	10.0	B	1.02
北	110,392	8.4	73.0	18.6	8.6	B	1.41
都島	102,632	11.5	68.1	20.4	9.4	A	1.25
福島	67,290	11.5	69.3	19.3	9.0	B	1.21
此花	65,569	12.2	64.1	23.7	10.5	B	0.91
中央	78,687	7.8	75.4	16.8	7.9	B	1.45
西	83,058	10.4	74.5	15.2	6.9	A	1.72
港	84,947	11.8	64.6	23.6	10.5	D	0.85
大正	69,510	12.3	62.3	25.4	11.2	D	0.78
天王寺	69,775	12.6	68.8	18.6	9.2	A	1.37
浪速	61,745	6.1	74.4	19.5	8.3	B	1.39
西淀川	97,504	13.9	64.8	21.3	9.5	E	1.05
淀川	172,078	10.7	69.2	20.0	8.8	A	1.14
東淀川	176,585	11.4	68.1	20.5	8.8	C	1.06
東成	80,231	11.4	65.2	23.4	11.2	B	0.90
生野	134,009	10.7	62.2	27.1	12.9	D	0.75
旭	92,455	11.3	62.4	26.3	12.9	D	0.80
城東	165,832	13.3	64.8	21.9	9.9	E	1.05
鶴見	111,182	16.6	63.9	19.5	8.3	A	1.26
阿倍野	106,350	12.2	63.6	24.2	12.4	B	0.92
住之江	127,210	12.2	64.9	22.9	9.9	C	1.07
住吉	155,572	12.4	63.5	24.2	11.6	D	0.92
東住吉	130,724	12.2	62.0	25.8	12.3	D	0.80
平野	200,005	14.3	61.5	24.2	10.3	C	0.99
西成	121,972	7.6	58.0	34.5	13.9	D	0.74

資料) 2015年『国勢調査』
人口増減パターン) A. 一貫増加、B. 95、00年以降増加　C. 95、00年以降減少　D. 一貫減少　E. 不定形

分けてみたものである。これをみると一貫して人口を減少させているD地区は此花区を基点に反時計回りで港区、大正区、西成区、東住吉区、生野区、旭区と都心部を取り巻く地域に広がり、東淀川区、住之江区、平野区（C地区）は1990年、2000年以降に人口減少に転化している。

表 2-14　区別　家族類型パターン

	家族パターン	1. 夫婦のみ	2. 夫婦と子ども	3. 片親世帯	5. 単独世帯	6. その他	総世帯数
北区	単身世帯	14.5%	12.8%	5.8%	61.8%	5.0%	74,053
都島区	単身＋核家族	16.2%	20.0%	7.1%	50.6%	6.2%	51,505
生野区	その他	14.8%	18.2%	10.6%	48.4%	7.9%	63,532
住之江区	核家族	19.3%	23.9%	11.7%	39.0%	6.1%	56,868
大阪市全体		16.1%	19.9%	9.0%	48.6%	6.4%	1,352,413

資料) 2015年『国勢調査』
注) ここで核家族とは「夫婦のみ」、「夫婦と子ども」を合わせたものをさす。

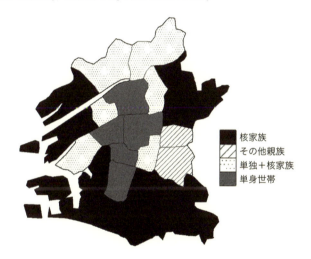

図 2-6　行政区別家族類型パターン

　これに対して一貫して人口増加をみせている A 地区は都島区、西区、東淀川区の都心隣接地区と鶴見区に広がり、これに遅れて北区、福島区、此花区、中央区、浪速区、東成区、阿倍野区（B 地区）は 1990 年、2000 年以降に人口増加を示している。

　表 2-13 は 2015 年の各区の人口と年齢別人口構成をみたものである。年齢別人口構成と図 2-5 でみた人口増減パターンの関係をみると、一貫して人口減少を示した D 地区は港区を除き 65 歳以上人口が大阪市の平均より 1.5％以上高く、特に西成区 34.5 %、生野区 27.1％、旭区 26.3％の高齢化率は市

表 2-15　行政区別産業職業構成特化係数のクラスター分析

	人数(人)	構成比	産業別職業構成特化係数						
			建設業	製造業	電気・ガス・熱供給・水道業	情報通信業	運輸業、郵便業	卸売業、小売業	金融業、保険業
都島	46,043	4.0%	0.73	0.82	1.06	1.43	0.89	1.13	1.22
淀川	79,621	7.0%	1.00	0.99	0.80	1.40	0.85	1.03	1.22
福島	32,570	2.8%	0.73	0.82	1.06	1.43	0.89	1.13	1.22
旭	39,432	3.4%	1.08	0.96	1.02	0.87	0.94	1.00	0.98
東住吉	55,153	4.8%	1.08	1.00	1.00	0.70	0.88	1.06	0.93
住吉	64,419	5.6%	1.08	0.74	1.20	0.85	0.97	1.01	1.16
城東	73,637	6.4%	0.95	1.11	0.97	1.15	0.95	0.94	1.19
東淀川	75,964	6.6%	1.14	0.94	1.01	1.10	1.06	0.95	0.92
東成	36,255	3.2%	0.81	1.34	0.57	0.90	0.75	1.06	0.95
生野	54,919	4.8%	0.86	1.51	0.55	0.55	0.75	0.98	0.74
西淀川	42,938	3.8%	1.29	1.47	0.68	0.87	1.36	0.93	0.88
鶴見	48,349	4.2%	1.20	1.28	0.98	1.05	1.19	1.00	0.99
平野	81,250	7.1%	1.18	1.42	1.01	0.57	1.02	0.92	0.74
港	37,674	3.3%	1.26	0.88	0.87	0.84	1.94	0.93	0.77
大正	29,825	2.6%	1.38	1.12	1.18	0.46	1.80	0.97	0.67
住之江	55,666	4.9%	1.10	0.86	1.43	0.74	1.88	1.02	0.94
浪速	22,135	1.9%	0.68	0.59	0.52	1.10	0.63	1.04	0.83
西成	37,971	3.3%	1.25	0.82	0.70	0.51	1.05	0.93	0.59
天王寺	30,930	2.7%	0.56	0.79	1.03	1.08	0.45	1.03	1.23
阿倍野	45,511	4.0%	0.74	0.78	1.03	0.91	0.68	1.03	1.37
北	52,090	4.6%	0.67	0.69	0.79	1.73	0.53	0.92	1.11
中央	38,106	3.3%	0.47	0.62	0.96	1.55	0.36	1.09	1.26
西	33,948	3.0%	0.71	0.75	0.81	1.63	0.75	1.32	1.33
此花	28,983	2.5%	1.42	1.03	2.87	0.79	1.67	0.96	0.66
大阪市全体	1,143,389	100.0%	6.3%	14.3%	0.3%	3.3%	5.7%	18.4%	2.4%

資料）2010年『国勢調査』
注1) なお本表は従業者数が0.1％未満の農業、漁業、鉱業は除いている。
　2) 特化係数は各行政区の産業別職業構成率を全市平均の構成率で除したものである。
　3) グレーでマークしているのは特化係数1.1以上の箇所である。

平均を大きく上回っている。これに対して一貫して人口増加を示しているA地区、1995年、2000年以降人口増加に転じたB地区は阿倍野区を除いて

不動産業、物品賃貸業	学術研究、専門・技術サービス業	宿泊業、飲食サービス業	生活関連サービス業、娯楽業	教育、学習支援業	医療、福祉	複合サービス事業	サービス業(他に分類されないもの)	公務(他に分類されるものを除く)	分類不能の産業	産業別職業クラスター	
0.98	1.21	1.12	0.95	0.93	0.89	0.90	0.92	1.02	1.11	1	情報・金融・学術
1.03	1.17	1.09	1.07	0.92	0.83	1.11	1.04	0.79	0.90		
0.98	1.21	1.12	0.95	0.93	0.89	0.90	0.92	1.02	1.11		
0.98	0.99	0.94	1.07	1.19	1.13	1.22	1.09	1.27	0.85	2	教育・医療・複合サービス
1.00	0.92	0.83	0.99	1.31	1.21	1.22	0.95	1.08	0.90		
1.03	0.94	0.94	1.07	1.32	1.28	1.39	1.02	1.16	0.94		
0.89	1.05	0.91	0.94	1.11	1.00	0.92	1.05	1.51	0.87	3	情報・その他
0.94	0.92	0.92	1.08	0.94	1.01	1.19	1.07	0.77	1.09		
0.92	0.89	0.94	0.97	0.95	0.95	0.87	1.02	0.87	0.91	4	製造
0.84	0.60	1.00	1.00	0.77	1.03	0.76	0.84	0.51	1.17		
0.76	0.77	0.84	0.83	0.72	0.89	0.95	0.99	0.65	0.76	5	建設・製造・運輸
0.87	0.82	0.75	0.89	0.91	0.97	0.90	0.95	0.97	0.78		
0.85	0.63	0.77	0.97	0.81	1.09	1.35	0.93	0.96	0.97		
0.76	0.79	0.97	0.99	0.75	0.91	0.77	1.10	1.03	1.00	6	建設・運輸
0.73	0.54	0.94	0.90	0.58	0.93	0.84	1.09	0.66	0.97		
0.83	0.75	0.92	0.97	0.82	0.96	1.04	1.19	1.17	0.85		
1.29	0.89	1.66	1.52	0.80	0.72	0.49	1.04	0.56	1.58	7	宿泊・分類不能
0.84	0.48	1.22	1.08	0.62	0.92	0.70	1.24	0.53	1.62		
1.45	1.47	0.99	0.92	1.62	1.25	0.77	0.87	1.29	1.09	8	金融・不動産・学術・教育・医療
1.33	1.20	0.92	0.95	1.76	1.34	1.09	0.86	1.40	0.90		
1.34	1.73	1.43	1.05	1.05	0.83	0.53	0.97	1.09	1.27	9	金融・不動産・学術・教育・医療・宿泊・飲食
1.60	1.78	1.26	0.93	1.12	0.80	0.41	0.78	1.15	1.48		
1.39	1.73	1.33	1.07	0.93	0.79	0.67	0.85	0.92	0.54		
0.60	0.74	0.98	0.93	0.65	0.89	0.93	1.14	0.66	0.91	10	電気・建設・運輸・サービス
2.9%	3.5%	7.5%	3.7%	3.3%	9.5%	0.2%	6.4%	1.6%	10.5%		

　生産年齢人口の比率が高く現れている。また15歳未満人口は城東区、鶴見区、西淀川区、住吉区、平野区といった周辺地域で高い比率を示しているが、人

表 2-16　行政区別職業構成特化係数のクラスター分析

	行政区別就労者数（人）	就労者比率	職業別特化係数				
			管理的職業従事者	専門的・技術的職業従事者	事務従事者	販売従事者	サービス職業従事者
淀川	79,621	7.0%	0.90	1.05	1.04	1.11	1.00
旭	39,432	3.4%	0.89	1.04	1.02	0.99	1.03
城東	73,637	6.4%	0.83	1.06	1.08	0.99	0.93
東住吉	55,153	4.8%	1.01	1.02	0.99	1.04	1.01
住吉	64,419	5.6%	0.92	1.08	1.04	1.04	1.07
東成	36,255	3.2%	1.04	0.97	1.02	1.02	0.95
都島	46,043	4.0%	1.11	1.21	1.10	0.98	0.97
東淀川	75,964	6.6%	0.59	0.94	0.94	0.99	1.01
平野	81,250	7.1%	0.76	0.76	0.89	0.88	0.96
西淀川	42,938	3.8%	0.65	0.82	0.99	0.95	0.86
鶴見	48,349	4.2%	0.76	0.91	1.03	1.03	0.84
生野	54,919	4.8%	0.89	0.75	0.80	0.92	1.07
港	37,674	3.3%	0.85	0.82	1.01	0.88	0.97
住之江	55,666	4.9%	0.74	0.79	1.06	0.96	0.97
此花	28,983	2.5%	0.73	0.76	0.96	0.86	0.95
大正	29,825	2.6%	0.77	0.62	0.90	0.86	0.98
西成	37,971	3.3%	0.64	0.59	0.70	0.85	1.22
福島	32,570	2.8%	1.17	1.14	1.12	1.11	0.95
北	52,090	4.6%	1.41	1.33	1.06	1.02	1.11
中央	38,106	3.3%	2.10	1.37	1.07	1.12	0.97
天王寺	30,930	2.7%	1.90	1.56	1.08	1.07	0.91
阿倍野	45,511	4.0%	1.55	1.41	1.13	1.06	0.95
西	33,948	3.0%	1.84	1.24	1.20	1.26	1.08
浪速	22,135	1.9%	1.20	0.87	0.82	1.07	1.40
大阪市全体	1,143,389	100.0%	2.6%	13.5%	19.2%	15.2%	13.1%

資料）2010年『国勢調査』
注1）なお本表は従業者数が 0.1% 未満の農業、漁業、鉱業は除いている。
2）特化係数は各行政区の職業構成率を全市平均の構成率で除したものである。
3）グレーでマークしているのは特化係数 1.1 以上の箇所である。

口増減パターンとの関係性はみられない。また、人口増加を示している都心に位置する西区、浪速区、北区、中央区は生産年齢人口に特化した形の人口構成をとっており、浪速区、中央区、北区の年少人口は 10% を切っている。

第2章　グローバル期における大阪市の「中心性」　65

保安職業従事者	生産工程従事者	輸送・機械運転従事者	建設・採掘従事者	運搬・清掃・包装等従事者	分類不能の職業	職業分類クラスター	
0.94	0.96	0.86	0.95	0.90	0.90	1	市平均分布
1.27	0.99	1.04	1.09	0.99	0.85		
1.41	1.04	0.98	0.95	0.99	0.87		
0.95	1.01	0.93	1.18	0.96	0.89		
1.09	0.79	0.94	1.09	1.09	0.94		
1.07	1.25	0.79	0.78	0.92	0.92		
1.38	0.78	0.72	0.89	0.85	1.02		
1.01	1.01	1.24	1.17	1.10	1.09	2	輸送・建設・生産工程
0.88	1.51	1.22	1.31	1.14	0.97		
0.87	1.46	1.32	1.33	1.16	0.75		
0.85	1.28	1.32	1.17	1.04	0.78		
0.71	1.59	0.91	0.91	1.00	1.18	3	生産工程
1.00	0.96	1.59	1.24	1.40	1.00	4	輸送・運搬・清掃
1.37	0.96	1.65	1.09	1.42	0.85		
0.94	1.16	1.66	1.54	1.42	0.90		
1.04	1.27	2.06	1.47	1.37	0.96		
1.29	1.01	1.09	1.51	1.41	1.63	5	建設・運搬・清掃
0.72	0.73	0.74	0.64	0.84	1.10	6	専門・管理
0.80	0.56	0.44	0.54	0.63	1.28		
0.67	0.44	0.24	0.29	0.44	1.49		
0.79	0.57	0.33	0.45	0.55	1.09		
1.03	0.67	0.53	0.65	0.69	0.90		
0.66	0.66	0.51	0.54	0.74	0.52		
0.84	0.60	0.59	0.68	0.94	1.60	7	管理・サービス
1.2%	11.7%	3.1%	3.7%	6.5%	10.3%		

　大阪市の約135万世帯の家族構成は、2010年国勢調査によれば「夫婦のみ」16.1％、「夫婦と子ども」19.9％、「片親と子ども」9.0％、「単身」48.6％、「その他」6.4％という構成をとり、10年前の2005年と比べ「核家族」世帯の減少、

「単身」世帯の増加という傾向がみられる。**表 2-14**、**図 2-6** は行政区別の家族構成分布を図示したものである。都心を貫く北区、中央区、西区、浪速区、西成区で構成される地域は、西区を除いて「単身世帯」が 6 割を超えている。これを取り囲む福島区、淀川区、東淀川区、都島区、天王寺区、港区は「単身」世帯が約 5 割を占め、これに「夫婦と子ども」、「夫婦のみ」世帯が続いている。これと比べ生野、東成区は「その他」(「その他親族世帯」＋「その他世帯」) の比率が高く、大阪市の外周に位置する西淀川区、此花区、大正区、住之江区、住吉区、東住吉区、平野区、鶴見区、旭区などは「夫婦のみ」、「夫婦と子ども」といった「核家族」世帯比率が高くなっている。

表 2-15 は 2010 年国勢調査結果報告を用いて大阪市常住者の行政区別産業別職業構成の特化係数を求め、その結果にクラスター分析を行ったものである。大阪市全体をみると卸・小売業 18.4％、製造業 14.3％、分類不能 10.3％、医療・福祉 9.5％、宿泊・飲食 7.5％が上位を占めている。これを行政区別にみると第 9 クラスターの北区、中央区、西区は情報、金融、不動産、学術、宿泊・飲食の構成比が高く、第 8 クラスターの天王寺区、阿倍野区も金融、不動産、学術、教育、医療といった上層サービス職の集住がみられる。特化係数の値は低いものの、第 1 クラスターの都島区、淀川区、福島区にも情報、金融、学術関係者の集住がみられ、第 2 クラスターの旭区、東住吉区、住吉区には教育、医療・福祉、複合サービス従事者、第 3 クラスターの城東区、東淀川区には情報産業従事者の集住がみられる。これに対して第 2 次産業従事者の集住がみられるのは、製造業に特化した東成区、生野区 (第 4 クラスター)、建設業、製造業従事者の比率が高い西淀川区、鶴見区、平野区、建設業、運輸業従事者比率が高い港区、大正区、住之江区 (第 6 クラスター) である。また、此花区 (第 10 クラスター) は電気、建設、運輸に特化した構成をとっている。さらに、都心に隣接する浪速区、西成区 (第 7 クラスター) は宿泊・飲食とともに分類不能の職業の比率が高く現れ、独自の産業別職業構成を示している。

表 2-16 を通して大阪市の職業構成みると、事務従事者 19.2％、販売従事者 15.2％、専門・技術職 13.5％、生産工程従事者 11.7％、分類不能 10.3％

第2章 グローバル期における大阪市の「中心性」 67

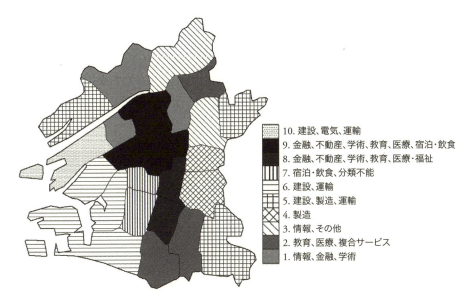

図 2-7 行政区別産業別職業構成

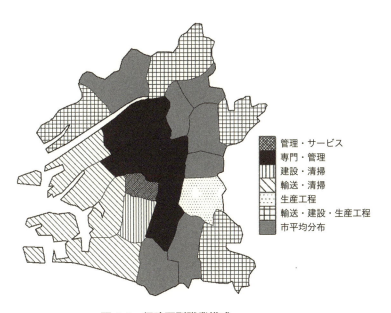

図 2-8 行政区別職業構成

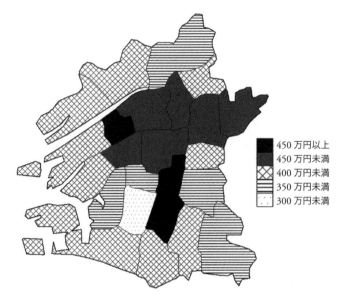

図 2-9　行政区別の平均所得分布

資料：2013「土地住宅統計」

が上位を占めている。さらに、行政区別の職業構成の特化係数をとり、その結果をクラスター分析した結果をみると、都心6区を占める福島区、北区、中央区、天王寺区、阿倍野区、西区（第6クラスター）は管理職、専門職の集住がみられ、これに隣接する浪速区（第7クラスター）は管理職、サービス職、分類不能の比率が高く、第5クラスターの西成区はサービス、保安、建設、運搬と分類不能の比率が高く現れている。他方、これを取り巻く周辺区をみると第2クラスターの東淀川区、平野区、西淀川区、鶴見区は輸送、建設、生産工程労働者、第3クラスターの生野区は生産工程労働者、第4クラスターの港区、住之江区、此花区、大正区は輸送、運搬労働者の比率が高くなっている。

　図 2-7、2-8 は表 2-15、2-16 の結果を図示したものである。これをみると上層サービス業従業者の集住がみられた天王寺区、阿倍野区、北区、中央区、西区に管理、専門職の集住がみられる。この周辺部に、製造、輸送、建設などに従事する人の集住地域がみられ、強いて分けるのであれば、製造業に従

事する生産工程労働者は東部の東淀川区、平野区、鶴見区、生野区と沿岸に位置する西淀川区、輸送業従事者は港区、住之江区、此花区、大正区といった沿岸部に建設業従事者とともに集住している。

このようにみてくると大阪市常住者の産業別職業構成、職業別職業構成は行政区別に分化しており、2013年の住宅・土地統計調査結果を用いて行政区別の所得平均を**図2-9**にみると、大阪市で最上位に位置する平均所得450万円以上は福島区、天王寺区、阿倍野区、これに次ぐ400万円以上は北区、中央、西区、都島区、城東区、鶴見区に広がっている。また、図表は省略するが行政区別の所得分布をみると、1000万円以上の高所得層は天王寺区、阿倍野区に多くみられ、これに中央区、福島区、北区などが続いている。しかし、これら高所得者が集中する地区においても所得300万円未満層が4割程度みられ同一区内において低所得層と高所得層の混住がみられる。さらに、500〜1000万円程度の収入を得ている中間層の集積した地域が福島区、西区、天王寺区、阿倍野区、城東区、淀川区、鶴見区、北区、中央区などに限られ、中間層の厚みが薄いことが分かる。

5　おわりに

最後にこれまでみてきたことをまとめておきたい。

第1に、対東京との関係でみれば、大阪市の都市機能は相対的に低下してきている。しかし、京阪神大都市圏、大阪都市圏の範域でみた場合、大阪市の都市機能はグローバル化に対応しながら高いレベルで維持されてきており、この中で郊外地域における「補完的多核化」がすすんでいるといえる。

第2に大阪市の都市機能は大量の市外からの通勤者によって担われている。ここで特徴的なのは、電気・ガス、金融・保険、公務、情報通信業従事者といった専門的職業従事者の7割以上が市外からの通勤者であり、他方、相対的に低所得層である飲食・宿泊、医療・福祉業、製造業従事者は市内居住者の比率が高くなっており、図2-1でみたように大阪市内居住者と大阪市外居住者の間に階層的な所得格差があることが分かる。

第3に大阪市内の業務空間構造をみると、図2-3でみたように中枢管理機能を集積させている中央区、北区を核に、都心6区と阿倍野区、淀川区を加えた8区に高次な第三次産業の業務空間が形成されていることがわかる。この8区を取り囲む西部臨海地域には運輸・建設業を中心とした空間、また、西淀川区から時計回りに東部内陸地域に製造業や建設、運輸業の集積がみられる。この中で特徴的なのは、大阪市の事業所数がここ20年間に7万事業所以上減少している中で、都心を形成する中央、北、西区などの事業所減少率は1割程度にとどまり、他方、製造業や建設業事業所の比率が高かった西成、阿倍野、東成、旭、生野といった周辺地域の事業所数は4割を超える減少率を示しており、グローバル化にともなう都市構造の転換がこれらの地域に大きなダメージを与えたことが分かる。
　第4に図2-4は行政区別の人口増減パターンをみたものである。これをみると此花区を基点に反時計回りで南部、西部地区に広がる製造業、建設業の業務地区の人口は一貫して減少し、高次の都市サービス産業が集積している地域の人口は2000年くらいから増加傾向にある。この人口減少地域の高齢化率は高く、家族構成も「単身」世帯が4割を占め、所得300万円未満層が40％を超えるなど、極めて不安定な状態にあることが分かる。これに対して都心地域は高所得の専門、管理職居住者比率が高いものの、中間層の厚みが薄く、低所得層との二極分化がみられる。また、家族形態をみても北区、中央区は「単身」世帯率が6割を超え、これを取り巻く西区、福島区、淀川区、東淀川区、都島区、天王寺区などの「単身」世帯率も5割前後の値を示しており、安定的な日常生活が営まれているとはいえない状況があることが分かる。
　このように大阪市は、市外からの通勤就労者によって都市中枢機能を維持しているものの、都市内部においては産業、生活の不安定化が進んでおり、ここに多くの論者によって指摘される大阪市の「衰退」をみることができる。この一方、産業構造の転換が進む中、緩やかではあるが大阪市都心への人口回帰、再都市化が進んでおり、ここに大阪市「中心性」の今日的展開をみることができる。

注

1 グローバル化が進展する中で国内の第 2 都市がどのような構造転換を図っているかについてはサッセン（2008）を参照のこと。
2 標準大都市雇用圏については、http://www.csis.u-tokyo.ac.jp/UEA/uea-data.htm を参照のこと。
3 国民経済計算は『産業関連表』の改正にともない「基準改正」が行われている。本稿で用いた数値は「平成 12 年基準」に基づくもので、「平成 17 年基準」で呈示されている最新データとの連続性を読み取ることは難しい。近年の経済動向について大阪市経済戦略局が刊行している『大阪の経済 2017』は「大阪市の市内総生産は 1997 年度以降長期的に緩やかな減少基調が持続し、2006、07 年度には一時プラス成長に転じるも、リーマンショックにより 08,09 年度は大幅な減少となった。10 年度以降は下げ止まっているものの、回復力の力強さに欠ける状況が持続している」と記述している。
4 富田和暁（1994:17）は「『補完的多核化』の段階は、それぞれの機能に特化した郊外核や、CDB より機能的に低次の郊外核が形成されていく」としている。
5 「事業所・企業調査」（現「経済センサス」）は 5 年ごとに実施されているが、2006 年以降の調査では産業分類の変更があり、事業所の経年変化を検討することができないためここでは 2006 年のデータを用いた。

第3章　職業階層から見た
京阪神大都市圏の空間構造とその変容

妻木　進吾

1　はじめに

　本章の目的は、京阪神圏の空間構造の特質とその変容について、職業階層に焦点を当てて記述することにある。バブル経済とその崩壊、その後の再編という一連の過程の中で、またグローバル化、脱工業化といった世界規模の社会変動の過程の中で、京阪神圏の空間構造に変容はみられたのか。変容したとするならばその内実とはいかなるものか。GISを用いた空間構造と社会構造の変容過程の把握、そのための基礎的作業として、本稿では職業階層による居住分化に焦点を当て、京阪神圏における空間構造の特性と変容について記述的に示していく。

　まず、経済のバブル化、グローバル化、脱工業化といった社会変動が生起・本格化する以前の京阪神圏の空間構造を1980年国勢調査データに基づきながら確認する。その上で、1990年から2000年にかけての空間構造の変容を同じく国勢調査データに基づきつつ辿っていく。ポイントとなる地域は、大阪府を中心とした大阪都心周縁（インナーリングエリア）、大阪郊外リングエリア、大阪府南部エリア、滋賀県湖東・湖南エリア、兵庫県内陸部エリア、播磨湾岸エリアなどである。バブル経済や世界規模の社会変動を経験した京阪神圏の空間構造は、どのように変容したのか（あるいは変容していないのか）、これら地域に着目しつつみていきたい。

2 方法とデータ

　本章が対象とする範囲は、2000年国勢調査において定義されている「京阪神大都市圏」である。すなわち、「中心市」である京都市・大阪市・神戸市への15歳以上通勤・通学者数の割合が当該市町村の常住人口の1.5％以上であり、かつ中心市と連接している市町村によって構成される範域である。具体的には、東は三重県西端、西は兵庫県南部、南は和歌山県北端、北は滋賀県南東部を範域とする2府5県（大阪府、京都府、兵庫県、奈良県、滋賀県、三重県、和歌山県）が含まれる。定義から明らかなように、大都市圏の範囲は調査年次により変動する。しかし、通時的な変容を記述するためには対象とする範囲は一定でなければならない。ここでは、1980年・1990年についても2000年の京阪神大都市圏の範囲を対象とする。

　用いるデータは、1980年・1990年・2000年の国勢調査データであり、検討するのは、「ブルーカラー比率」（就業者中の保安・技能・採掘・製造・建設作業者比率）、「ホワイトカラー比率」（就業者中の専門・技術的職業従事者、管理職、事務従事者比率）、およびホワイトカラーの下位分類、専門・技術的職業従事者比率、管理的職業従事者比率、事務従事者比率である。

　表章の単位は、1キロメートル四方のメッシュ（標準地域メッシュ体系における基準メッシュ）であり、京阪神大都市圏はおよそ7000のメッシュで表される。地図化の方法は、各指標値を10、25、50、75、90パーセンタイルによりランク1～ランク6の6段階に区分し、値が大きいほど黒色が濃くなるようにメッシュを塗り分けたレイト・マップによった。以下の記述は、高い指標値（ランク5・6）を示す地区に着目することによって行うが、ランク6とは、データを小さいものから並べて、小さい方から90パーセント以上の位置にあること、ランク5とは75パーセント以上90パーセント未満の位置にあることを意味している。ブルーカラー比率でいえば、ランク6の地区とは、その比率がおよそ7000あるメッシュの中で上位10パーセント以内の順位にある地区ということである。従って、以下でみていく高指標値エリアの経時的変化、つまりあるメッシュの指標値が高くなったり、低くなっ

たりすることは、当該メッシュの相対的な順位の上昇・下降を意味しており、比率の上昇・下降を意味するわけではない。有効メッシュ数、各パーセンタイルの具体的な値は本章末の**表3-1〜3**に示している。

3　職業階層による居住分布

3.1　ブルーカラーとホワイトカラーの居住分布（1980年）

まず、1980年段階のブルーカラー比率、ホワイトカラー比率の高指標値エリアから職業階層による居住分布を確認し、もって1980年から2000年にかけて居住分布の変容を辿る出発点とする。

ブルーカラー比率（**図3-1**）をみると、(1)大阪市中心部を取り巻く「インナーリングエリア」、(2)大阪府和泉市・岸和田市・貝塚市などの「大阪南部エリア」、(3)滋賀県甲西町・竜王町など「湖東・湖南エリア」、(4)兵庫県加西市・小野

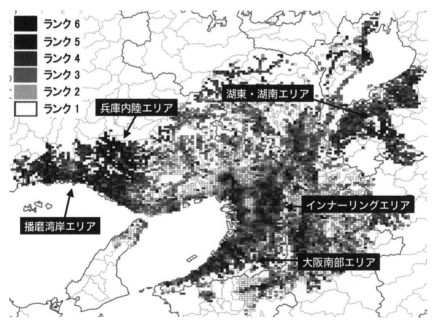

図3-1　1980年におけるブルーカラーの居住分布

市を中心とする「兵庫県内陸エリア」、兵庫県加古川市・高砂市から姫路市・太子町へとつながる「播磨湾岸エリア」において高指標値を示している。

　ホワイトカラー比率(**図 3-2**)は、(1)大阪市中心部から阿倍野区・東住吉区・住吉区を経て堺市北部へとつながる南北ライン、(2)大阪都心周縁のインナーリングを取り囲む「郊外リング」において高指標値を示している。具体的には、神戸中西部から芦屋市～西宮市～宝塚市～川西市～豊中市～吹田市～茨木市～高槻市・枚方市・交野市～京都府左京区南部～滋賀県大津市へとつながる東海道ライン、生駒山地東部に位置する奈良県生駒市・奈良市、南に下って香芝市などを経て羽曳野市～富田林市～大阪狭山市に至るラインにベルト状に高指標値エリアが広がり、全体としてインナーリングエリアを取り巻く「郊外リング」を形作っている。

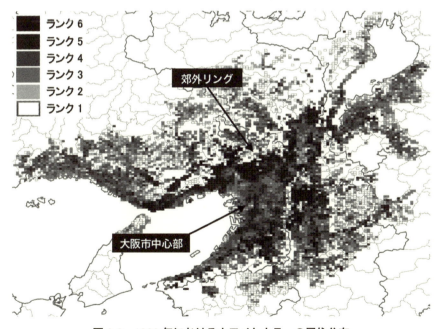

図 3-2　1980 年におけるホワイトカラーの居住分布

　以上のように、ブルーカラー比率とホワイトカラー比率の高指標値エリア

は、一部モザイク状になりつつも、全体としては面的に広がるエリアを異にして分布しており、ブルーカラー層とホワイトカラー層が相対的には乖離した居住圏を形成していることをみてとることができる。つまり、1980年の京阪神大都市圏においては、大阪市中心市街のホワイトカラー高指標値地域を核として、その外側のインナーリングエリアにブルーカラー、さらに外側の郊外リングエリアにホワイトカラー、そのまた外側の兵庫県内陸・播磨湾岸、滋賀圏湖東・湖南、大阪府南部の各エリアにブルーカラーの高指標値地域という居住分布を見出すことができるのである。郊外のホワイトカラーリングは京都市、神戸市という京阪神大都市圏の二つの中心市に引き延ばされる形で、また広大な関東平野に広がる関東圏と違い平野部が非常に狭く、山あり谷ありという京阪神大都市圏の地理的条件によって、その広がりはいびつになっている。とはいえ、京阪神大都市圏の職業階層による居住分布は、基本的には大阪中心市街を核とする同心円的空間構造をなしているということができる。

3.2 ホワイトカラー層内部の居住分化

　ホワイトカラー比率の高指標値エリアは、ブルーカラー比率の高指標値エリアに比べ、面的広がりをもって存在している。では、ホワイトカラー層の内部においてはいかなる居住分化がみられるのであろうか。ここでは、ホワイトカラーの下位分類である、専門・技術的職業従事者、管理的職業従事者、事務従事者、それぞれの高指標値地区をみることで、ホワイトカラー層内部の居住分化について確認する。図としては示さないが、まず見出せるのは、1980年のそれら職業階層の高指標値エリアがかなりの程度重なり合っていることである。とはいえ、特徴的なズレもまた見出される。

　以下、ホワイトカラーのサブカテゴリーによるズレが特徴的にみられる高指標値エリアをあげていく。(1)北区から阿倍野区に至る大阪市中心市街では、管理的職業従事者のみ高指標値エリアがみられる。(2)京都市左京区南部では、専門・技術的職業従事者比率のみ高指標値エリアがみられる。(3)河内長野市・富田林市など大阪南東部エリアでは、事務従事者でより面的な広がりがみら

れる。(4)垂水区・須磨区・北区など神戸市西部においても、事務従事者でより面的な広がりがみられる。(5)北摂でも同様に、事務従事者でより面的な広がりがみられる。(6)芦屋市・西宮市南部・宝塚市南部・川西市では、管理的職業従事者でより面的な広がりがみられる。(7)神戸市中心から西宮市にかけての湾岸部では、専門・技術的職業従事者(管理的職業従事者)の高指標値エリアが事務従事者より内陸側にずれている。

このようなホワイトカラー層内部の高指標値エリアのズレに、大阪市中心市街からの距離によるといった一貫した傾向を見出すことはできない。ここで重要なのは神戸市中心から西宮市にかけての高指標値エリアのズレにみられるような、都心からの距離という原理に回収されずに残る地域の社会文化的特性に基づくズレが京阪神大都市圏において存在する、その可能性を指摘することかもしれない。いずれにせよ、ホワイトカラー層と括られる専門・技術、管理、事務、という職業階層は、近接しつつズレをともなう居住圏を形成しているのである。

4　職業階層による居住分布の変化

1980年にみられた職業階層による居住分布は、その後の20年間で変容したのか。ホワイトカラー、ブルーカラーの別にみていく。

ホワイトカラー比率の高指標値エリアの分布は、1980年・1990年・2000年のいずれにおいても大阪市中心市街と郊外リングにみられる点において違いはない。しかし、この20年間に、いくつかの顕著な変化も生じて

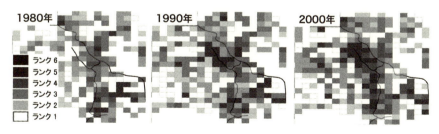

図3-3　ホワイトカラーの居住分布(神戸市周縁部)

いる。ここでは全体的傾向として次の2点のみ指摘する。(1)郊外リングがさらに郊外に向けて広がった。とりわけ、神戸市周縁部においては鉄道路線に沿った形でのホワイトカラー比率高指標値エリアの郊外化が顕著にみられる。たとえば**図 3-3** の各地図左側に示される路線は神戸電鉄公園都市線、右側は福知山線(JR宝塚線)であるが、路線に沿って高指標値エリアが面的に広がっていく様子がみてとれる。鉄道の延伸や利便性の上昇とホワイトカラーの居住分布が強く結びついていることが示唆される(ブルーカラー層において顕著な結びつきはみられなかった)。(2)このようなホワイトカラーの高指標値エリアの郊外化の進展の結果、ベルト的に厚みをもってみられたホワイトカラーの郊外リングはやや不明瞭になった。

ブルーカラー比率の高指標値エリアの分布においては、より一層顕著な変化がみられた。(1) 1980年時点では「インナーリングエリア」にその名が示す通りのリング状の高指標値エリア(ブルーカラーリング)がみられたが、1990年・2000年にかけて不明瞭化した。とりわけ、東大阪市や八尾市など大阪市の東部に広がりをもっていた高指標値エリアが不明瞭化した。(2)同様に、1980年時点では大阪府南部エリアに面的に広がっていた高指標値エリアが1990年・2000年にかけてほとんどみえなくなった。これら(1)(2)にみられるのは、伝統的・地場産業的製造業集積地帯の不明瞭化である。(3)一方で、湖東・湖南エリアの高指標値エリアが1990年・2000年にかけて面的に広がり、明瞭化した。(4)また、「播磨湾岸エリア」のうち、姫路市・太子町において面的広がりが不明瞭となり、「兵庫県内陸エリア」における広がりが明瞭化した。これら(3)(4)は工業団地や流通団地など工場・倉庫の進出が顕著な地域である。

ホワイトカラー層とブルーカラー層それぞれの居住分布をみてきたが、職業階層による居住分布の空間構造は総じてどのように変化したのか。この点をより明瞭に確認するために、ホワイトカラー比率、ブルーカラー比率それぞれの高指標値(ランク5・6)エリアのみを取り出した地図を重ね合わせたものが**図 3-4〜6** である。

図 3-4 をみると、1980年時点、京阪神大都市圏における職業階層による居住分布は、3節で述べたように、大阪市中心市街を核とし、周辺に向かっ

第3章　職業階層から見た京阪神大都市圏の空間構造とその変容　79

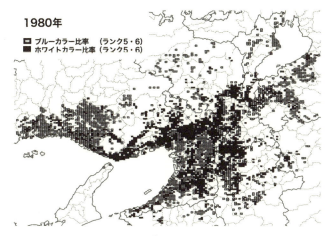

図3-4　ホワイトカラー・ブルーカラーの居住分布（1980年）

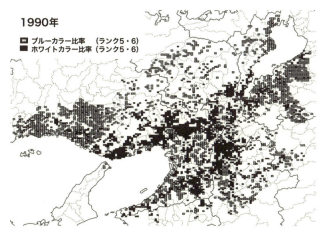

図3-5　ホワイトカラー・ブルーカラーの居住分布（1990年）

てホワイトカラー（中心市街）→ブルーカラー（インナーリングエリア）→ホワイトカラー（郊外リングエリア）→ブルーカラー（兵庫県内陸部・播磨湾岸、滋賀圏湖東・湖南、大阪府南部……）という同心円的空間構造をなしていたことが確認される。1990年・2000年にかけて、インナーリングエリアに重なるブルーカラーリングの不明瞭化、ホワイトカラーの郊外リングの外部への広が

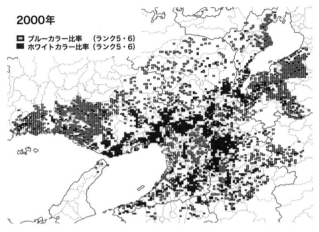

図3-6 ホワイトカラー・ブルーカラーの居住分布（2000年）

りと拡散、伝統的ブルーカラー高指標値エリアである大阪府南部と播磨湾岸エリアの不明瞭化、兵庫県内陸部、滋賀圏湖東・湖南エリアの明瞭化が生じた。これらの結果、**図3-5〜6**にみられるように、大阪市中心市街を核とする同心円的空間構造は不明瞭化した。

　京阪神大都市圏を分析範囲とし、パーセンタイルによって区切られた指標値でみる限り、京阪神大都市圏においてこの20年間に生じた変化とは、ホワイトカラー、ブルーカラーの居住分化傾向は維持されたまま、1980年段階では明瞭であった職業階層による居住圏の同心円構造が不明瞭化していく過程、同時に湖東・湖南エリアや兵庫県内陸エリアにブルーカラーの面的拡がりが明瞭化していくプロセスであったということができる。このような変化が、バブル経済とその崩壊、その後の再編、またグローバル化、脱工業化といった世界規模の社会変動とどのように結びついているのかについては、つづく各章で明らかにされていくだろう。

表 3-1 ブルーカラー比率

調査年	メッシュ数		パーセンタイル					
	有効	欠損値	10	25	50	75	90	100
1980	6832	575	19.2	26.4	34.6	42.8	49.8	100.0
1990	6917	277	19.5	26.9	34.7	42.3	48.9	100.0
2000	7053	182	18.3	25.2	32.3	38.9	45.1	100.0

表 3-2 ホワイトカラー比率

調査年	メッシュ数		パーセンタイル					
	有効	欠損値	10	25	50	75	90	100
1980	6832	575	14.8	20.4	26.0	32.6	41.6	95.0
1990	6917	277	19.2	25.5	31.3	37.5	46.1	100.0
2000	7053	182	22.0	27.9	33.2	38.7	45.8	100.0

表 3-3 ホワイトカラーの下位分類別比率

	メッシュ数		パーセンタイル					
	有効	欠損値	10	25	50	75	90	100
事務従事者比率	6832	575	8.3	12.1	15.5	18.9	22.3	50.0
管理的職業従事者比率	6832	575	0.0	1.9	3.3	5.0	7.4	40.5
専門的・技術的職業従事者	6832	575	2.9	5.0	7.3	10.1	13.6	93.6

付記

　本章は、妻木進吾「職業階層からみた京阪神大都市圏の空間構造とその変容」(2006年、『市政研究』150号)を一部改変したものである。東京大学空間情報科学研究センターとの共同研究の一部成果であり、(財)統計情報研究開発センターのデータを利用している。またJSPS科研費(17601009)の研究成果の一部である。

第4章　大阪市の「都心回帰」現象の特徴
―― 人口・世帯動態を中心に ――

徳田　剛・妻木　進吾

1　はじめに

　第2章と第3章では、大阪都市圏という範域を念頭に置きながら、大都市・大阪の人口分布とその動態、産業および就業構造を明らかにしてきた。本章では、1つの自治体としての大阪市および24の行政区を分析単位としながら、市内の人口・世帯の分布とその構成を検証することによって大阪の「都心回帰」現象の特徴を把握する。

　日本の主要大都市（とりわけその都心地域）においては長らく人口が減少傾

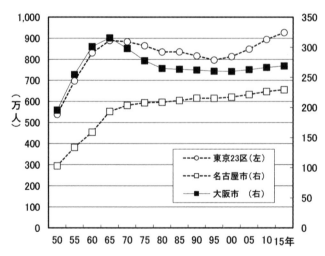

図 4-1　三大都市における常住人口の推移（1950～2015年）
出典）『国勢調査報告』より筆者作成。

向にあったが、近年は都心部の人口の下げ止まりや増加の傾向がみられ、この現象について「都心回帰」という用語での説明がなされるようになった。

図 4-1 は、東京・大阪・名古屋の三大都市圏の人口の変化を表したものである。戦前から日本の東西の中枢都市として発展を遂げてきた東京と大阪は、戦後復興から高度経済成長の流れを受けてその人口を急増させてきたが、1970年以降は経済の低成長と都市人口の郊外化によって人口減少が続いていた（減少の度合いは東京より大阪で顕著）。しかし、1990年代以降は各都市で人口減少から増加へと転ずる傾向がみられ、2000年以降はその増加の度合いを増している。この都市人口の増加はもっぱら都心部の人口の急増に牽引されたものであることが統計データによって明らかとなっている。

郊外化の時代には減少の一途をたどっていた都心地域に高層マンションが相次いで建築され、都心部の人口が再増加している昨今の状況は、地域住民の構成や地域特性を大きく変える原因となりうる。本章のねらいは、1980年代以降の大阪市の人口動態に関する統計データを分析することによって、同市の「都心回帰」現象の特徴と、それにともなう人口構成の変化を明らかにすることにある。これらは、第Ⅱ部で詳述する、大阪市の地域住民組織の来歴と現状（第7章）、高層マンションに入居した新住民層の属性・ライフスタイルや人間関係のあり方（第8章参照）、そして新旧住民間の関係と都心地域の今後を考える際の前提の議論となる。

なお、筆者らは2000年代半ばまでの統計資料とヒアリング調査等より得られた知見をもとに、大阪市全体の人口動態と都心区の人口構成の特徴について考察を行っている（徳田・妻木・鯵坂 2009）。しかしこの時点では、2000年代以降に顕著となった都心部の土地利用や住宅建設に関する規制緩和策の影響や効果について十分な検証ができなかった。従って本章では、既刊原稿の考察内容をベースにしつつ、2015年度の国勢調査の結果などの新しいデータを加味したうえで、大阪市の都心区の現状把握を行うこととする。

以下の考察では、大阪市の都心地域の領域設定を行ったうえで1980年以降の大阪市の24行政区の人口動態を検証する。年齢別の人口増減や世帯種別の動態における都心部と周辺部の違いを統計資料をもとに明らかにしたの

ちに、大阪市の都心部の人口増加が当該地域にどのような変化や影響をもたらしているかを示す。

2　大阪市の空間構造と行政区別の人口動態

2.1　大阪市全体の人口動態

　大阪市の人口は1950年には約195万人であり、それ以降、高度成長の波に乗りながら1965年には約315万人と15年で1.6倍にまで人口が急増した。しかし1965年をピークに減少に転じ、1980年代に260万人台まで急減する。その後、90年代末までいくらかの増減を含みながらも長期的には微減傾向が続いていたが、2000年以降になると人口が増加傾向に転じている（**図4-2**）。2018年4月1日現在の大阪市の推計人口は2,716,989人となっており、2000年以降の微増傾向が現在も継続している。

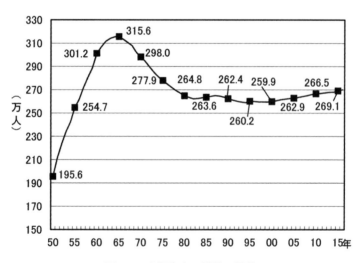

図4-2　大阪市人口総数の推移

出典）大阪市『大阪市統計書』各年版より筆者作成。

こうした人口の推移を自然増加（＝出生数－死亡数）と社会増加（＝市域への転入数－市域外への転出数）を合わせた人口の動きとして表すと、**図 4-3**のようになる。1955年から1960年ごろまでの人口急増は、社会増と自然増によるものであり、人口流入と市内での出生率の高さの両方が作用している「都市化」の進行が見受けられる。1960年以降についてみると、自然増加数が高い水準で推移していく一方で、社会動態が1960年代前半になって転入超過から転出超過へと転換し、その後、転出超過傾向はより顕著になっている。1965年以降の人口減少は、市外への大量の人口流出、すなわち郊外化によるものと考えられる。

1960年代前半から長らく続いた「自然増加＋社会減少」という人口動態のパターンが変化するのが2000年代前半である（阪神・淡路大震災が起きた1995年の社会増は除く）。これまでわずかながら増加を維持していた自然動態が、この時期になるとついに自然減へと転じ、その一方で2000年ごろを期に大阪市の転出超過傾向が止まり、逆に転入超過へと転じる。この「自然減少＋社会増加」という組み合わせこそが、「少子高齢化の進行と都心回帰」という近年の大都市の人口動態の特徴を端的に示すものといえる。

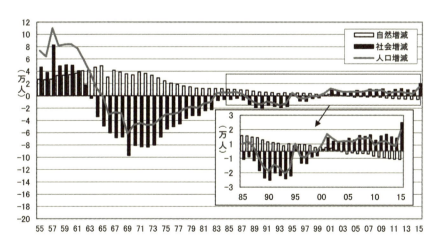

図 4-3　大阪市の人口動態（自然増減・社会増減）（1955 〜 2015 年）
出典）大阪市計画調整局「大阪市データネット」（<http://www.city.osaka.jp/keikakuchousei/toukei/B000/Bb00/Bb05/Bb05_003_h18idou_070410.html>）（2009 年 1 月 9 日アクセス）、および『大阪市統計書』各年版より筆者作成。

2.2 大阪市の「都心地域」の定義と地域特性

次に、大阪市の行政区別の人口動態の傾向を確認し、中でも大阪市の都心部の動向について明らかにする。まず、大阪市の「都心地域」がどのエリアを指すかを確認しておく。**図 4-4** は、現在の大阪 24 区の位置と大阪環状線が記載された地図である。主要な企業や行政の諸庁舎、文化施設などが集積しているのは船場・島之内とよばれるかつての商人町のエリアである。大阪駅・梅田駅の南東数キロに位置するこの地域は、大阪の中心といえるだけの規模と風格を備えている。その一方で、郊外地域から乗り入れられる J R や私鉄各線は、大阪・梅田、京橋、鶴橋、難波、天王寺といったターミナル駅に乗り入れており、それぞれに百貨店やショッピングモールなど商業施設を

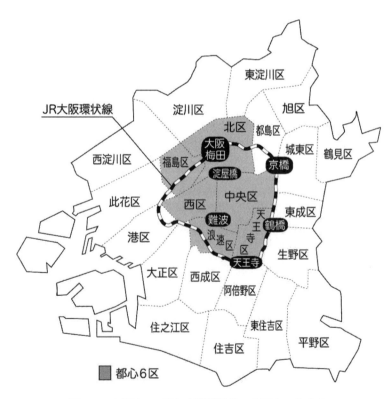

図 4-4 大阪市 24 区と大阪環状線、主要ターミナル

出典) 筆者作成。

設けている。とりわけ最近では、JR貨物の梅田ヤード跡地の再開発事業などが進められ、大阪・梅田エリアの発展が著しい。

本章では、大阪市北区・中央区・西区・天王寺区・浪速区・福島区の6区をもって同市の都心地域とする。これらは図4-4の着色部分にあたり、おおよそがJR環状線沿いとその内側のエリアと一致する。これらの都心6区は、1) 大阪市の中心部に地理的に近い、2) 域内面積における商業地の割合が高い、3) バブル期にいったん人口が落ち込んだのちに1990年代後半以降に急激な人口増加の傾向がみられた、などの共通特性を有している。

2.3　大阪市の各行政区の人口動態

ここで、大阪市における都心回帰の状況を、1980年以降の5年ごとの各区人口の増加率を表した5つの地図から確認する。

80年代前半の変化を示す**図4-5-(1)**では住之江区と都島区、80年代後半の変化を示す**図4-5-(2)**では東淀川区と鶴見区が濃い色で塗られており、市域周辺部の住宅地域において人口の伸びが大きいことが見て取れる。バブル経済の崩壊をみた1990年代前半の**図4-5-(3)**では、濃い色は見あたらなくなり、市内の多くの区が人口の減少を経験したことが分かる。

しかし、90年代後半の変化を表す**図4-5-(4)**になると再び濃い色で塗られた区が現れる。80年代とは異なり、それが見られるのは市域周辺部ではなく太線で囲まれた都心6区においてであり、都心6区はいずれも人口の増加を示している。2000年代に入ってますますその傾向が強まり、太線で囲まれた都心6区の色はさらに濃くなっており、いずれも5%以上の増加率、特に中央区・西区では10%を超える高い増加率を示している（**図4-5-(5)**）。

この5枚の地図には、経済がバブル化した80年代後半からその崩壊に至る90年代前半にかけての都心人口の減少と、その後に生じた人口の都心回帰がクリアに示されている。

2.4　各区の人口動態の諸類型

次に、各区の人口動態のパターンについて整理する。**図4-6**は、1980年

88 第Ⅰ部 都市が変わる、都心が変わる

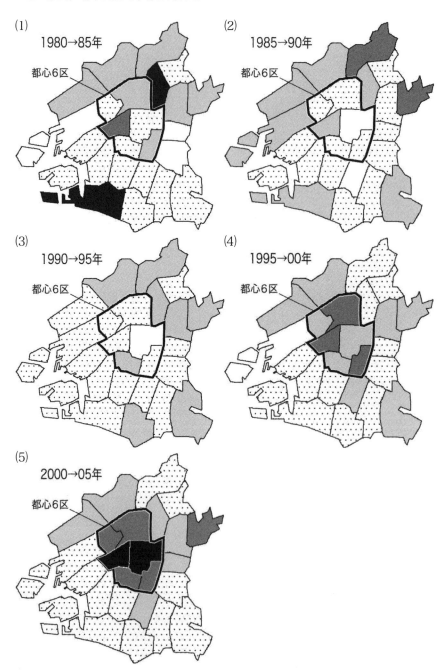

図 4-5 大阪市 24 区の人口増加率の推移

出典) 各年の『国勢調査報告』より筆者作成。

の人口数を基準とし、それと比べてどの程度人口が増加／減少したかを5年ごとに示したものであり、各区の人口増減の傾向から、「都心6区」、「その他の区（増加傾向）」、「その他（減少傾向）」の3つにグループ分けして図示している。

①都心6区の特徴（**図4-6-⑴**）

　都心6区に共通しているのは、1990年代前半に人口の横ばいや大きな減少を経験しつつも、90年代後半以降に急激な人口増加を示していることである。とりわけ商業地を多く含んでいる中央区において人口数の変化の幅が大きいことから、これらの区に多い商業地の地価変動の影響を大きく受けたことが考えられる。つまりこれらの区でみられる人口増加は、バブル経済崩壊後のビジネス・商業地域に生じた未・低利用地が高層の分譲マンション等へと急速に用途転換が進んだことによるものである。

　ただ、都心6区の中では西区がやや特異なパターンを示している。香川貴志によれば、「大阪市西区の西半部…は、その大部分が低層住宅の密集地域であり、地下鉄駅の周辺を除いて高層住宅をはじめとする中高層建築物建造物の立地が少ない」（香川1988：365）。そして、これらの地域の中で「住工混合地域」で「既存の建造物に中低層のものが多」い地域が先行して高層住宅への建て替えが進んだことが指摘されている（同：359）。すなわち、バブル前後の時期に人口が減少していないのは、（後述の都島区などのように）区内に存在した工場跡地等が住宅地へ転用されたことによる人口増が効いているためと考えられる。

②都心周辺区（増加傾向）の特徴（**図4-6-⑵**）

　次に、都心部の周辺にあって90年代後半以降に人口が増加傾向にある区をみてみよう。80年代にいち早く人口急増の傾向を示した都島区では、1982年に滋賀県長浜市へと移転したカネボウの淀川工場の跡地にできたベル・パークシティをはじめとする大型の高層マンションの建設・分譲がなされており、工業地域から住宅地域への大規模な転用が起こった地域である。

　また、継続的に高い人口増加率を示してきた鶴見区は、1990年に開催さ

90 第Ⅰ部 都市が変わる、都心が変わる

れた「国際花と緑の博覧会」に併せて京橋―鶴見緑地間に地下鉄が開通して以降、人口が一貫して増加傾向にある。この鶴見区に加えて、隣接する城東区から都心部の北区、福島区、そしてその西側に位置する西淀川区の人口がいずれも 90 年代後半から増加傾向にある点は注目に値する。これらの区はいずれも、1997 年に開通した JR 東西線の沿線に立地している。淀川区も一

(1)都心 6 区

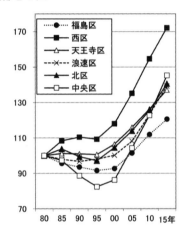

(2)その他の区（90 年代以降：増加傾向）

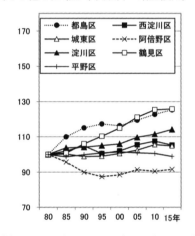

(3)その他の区（90 年代以降：減少傾向）

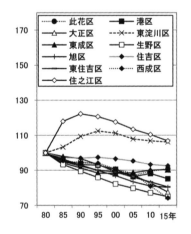

(4)各区人口の推移の地図（1980 年を 100）

図 4-6　各区人口の推移（1980 年を 100）

出典)『国勢調査報告』より筆者作成。

部がこの沿線に含まれるが、新幹線の新大阪駅付近のオフィス需要の上昇とマンション建設によるものととらえられる。いずれの地域も都心部からやや外れているが、鉄道路線の新設・延伸や交通アクセスの向上が人口増加につながっているとみられる。

　この増加傾向の区の中で独自の傾向を示しているのは、阿倍野区である。同区は全体的には人口が低落傾向であったが、1990年代後半からやや人口が増加傾向にある。この区内には、1976年に着工されるも事業推進が難航している阿倍野の再開発地区が含まれており、90年代後半からの増加傾向は、このエリアに「あべのハルカス」などの再開発ビルや高層の共同住宅などが完成し入居が進みつつあることの結果だと考えられる。

　③都心周辺区（減少傾向）の特徴（**図4-6-(3)**）

　最後に、90年代後半以降、人口がおしなべて減少傾向にある区の人口の変化をまとめた。これには2つのパターンがみられ、一つには、70年代から80年代の郊外化の時期に人口が急増するものの、近年は著しい人口減少を示すケース（住之江区、東淀川区）であり、もう一つは、1980年以降、継続的に人口が減り続けている、とりわけ市域の東部・南部と西部臨海地域の各区である。

　④各区の人口増減パターン（**図4-6-(4)**）

　このような、(1)から(3)にみられる人口の増減のパターンの違いをまとめて地図として表すと、図4-6-(4)のようになる。(3)の「都心周辺・減少傾向の区」については、継続的に人口が減少している区と、増加を経た減少を経験している区とを分けている。

3　大阪市の人口構成——年齢、性別、世帯構成の統計データから

　それでは、大阪市において都心回帰がみられるようになった1990年代後半以降、大阪市の都心の人口増を担ったのはどのような属性をもつ人々なの

92　第Ⅰ部　都市が変わる、都心が変わる

だろうか。ここでは、国勢調査のデータを基に年齢・性別・世帯類型からみていく。

3.1　コーホート別に見る人口の増減

　都心6区における人口増を担った年齢層を把握するために、5歳階級の出生コーホート別に増減数をみていく。出生コーホートとは、誕生時期が同じ人々の集団のことを指し、同一の出生コーホートの5年間の人口増減数を比較することにより、人口規模の大きいコーホート（例えば第二次ベビーブーマー）の加齢の影響を取り除いた上で、どの年齢層の増加・減少が著しいかを明らかにすることができる。例えば「00-05年」の「30-34歳」とは2005年に30代前半、つまり1971～75年生まれコーホートを指しており、1971～75年生まれの2000年時点の人数から1995年時点の人数を引いた値が図に示される増減数である。

　図4-7は、大阪市内の5歳階級の出生コーホート別に、1995年から2005年の増減と2005年から2015年の増減をグラフで表したものである。それによると、「その他」の区では「95-05年」「05-15年」ともに、10代後半～20代前半を除く全てのコーホートで人口が減少しており、とりわけ30代で減

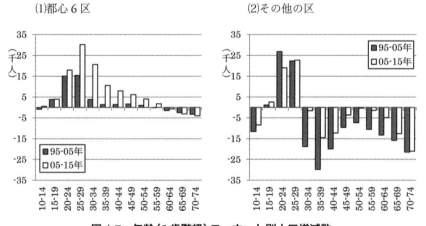

図4-7　年齢（5歳階級）コーホート別人口増減数
出典）『国勢調査報告』より筆者作成。

少が顕著である（「05-15 年」のグラフの方が減少幅は縮小傾向）。それに対して「都心 6 区」では 15 歳未満と 60 代以上を除く 10 代後半〜 50 代前半のコーホートにおいて人口の増加がみられる。とりわけ「05-15 年」のグラフでは 20 代後半から 40 代あたりまでの人口増加幅が伸長している傾向がみて取れる。10 代後半〜 20 代前半人口の増加は、大都市では進学・就職によるもので、都市部では一般的にみられる傾向であるが、20 代後半以降の人口増加傾向からは若い世代による都心エリアでの定住傾向を裏付けるものといえる。近年の都心の人口増加をもたらしたのはこうした相対的に若い世代を中心とした 50 代前半までの幅広い年齢層の人々であったと考えられる。

3.2　出生コーホート別に見た人口増加数（男女別）

さらに、この 5 歳階級の出生コーホート別の人口動態を男女別にみてみよう。**図 4-8** の(1)と(2)は、1995 年から 2005 年、2005 年から 2015 年までの都心 6 区の人口数の増減を男女ごとにみたものである。それによれば、最近の 10 年で男性では 20 代後半から 50 代前半まで、女性では 20 代前半から 40 代までの人口の増加幅が大きくなっていることがみて取れる。

それに対して、都心 6 区以外の区（(3)と(4)）では、これとは全く異なる傾向を示している。大卒・就職世代の 20 代については男女ともに増加傾向であるが、30 代の子育て世代層の住民数の増加は一貫してみられない（2005 年から 2015 年においてその減り幅は以前より縮小されているが）。これらの区では、「親」世代の人口減少とともに、10 代前半の人口数も同じく減少していることから、子育て世帯の相当数が転出により減少していることを示唆している。

3.3　世帯類型別の人口増加数

次に、世帯の形態別の人口動態について検討する。**図 4-9** は世帯類型別に 2000 〜 05 年、05 〜 10 年、10 〜 15 年の各 5 年間の構成人員数の増減を示したものである（00-05 年の図は前掲論文より転載）。「00-05 年」の図では、核家族世帯の構成人員が「その他の区」では大幅に減少しているのに対して、「都心 6 区」では 7,000 人以上の増加している。また、都心 6 区で最も増加が著

(1)都心6区(男性)   (2)都心6区(女性)

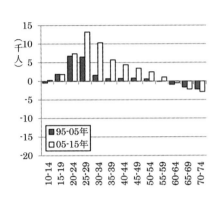 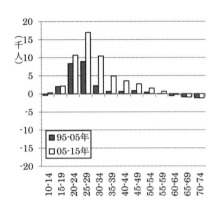

(3)その他の区(男性)   (4)その他の区(女性)

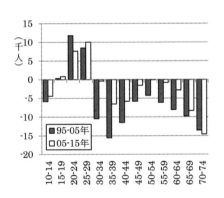 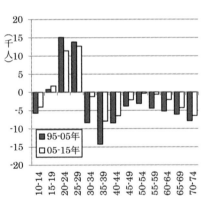

図4-8　出生コーホート・男女別人口増減(2015年データまで追加)
出典)『国勢調査報告』より筆者作成。

しいのは単独世帯の構成員であり、25,000人以上の増加がみられた。

　ところが、2005年以降の世帯構成の比率をみると、とりわけ「都心6区」において核家族世帯の増加幅が大きくなっており、内訳では2005年までは減少傾向にあった「夫婦と子ども」が増加に転じている点が注目に値する。「単

独世帯」や「夫婦のみ」世帯の増加傾向は2005年以前と変わらず持続しているが、いわゆる「子どものいる世帯」の増加という傾向は、2005年以前の国勢調査に依拠した前掲論文ではみられなかった特徴である。

「その他の区」の傾向については、(とりわけ子どものいる)核家族世帯の減少と単独世帯の増加という基本的な傾向は一貫して続いている。既述のように、「その他の区」においても住宅用途での土地利用の増加が一部みられる行政

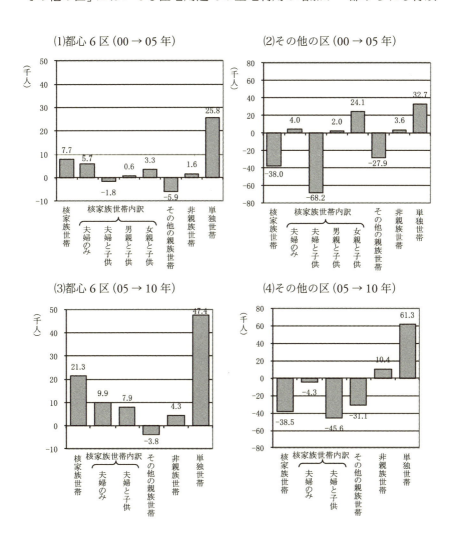

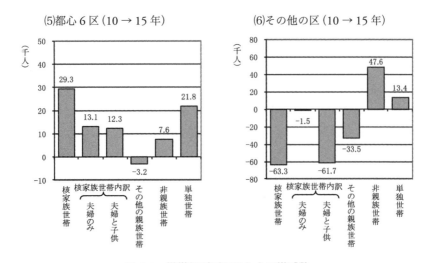

図 4-9 世帯類型別に見た人口増減数
出典)『国勢調査報告』より筆者作成。

区もあるが、全体的には大阪市の都心区を除く地域では核家族層自体が大きく減少し続けており、子どもをもつ世帯の相当数が転出しているものと考えられる。大阪市の「都心回帰」現象の周辺区への波及効果は微少であるといってよいであろう。

3.4 就業人口別の人口増加数

表 4-1 からは以下のことが分かる。「専門・技術的職業」については、この20年間で、大阪市全体でも増加（＋3.2％）だが、特に都心6区の伸びが大きい（＋6.5％）。それに対して、「管理的職業」については大阪市全体でむしろ減少（－1.5％）しており、特に都心6区の減少幅が大きい（－2.7％）ことが分かる。また、「事務職」については、その他の区では減少（－1.6％）しているが、都心6区では増加がみられる（＋1.4％）。これらのことから、大阪市の都心部では、管理職の数が減少する一方でミドルクラスのオフィスワーカーが増加している、という見立てができそうである。

また、大阪といえば「商都」としての長い歴史をもつが、「販売職」として働

く人は大阪市全体で減少（−4.0％）しており、特に都心6区の減少幅が大きい（−6.5％）。それに対して「サービス職」は都心6区ではやや減少、その他の区で大きく増加（＋3.4％）している。従って、第10章で論じられるように大阪都心部の商業機能が減退傾向にある一方で、サービス業への業種転換が進んでおり、特にその他の区では福祉関連の伸びが予想される。「生産工程」、「輸送・機械運転」、「建設・採掘」、「運搬・清掃・包装」などの職種は、大阪市ではその他の区に多く分布してきたが、これらは大阪市全体で大きく減少（−10.8％）していることもみて取れた。

　以上のように、大阪市の職業別就業者数の特徴を都心6区とその他の区に分けながらみてきた。職種による都心区とそれ以外の区での主要職種の違いは依然として大きく、（人口動態にも表れていたように）都心区とそれ以外の社会階層構造が保持されつつ、人口の「都心回帰」が進行している、ということができそうである。また、各職種の増減をみてみると、大阪市全体として第二次産業と販売業の従事者の割合が大きく減少し、専門・技術職と事務が増加している。ただし、「ジェントリフィケーション」現象の進行を示す指標の一つともいえる管理職の数はかなり減っていることから、大阪市の都心区における社会階層の上昇が大幅に進んだとまではいえない。結果として、大阪市の都心区で増えているのは「専門・技術的職業」と「事務職」が中心となっており、ミドルクラスのオフィスワーカーの都心居住が進んだことが大阪市の都心人口を押し上げている、という評価が妥当なところではないか。

　ただし、その中にあって大阪市中央区では「商業」だけでなく「サービス業」の割合も大きく下がっており、その代わりに「専門・技術的職業」の増加幅が北区とともに大きくなっていることから、とりわけ中央区においてはアッパーミドル層の増加幅が他の区よりも大きいとみられる。

表 4-1 大阪市 24 区別の職業別就業者数（上段）と構成比（下段）・増減

		就業者総数		専門・技術的職業			管理的職業			事務			販売		
		1990年	2010年	1990年	2010年	増減	1990年	2010年	増減	1990年	2010年	増減	1990年	2010年	増減
	都心6区	198,572	209,779	21,211 10.7%	36,094 17.2%	6.5%	13,762 6.9%	8,800 4.2%	-2.7%	37,938 19.1%	43,079 20.5%	1.4%	46,160 23.2%	35,231 16.8%	-6.5%
	その他の区	1,146,833	933,610	111,438 9.7%	113,091 12.1%	2.4%	40,440 3.5%	19,871 2.1%	-1.4%	226,616 19.8%	169,112 18.1%	-1.6%	206,177 18.0%	133,085 14.3%	-3.7%
	大阪市総数	1,345,405	1,143,389	132,649 9.9%	149,185 13.0%	3.2%	54,202 4.0%	28,671 2.5%	-1.5%	264,554 19.7%	212,191 18.6%	-1.1%	252,337 18.8%	168,316 14.7%	-4.0%
都心部地域	北区	48,734	52,090	5,222 10.7%	9,297 17.8%	7.1%	2,872 5.9%	1,902 3.7%	-2.2%	8,902 18.3%	10,584 20.3%	2.1%	10,626 21.8%	8,082 15.5%	-6.3%
	福島区	30,458	32,570	2,995 9.8%	5,020 15.4%	5.6%	1,445 4.7%	989 3.0%	-1.7%	6,371 20.9%	6,984 21.4%	0.5%	6,774 22.2%	5,520 16.9%	-5.3%
	西区	32,365	33,948	3,407 10.5%	5,655 16.7%	6.1%	2,547 7.9%	1,624 4.8%	-3.1%	6,917 21.4%	7,836 23.1%	1.7%	7,963 24.6%	6,482 19.1%	-5.5%
	天王寺区	28,609	30,930	4,314 15.1%	6,511 21.1%	6.0%	2,254 7.9%	1,521 4.9%	-3.0%	5,680 19.9%	6,427 20.8%	0.9%	6,468 22.6%	5,036 16.3%	-6.3%
	浪速区	24,648	22,135	1,695 6.9%	2,604 11.8%	4.9%	1,232 5.0%	689 3.1%	-1.9%	3,803 15.4%	3,461 15.6%	0.2%	5,713 23.2%	3,593 16.2%	-6.9%
	中央区	33,758	38,106	3,578 10.6%	7,007 18.4%	7.8%	3,412 10.1%	2,075 5.4%	-4.7%	6,265 18.6%	7,787 20.4%	1.9%	8,616 25.5%	6,518 17.1%	-8.4%
北東部地域	都島区	49,150	46,043	5,674 11.5%	7,500 16.3%	4.7%	2,164 4.4%	1,330 2.9%	-1.5%	9,888 20.1%	9,701 21.1%	1.0%	9,254 18.8%	6,846 14.9%	-4.0%
	東淀川区	91,285	75,964	9,923 10.9%	9,621 12.7%	1.8%	2,712 3.0%	1,155 1.5%	-1.5%	19,001 20.8%	13,714 18.1%	-2.8%	16,787 18.4%	11,396 15.0%	-3.4%
	旭区	53,368	39,432	6,442 12.1%	5,517 14.0%	1.9%	2,063 3.9%	912 2.3%	-1.6%	11,424 21.4%	7,738 19.6%	-1.8%	9,637 18.1%	5,925 15.0%	-3.0%
	淀川区	85,900	79,621	8,679 10.1%	11,206 14.1%	4.0%	3,530 4.1%	1,868 2.3%	-1.8%	17,606 20.5%	15,828 19.9%	-0.6%	17,679 20.6%	13,464 16.9%	-3.7%
	鶴見区	47,039	48,349	3,792 8.1%	5,926 12.3%	4.2%	1,494 3.2%	954 2.0%	-1.2%	9,421 20.0%	9,582 19.8%	-0.2%	7,163 15.2%	7,585 15.7%	0.5%
西部臨海部地域	此花区	35,277	28,983	2,727 7.7%	2,975 10.3%	2.5%	826 2.3%	545 1.9%	-0.5%	7,066 20.0%	5,316 18.3%	-1.7%	5,180 14.7%	3,795 13.1%	-1.6%
	港区	46,107	37,674	3,556 7.7%	4,161 11.0%	3.3%	1,399 3.0%	834 2.2%	-0.8%	9,568 20.8%	7,331 19.5%	-1.3%	7,289 15.8%	5,017 13.3%	-2.5%
	大正区	40,062	29,825	2,796 7.0%	2,490 8.3%	1.4%	1,193 3.0%	593 2.0%	-1.0%	7,715 19.3%	5,140 17.2%	-2.0%	6,504 16.2%	3,882 13.0%	-3.2%
	西淀川区	48,508	42,938	4,163 8.6%	4,725 11.0%	2.4%	1,586 3.3%	728 1.7%	-1.6%	9,611 19.8%	8,182 19.1%	-0.8%	7,475 15.4%	6,235 14.5%	-0.9%
	住之江区	65,619	55,666	6,318 9.6%	5,895 10.6%	1.0%	2,235 3.4%	1,064 1.9%	-1.5%	14,241 21.7%	11,290 20.3%	-1.4%	13,044 19.9%	8,154 14.6%	-5.2%
東部地域	東成区	42,891	36,255	3,596 8.4%	4,755 13.1%	4.7%	1,931 4.5%	977 2.7%	-1.8%	8,531 19.9%	7,069 19.5%	-0.4%	8,330 19.4%	5,622 15.5%	-3.9%
	生野区	79,576	54,919	6,063 7.6%	5,578 10.2%	2.5%	2,911 3.7%	1,264 2.3%	-1.4%	13,967 17.6%	8,403 15.3%	-2.3%	14,607 18.4%	7,650 13.9%	-4.4%
	城東区	79,924	73,637	8,690 10.9%	10,533 14.3%	3.4%	3,084 3.9%	1,581 2.1%	-1.7%	18,414 23.0%	15,183 20.6%	-2.4%	13,492 16.9%	11,106 15.1%	-1.8%
	平野区	100,502	81,250	8,216 8.2%	8,337 10.3%	2.1%	3,012 3.0%	1,597 2.0%	-1.0%	19,545 19.4%	13,815 17.0%	-2.4%	16,422 16.3%	10,850 13.4%	-3.0%
南部地域	阿倍野区	51,582	45,511	7,310 14.2%	8,649 19.0%	4.8%	3,315 6.4%	1,826 4.0%	-2.4%	10,974 21.3%	9,819 21.6%	0.3%	11,800 22.9%	7,327 16.1%	-6.8%
	住吉区	80,120	64,419	10,221 12.8%	9,382 14.6%	1.8%	3,330 4.2%	1,543 2.4%	-1.8%	16,807 21.0%	12,520 19.4%	-1.5%	17,143 21.4%	10,213 15.9%	-5.5%
	東住吉区	72,584	55,153	7,893 10.9%	7,581 13.7%	2.9%	2,887 4.0%	1,451 2.6%	-1.3%	14,642 20.2%	10,470 19.0%	-1.2%	15,012 20.7%	8,721 15.8%	-4.9%
	西成区	77,339	37,971	4,220 5.5%	3,015 7.9%	2.5%	1,722 2.2%	626 1.6%	-0.6%	9,657 12.5%	5,080 13.4%	0.9%	12,067 15.6%	4,919 13.0%	-2.6%

出典)『国勢調査』鰺坂・中村ほか 2011 より。

第4章　大阪市の「都心回帰」現象の特徴　99

サービス職業			保安職業			農林漁業			2005年まで「運輸・通信」と「生産工程・労務（採掘・技能工含む）」「生産工程」「輸送・機械運転」「建設・採掘」「運搬・清掃・包装」			各年TOP3	1%以上増加	1%以上減少 分類不能		
1990年	2010年	増減	1990年	2010年	増減	1990年	2010年	増減	1990年	2010年	増減	1990年	2010年	増減		
28,811 14.5%	29,057 13.9%	-0.7%	1,185 0.6%	1,798 0.9%	0.3%	85 0.0%	95 0.0%	0.0%	45,699 23.0%	31,033 14.8%	-8.2%	3,721 1.9%	25,286 12.1%	10.2%		
103,997 9.1%	116,147 12.4%	3.4%	9,688 0.8%	10,940 1.2%	0.3%	1,580 0.1%	983 0.1%	0.0%	424,048 37.0%	245,063 26.2%	-10.7%	9,689 0.8%	88,962 9.5%	8.7%		
132,808 9.9%	145,204 12.7%	2.8%	10,873 0.8%	12,738 1.1%	0.3%	1,665 0.1%	1,078 0.1%	0.0%	469,747 34.9%	276,096 24.1%	-10.8%	13,410 1.0%	114,248 10.0%	9.0%		
7,236 14.8%	7,596 14.6%	-0.3%	318 0.7%	481 0.9%	0.3%	28 0.1%	26 0.0%	0.0%	11,578 23.8%	7,252 14.0%	-9.8%	1,952 4.0%	6,870 13.2%	9.2%		
3,176 10.4%	4,038 12.4%	2.0%	188 0.6%	269 0.8%	0.2%	9 0.0%	9 0.0%	0.0%	9,334 30.6%	6,064 18.6%	-12.0%	166 0.5%	3,677 11.3%	10.7%		
4,252 13.1%	4,819 14.2%	1.1%	181 0.6%	258 0.8%	0.2%	8 0.0%	13 0.0%	0.0%	6,627 20.5%	5,597 16.5%	-4.0%	463 1.4%	1,818 5.4%	3.9%		
3,341 11.7%	3,685 11.9%	0.2%	158 0.6%	280 0.9%	0.4%	12 0.0%	21 0.1%	0.0%	5,914 20.7%	4,531 14.6%	-6.0%	468 1.6%	3,458 11.2%	9.5%		
4,433 18.0%	4,063 18.4%	0.4%	152 0.6%	215 1.0%	0.4%	19 0.1%	10 0.0%	0.0%	6,988 28.4%	3,866 17.5%	-10.9%	613 2.5%	3,634 16.4%	13.9%		
6,373 18.9%	4,856 12.7%	-6.1%	188 0.6%	295 0.8%	0.2%	9 0.0%	16 0.0%	0.0%	5,258 15.6%	3,723 9.8%	-5.8%	59 0.2%	5,829 15.3%	15.1%		
4,865 9.9%	5,842 12.7%	2.8%	626 1.3%	733 1.6%	0.3%	23 0.0%	21 0.0%	0.0%	9,966 20.3%	9,250 20.1%	-0.2%	166 0.3%	4,820 10.5%	10.1%		
7,926 8.7%	10,050 13.2%	4.5%	672 0.7%	889 1.2%	0.4%	151 0.2%	95 0.1%	0.0%	33,007 36.2%	20,550 27.1%	-9.1%	1,106 1.2%	8,494 11.2%	10.0%		
4,710 8.8%	5,341 13.5%	4.7%	542 1.0%	578 1.5%	0.5%	32 0.1%	27 0.1%	0.0%	18,094 33.9%	9,949 25.2%	-8.7%	424 0.8%	3,445 8.7%	7.9%		
9,544 11.1%	10,437 13.1%	2.0%	634 0.7%	862 1.1%	0.3%	68 0.1%	83 0.1%	0.0%	27,548 32.1%	18,495 23.2%	-8.8%	612 0.7%	7,378 9.3%	8.6%		
3,165 6.7%	5,331 11.0%	4.3%	362 0.8%	473 1.0%	0.2%	137 0.3%	87 0.2%	-0.1%	21,297 45.3%	14,535 30.1%	-15.2%	208 0.4%	3,876 8.0%	7.6%		
2,929 8.3%	3,610 12.5%	4.2%	276 0.8%	313 1.1%	0.3%	22 0.1%	32 0.1%	0.0%	16,162 45.8%	9,702 33.5%	-12.3%	89 0.3%	2,694 9.3%	9.0%		
4,355 9.4%	4,791 12.7%	3.3%	455 1.0%	436 1.2%	0.2%	38 0.1%	34 0.1%	0.0%	19,147 41.5%	11,210 29.8%	-11.8%	300 0.7%	3,860 10.2%	9.6%		
3,400 8.5%	3,843 12.9%	4.4%	272 0.7%	356 1.2%	0.5%	16 0.0%	7 0.0%	0.0%	18,012 45.0%	10,563 35.4%	-9.5%	154 0.4%	2,951 9.9%	9.5%		
3,618 7.5%	4,856 11.3%	3.9%	350 0.7%	433 1.0%	0.3%	42 0.1%	29 0.1%	0.0%	21,435 44.2%	14,414 33.6%	-10.6%	228 0.5%	3,336 7.8%	7.3%		
5,584 8.5%	7,064 12.7%	4.2%	858 1.3%	878 1.6%	0.3%	47 0.1%	27 0.1%	0.0%	23,125 35.2%	16,437 29.5%	-5.7%	167 0.3%	4,857 8.7%	8.5%		
3,759 8.8%	4,533 12.5%	3.7%	291 0.7%	447 1.2%	0.6%	17 0.0%	18 0.0%	0.0%	16,250 37.9%	9,414 26.0%	-11.9%	186 0.4%	3,420 9.4%	9.0%		
6,851 8.6%	7,726 14.1%	5.5%	360 0.5%	449 0.8%	0.4%	76 0.1%	44 0.1%	0.0%	34,527 43.4%	17,139 31.2%	-12.2%	214 0.3%	6,666 12.1%	11.9%		
6,560 8.2%	8,957 12.2%	4.0%	782 1.0%	1,201 1.6%	0.7%	50 0.1%	65 0.1%	0.0%	28,736 36.0%	18,446 25.0%	-10.9%	116 0.1%	6,565 8.9%	8.8%		
7,220 7.2%	10,236 12.6%	5.4%	768 0.8%	824 1.0%	0.2%	414 0.4%	178 0.2%	-0.2%	44,491 44.3%	27,266 33.6%	-10.7%	414 0.4%	8,147 10.0%	9.6%		
5,510 10.7%	5,688 12.5%	1.8%	382 0.7%	539 1.2%	0.4%	33 0.1%	25 0.1%	0.0%	11,830 22.9%	7,422 16.3%	-6.6%	428 0.8%	4,216 9.3%	8.4%		
8,069 10.1%	9,044 14.0%	4.0%	645 0.8%	806 1.3%	0.4%	169 0.2%	106 0.2%	0.0%	23,042 28.8%	14,587 22.6%	-6.1%	694 0.9%	6,218 9.7%	8.8%		
6,305 8.7%	7,289 13.2%	4.5%	487 0.7%	607 1.1%	0.4%	187 0.3%	91 0.2%	-0.1%	24,321 33.5%	13,787 25.0%	-8.5%	850 1.2%	5,056 9.2%	8.0%		
8,853 11.4%	6,042 15.9%	4.5%	770 1.0%	563 1.5%	0.5%	57 0.1%	32 0.1%	0.0%	39,894 51.6%	11,311 29.8%	-21.8%	99 0.1%	6,383 16.8%	16.7%		

4 考察

4.1 大阪都心部における人口回帰現象の特徴

　本節では、これまでの検討から明らかとなった、大阪の都心部の人口の特徴について論点整理を行ったうえで、いくつかのトピックスについて考察を加えたい。

　まず、1990年代後半あたりから顕著となった都心部での高層マンションの急増によって生じた、大阪市の人口の「都心回帰」現象は、2000年以降、現在に至るまで人口の微増傾向のもとに推移していることが確認された。中央区・北区・西区などでは工場や古いオフィス用ビル、会社の所有地など1990年代の大規模再開発の対象となったような大きな土地は都心地域にはさほど残されておらず、かつての規模での開発や人口の急増が今後さらに起こるとは考えにくい。むしろ近年では、浪速区や天王寺区などの"ミナミ"のエリアでインバウンド需要などを受けた、商業施設やホテルなどへの用途転換が進んでいる。福島区や都島区などでは工業用地から住宅用地への転換といった「90年代型再開発」の傾向も見られるが、大阪市全体から見て、都心人口を一気に押し上げるような再開発の余地はあまりない。

　人口動態の特徴については、都心区以外の市内各区では（行政区あるいは小地域レベルで多少の違いは見られるものの）年齢層で言えば20代後半から30代、世帯構成で言えば子どものいる核家族世帯の大幅な減少傾向が継続している。首都圏では、中央区・港区・千代田区における人口の「都心回帰」が周辺の江東区などに波及しているが、大阪市の場合では、都心人口の増加に引っ張られる形での、周辺区の人口数の下げ止まりや再増加の傾向をはっきりと確認することはできなかった。

　その中にあって、「都心回帰」に伴う都心6区の人口構成については、近年少なからざる変化が見られた。すなわち、2000年代以降に「子どものいる核家族世帯」および「15歳未満の年少人口」の増加が、統計資料から明らかになった。これは2000年代前半までの大阪市の人口動態には見られなかった特徴であるが、この動向は大阪市の都心地域にどのような影響を与えてい

4.2 東京・大阪の都心部における年少人口の増加傾向

前掲論文(徳田・妻木・鯵坂 2009)では、東京の都心部において都心人口全体の増加が年少人口の増加傾向を伴っており、「大阪の都心人口の増加の傾向とは異なる特徴」として指摘した。これまでの考察において明らかとなった、2000 年代以降の核家族や年少人口の増加傾向は、東京の都心区において度合いを一層強めている。

図 4-10 は、国勢調査の結果から 15 歳未満人口の推移を東京と大阪で比較したものである。大阪市では、都心 6 区およびその他の区のいずれにおいても、人口が急増する 1995 年以降に 15 歳未満の人口を大きく減らしていたが、2005 年あたりを契機に都心区のみにおいて大幅な増加に転じ、1980 年時点の約 80% の人口数まで回復してきている。東京 23 区の場合も、やはり 2005 年ごろを契機に、都心 3 区(千代田区、中央区、港区)において年少人口の増加率がとみに上昇している。また、上記 3 区の周辺に位置する行政区においても同様の傾向が確認されており、この都心部における 15 歳未満

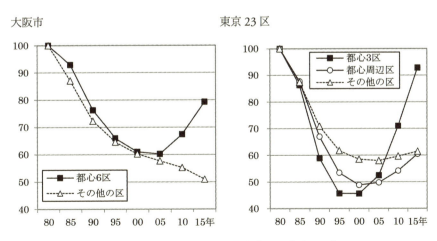

図 4-10　15 歳未満人口の推移(1980 年を 100)

出典:『国勢調査』より筆者作成。なお、東京都 23 区の分類については、(宮澤・阿部 2005)を参照し、都心 3 区(千代田区・中央区・港区)、都心周辺区(渋谷区、新宿区、豊島区、文京区、台東区、墨田区、江東区)とその他の区の 3 つに区別し集計した。

人口（すなわち年少の子のいる核家族世帯）の増加傾向は、両都市圏に共通するトレンドと言えそうである。

図 4-11 は、2002 年から 2016 年までの大阪市の都心 6 区の市立小学校の児童数の変化を見たものである。特に増加幅が大きいのは、西区（約 1000 人増）と中央区（約 850 人増）である。次いで、福島区で約 500 人、天王寺区で約 400 人、北区で約 250 人の増加が見られるほか、微減傾向にあった浪速区でもここ数年では増加が見られる。こうした傾向は明らかに都心マンションの居住者として小学生の子を持つファミリー世帯が増えてきていることによるものと考えられ、2000 年代以降の東京や大阪の都心部の「子育て空間」化が進行してきている様子がうかがえる。

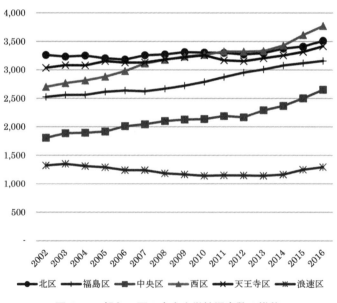

図 4-11　都心 6 区の市立小学校児童数の推移
出典：『大阪市統計書』より筆者作成。

4.3　今後の展望と課題

最後に、本章の考察で得られた知見を以下に整理し、今後の展望と研究課

題について触れておきたい。

　まず、大阪市の人口の推移について、市全体では2000年ごろから微増傾向が続いているが、都心6区の人口流入（社会増加）によるところが大きく、大阪市においても明らかに人口の都心回帰が起こっていることが分かった。その一方で、その周辺各区の多くで少子高齢化（自然減少）と人口流出（社会減少）の傾向はさらに進行しており、人口増減に関する大阪市内での地域差は依然大きいことが確認できた。

　そして、前掲論文の考察結果とは大きく違う傾向として、子どものいる核家族世帯及び15歳未満人口が大阪都心部で増加していることが確認された。これはとりわけ2005年以降に顕在化してきた新しい傾向である。「都心回帰」現象に関する研究では、都心人口の世帯規模の縮小傾向（すなわち夫婦のみ世帯や単独世帯の増加）が指摘されてきたが、近年では首都圏・大阪都市圏の都心エリアが「子育て空間」となりつつある現状が明らかになった。

　こうした新しい動向については、年齢別のコーホート分析で明らかになったように、30代を核とする比較的若年の子育て世代が（高層マンション住民として）流入してきていることが主要因であると考えられる。ただし、本章の考察ではあくまで行政区単位のデータを用いての分析であるのと、同じ「核家族世帯（親と未婚の子）」であっても、15歳未満の子を含む比較的若い世帯と（旧住民層に多くみられると考えられる）老親とその子供によって構成される世帯も含まれる。従って、「都心回帰」現象をけん引していると思われる高層マンション住民がいったいどのような属性を有する人たちであるかについては、都心マンション住民を対象とした質問紙調査の分析結果（第8章）を併せみる必要がある。

　こうした都心地域の年少人口の増加傾向の背景には、共働き世帯による職場と子育ての場の近接化ニーズの増大といった、ライフスタイル上の選好が強まっていることがまずはあげられるであろう。しかしそれとともに、大阪都心部での住宅供給における「ファミリー向け」物件の供給増についても指摘しておかなければならない。

　地理学者の久保倫子は、「東京都中央区においては、2000年以降単身者用

マンション供給が盛んであり、核家族向けマンションと戸数において同程度供給されていた。他方、大阪圏においては、単身用マンションの供給は核家族用マンションの供給に比べると少数であった」と指摘している（久保 2015：18）。そして、東京圏でも 2000 年以降において地価の下落が始まり、供給サイドが子育てファミリー層の都心居住ニーズの存在を意識し始めたこともあって、比較的面積の大きなマンション物件が販売されるようになったという（久保 2015：27）。

我々は前掲論文において、1990 年代の東京都心区においては核家族世帯や年少人口の増加が確認されており、東京湾岸のベイサイドの再開発等において公営住宅の建て替え等による住宅供給が同時進行したために、多様な世帯構成や社会階層の住民が都心区において増加する「ソーシャルミックス」効果によるものであると指摘した（徳田・妻木・鯵坂 2009：25-31）。しかしその後の動向では、2000 年代に東京湾岸地域において超高層マンションの建設が増加し、コンパクトタイプとファミリー向けタイプのミックス型や、（埋立地に立地するマンションを中心に）ファミリー向け物件に特化したマンションも登場している（久保 2015：39-40）。こうした事情により、都心エリアの「子育て空間化」という傾向は、東京・大阪それぞれの都市圏に共通してみられる傾向といってよいだろう。

「若年層住民の増加」じたいは、少子高齢化に多くの地域が悩まされている昨今においては好ましい傾向ではある。しかしながら、こうした年少人口の急激な増加は、丸山真央が指摘する「『集積不利益』や『社会的共同消費の不足』問題」（丸山 2016：57）を新たに招来することにもなる。都心に隣接する東京都江東区では 2004 年にマンション建築を制限する条例が定められたが、これは「1990 年代末以来、大規模な共同住宅の建設が相次ぎ、小学校をはじめとする『社会的共同消費の不足』が問題化したことへの対応」（同）であった。こうした年少人口の増加にともなう「集積不利益」の一つとしては、各地で問題となっている保育所・幼稚園等への「待機児童」問題の深刻化もあげることができるだろう。

大阪市の都心部においても、ファミリー向け物件を含む高層マンションの

新築によって世帯数が増加した結果として、市立小学校の児童数の明らかな増加が確認できた（図4-11）。これらの地域には、1970年代以降の「郊外化」の時代に生徒数が急減し小学校の統廃合を積極的に進めてきた歴史がある。しかし、今やその逆転現象が起こっていて、教室数の不足のために小学校の増設を検討しなければならない地域も出てきているという。また、前述のように、今後に大阪の都心部において新たな大規模なマンションの建設及び大量の住宅供給がなされ続ける見込みは薄いことから、現在のような規模の児童数がどこまで続くか、待機児童や公立学校の在籍者の数をどう見積もって対応を取っていけばよいかは、非常に予測が難しい政策課題といえるだろう。

5 おわりに

　以上が、本章の考察より得られた知見の概要である。本章における大阪市の「都心回帰」現象の分析は、大阪市全体の人口動態から都心地域の人口動態の特徴を把握するという観点から行っているため、市区町村単位のデータによる統計分析という手法をとった。しかしながら、こうした行政区の単位で見た地域の人口構成の概要からは、マンション入居者を多く含む新住民層と、古くから地域に暮らし、地域自治を担ってきた地付きの旧住民層の「相違」についての十分な検討はできない。したがって、都心回帰現象をけん引する住民層である高層マンション等に新たに入居した新住民層がどのような人たちかについては別途明らかにする必要がある（第8章参照）。

　これまでの考察では人口分布の動態を主に産業・就業構造との関連で問うてきた。次章では、大阪市の歴代の市長選挙の分析結果などによりながら、「都心回帰」現象と近年の大阪の政治動向（とりわけ橋下府政・市政や「維新」政治など）の関連性について検証する。

第5章 「都心回帰」と都市政治
―― 大阪市政の「維新」ブームをめぐって ――

丸山　真央

1　問題の所在

　1970年代以降、西欧や北米の大都市の多くでみられるようになった都市圏の中心都市や都心地区の人口回復――いわゆる都心回帰（Back-to-the-city movement）、あるいは都市圏発展段階論（Van den Berg et al. 1982）でいわれる再都市化（re-urbanization）――は、これまでジェントリフィケーション研究が明らかにしてきたように、単なる人口の再増加ではなく、住民の社会階層面での入れ替えをともなうものであった。

　こうした都市の人口構成の変化が、都市自治体の政治過程に何らかの影響を及ぼすであろうという推測は当然ありうるし、実際にジェントリフィケーションに関心をもつ研究者たちによって追究されてきた（Lees et al. 2008: 94-8）。たとえば代表的な論者である政治地理学者のDavid Leyは、1970年代以降のカナダの大都市において、都市の人口回復・入れ替わりが都市政治の変化につながったプロセスを明らかにしたことで知られる。ジェントリファイアーたちのラディカルでリベラルな政治的選好は、都市自治体の革新をもたらす要因になったとされる（Ley 1996）。

　では日本における人口の都心回帰はどうなのかという問いに対して、これまで日本のジェントリフィケーション研究では、都市自治体の政治過程との関連はほとんど問われてきていない。そこで本章では、日本の大都市圏における都心回帰という人口の空間構造の変化が、都市自治体の政治過程に及ぼす影響を、大阪市政を一つの素材として検討してみたい。ここでは、2000年代後半――大阪都市圏で都心回帰の動きが顕在化した時期――以降、大阪

府・市政に大きな影響を与えるようになった、政治家橋下徹や彼の率いる「大阪維新の会」が、その検討の中心となる。

　2008年の大阪府知事選挙に立候補した弁護士でタレントの橋下徹は、野党推薦の候補にダブルスコアに近い票差をつけて圧勝した。その後橋下は、「二重行政の無駄を排する」として、大阪市の廃止と特別区の設置、いわゆる「大阪都構想」を掲げるに至ったが、議会の抵抗にあった。そこで橋下は知事を辞して大阪市長選挙に立候補した。この2011年大阪市長・府知事ダブル選挙では、知事の後継に大阪維新の会幹事長の松井一郎を立て、その結果、橋下は市長選で現職候補を圧倒、府知事選も松井が制し、橋下・「維新」は府・市の両トップを掌握するに至った。2015年には「都構想」をめぐる住民投票（「大阪市における特別区の設置についての投票」）の実現にもちこんだ。しかし住民投票の結果は、「都構想」反対が賛成を僅差で上回って否決され、それを受けて橋下は市長と政治家を辞した。

　橋下自身は政治の表舞台から姿を消したことになっているが、大阪維新の会は国政政党「日本維新の会」を設立したり、府議会や大阪市議会のみならず府内や関西各地の自治体議会に維新推薦の地方議員を送りこんで一大勢力を形成したりしている。「橋下旋風」や「維新ブーム」は、今や大阪の地方政治のエピソードの一つとして片づけられない現象となっている。

　こうしたこともあって、橋下や「維新」、あるいは彼らが進める「大阪都構想」などの自治体改革や大都市制度改革に関する研究は近年、汗牛充棟の観があるが、ここでは、橋下や「維新」の支持基盤に関する実証的な研究をみることにしよう。

　橋下や「維新」への熱狂的な支持の背景として、当初は「弱者」説がいわれることが多かった。2000年代のネオリベラリズムの政治経済が生みだした「弱者」、すなわち非正規労働の若年プレカリアートたちが、不満のはけ口として橋下や「維新」を支持しているというものである。こうした説を確たるデータで最初に否定したのが政治社会学者の松谷満であった。彼の分析によれば、橋下や「維新」の支持層は、若者や非正規労働者より中上層ホワイトカラーの中高年男性が主であり、いわば「普通」の保守政党支持層が、

既成政治家や自民党を見限った側面をもつものであった（松谷 2010, 2011a, 2011b, 2011c, 2012a）。「維新」支持と政治的あるいは社会的な疎外との関連性は、政治学者の善教将大や坂本治也らの検証でも明確に否定されている（善教・石橋・坂本 2012a；善教・坂本 2013）。「都構想」の住民投票でも、有権者は煽動されたわけでなく自律的な判断をしていたという分析もある（善教 2016）。たしかに若者をはじめネット利用者が橋下や「維新」を根強く支持する傾向がみられたり（岡本・石橋・脇坂 2014）、大阪の地域代表的側面がその支持を強いものにしたりしているということは確かにあるようである（善教 2017）。それでも、計量社会学者の伊藤理史の分析によれば、低階層の橋下・「維新」支持説は到底例証できず（伊藤・三谷 2013；伊藤 2014, 2016）、「弱者」や「疎外」によるのではない、都市の「マス」の動向をつかんだ説明が求められている。

さて、ここに二つの地図がある。**図 5-1** は、2000〜05 年の大阪市の行政区別の人口増減率を地図化したもので、色が濃いほど人口増加率が高いことを示している。それに対して**図 5-2** は、2015 年 5 月におこなわれた「大阪都構想」の住民投票における賛成の割合を行政区別に図示したもので、「都構想」賛成票の割合が高いほど色を濃くしてある。この 2 つの地図はいずれも都心区の色が濃く、周辺区が薄いという大きな傾向で似ている。大阪市の人口変動と「都構想」、あるいは橋下や「維新」への支持との関連がありそう

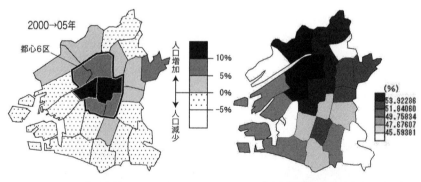

図 5-1　大阪市の区別の人口増減、2000-05 年
出典）徳田ほか（2009：18、図表 11）

図 5-2　「大阪都構想」住民投票の賛成率
出典）大阪市選挙管理委員会の結果調から筆者作成。

であることを印象づけるものである。

　これら二つの地図の間には、本当に関連性があるのだろうか。あるいは何らかの疑似相関なのか。人口の都心回帰をもたらしている人々、つまり都心区の人口増加を牽引する人々が、橋下や「維新」や「都構想」を支持しているのだとすれば、二つの図の間に関連性があると考えられるわけだが、本章では、そのことを、大阪市の都心区の有権者を対象に実施した調査結果から探ってみたい[1]。

　そこで以下では、まず「維新」ブームに至る大阪市政の流れを、選挙地図をもとに整理する。そのうえで、大阪市の都心区のひとつである中央区で有権者を対象に実施した質問紙調査の分析によって、人口の「都心回帰」と「維新」ブームの関連の有無を検討する。

2　選挙地図からみた戦後大阪市政

　すでに第1章(図1-1)で示したように、第二次大戦後の大阪都市圏の人口は、戦前期に始まった都市圏と中心都市の肥大が、第二次大戦中の戦災や疎開でいったん中断するものの、戦災からの復興にともなって再び人口集中がみられるようになった(都市圏の発展段階でいわれるところの「都市化」)。その後1960年代に入るあたりから、都心地区の人口減少がみられるドーナツ化が進行するようになった(「郊外化」)。そして2000年前後ごろから都心の人口回復がみられるようになっている(「再都市化」)。このように大阪都市圏では、都市圏の発展段階論でいわれる変化が、「反都市化」段階を除いておおむね観察されるわけである。

　ところで、大阪市では、戦後の新憲法・地方自治法のもとで市長公選制が導入されて以来、本章執筆時点(2018年)までに21回の選挙があり、10人が市長になった(**表5-1**)。以下では、それぞれの市長が初当選した市長選挙の開票結果に着目して、各市長の地域的な支持基盤(いわゆる「地盤」)がどのようなものであったのかを、大阪市の人口変動の段階に即してみてみよう。そこで、10人の市長が初当選した市長選挙における行政区別の得票率(投票

総数に占める得票数の割合=相対得票率)を地図化した。得票率が高いほど濃く着色した。塗り分けにあたっては、候補者数によって得票率は大きく変わることから、分位数によることとし、階級分割数を6とした。

表 5-1 戦後の大阪市長選挙(当選候補と次点候補のみ)

施行日	当選者				次点				投票率
	候補名	党派	得票数	得票率	候補名	党派	得票数	得票率	
1947年4月5日	近藤博夫	社会	162,572	45.6%	落合九一	民主	142,931	40.1%	49.9%
1951年4月23日	中井光次	民主	389,986	52.0%	森下政一	社会	359,706	48.0%	72.0%
1955年4月23日	中井光次	無	696,503	85.2%	橋本政雄	無	70,669	8.6%	60.9%
1959年4月23日	中井光次	無	636,900	62.4%	中馬馨	無	369,662	36.2%	66.7%
1963年4月17日	中馬馨	無	678,569	56.4%	和爾俊二郎	無	524,895	43.6%	68.1%
1967年4月15日	中馬馨	無	977,117	87.3%	桑原英武	共産	142,192	12.7%	57.7%
1971年4月11日	中馬馨	無	1,013,503	82.3%	緋田吉郎	共産	217,439	17.7%	61.6%
1971年12月19日	大島靖	無	458,715	65.2%	橋本敦	無	229,959	32.7%	34.9%
1975年11月30日	大島靖	無	609,257	73.0%	緋田吉郎	共産	216,831	26.0%	43.3%
1979年11月18日	大島靖	無	479,883	65.3%	新宮良正	無	254,738	34.7%	39.7%
1983年11月20日	大島靖	無	493,356	71.3%	斎藤浩	無	198,112	28.7%	37.6%
1987年11月29日	西尾正也	無	400,367	49.0%	中馬弘毅	無	243,091	29.7%	43.0%
1992年12月1日	西尾正也	無	452,594	68.4%	藤永延代	無	146,095	22.1%	34.3%
1995年12月10日	磯村隆文	無	351,382	63.4%	井上賢治	無	187,442	33.8%	28.5%
1999年11月28日	磯村隆文	無	433,469	65.3%	井上賢治	無	203,599	30.7%	33.6%
2003年11月30日	関淳一	無	368,433	55.5%	渡辺武	無	195,682	29.5%	33.3%
2005年11月27日	関淳一	無	278,914	41.0%	辻恵	無	189,193	27.8%	33.9%
2007年11月18日	平松邦夫	無	367,058	41.0%	関淳一	無	317,429	35.4%	43.6%
2011年11月27日	橋下徹	維新	750,813	59.0%	平松邦夫	無	522,641	41.0%	60.9%
2014年3月23日	橋下徹	維新	377,472	87.5%	藤島利久	無	24,004	5.6%	23.6%
2015年11月22日	吉村洋文	維新	596,045	56.4%	柳本顕	無	406,595	38.5%	50.5%

出典)大阪市選挙管理委員会の各選挙結果調から筆者作成。

2.1 「都市化」の時期(都心人口+、周辺人口+)

(1)近藤博夫(1947年市長選)

戦後新憲法下で初めての市長公選(1947年4月施行)において自由党と民主党は民主党政治家を候補に擁立した。革新陣営は、社会党が元市理事の近藤

博夫を、共産党が別候補を擁立した。同時にあった府知事選も同様の対決構図となった。その結果、市長には社会党推薦の近藤が、府知事には自由党の赤間文三が当選した。

この市長選における行政区別の開票結果をみると、近藤の支持基盤が郊外区、とくに西側と北側の郊外区にあり、都心区は多くが反近藤となっている（**図 5-3 左**）。府知事選では保守陣営が勝利したが、大阪市域に関しては府知事選でも社会党候補の得票数が赤間を上回っていて、「社共両党が協力しておれば、間違いなく革新府政が実現したであろう」（新修大阪市史編纂委員会編 1992：458）といわれる。この選挙では、都心部は保守、周辺部は革新という色分けがみられたということができよう。

(2) 中井光次（1951 年市長選）

近藤は市長を 1 期務めたあと病気のために退き、公選 2 回目の市長選（1951 年 4 月施行）では、民主党の中井光次が社会党候補と争い、中井が接戦を制した。中井は、官選最後の大阪市長として戦災処理にたずさわった経歴をもっていたが、そのため公職追放にあって市長を辞し、その後参院議員を務めたのちの市長復帰であった（新修大阪市史編纂委員会編 1992：43）。

中井は選挙中から、「各区の形勢観測では中井候補は東、西、南、北［区］の市の中央部で強く」（『朝日新聞』大阪本社版 1951/4/14 朝刊、［］は引用者）、「中井の強いのは東西南北の中央各区だ。これはだれがみても納得できるんだ」（『朝日新聞』大阪本社版 1951/4/21 朝刊）といわれていた。たしかに開票結果をみると、中井の得票率は都心区で高く、周辺区で低くなっている（**図 5-3 中**）。いわば前回の市長選での色分けが反転した形である。

(3) 中馬馨（1963 年市長選）

中井は 3 期にわたって市長を務めたあと、1963 年の市長選を前に引退を表明した。中井は助役を後継指名し、自民党の推薦を受けて後継候補となった。これに対して、1959 年 4 月施行の市長選に社会党推薦で立候補して次点であった元助役の中馬馨は、今回は社会・共産両党の推薦を受けて立候補

112　第Ⅰ部　都市が変わる、都心が変わる

した。前助役と元助役の対決を制したのは中馬であった。社共両党は原水禁運動をめぐって対立していたが、総評大阪地評によって革新統一が実現し、中馬市政の誕生はその所産であったといわれる（新修大阪市史編纂委員会編1995：494）。

　この市長選における行政区別の得票率をみると、中馬の得票率は都心区で低く周辺区で高いというドーナツ状になっていて、1947年市長選での近藤博夫の投票率の地図とよく似ている。また1951年市長選での中井光次の得票率の地図と反転したような形になっている（**図5-3右**）。つまり、都心区は保守系、周辺区は革新系という地域的基盤が、このあたりの時期までは非常に明確であった。

　中馬はその後3期にわたって市長を務めた。再選時の1967年市長選からは自民党と社会党の推薦を受けるようになった。この1967年市長選の際、「前回中馬馨候補の推薦に加わった共産党が、中馬市政は保守色を強めていると唱えて」、共産党は別の候補者を擁立した一方、自民党は独自候補を立てず、社会・民社両党とともに中馬の共同推薦に加わった（新修大阪市史編纂委員会編1995：584）。こうして中馬市政は革新色を薄めて保革相乗りにスライドしていった。

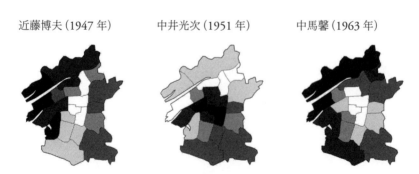

図5-3　歴代大阪市長の初当選時の行政区別得票率(1)
出典）大阪市選挙管理委員会の各選挙結果調から筆者作成。

2.2 「郊外化」の時期（都心人口−、周辺人口＋）

(1) 大島靖（1971年市長選）

　1971年4月施行の統一地方選挙は、前半戦で府知事選があり、社会党と共産党が中心となって結成された「明るい革新府政をつくる会」推薦の黒田了一が初当選し、東京都の美濃部亮吉、京都府の蜷川虎三に続いて革新知事が誕生するという歴史的な選挙となった。それに対して統一選後半戦の大阪市長選では、三選をめざす中馬馨は、自民・社会・民社の3党の推薦を受け、公明党の支持もとりつけて、共産党公認候補と争う構図となり、保革対決とはならなかった。結果は中馬の三選であった。

　しかし中馬はまもなく健康状態が悪化し、三選から半年余後の1971年11月に急死した。翌12月施行の市長選には、助役であった大島靖を社会・公明・民社党が擁立した。「黒田府政成立の直後でもあり、社会党と共産党が共闘を組むかどうかが注目されたが、公明・民社は共産との共闘を望まず、共産党も大島助役を候補とすることに反対したので、実現はみなかった」（新修大阪市史編纂委員会編 1995：587）。このとき自民党は独自候補を立てなかったので、やはり保革対決とはならず、結果は、大島が共産党候補に大差をつけての初当選となった。

　たしかに大島は社会党の推薦を受けており、その後も四選時まで「明るい革新市政をつくる会」が確認政治団体となった（新修大阪市史編纂委員会編 1995：684）という意味で、「革新」市長ではあった。ただし、選挙地図ではあまり明確な地域的対決の様相はみられない。1971年12月施行の市長選における大島の行政区別の得票率をみると、1960年代前半までの市長選のような都心区 vs. 周辺区という塗り分けになっていない（**図5-4 上左**）。

　大島はその後、再選を目指した1975年の市長選では、初当選時に掲げた「反自民」のスローガンを下ろして、自民党の推薦も受けるようになり、いわゆる相乗り型の市長となっていった。大島は戦後最長の4期16年にわたって市長を務めた。

(2) 西尾正也（1987年市長選）

　1987年11月施行の市長選に際し、大島は助役の西尾正也を後継指名した。西尾は自民、社会、公明、民社、社民連の推薦を受けて立候補した。対抗馬は、大島の先代市長であった中馬馨の長男（新自由クラブ所属の衆院議員）と共産党の独自候補であった。結果は西尾の圧勝であった。

　この市長選における西尾の行政区別の得票率をみると、地元の東淀川区や対立候補の地元の阿倍野区で若干の濃淡があるものの、「各区でまんべんなく［大島前市長の票を］受け継」いだといわれるように（『朝日新聞』大阪本社版1987/11/30 朝刊）、全市的に得票している。かつてのような同心円状の塗り分けではないが、1971年の大島の初当選時とも異なる。その要因を特定することは難しいが、少なくとも、大島の初当選時と同様に、都心区 vs. 周辺区という塗り分けにならなかった（**図 5-4 上右**）。

(3) 磯村隆文（1995年市長選）

　西尾が市長を2期務めたあとの1995年12月施行の市長選には、大阪市立大学教授から助役になっていた磯村隆文が後継指名を受けて、自民、新進、社会、さきがけ、公明各党の推薦を受けて立候補した。共産党は独自候補を擁立したが、磯村が共産党推薦候補を大きく引き離して当選した。このときの磯村の行政区別の得票率は、24区中23区で対立候補を上回っていた。やはりここでも都心区 vs. 周辺区という塗り分けはみられず、むしろ全市的におおむねまんべんなく色がつく形となっている（**図 5-4 下左**）。

(4) 関淳一（2003年市長選）

　磯村が2期で市長を退いたあと、2003年11月施行の市長選には、磯村市長の助役で、戦前の名市長として知られる関一の孫の淳一が、自民、民主、公明、社民各党の推薦を受けて立候補した。相乗り候補の関は共産党推薦候補を大きく引き離して当選した。このときの関の行政区別の得票率は、関の地元の阿倍野区や南東部でやや得票率が高かったが、磯村と同様、全市的にそれなりに得票しており、やはり同心円状の塗り分けにはならなかった（**図**

5-4 下右)。

大島靖（1971 年）

西尾正也（1987 年）

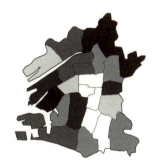

磯村隆文（1995 年）

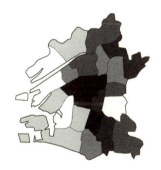

関淳一（2003 年）

図 5-4　歴代大阪市長の初当選時の行政区別得票率(2)
出典）大阪市選挙管理委員会の各選挙結果調から筆者作成。

2.3　「再都市化」の時期（都心人口＋、周辺人口→）

(1)平松邦夫（2007 年市長選）

　関は 2007 年 11 月施行の市長選に三選を目指して立候補し、自民・公明両党が推薦した。そこへ在阪テレビ局アナウンサーの平松邦夫が、民主党と国民新党の推薦を受けて立候補した。平松は、助役出身の市長が続いていることを批判し、接戦の末、現職の関を破って初当選した。このときの平松の

行政区別の得票率は、北東部で支持がやや強いという傾向はみられるものの、西尾、磯村、関といった1980年代以降の各市長の初当選時と同じように、都心区 vs. 周辺区という塗り分けにはなっていない（**図5-5左**）。

(2)橋下徹（2011年市長選）

選挙地図に目立った変化がみられるのは2011年の市長選であった。既述のように、2007年11月施行の市長選で平松邦夫が当選した2か月後、2008年1月施行の大阪府知事選に、弁護士でタレントの橋下徹が立候補して当選した。橋下は、大阪府と大阪市の一体化を目指す「大阪都構想」を掲げて、1期目の途中で知事を辞職し、2011年11月施行の市長選に立候補した。大阪府知事と市長のダブル選挙となり、市長選では、維新の橋下が、民主・自民両党府連の推薦を受けた現職の平松に挑む格好となって、橋下が20万票以上の差をつけて圧勝した。

この2011年ダブル選の市長選における橋下の行政区別の得票率をみると、都心区で橋下得票率が高く、周辺区では低いという明確なコントラストとなっている。1960年代初めまでみられた都心区 vs. 周辺区という塗り分けは、その後曖昧になっていたが、そうしたかつての塗り分けが復活したような結果である（**図5-5中**）。

その後橋下は、「大阪都構想」の実現を目指して、2015年5月に住民投票にまで漕ぎつけたが、住民投票で「都構想」は僅差で否決されたことは、はじめに触れたとおりである。この住民投票においても、行政区別の開票結果が都心区 vs. 周辺区という塗り分けとなったこともすでにみた（前掲の図5-2）。

(3)吉村洋文（2015年市長選）

「都構想」が住民投票で否決されたあと、橋下は市長を辞職し、2015年11月に出直し市長選が施行された。そこに元弁護士で維新の衆院議員であった吉村洋文が立候補し、自民党推薦の対立候補に大差をつけて当選した。このときの吉村の行政区別の得票率は、やはり都心区で高く、周辺区で低いという塗り分けとなった（**図5-5右**）。

平松邦夫（2007 年）　　　　橋下徹（2011 年）　　　　吉村洋文（2015 年）

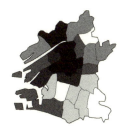

図 5-5　歴代大阪市長の初当選時の行政区別得票率(3)
出典）大阪市選挙管理委員会の各選挙結果調から筆者作成。

3　都心区民の投票行動の分析

　橋下や彼の率いる維新が、都心区に支持基盤をもつとして、それは人口の都心回帰と関連をもつものなのだろうか。関連があるとすれば、それはどのような要因間の連関によるものなのだろうか。前節で概観した戦後大阪市長選の選挙地図からは、次のような 2 つの仮説が考えられるだろう。
　まずひとつは、都心区の古い保守地盤が復活し、それが橋下や維新の支持基盤となったのではないかというものである。1960 年代前半まで、都心区では保守陣営が強く、周辺区では革新陣営が強いという塗り分けがはっきりみられた。相乗り型の市長が続いたことで、こうした塗り分けはあまりみられなくなったが、橋下や彼の率いる維新の登場によって、都心区の保守地盤が復活したのではないか。これが一つ目の仮説である。
　もう一つは、都心区の人口変動によって、橋下や維新を支持する層が流入したことによって、新たな支持基盤が出現したという仮説である。選挙地図で都心区と周辺区との塗り分けが明確にみられるようになった時期と「再都市化」の時期はおおむね重なっている。だとすれば、都心区の人口増加とは、橋下や維新の支持層の流入だったのではないかという関連は推測しうる。これが第二の仮説である。
　これらの仮説の適否を、大阪市の都心区の一つである中央区の有権者を対

象として実施した質問紙調査（以下、中央区民意識調査）の結果から検討することにしよう。

3.1 データ

中央区民意識調査は、標本調査として実施し、調査対象者は選挙人名簿を閲覧して多段抽出した。すなわち中央区内の3つの連合振興町会（大宝、集英、桃園）エリア在住の有権者のうち、20歳以上80歳未満の男女計1,562人を等間隔法により抽出し、自記式・郵送法の質問紙を2015年10月に郵送で配布、回収も郵送でおこなった（督促1回）。有効回収数は448、有効回収率は28.7%であった。なお、質問紙の配布と回収は、「大阪都構想」の住民投票（2015年5月）が施行されたあと、橋下徹が大阪市長を辞職して、出直し市長選（2015年11月）が施行される前という時期であった。

中央区民意識調査では、2011年ダブル選の大阪市長選における投票行動、2015年の「大阪都構想」の住民投票における投票行動を、それぞれ尋ねた。単純集計の結果は**表5-2**と**表5-3**のとおりである。2011年市長選の投票行動に関しては、実際の中央区の投開票結果と比べると、橋下徹に投票したと答えた割合がやや高く、平松邦夫に投票したと答えた割合および棄権したと答えた割合が若干低くなっている。また、2015年の「大阪都構想」の住民投

表5-2　2011年ダブル選の大阪市長選における投票行動

			橋下徹に投票	平松邦夫に投票	棄権	選挙権なし	記憶なし	無回答	合計
中央区民意識調査		（人）	211	61	56	72	25	23	448
		（%）	47.1	13.6	12.5	16.1	5.6	5.1	100.0
実際の投開票結果	中央区	（人）	24,815	13,285					67,256
		（%）	36.9	19.8					100.0
	都心6区	（人）	141,925	77,891					409,294
		（%）	34.7	19.0					100.0
	大阪市	（人）	750,813	522,641					2,134,060
		（%）	35.2	24.5					100.0

出典）実際の投開票結果は大阪市選挙管理委員会の結果調から筆者作成。
注）「合計」は当日有権者数、%は当日有権者を100としたもの。「都心6区」は福島・西・天王寺・浪速・北・中央区の計。

表 5-3 「大阪都構想」の住民投票における投票行動

			賛成に投票	反対に投票	棄権	選挙権なし	記憶なし	無回答	合計
中央区民意識調査		(人)	212	141	61	16	6	12	448
		(%)	47.3	31.5	13.6	3.5	1.3	2.7	100.0
実際の投開票結果	中央区	(人)	24,336	20,657					73922
		(%)	32.9	27.9					100.0
	都心6区	(人)	139,925	115,089					407,195
		(%)	34.4	28.3					100.0
	大阪市	(人)	694844	705585					2104076
		(%)	33.0	33.5					100.0

出典)実際の投開票結果は大阪市選挙管理委員会の結果調から筆者作成。
注)「合計」は当日有権者数、%は当日有権者を100としたもの。「都心6区」は福島・西・天王寺・浪速・北・中央区の計。

票における投票行動は、実際の中央区の投開票結果よりも、棄権したと答えた人の割合が低くなっている。以下、中央区民意識調査の分析結果の解釈においては、こうしたデータ上の偏りに留意する必要がある。

3.2 分析と結果

さて、前述の仮説を検証すべく、中央区民意識調査のデータを使用して、次のような分析をおこなった。すなわち、2011年市長選と「都構想」住民投票の投票行動を従属変数として、前住地と居住年数を独立変数とする多項ロジスティック回帰分析をそれぞれおこなった。統制変数には基本的属性(性別、年齢、学歴、職業、世帯年収)を投入した。その結果から仮説の適否を検討していこう。

まず、2011年ダブル選の大阪市長選で橋下徹に投票した層の特徴をみてみよう(表5-4)。この選挙で橋下徹に投票した層は、平松邦夫に投票した層に比べて、現住地での居住年数が短いという特徴がはっきり出ている。前住地が都心6区内かどうかの違いはみられなかった。棄権した層は、橋下に投票した層と比べて、居住年数や前住地に関する特徴はみられなかった。選挙権なし(選挙当時、市外在住を含む)層は、前住地が都心6区外で居住年数が短い傾向がみられる。これは選挙後に市内に転入してきた回答者が一定数い

次に、2015年の「大阪都構想」の住民投票で賛成票を投じた層の特徴をみよう(**表5-5**)。居住年数の効果に注目すると、反対票を投じた層に比べて、賛成票を投じた層は、現住地での居住年数が短い傾向がみられた。前住地が都心6区内かどうかの違いはみられなかった。棄権した層は、賛成票を投じた層と比べて、居住年数と前住地に関する違いはみられなかった。選挙権なし(同上)層は、現住地の居住年数が短い傾向がみられた。

以上の二つの分析結果はかなり似ているが、それらに特徴的な傾向は次の2点にまとめられる。第一に、2011年の市長選で橋下に投票した人は、対立候補に投票した人に比べて居住年数が短く、また「大阪都構想」の住民投票で賛成票を投じた人は、反対票を投じた人に比べて、やはり居住年数が短いという傾向がみられた。つまり、人口の都心回帰のもとで流動化している都心区の人口構成のうち、そうした流動化を担っている層が、橋下や「都構想」の支持層になっているということができる。ただし、第二に、そうした橋下や「都構想」の支持層となっているのは、郊外などの都心区外から都心区内に流入してきた人びとというわけでは必ずしもなく、都心"回帰"層に限定されるわけではない。

こうした結果から考えると、既述の仮説については、次のようにまとめることができる。すなわち、橋下や「都構想」の支持層が、居住年数の短い、都心エリアの人口流動化を担っている層であることを考えると、都心区の古い保守基盤が復活して橋下や維新の支持基盤となっているというわけではない。しかし、都心区の人口変動によって橋下や維新を支持する層が大量流入したことによって新たな政治基盤が形成されているかといえば、そうでもなさそうである。都心区の人口が流動化し、そうした流動化を引き起こしている人びとが、橋下や「都構想」の支持層となっているとみられるというのが、本節の検討結果から示唆される「都心回帰」と「維新」ブームの関連性である。

表 5-4　2011 年ダブル選の大阪市長選における投票行動を従属変数とした多項ロジスティック回帰分析の結果 (参照カテゴリは「橋下徹に投票」)

	平松邦夫に投票		棄権		選挙権なし	
	B	S.E.	B	S.E.	B	S.E.
切片	-2.709	4.034	13.203 **	3.999	.000	4.628
性別：男性	.026	.359	-.394	.388	.055	.418
年齢	.024	.015	-.058 **	.015	-.056 **	.020
教育年数	.028	.091	.052	.093	.169	.121
職業 (RG= 被用者)						
経営・管理	-1.235 *	.592	.954	.518	-.213	.584
自営・家族従業	-.228	.487	-.377	.619	-1.283	.830
無職	-.085	.500	.359	.526	.618	.639
世帯年収 (対数)	-.040	.260	-.828 **	.262	.069	.312
前住地：都心 6 区内	.215	.356	.281	.361	-1.963 **	.480
居住年数	.023 **	.009	-.015	.015	-.361 **	.085
モデルの -2 対数尤度	636.345					
カイ 2 乗	235.466 **					
Nagelkerke の疑似 R2 乗	.526					
N	360					

注) 無回答と「記憶にない」と答えたケースを除いて集計。** $p<.01$, * $p<.05$

表 5-5　「大阪都構想」の住民投票における投票行動を従属変数とした多項ロジスティック回帰分析の結果 (参照カテゴリは「賛成に投票」)

	反対に投票		棄権		選挙権なし	
	B	S.E.	B	S.E.	B	S.E.
切片	1.026	2.899	16.299 **	4.002	2.834	6.901
性別：男性	-.304	.262	-.768 *	.361	-.067	.583
年齢	.017	.010	-.024	.013	-.017	.028
教育年数	.026	.070	-.127	.088	.114	.203
職業 (RG= 被用者)						
経営・管理	-.554	.380	.047	.509	-1.319	1.165
自営・家族従業	-.370	.396	-.295	.611	-.160	1.099
無職	-.015	.370	-.284	.495	.143	.900
世帯年収 (対数)	-.176	.188	-.921 **	.264	-.305	.472
前住地：都心 6 区内	-.011	.256	-.319	.346	-1.338	.812
居住年数	.021 **	.008	-.004	.014	-.260 *	.131
モデルの -2 対数尤度	753.305					
カイ 2 乗	100.720 **					
Nagelkerke の疑似 R2 乗	.259					
N	383					

注) 無回答と「記憶にない」と答えたケースを除いて集計。** $p<.01$, * $p<.05$

4 まとめにかえて

　本章では、大阪市政における「維新」ブームの背景として、これまで政治学や社会学で注目されてこなかった都市政治のおかれた条件として、人口の都心回帰あるいは再都市化という構造変動に着目して、そうしたマクロな変動と有権者個人のミクロな政治行動との関連性を探るべく、簡単なデータの検討をおこなってみた。そこからは、都市圏の人口の空間構造の変化と都市政治の変動との関連の一端が浮かびあがってきたといってよいだろう。

　もちろん、本章で使用したデータは、調査対象者が大阪市の全有権者でなく、一都心区の有権者に限定されたものである。従って本章がおこなったことは、あくまでも問題の所在の提起であり、仮説の提示にとどまる。今後、大阪市全域の有権者のミクロデータの政治学・社会学的分析や投票区別の選挙地理学的な分析によって、ここで得られた仮説をさらに検討されることが求められる。

　いずれにせよ、「維新」ブームの支持基盤の研究は、有権者個人の選好や心理的要因、社会的背景の探究だけでなく、都市圏の人口変動をはじめとする、都市や社会のマクロレベルの変動と関連づけて理解するような、政治学や社会学と地理学との空隙を埋める作業が、併せて試みられる必要があると思われる。それによって、「維新」ブームの都市的意味が明らかになるだろうし、日本の大都市におけるジェントリフィケーションの性格もより明確になるはずである。

　橋下や維新はしばしば日本政治のポピュリズムの代表的現象といわれる。現代日本のポピュリズムは、比較政治学的にみたとき、他の先進諸国のポピュリズムが軒並み、経済成長からとり残された地域（アメリカのラストベルトや西欧の旧工業地帯をはじめとする）で沸き起こったものであるのに対して、経済成長の新たなエンジンとして人口や資本の再集中が進行する大都市圏を中心にみられることが多い（たとえば元東京都知事の石原慎太郎、現都知事の小池百合子、名古屋市長の河村たかしなど）という地域的特徴をもつ[2]。大阪は長期的な経済停滞に悩まされているとされるが、それでも本章でみたように、橋下徹

や彼の率いる維新の支持基盤は、大阪の衰退地域というより、人口や資本の再集中が進んでいる都心地域にある。このように考えてくると、「維新」ブームをはじめ、日本政治のポピュリズムの背景や意味を理解するうえでも、政治（選挙）地理学的あるいは都市政治論的探究は、今後もっと試みられる必要があるのではないだろうか。

注

1　本章は、前述したようなジェントリフィケーション研究の文脈をふまえて、大阪都市圏における都心回帰と、「維新」ブームにみられる政治変動との関連を検討しようとするものであるが、関連する研究分野としては、既述の政治学・政治社会学のほかに、政治地理学をあげることができよう。実際、政治地理学者の山﨑孝史は、橋下徹や維新の「大阪都構想」にみられる大阪の都市ガバナンス改革の政治に対して、制度構想や政治家の言説・公約などを、国家のリスケーリング論の観点から分析している（山﨑 2011, 2012, 2017）。ただ、山﨑を含めて、都市圏の人口変動と「維新」ブームや「都構想」の関連についての（政治）地理学的な検討は、管見の限りみられない。政治地理学の一分野である選挙地理学は、おそらく本章の関心やアプローチに近いと思われるが、現状ではあまり重なるところはみられない。これは、同分野が投票行動の地理的コンテクストのうち近隣効果の検証を軸に展開してきたこと（高木 1986；小長谷 1995；山﨑 2013：第 8 章など）の影響かもしれない。

2　水島（2016：第 7 章）、『朝日新聞』2017/10/5 朝刊オピニオン面を参照。

付記

　本章は日本都市社会学会第 36 回大会（2018 年 9 月、名古屋学院大学）自由報告部会での報告原稿をもとにしたものである。また JSPS 科研費（25285160、6H03703、16K04086）の研究成果の一部である。大阪市中央区民意識調査は「大都市都心研究会」（鰺坂学代表）が実施したものである。選挙関係の資料収集にあたり、大阪市公文書館、大阪市行政委員会事務局にお世話になった。

第 II 部

都心に暮らす
——都心居住と都心コミュニティ

　近年の大阪市にみられる人口の「都心回帰」現象は、都心空間の商工業用地から住宅地への用途転換、それにともなった高層マンション群の出現によって誘発された。それは単に大阪都心部の人口増加を促すだけにとどまらず、小地域単位でみた時の住民構成を大きく変化させ、地域住民組織の運営・活動のあり方の再検討を促す要因ともなる。この第 II 部では、大阪市の都心人口の量的・質的変化とともに生じる、都心地域での暮らし方や地域住民の協働のあり方について、小地域を対象としたフィールドワークや質問紙調査の分析結果をもとに考察される。

　大阪市の地域住民組織は、戦時体制下の町内会が終戦直後に GHQ によって解体させられたあと、日本赤十字奉仕団としての再構築、大阪市地域振興会と日赤奉仕団の並立制を経て、橋下市政下において地域活動協議会体制へと再編された。第6章では、地域の住民自治の根幹を担ってきた大阪市の地域住民組織の変遷を追う。

　とはいえ、ひと口に都心地域といってもその地域性は実に多様である。大阪市の都心部ではかつての小学校区を地域の単位としてコミュニティができあがり、各地域で独自の運営がなされてきた。第7章では、ターミナル・繁華街、ビジネスエリア、商店街などの商業地、工場の立地する住工混合地域などに育まれた、多様な地域特性や住民組織の現状について小地域単位で紹介する。

　次に問われるのは、都心マンションの住民として来住する新住民の属性や特徴、以前から居住し地域を支えてきた旧住民との関係や新たな協働の可能性である。第8章では、都心部にマンションが大量建設されていくプロセスを概観したうえで、マンション住民の構成と属性、マンション生活におけ

るライフスタイル、マンション内外の人づきあいなどが、新たな高層マンションに暮らす住民を対象とした質問紙調査の分析をもとに明らかにされる。続いて第9章では、かつての住宅地域に高層マンションが建つことによる地域変動のとらえ方が問われる。大阪市北区済美地区では、高層マンション建設による地域変容と併せて、古い町屋をリノベーションした店舗群ができ、若い女性を中心とした外来客が買い物や街歩きを楽しんでいる。大阪都心部の下町のこうした地域変容について、ジェントリフィケーション概念による解釈可能性を探りながら、その変化の特徴を検証する。

　続く2つの章では大阪の町中に展開する商店街に着目する。市内各地の商店街は、周辺や市内の住民たちの身近な買物先として繁盛してきたが、旧住民の高齢化とライフスタイルの異なる高層マンション住民の増加によって、かつての商店街は今後の方向性について岐路に立たされている現状にある。第10章では、大阪市全体の都心回帰の動向と卸売・小売業の趨勢をみたうえで、質問紙調査から得られた商店街の動向と買い物客の行動データなどを検証しつつ、新規住民向けの事業所やインバウンドビジネスなどの進出による商店街という場の位置づけの変化が示唆される。第11章では、戦前の繁華街として栄えた新世界周辺の住民や商店街の事例について詳述される。

（徳田　剛）

第6章　大都市の発展と住民統治・地域住民組織政策の変遷

鯵坂　学・徳田　剛

1　都市行政の住民統治・地域組織政策

1.1　住民統治

　都市の形成や発展の中で、都市の統治・支配は、権力者の支配や利益の維持のために、都市政策（都市計画、行財政政策、産業政策）や治安維持を遂行するだけでなく、支配する住民統治の政策（地域住民の組織化・広報政策など）を工夫してきた。そのため、君主制であれ共和制であれ、権力者は都市居住者（被支配者）の諸階級・階層が形成する種々の団体・集団結合（町や仲間・ギルド）を認めつつ、一方でその結合を利用して徴税や労役の提供を求め、政治的・行政的な支配・統治を実行してきた。

　その支配のあり方は、暴力的で強権的な方法から、住民・市民の納得や住民諸階層の利害を分断したり・忖度させたり、調整させたりしながら「合法的」「民主的」に行うものまで種々ある。また、支配は当該都市が歴史的にもつ政策的課題と都市を構成する諸階級・諸階層のあり方のなかで、統治のシステムを変えながらなされてきた（西村 2011）。それゆえ、地域住民組織の編成やその担い手が誰（どのような階級・階層）であり、どのような権限と利権をもち、義務を負っているかは、権力側の住民組織への介入や指導・助成としての住民統治・統制として、また住民側の地域自治のあり方として注目しておく必要がある。

　支配される住民・市民の側は、その階級や階層を異にしながら、自らの労力や財力を負担していた。また、おたがいに対立したり、協力しながら支配者に対抗したり妥協を引き出したりしながら、自らの利益や安全を守っても

いた[1]。こうした視点から、本章では江戸後期からの大阪の住民統治のあり方に焦点を当て、住民諸組織の政策を検討する。

1.2　江戸期の住民統治：市街区ゲマインデ＝近隣共同体の存在

　M. ウェーバーは、かつて『都市の類型学』で中世のヨーロッパにおいては自治都市（都市ゲマインデ）が発展したが、アジアでは市民による都市自治は発展せず、君主による都市の支配が行われていたと指摘している。続けてウェーバーは「アジアでも都市住民が統合されて、選挙された役人あるいは世襲的な長老を伴うゲマインデを形成するに至ったこともある。例えば、日本においては自治行政権を持つ市街区ゲマインデ（町：訳者指摘）の上に、最高機関として一つあるいは数個の民治的行政機関（町奉行）があった」(Weber 1921=1964：44)、と指摘している[2]。

　神谷国弘は、このウェーバーの指摘を参照しながら、西洋とくに北欧都市では自治都市＝都市ゲマインデが成立したが、日本においてそれは成立せず、近隣共同体（町による近隣自治）が成立したとしている（神谷 1992）。

　このように、日本では戦国時代の一時期の堺、畿内や北陸の寺内町などの自治都市としての経験を除いて、大商人層を中心とした自治都市は成立せず、江戸期以降には封建勢力（近世領主）の統治のもとに都市は支配されていた。近世における城下町を代表とする大都市（江戸・大坂・京都など）では、老中、所司代や城代の下に奉行所がおかれ、都市全体の支配は武士階級により担われていたが、より狭域の支配・統治は奉行所のもとで有力商人を中心とした町人による町（チョウ）や町組－惣町の近隣自治を利用しながら運営されていた。

2　大阪における江戸・明治・大正・昭和期の住民統治・地域組織

2.1　江戸後期

　江戸期の大坂では東西の奉行所の支配のもと、大坂三郷（北組・南組・天満組）－町の商人層による統治＝ガバナンスが行われていた。三郷には惣年寄り（北

組：10人・南組：6人・天満組：5人＝合計21人)とその事務を助けるものとして惣代(南組・北組・天満組＝合計17人)がおかれた。惣年寄りは名誉職で多くの場合、有力商人の世襲が多いが、その職務は奉行所からの惣町への諸法令の伝達、町割りへの関与、諸役徴収(徴税)の最終責任を取り、新町の町惣代の選定、訴訟の調査、牢人の身元保証、女性の関所手形の取次、火消人足の指揮など、多くの公共事務を担当していた。

　これらの組のもとに町があり、町年寄・町代が運営を行っていた。町年寄は町内の町人(家屋敷地の所有者層＋町外の不動産所有者の代理人である家守)の札入れによって上位3人が選ばれ、それを参考に惣年寄りが任命していた(西区史刊行委員会　1943: 大阪市東区史刊行委員会　1980)。町代は町年寄によって選ばれ給与も与えられており、それ以外に数人の町役人がおり、町会所で事務を執行していた。業務としては共同事務だけでなく、口達の町中への伝達、地子・役銀の徴収(徴税)や水帳(土地の管理簿)の管理、訴訟の調停といった公共事務もおこなっていた(新修大阪市史編集委員会　1989)[3]。

2.2　明治維新後

　明治政府の出先機関である大阪府は近代的な地方制度を確立するために、それまでの村(ムラ)や町(チョウ)とは違う行政制度の形成を目指し、1888(明治21)年の市制・町村制が確立するまで、地域支配制度を数年おきに幾度も試行・変更した(山中　1995)。大区小区制度など紆余曲折を経ても統治制度が定まらなかったが、結局は江戸期の村や町の枠組みや有力者や名望家を組み入れた市制・町村制が成立し、大阪市という行政単位が制度化される(なお、東京市・大阪市・京都市だけは1898年まで府知事が市長を兼ねている)。

　明治初期には、大阪市域の三郷は解体され東西南北の4大組が設けられ、十数ケ町で町組が作られ、大組―町組(連合町)―町といった体制が作られる。しばらくすると大組―区―町というシステムに変わる。大阪府には府会が作られ、区には公選の区会が開かれた。有力商人たちがそれぞれその力に応じて、府会議員や区会議員となった。なお、江戸期以来の町の側は、府による朝令暮改の地域制度のたび重なる変更に対して、自己の利益を守る企図から

対応しつつ、町のまとまりを守っていたようである（鰻谷中之町町会　1940；佐賀 2001）。

　ところで、いくつかの文献から 1869（明治 2）年以降に町の連合体である町組の組織がなされていること（西区史刊行委員会　1943；大阪市東区史刊行委員会　1980）が分かっている。また小学校設置のために 1872（明治 5）年の学制発布を画期として全国の小地域に小学校を建設し、維持するための学区制度が作られた（山中 1995；高野 1982；松下 1986；伊藤 2012, 2013）。大阪では大区―町組―町という 3 層の住民統治の仕組みが順次制度化されていったが、この町組（聯合町）は小学校の学区と重なるものもあったと思われる。松下孝昭によると、この学区は校舎・敷地などの学校財産を所有し、小学校の教員の給料も負担していた（松下 1986）。伊藤久志によると、この負担学区が学事目的を超えて、衛生組合や在郷軍人会の組織単位とされたり、議員選挙における予選団体[4]ともなっていた（伊藤 2013）。

2.3　明治中期

　1888（明治 21）年の市制施行期には 39 の学区が設定され、1897（明治 30）年には、第 1 次市域拡張による周辺の新地域にも旧町村を基準に学区を設定し、**図 6-1** のように 60 学区が形成された[5]。現在の大阪市域には、約 310 の校区があり、連合振興町会や地域活動協議会の組織単位となっているが、松下の作成した「大阪市学区図」を現在の都心地域に当てはめてみると、当時の学区と現在の校区の領域がかなり重なっていることが了解できる（松下 1986）。

　こうして、明治中期から昭和の初めまで、大阪市の都心地域では、学区が住民統治・住民自治の単位となり、都心区での行制区―学区聯合町会―町の三重の地域有力者によるガバナンスが行われていたことが推測される（西区史刊行委員会 1943、大阪市東区史刊行委員会 1980）。大きくみると市全域を見渡す大資本家層、区や学区を領分とする商工資本家層、町の運営を担う商工自営業者層である（西村 1994）。

　なお、明治後期には、旧市域の学区間および合併した新市域の学区の財政

第 6 章　大都市の発展と住民統治・地域住民組織政策の変遷　131

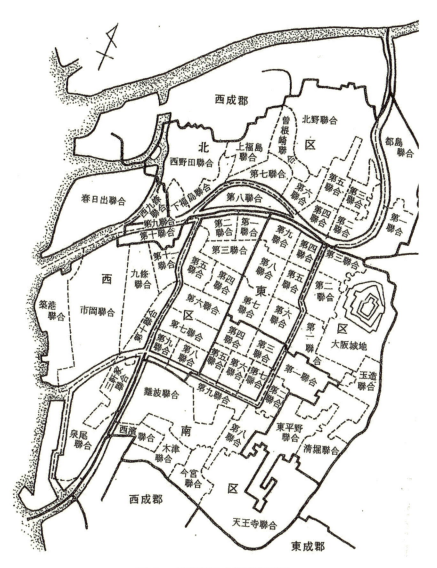

図 6-1　明治期の大阪市学区図

出典)『大阪市会史』第 22 巻、72 頁。ただし、『十周年記念大阪市域拡張史』(大阪市役所、1935 年)、365 頁の
　　地図によって補足・修正した。
(備考) 第一聯合というように数字で示されるのが旧市域の 39 学区であり、春日出・市岡など固有名詞の附され
　　た学区が、第一次市域拡張による新市部分である。
出典) 松下 1986

的な差異から、小学校の施設や教員給料の格差が目立ったため、財産区としての学区を廃止し、市行政が小学校区に責任をもつようにすべきであるとの、学区廃止論が叫ばれていた。しかし、財政力のあった学区を中心に反対（分離派）が多く、財産区としての学区が廃止となるのは、新たな市域拡張の時代である1927（昭和2）年まで待たなければならなかった。

なお、1888（明治21）年の大阪市政の確立により、学事を除いた行政事務が区に集約され、町会の行政的な役割が失われていく中で、「親睦団体としての町会」が1898（明治30）年ころから商業地域で形成されていったとの記述がある（西区史刊行委員会1943）。教育や議員の予選など地域統治のための学区（聯合町会）—町会との関連は明白ではないが、商工業都市として発展していた大阪の都心地域の住民自治組織の形成として、確認しておく必要があろう。また、第二次大戦中の5大都市を対象とした調査報告によると、戦時町内会の組織化以前である1938（昭和13）年の大阪市の町内会は、5,855団体—252連合会—15の区連合会があり、これらの町内に複数の町内会があったり、全く町内会のない地域もあったようである（東京市政調査会1943）。

2.4 戦時町内会

大阪市では、1940年に政府・内務省が訓令15号により全国的に町内会・部落会の組織化を呼びかける前の1938（昭和13）年、市行政により町内会の組織化の方針が打ち出される（新修大阪市史編纂委員会1992）。そこでは、「新町会は従来の町会（「親睦団体としての町会」?）とは異なり、一町内の居住者全部を会員とし、その下部組織として数戸あるいは数十戸程度の隣組を設けて、町会事業の実践活動の原動力たらしめる」こととした（西区史刊行委員会1943）。かくして、全住民を構成メンバーとした戦時町内会が組織されていくのである。調査によると大阪では新たに結成された町内会は2,669団体であり、さらに1940年に再編を行い、3,526団体—256校区連合会—22区連合会になった[6]。このようにもともと住民に任せられていた町内会組織が、行政の指導により合併・分割させられたわけである。おそらく、この過程で住民の側は表面上では指示に従うようにみせかけて、実際は昭和初期までの

「町」の組織を維持していたものもあると思われる（鰻谷中之町町会 1940；乾 1977；佐賀 2001）。

3 終戦直後における日本赤十字奉仕団への転換

3.1 第二次世界大戦直後の地域住民組織の解体と再編（1940〜1947年）

　大阪市の住民組織が「赤十字奉仕団」という名称を冠するようになった要因は、戦時の町内会・部落会の編成・廃止の過程に求めることができる。前節で触れられたように、日本の地域住民組織である町内会は、元来は住民自治的な組織でありながらも、日中戦争から第二次世界大戦へと日本全土が戦時色を強めていく中で、行政の末端組織として明確に位置づけられていった。1940（昭和15）年9月に公布された内務大臣訓令第17号「部落会町内会等整備ニ関スル訓令」によって町内会・部落会が公的に制度化された。さらに1943（昭和18）年の市制町村制の法改正により、町内会・部落会の名が法文上明記され、市町村長の支配下に置かれることとなった。これにより町内会・部落会は、地域住民の統制と治安維持、生活物資の配給や国公債消化、金属・労務の供出などの役割を遂行し、市町村行政の末端において戦時体制の一翼を担っていくのである（吉原 1989b: 155）。

　こうした戦争時の町内会・部落会が有した住民統制および戦争協力組織としての特質は、第二次世界大戦の終結後に諸改革を推進していた GHQ（連合国軍総司令部）より、戦後日本の地域社会の民主化にとっての障害物とみなされた。その結果、1947（昭和22）年5月3日に公布・施行された政令第15号「昭和二〇年勅令第五四二号ポツダム宣言の受諾に伴い発する命令に関する件に基く町内会、部落会又はその連合会等に関する解散、就職禁止その他の行為の制限に関する件」によって、隣組、町内会・部落会とその連合会などの地域組織が解体・廃止させられるに至った。この町内会の禁止措置下において、大阪市の地域住民組織は「日本赤十字社奉仕団（後に大阪市赤十字奉仕団と改称）」という名称で再スタートを切ることとなる。

　この町内会・部落会の廃止は、日本の地域社会（とりわけ近隣住区）の軍国

主義的特質と戦争協力体制を除去するという趣旨で行われたものであるが、地域住民組織の不在により、物資の配給や行政等からの連絡事項伝達の遅滞、そして災害時対応に大きく支障を来たすなど、地域社会にさまざまな混乱をもたらした。そのため、戦時中の町内会・部落会との違いを明示しながらも同様の機能・役割を担うことができるような、何らかの代替組織あるいは制度が全国各地で創設されている。その形態は都市・地域によってさまざまであり、典型的な形としては、京都市のように「事務連絡嘱託制度」(後に「市政協力委員制度」として再編) を導入することで、町内会とは別の枠組において住民への情報伝達など行政協力体制の維持をはかる場合がある (上田1989b:109-111)。しかし、大阪市の場合は各地域に「日本赤十字奉仕団」という町内会・部落会とは趣旨を異とする住民組織の結成を促し、行政の援助・指導のもとにそれらを全市的に編成することで、実質的にはこの組織を通じて住民自治および行政協力といった機能・役割を担保する方針を採ったのである。

　赤十字奉仕団の結成は、直接的には戦後に弱体化していた地域社会における防災体制の整備という喫緊の課題への対応策として行われたものである。まず国が災害時の対応を日本赤十字社に委託し、それを受けた同社が赤十字活動への地域での実行部隊として地域有志により結成させたのが赤十字奉仕団であった。この組織は全国各地で結成が進められたが、大阪市では、その最小単位である班から町内、連合、行政区、市全体へと至る全市的な組織体制をとっている点が極めて特徴的であった。赤十字奉仕団そのものは、あくまで災害対応および平時の衛生・医療・福祉等の諸課題に対応するための組織である。しかし大阪市の場合、後述のように奉仕団結成の準備段階の最初から大阪市の幹部や区長が参加していることなどからも、この組織の編成にあたっては、単に防災や地域の衛生といった問題のみならず、政令15号による住民組織の空白を埋めるという行政当局の意向が重ねられていたと考えられる。

3.2　大阪市における「日本赤十字社奉仕団」設立の経緯 (1947 〜 1953 年)

　ここで、地域住民の組織としての赤十字奉仕団成立の経緯を確認してお

く。第二次世界大戦後、1945（昭和20）年9月の枕崎台風、同10月の阿久根台風、1946（昭和21）年7月と翌47年7月の梅雨前線による水害、そして1946（昭和21）年12月の南海地震などの大きな災害が各地で続発した（竹村1977:93）。敗戦直後の都市インフラや治水事業の不備などもあってこれらの自然災害の被害が甚大化する傾向があり、それとともに災害救助に対応する組織・体制の整備の必要性が認識されるようになった。とりわけ1946（昭和21）年12月21日に和歌山県南方沖で発生したM8.0の南海地震の大被害発生（死者・行方不明者1443名）以降、急ピッチで防災体制の整備が進められていく。1947（昭和22）年10月に「災害救助法」が制定され、同法第21条において日本赤十字社に災害発生時の救助協力義務が課せられることとなる。それを受けて、1948（昭和23）年4月に日本赤十字社と厚生大臣の間で「災害救助に関する協定」が結ばれ、その第2項第4号において「日本赤十字社は、市町村の区域毎に、日本赤十字社奉仕団を編成し、第一救護に当る篤志救助員を設置すること」と明記される。これによって、災害救助を第一の目的とする地域住民の組織としての「日本赤十字奉仕団」の設立根拠が示された。

そして1948（昭和23）年11月に「日本赤十字社奉仕団要綱」及び「日本赤十字社奉仕団設置要綱」が策定され、奉仕団結成の趣旨や組織体制の詳細についての規定が示された。大阪市では、西区において1947（昭和22）年11月に最初の奉仕団が結成され、1949（昭和24）年10月に此花区を最後に市内全区において奉仕団が組織された。これを受けて、同じく1949（昭和24）年10月に大阪市内の各区奉仕団の長によって構成される連絡協議会が設けられ、ここに後の「大阪市赤十字奉仕団」の原型となる組織体制ができあがった（大阪市市民組織研究会1974a: 1-3）。

赤十字奉仕団というこの組織は、かつての町内会とはまったく異なる組織目的や業務内容をもつ組織であることは明らかである。しかし当時の地域住民の中には、奉仕団結成にあたって、戦前の町内会の復活、あるいは同種の組織であるとみなし、それに難色を示す者も少なからず存在したようである。こうした「誤解」は、奉仕団の組織構成がかつての町内会及びその連合会の区域を踏襲したものであり、実際に地域住民のみならず奉仕団の役員になっ

た人にもその違いが分かりにくかったことにもよるだろう。「日本赤十字社奉仕団設置要綱＜大阪支部＞」によれば、大阪市における奉仕団の区域は、大阪市の行政区を「単位奉仕団」の区域とし、以下、概ね小学校通学区域による「連合分団」、概ね町丁目区域による「分団」、概ね20世帯を標準とする「奉仕班」によって構成されているが（大阪市市民組織研究会1974b:11）、これは戦前の町内会組織の構成（隣組―各町―連合）と大差ないものである（吉原1989a: 154）。

　このように、大阪市における赤十字奉仕団の結成は、大阪市の幹部による助言・指導の下、旧来の町内会組織のあり方を参照しながらわずか数年のうちに全市的に進められていった。こうして、組織目的は専ら日本赤十字社の活動への奉仕であるが、かつての町内会と同種の組織構成をもつ地域の有志住民の組織としての赤十字奉仕団が設立されるのである。行政サイドからすれば、ちょうどこの奉仕団結成の時期が、先の政令15号による町内会解散の時期にあたることからも、赤十字奉仕団に対して行政協力団体としてのかつての町内会・部落会の代替機能を果たすことへの期待が含まれていたと考えてよい。現に、日本が連合国軍による占領状態から脱して政令15号が失効した直後に赤十字奉仕団の要綱の改変が行われ、行政協力組織としての側面がより強調されていくのである。

4　「大阪市地域振興会・大阪市赤十字奉仕団」体制の確立と展開（1975～2012年）

4.1　地域振興町会への改組

　高度経済成長期を受けて都市圏域の拡大・郊外化が生じ人口の流動化、環境問題や都市の生活基盤＝共同消費手段の不充足などの都市問題が噴出し、住民運動が生じた。政府や地方自治体がコミュニティ政策で対応する中、大阪市では1975年に地域組織の再編＝地域振興会体制が成立した（赤十字奉仕団の組織は維持されたままそこに組み込まれていった）。この地域振興会は、**図6-2**のように地域振興町会―学区連合振興町会―区連合振興会―市地域振興

会のピラミッド的な組織が形成され 7 つの部会が設けられていた (鰺坂ほか 2010)[7]。

表 6-1　大阪における地域住民自治組織の変遷

時期	社会の状況	行政の地域住民組織政策	地域住民組織の状況
江戸期	近世城下町の形成・維持	町人による自治を利用した支配	町－三郷 (惣町)
明治初期	文明開化の模索	四大組・大区小区制など新たな地域組織の模索	町－町組・連合町－四区
明治中期	大阪市の成立	市制・町村制に対応する町会制度：小学校の運営	町会－学区連合会 (財産区)：予選体制
大正期・昭和初期	近代都市行政の確立	財産区としての学区の廃止を指示	町内会－学区連合会 (財産区：予選体制の存続)
1938 (昭和 13 年)	戦時体制	戦時町内会の形成	町内会と町内会連合会
1945 年 8 月～	戦後混乱期	社会的混乱や災害への対応・町内会の廃止	赤十字奉仕団として町会－連合会組織を維持
1970 年代後期～	都市圏域の拡大・郊外化都市問題：住民運動	コミュニティ政策、地域組織の再編	地域振興会への再編
2013 年～	都市圏の縮小・都心回帰	NPO・企業などを巻き込んだ地域住民組織の再編	地域活動協議会への再編

　それ以降大阪市では、「大阪市地域振興会組織図」や「大阪市地域振興会組織要綱」にあるように、班－振興町会－連合振興町会－区地域振興会－市地域振興会の組織形態で、大阪市・区行政との協力のものと、地域振興会は運営されていた。なお、戦後改革時の経緯から、地域振興会は赤十字奉仕団とは重複した関係で創設・運営されてきたので、「大阪市赤十字奉仕団要綱」(1953 年制定、59 年、75 年、80 年に改定) に照らし合わせてみると、二つの組織は役員や組織形態も重複し、表裏一体の関係で運営されてきたことがわかる。
　こうしたことから、この大阪市地域振興会と大阪市赤十字奉仕団の市レベルの事務局は市役所内の市民局市民部地域振興担当にあったが、「行政との癒着」「組織の混同」との批判を受けて、2009 年 10 月より地域振興会の事務

図 6-2　大阪市地域振興会組織図

出典)「くらしと町会」パンフレットより。

局は中央区船場センタービルの市コミュニティ協会内に移っている。また、同時に会計処理や財産も地域振興会と赤十字奉仕団は区分されるようになった。しかし、区・校区レベルでは、現在も区地域振興会と区赤十字奉仕団は一体の組織となっており区地域振興会の事務局は、現在も区役所内の区民企画担当に置かれている。

4.2 地域振興会の組織・役員・会計

　市地域振興会の事務局及び市役所、区役所へのインタビュー及びそこで得た資料によると、市内には2009年4月現在で4,056の（単位）振興町会がある。それらを基礎に「校区」・「校下」・「地区」と呼ばれるおおよそ小学校区単位に331の連合振興町会（以下「連合町会」と略すことがある）が組織されている。大阪市の小学校は299校であるので（2017年現在）、連合町会の数の方が1割程度多い。これは中央区や北区、西区などの都心区においては、70年代後半の人口の激減により小学校が統廃合されたにもかかわらず、住民組織の連合振興町会の組織単位はそのまま残っているためである。一方で、郊外区では人口の増加により新しい小学校区ができたにもかかわらず、新たな連合町会が未だできていないところもある。こうして、戦前からのものでは一世紀余り、戦後からのものでも数十年間続いた校区・校下のまとまりは、人口のドーナツ化や都心回帰により大きく変動する大阪市においても、基本的に持続しているのである。

　連合振興町会は、24の行政区ごとに区地域振興会を構成し、これらの24区の区地域振興会をもって大阪市地域振興会が形成されている。それぞれの役員は、「組織要綱」によると（単位）振興町会の会長は、その下にある班長会の推薦、連合振興町会の会長は振興町会長の推薦というふうに、下位組織の役員からの推薦という形を取って決められている。それぞれの任期は2年であるが、再任は妨げないことになっている。

　また、振興町会と連合町会では、その中に総務部、会計部、協力部、社会福祉部、環境衛生部、災害救助部、女性部の7つの部制をとっている。これらは、協力部が市・区との連絡調整[8]、社会福祉部が社会福祉協議会や民

生児童委員会との協力、災害救助部が災害救助や献血運動への協力、女性部が地域の女性会・婦人会との連携を図っているように、同じ校区・校下にある各種団体と緊密な関係を維持しており、それぞれの役員もこれらの団体の役員と相互に重複していることが多い。

各区地域振興会の活動資金としては、2009（平成 21）年度には市から「大阪市地域振興交付金交付要綱」に基づき 325,654 千円、「大阪市地域振興活動補助金交付要綱」に基づき 109,883 千円が大阪市 24 区の地域振興会に対し町会数、加入世帯数に応じて各区へ配分されていた。補助金については、補助金交付要綱で補助の対象事業、補助率（経費の 2 分の 1）が細かに定められており、補助事業の内容を審査したうえで、事業経費に応じた補助金が支給されている[9]。

北区では 2009 年度には、1 連合町会あたり平均 72 万円余、総額で 13,702 千円が交付金として、支出されていた。各連合町会では、これ以外に、(単位)振興町会を通じて会費を集める団体もあるし、また逆にこれらの交付金・補助金を、振興町会に配分しているところもあるようである。後の章で紹介されるように、地域のさまざまな自治活動が、連合を中心に取り組まれる地区と、(単位)振興町会で主に取り組まれている地域、あるいは他の各種団体との共催や協力をもとに行われている地区などさまざまであり、会計の配分もバリエーションがあると考えられる。それぞれの町内では、独自の町会費を集め、お祭りや盆踊りの際など費用がかかる場合には、個人や事業所からの寄付により活動費を捻出している。

市からの交付金・補助金は、他都市に比べて低いものではないが、連合町会にせよ振興町会にせよ、その活動費の多くを占めているようには考えられない。

4.3 行政協力と独自の活動

連合振興町会や振興町会は、かなりの行政協力やボランティア活動を行っている（大阪市市民局 2007）。毎月 1 回、区役所で連合振興町会会長会議が開催され、ここには区長や担当課長・係長も出席し、行政協力のお願いや、地

域からの要望が伝えられる。そして、各種の配布物や回覧板での配布物、掲示板へのポスター張出などが依頼される。この現物は、委託業者によって後日、各会長宅や町会の担当者のもとに配達される。これらが振興町会の会長－班長のネットワークや回覧板を使って、住民に配布される。この場合、振興町会の会員以外にも配布が要請される場合もあり、町会役員の負担となっている。配布物以外に、行政が主催／後援するさまざまな行事・イベントへの動員・協力も振興町会役員には大きな仕事となっている[10]。幾人かの連合会長、振興町会長もこの仕事の多さを嘆いていた。

これらの行政協力以外に、後述される事例のように町内の親睦や祭礼、住民間の相互扶助活動や地域共同管理が、振興町会としての「本来的」な活動としてなされている。

4.4 「旧町（ちょう）」のまとまり

これらの（単位）振興町会の領域の中の一部分に、戦前期からの旧町会の流れをもつ「町会」が存続している地域があることも確認できた（新修大阪市史編纂委員会 1992）。また、現在の振興町会と同じ領域に、昔からの住民だけの参加で「町会」を維持し、行政協力などは振興町会で行い、宴会をともなう総会やバス旅行など親睦を中心とした活動は、「町会」で行っている地域もあるようである。

これは、1938年からの戦時町内会の組織化、1948年ころの日本赤十字奉仕団の結成、1975年の地域振興会への再編、また70年代中ごろの町丁目の住居表示改変などが市行政の主導で行われた経緯から、住民の方で町内組織の公・私を使い分けている場合があるのではと思われる。こうして、都心区の地域には、連合振興町会－振興町会の基層に「旧町」のまとまりが残っている地域もある。第7章や第9章でもふれられるが、それらは校区レベルでも残っているようで、古くからの住民によるネットワークの維持や（旧）校区内にある財産の管理維持、旧来の町や団体で行っていた伝統的なお祭りがなされているところもある。

4.5　諸団体の叢生と様々な地域組織団体の形成
⑴社会福祉協議会

　全国的に統一されている地域住民組織の有力な団体として社会福祉協議会がある。大阪市ではこの団体が地域振興会と関係をもちながら、地域で影響力をもって存在している。社会福祉協議会（「社協」と略すことがある）は、戦後1951年に公布された社会福祉事業法に基づき大阪市でも形成された。各区に地域の社会福祉を推進する民間団体として各種団体や社会事業関係者を包含した組織が作られ、専任職員も配置されている。そのもとに、1960年代後半には、校区・校下単位の地域社協が作られていった。北区でも1967年～68年に旧北区では12の校区、旧大淀区では7つの校区ごとに地域の各種団体を集めて、地域社協が結成されている。なお、多くの小学校区が統廃合された中央だけが地域社協の数が17となっており、25ある連合振興町会の数を下回っているが、その他の区では連合振興町会と地域社協の数および、範域は一致している。

　管見であるが、この時期まで各校区・校下レベルにおいて地域の各種団体を統合・調整するような組織は公然とは存在していなかったと思われる。ただ、地域住民の親睦や祭りの運営、共同生活や防犯防火、地域福祉活動などは、ある程度の狭域の地域の中で、共同・協力がなされないとその効果が分散してしまう（共同管理・共同運営の原則）。そのため、これらの地域では、地域社協の形成以前にも何らかの団体間の調整が（有力者の協議によって、あるいは民主的な話し合いによって）なされていたと推察される。

　こうした中で、地域社協は「地域社会福祉協議会会則」にあるように、その組織として、振興町会をはじめ地域にある社会福祉に関係があると思われる各種の団体をその構成団体としている。また、社会福祉関係団体として補助金なども受け入れやすい位置にある。行政区ごとに事務局があり、その援助も受けやすい。一方、先の地域振興会は、その要綱にみられるように内部に7つの部をもってはいるが、校区レベルにある各種団体を、その構成員とするようにはなっていない。協力し合う団体ではあっても、原則としては組織内に組み入れることはできない。他方、各種の団体もほとんどの組織は

校区レベルの組織でとどまっており、町丁目にまで根を張って住民から会費を集め、名簿を作り、回覧板を回すことができるのは、「町」のまとまりを基礎にした振興町会しかないのである。

こうしたこともあって、北区のいくつかの校区・地区では、地域社協が振興町会を含む地域の各種団体を取りまとめ、連合振興町会がそのなかの実行組織の中軸となっていたり、また連合振興町会の会長が地域社協の会長を兼ねている場合がある。加えて、地域社協の役員と連合振興町会や振興町会の役員とが、お互いに役員を兼任していることがみられる。さらに、校区の祭りやイベントでは、連合振興町会・各振興町会と各種の団体が協力しあって実行委員会方式でおこなっているところもある。こうして、地域によりさまざまな形態で、その活動の統合・調整をおこなうという知恵がみられる。

(2)ネットワーク委員会

地域振興会と地域社会福祉協議会のほかに、1992年に大阪市では高齢者

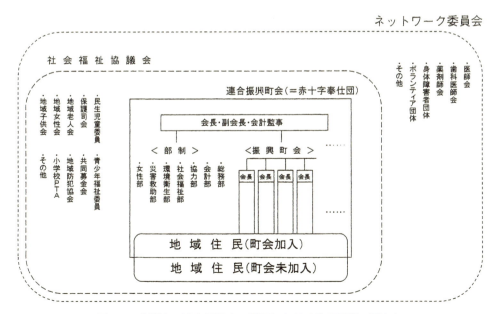

図6-3　大阪市の連合振興会の地区における住民組織の重なり

出典）鰺坂学ほか 2011

や障害者、生活の援助を必要としている住民の社会参加や援助を目的として、社会福祉協議会を構成する団体よりさらに広い団体を包含する傘として、医師会、歯科医師会、薬剤師会、ボランティア団体、心・身障害者団体などを加えたネットワーク委員会が作られている。このように、大阪市では幾重にも地域住民組織がネットワーキングされているが（**図6-3**）、これらの組織の維持、活動には多くの住民のマンパワー、行政の人的・物的・財政的な援助が必要となっており、地域住民組織の役員の負担、行政側の苦労はかなりのものであると推察される。

(3) 大阪市コミュニティ協会の設置

大阪市は1980年代から市内24区ごとにコミュニティ施設を、また殆どの校区に老人福祉センターや地区集会所を建設していった。これらの各種区民施設の管理運営とコミュニティづくり活動やコミュニティ育成事業、地域連携・市民活動推進機能の充実を図ることを目的としてすべての区に財団法人の区コミュニティ協会を、それらをまとめる組織として大阪市コミュニティ協会を設置し、その人員数は189名（うち大阪市からの派遣職員24名）であった。これらコミュニティ協会にもかなりの助成金が出され、また地域振興会以外の青少年や婦人会などの団体にも総計で数十億円の助成金が支出されていた（大阪市市民局　2007）。

5　地域活動協議会への改編（2012- ）

5.1　地域振興会の揺らぎ

我々の住民や行政へのインタビューやアンケート調査では、都心回帰をもたらしている新しいマンション住民は地域振興町会へはほとんど加入しておらず、地域住民（含む地域で営業する事業者）の加入率は、実質的には1割〜2割程度となっている校区が多いと推察される。振興町会の役員など旧住民の側は、新たなマンション住民を地域コミュニティに組織しようと取り組んでいる。一方で、「新住民が町会などに大量に入ってくることに不安を感じ」、

マンション住民＝新住民を組織することをためらい、加入促進に消極的になっている傾向もみられた。結果として、新住民の町内会加入は進まず、大阪市の都心では振興町会を初めとする地域住民組織は機能不全をみせ始めている。それは、加入率の低下によく示されており、町内会の「住民の全員・自動加入」の原則、当該地域で居住・営業する関係住民全体を視野に入れた地域統治の危機が生じている。

5.2　市行政による「地域振興事業分析」の取り組み

　先に述べたように21世紀に入って市域の人口の再流動化・都心回帰の中、地域振興会などの住民組織の加入率の低下がみられた。また振興会の役員への謝礼金への批判や一部の地域振興会による交付金の不正支出などが問題とされていた。こうしたことを受けて、市は新たにNPO・企業などを巻き込んだ地域住民組織の活性化・再編と地域住民組織への一括補助金化を目指して地域組織の再編を検討していた（大阪市市民局 2007）。これらを受けて2010年から平松市長の下で、「地域活動協議会」への再編の試行が始まろうとしていた。

　ところが平松氏を市長選挙で破って2012年に当選した橋下徹市長（当時）は、翌年に強力なリーダーシップのもと、先の報告を受けて地域振興会を「地域活動協議会」（「地活協」と略）へ再編することを命じた[11]。その厳命は、翌年までに再編しないならば補助金を交付しないという厳しいものであった。

　そのため、かなりの校区の地域振興会から批判の声が上がったが、市の強力な指導の結果、市内に約330ある校区の殆どで数校区を除いて地域活動協議会が形成された。こうして、北区や中央区では地域振興会を含む既存の14の地域諸団体によって「地域活動協議会」が結成された。これまでの地域振興町会への交付金の使い方とは違って、地域活動協議会では年初には活動計画を決めて区に補助金を申請し、活動の実質75%の補助金を受けてその費目にそって活動をおこない、年度末に会計報告と領収書を提出するという厳密な使途に転換された。多くの地活協には市から区役所を通じて年間に約200万〜300万円の補助金が出されている（大阪市 2016）。地活協の役員に

よると「以前に比べて会計が厳密になったこと自体はいいことだが、あまりにも市役所の行政論理で支出が縛られ自由な活動がしにくい、組織的な負担となっている」との声が聞かれている。

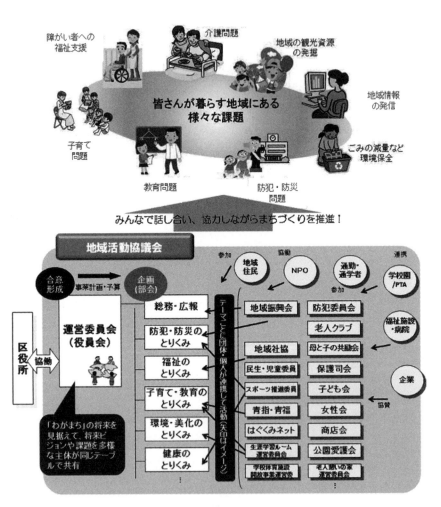

図 6-4　地域活動協議会のイメージ

出典）大阪市 HP

5.3 地域活動協議会の現況と「まちづくりセンター」の設置

　地域活動協議会への改組の対応は、連合振興町会などの多くの地域の住民組織には、かなりの負担となった。特に予算の使い方や会計報告が問題となった。たとえば、イベントやお祭りには飲食がつきものであるが、地活協への補助金は直接的な飲み食いには使えないものであった。このためイベント等では地活協の構成団体の独自の費用が必要となる。また、活動費についても半分から4分の1は、組織内の独自の予算負担が必要となった。従って、地活協の事務局的な役割を担っている役員の負担はかなりのものである。また、年度末には領収証等が添付された市役所基準の決算書の提出が必要である。

　大阪市では会計処理や新しい地域活動の発展のため、2014年から新たに中間支援組織である「まちづくりセンター」(専任職員3〜5名、年間予算900万〜1400万円前後)を各区役所内に置き、地活協の活動を支援することとしている[12]。この費用だけで年間2億円以上が必要となっている(大阪市HP)。

　地域活動協議会の形成の目玉の一つであったNPO・NGOなどの参加は数か所の区でみられるが、ほとんどの区の校区では、地活協の構成はそれまでの地域振興町会や社会福祉協議会の構成団体に限られているようで、新しい地域活動の動きはほとんどみられない(北区・中央区・都島区・福島区などの担当課より)。

6　まとめ——大阪市の住民統治・住民自治のゆらぎ

　これまでみてきたように、大阪市では大阪市行政が成立して以降、行財政施策の中心的役割は市行政が担ってきたが、その施策の浸透や行政協力を市は地域住民組織へ依頼してきた。そのため市行政から様々な助成や指導がなされ、かなり上からの改革・改変がなされてきた。高度経済成長期以降の都心の人口の急減期にも住民側はその動きに対応しながら、何とか「自治」を維持しようと努力してきた。しかし、90年代後半から都心区では大規模なマンションの建設による新住民の増加により、地域コミュニティの構成が急

激に変化し、それへの対応がスムーズにいっていないのが現状である。しかも、市政維新を掲げる大阪維新の会の動きの中から、かなり強力に地域活動協議会への改編が厳命された。体力が弱まっているところへの上からの新な改造により、地域社会は「さまよい」をみせている。

　我々が2014年に実施した中央区のマンション住民への調査でも、地域の町会に加入していると回答した人は35.9％で、同じ時期に行った京都市中京区のマンション住民の加入率76.7％と比べて、大きな差異が生じている。地活協の担い手や参加者は、地域の商工自営業を営む旧地付層の住民がほとんどであり、都心回帰によって地域に大量に流入してきた新住民（主に管理職層と専門技術職層）との間に、見えない裂け目が生じている（鯵坂ほか2018）。大阪市行政にとっても、旧住民を中心とする地域住民組織にとっても、地域統治・地域自治は弛緩してきているように思われる（柏原2014）。

注

1　山中永之佑（山中1995）は、「名望家」による地域の統治に焦点を当て、都市社会の変化の中で、社会的階級の消長によるリーダー層の変動に注目しており、有意義な指摘である。日本における地域支配は、権力者（支配階級）が直接的に支配するというより、名望家などのエージェントによる住民組織を通じた、入れ子的で重層的な支配が行われてきた。また、エージェント自体は、その支配に協力することによって、自身の社会的位置を確保することになる。この考えは、我々の地域住民組織を検討する視角に大きな教示を与えている。

2　ウエーバーがこのような的確な知見について、どのようにして情報を入手していたのかについては、別稿を用意したい。

3　江戸中期以降の京都では惣町（上京・下京の二つを中心に公家町、寺社町など合計7つあった）－町組（数十）－町の三段階の町組織があったことが分かっている（杉森2008）。京都より人口が多かったと思われる大坂でも、北組・南組・天満組の下に惣町（町組）が組織されていたと考えられる。なお、江戸の場合は、将軍のお膝下ということで、南北の奉行所により任命された3人の町年寄り（有力商人の世襲）を置き、そのもとに各町（古町で300町）に名主がおかれ、町人の人別の掌握・町触の伝達・問屋や商人・職人仲間の掌握、町地の移動や新設の管理、上下水道支配などを管轄していた。17世紀以降、江戸が経済的に発展して空間的にも膨張し、町方の中心地が有力商人に買い上げられていく中で（地主化）、名主不在の町も現れ、末端の町は不在地主の代理人である家守によって管理され、町共同体の基礎が失われていく。この動きの中で支配名主263人が17の番組に編成され、末端は家守によって統治されていった（吉田2017）。

4 予選体制とは、1887 (明治 20) 年の府議会議員選挙以降、有権者有志の団体が組織され、そこでの予備選挙により候補者を決定し、選挙運動をおこない、当選させる方式である。こうして府会議員や区会議員という新たな地域の「名望」家支配が確立されていった (松下 1986)。
5 京都市においては、1869 (明治 2) 年に江戸期の町格などによる不均等で分散的な町組－町の関係が解体されて均等化され、上京・下京の合計 65 の番組に編成された。この番組を母体として小学校の建設がなされ、その運営もなされていくのである (秋山 1980；上田 1989；辻 1999；杉森 2008)。大阪の動きもこの京都の影響があると思われるが、詳細は不明である。
6 この戦時町内会の数については、原田敬一が市の資料を検討して約 4000 あったとしている (原田 2005)。
7 そのために、「組織要綱」にみられるように、「協力部の部長はそれぞれの会長が兼務する」と決まっている。
8 2007 年までは、地域振興会活動協力費として、振興町会の会長に月額 4000 円、連合町会の会長に同 6000 円、区振興会の会長に同 9000 円、年間総額で 240,087 千円が支出されていた。しかし、市民からの批判もあり、2008 年からは取り止められている (大阪市市民部 2007)。
9 いかに行政協力事務が多いかは、大阪市市民局が調べている「地域振興会が行っている行政協力」「地域振興会が関わっている主な区内各種行事の参加人数」をみられたい (大阪市市民部 2007)。
10 北区社会福祉協議会の事務局も数年前までは、区役所内に置かれていたが、社協は行政とは独立した民間団体であるとの趣旨を徹底するために、これも数年前より独自の施設に移っている。
11 橋下氏の地活協への強制的な再編の指示の裏には、市財政の透明化と補助金の削減という目的以外に、市長選挙において市地域振興会の役員の多くが、それまでの市長に対するのと同様に対立候補であった現職の平松氏を応援したとの認識があったといわれている (柏原　2017)。
12 区の担当職員の話では、この中間支援組織については、地活協が根付いていけば、いずれはなくす方向である、ということであった。

(執筆分担：1・2・4～6 節＝鰺坂、3 節＝徳田)

第7章　都心の地域社会の変動と町内会
──地域振興会から地域活動協議会へ──

鯵坂　学・中村　圭・杉本　久未子・田中　志敬・
加藤　泰子・柴田　和子・徳田　剛

1　大阪都心の地域構造の類型──北区・中央区の校区＝連合町会別を中心に

1.1　歴史的視点による地域類型

　現在の大阪都心部（6 行政区）のなかで、都心らしい都心は北区と中央区と西区の一部であろう。前者の 2 区は、1989 年に当時の都心人口の減少を受けて、(旧) 北区と大淀区を合併して (現) 北区とし、東区と南区を合わせて (現) 中央区となったものである。それ故、両区内についても南北と東西でかなりの差異を持つ地域構造となっている。

　歴史的に見ると、大阪三郷の中に含まれ江戸期末の大坂であったところが本当の都心であるといえよう。この範囲域は 1888（明治 21）年の市制施行時に東西南北の 4 区に再編され大阪市となった（図序 -1 参照）。その後、第 6 章でふれたようにこの地域では、1897（明治 30）年に第 1 次合併されるまで、まさに「大坂」の名残をとどめていた。そのなかでも (現) 中央区の北部 (旧東区) の船場地域が中心地であり、堺筋・本町筋を南北の中心として大店を始め中小の問屋や商店が集中していた。この地域は江戸期の町の単位を残しており、小学校の設置を目的として「学区」が形成され、連合町内会が組織されていた。大正期以降の御堂筋の建設や地下鉄の敷設、土地区画整理により、本町・日本橋を中心に近代的な株式会社の本店や支店が立地するようになった。

　この (旧) 東区の上町台地を含む東側は、大阪城の周辺にある元武家屋敷や寺院の地域であり、明治以降は官公庁や学校が立地し、その他各種の商店・工場などがあった。戦後の高度成長期には、船場は大企業の本支店が立地す

るオフィス街となり、職住一体の地域構造は崩れ、住民は市外の郊外に住み通勤するようになり、居住人口は減少していった。中央区の南に位置していた (旧) 南区の地域は、心斎橋筋を中心とした商店街だけでなく道頓堀・宗右衛門町などの歓楽街としても発展し、1階は飲食店、2階に商店主や従業員が住むという居住形態が続いたが、これも70年代からは崩れ、居住人口は減少していった。

　(旧) 北区は、明治期の初期には天満や堂島、中之島など (元) 天満組の範域に商人の住む地域として形成されていた。明治の初めに大坂の周辺であった曽根崎村の一角の梅田 (「埋め田」に由来か) に大阪駅が開設され、これに近接して阪神電鉄や阪急電鉄の始発駅とデパートができて、梅田はターミナルとして次第に大阪市の北の中心地として形成されていった。また、(旧) 北区の南に位置する中之島地区に大阪市役所や高等裁判所、日銀大阪支店が建設され、その近辺には大企業の本支店も立地し、これらの社用族の利用による高級歓楽街である北新地も形づくられた。また梅田の東部には郊外に通勤するサラリーマンや若者を顧客とする商店街・歓楽街が形成された。

　(現) 北区の北半分である (旧) 大淀区の領域は、1925 (大正14) 年の第一次

図7-1　天神橋筋六丁目から見た工場群 (写真)

出典) 大阪都市協会編 1988

合併までは村落であり、野菜や綿を作る周辺農村であった。明治後期から淀川べりにできた運河や大川の河畔には、紡績工場を中心に機械金属・染色などの工場が次第に林立する工場地帯が作られていった。そのもっとも南側には大阪造幣局が、それの北側には三菱金属（現・三菱マテリアル）大阪製錬所が操業していた。この辺りも煙の都であったのである（図7-1）。これらの工場で働く労働者の需要のために庶民的な天神橋筋や中崎町の商店街が発展した。1944年の大阪大空襲でかなりの地域が焼けたために、戦後急速に土地区画整理がなされ、多くの工場が建設されたが、蚕食的に焼け残った地域には古い路地が残っており、区画整理はその後も取り組まれていった。

ところが、1964年の工場等制限法の影響もあり、また環境問題への住民の反対運動もあり、60年代後半から工場が他府県に移転するようになった。市は、1967年の総合計画で土地利用をそれまでの「工業地域」から「住居地域」に転換した。これにより大淀区は、工場跡地を利用するリバーサイド整備計画事業などに取り組み、日本住宅公団などの公営住宅や民間の賃貸および分譲マンション、戸建ての住宅が建てられていった。また、1989年まで残っていた大阪製錬所も閉所となり、この跡地は大阪アメニティパークとしてシンボル的な高層のオフィスビル、タワーマンション、高級ホテルなどが建てられている。このような歴史的特徴を基礎にそれぞれの地域社会の特徴が形成されている。

1.2　人口動態の視点による地域類型

中央区でも北区でも中心市街地では1960年代までは、職住一体の生活がある程度続いていたが、70年代以降には郊外化により人口が減少していった。そして90年代後半以降の都心回帰により人口の回復が見られた。ところで人口の動態は、中央区（95年比1.76倍）と北区（同1.45倍）のレベルでも差異があるが、特に（旧）校区・学区＝連合町会別にみると図7-2のように、大きな差異があることが分かる。ここでは、市の統計上の制約から1995年を100とした2015年比の人口動態を見ると、中央区の集英・浪華・汎愛の三地区がこの20年間で飛びぬけて人口が増加していることが分かる。さら

第 7 章 都心の地域社会の変動と町内会　153

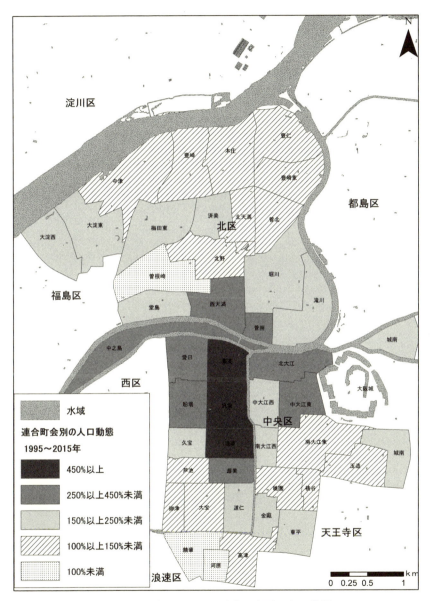

図7-2　中央区と北区の連合町会別の人口動態
出典)『国勢調査』より筆者作成。

154 第Ⅱ部 都心に暮らす

表 7-1 中央区・北区の連合町会別の人口動態（単位：人）

	1995 年	2000 年	2005 年	2010 年	2015 年	増減率 1995 年比	
大阪市	2,602,421	2,598,774	2,628,811	2,666,371	2,691,742	103%	
中央区	52,874	55,324	66,818	78,687	93,037	176%	
愛日	275	215	200	642	814	296%	旧東区
船場	214	163	236	538	536	250%	
久宝	366	344	420	618	746	204%	
集英	291	237	362	1,308	1,816	624%	
汎愛	498	477	1,277	1,619	2,377	477%	
浪華	641	594	1,557	2,140	3,140	490%	
北大江	2,111	2,309	3,076	3,587	5,406	256%	
中大江東	1,622	1,769	2,720	3,786	4,301	265%	
中大江西	2,545	2,620	3,503	3,915	5,108	201%	
南大江東	7,601	7,365	8,605	9,358	10,476	138%	
南大江西	1,514	1,562	2,628	3,090	3,500	231%	
城南	2,548	3,138	3,362	3,825	5,574	219%	
玉造	3,661	4,027	4,029	3,929	4,332	118%	
桃園	4,036	4,424	5,142	5,885	7,444	184%	旧南区
桃谷	3,393	3,819	4,641	4,539	4,562	134%	
東平	3,739	4,172	4,912	5,994	6,598	176%	
金甌	2,439	2,933	3,322	4,555	4,774	196%	
渥美	1,079	1,395	1,972	2,271	3,111	288%	
芦池	408	443	280	406	441	108%	
御津	941	805	603	823	968	103%	
大宝	1,511	1,285	1,287	1,471	1,522	101%	
道仁	3,188	3,446	5,008	5,333	6,038	189%	
高津	6,029	5,831	6,150	7,253	7,869	131%	
精華	1,136	976	674	811	740	65%	
河原	1,088	975	852	991	844	78%	
北区	85,487	91,952	100,385	110,405	123,679	145%	
滝川	4,678	5,656	6,052	7,121	7,597	162%	旧北区
堀川	10,196	11,868	13,612	14,747	17,617	173%	
西天満	1,690	2,114	2,763	4,722	4,864	288%	
菅南	1,324	1,725	2,355	3,050	3,495	264%	
梅田東	1,189	1,119	1,001	1,480	2,053	173%	
北天満	4,217	4,733	5,316	5,347	5,105	121%	
済美	4,075	4,136	5,092	5,959	7,638	187%	
菅北	8,466	8,812	8,980	9,798	10,433	123%	
曽根崎	376	346	357	261	308	82%	
北野	1,341	1,137	1,240	1,434	1,565	117%	
堂島	390	359	448	389	617	158%	
中之島	355	464	751	1,311	1,285	362%	
豊仁	6,133	6,454	6,537	7,339	8,067	132%	旧大淀区
豊崎東	10,863	11,744	11,405	10,702	11,654	107%	
本庄	9,899	10,403	11,388	11,668	12,609	127%	
豊崎	4,473	4,419	4,656	5,340	6,286	141%	
中津	8,861	8,462	9,480	9,492	10,843	122%	
大淀東	3,819	4,472	5,110	5,785	6,919	181%	
大淀西	3,142	3,529	3,842	4,460	4,724	150%	

出典）『国勢調査』結果より筆者作成。

に中央区では、南部の繁華街地域の精華・河原地区では減少、大宝・御津・芦池地区では漸増である。北区では中之島・西天満・菅南地区の増加比率が大きく、曽根崎は減少、北天満や菅北地区は漸増となっている。人口が急増した地域は、その校区に新しいマンションが建ち、新住民が流入してきたのである。人口が減少したり漸増しているところは、ターミナル化や商店街・繁華街化により、居住人口が減少している地域であることを意味する。

1.3　都市機能と就業・居住階層的視点による地域類型

　都市域の地域構造を類型化する際に、上記の歴史的視点と人口動態の視点の他に、その地域が市街地の中でどの様な都市機能を果たしているかという視点が重要である。指標としては土地利用の視点であり、これは行政による土地用途指定が基本的な資料となるが実際とのずれがあり、現実の土地利用(工場、事業所・オフィス、商店・住宅〔共同住宅・戸建て・長屋建てなど〕)を数年おきに大阪市が調査して公表しており、これが資料となる。

　さらに、就業者と従業者の階層的視点も大切である。これは①そこで働く(従業地)人の産業別・職業別階層と、②そこに住む(常住地)人の産業別・職業別階層が資料となる。国勢調査で1995年以降は解析が可能となる。また、常住者の構成の中で、③古くからそこに住んでいる人(旧住民)と近年にその地域に流入してきた人(新住民)の比率や、それらの住民の出身地(主に10歳代を過ごした地域)も地域への根付きの程度を図るものとして、地域社会との関連を見る際に一つの指標となる。

　こうした視角から各校区別＝連合町会別を単位とした地域類型を試みてみる。以下のように10類型ができるが、現在の都心の各地域では、このような類型の中の地域に空地ができると、新たに大規模なマンションやホテルが建設されており、10類型にはとどまらない混合した状況が進行している。

　◇校区別の地域類型
　　1　ターミナル・商業地域
　　2　商店街地域

3　商業・住宅地域（公共住宅）

4　商業・住宅地域（民間住宅）

5　ビジネス地域（事業所・業務地域）

6　ビジネス地域（官公庁・業務地域）

7　文教・寺社・住宅地域

8　工場・住宅地域

9　官公庁・住宅地域

10　歓楽地域（飲食・娯楽・劇場など）

以下の節では、これらの地域類型から5つの特徴ある校区＝連合町会を選び、それらの地域の特徴を踏まえて、近年の都心回帰による変化と2013年から大阪市の指導により取り組まれた地域振興会システムから地域活動協議会システムへの転換による影響に焦点をあて、各校区コミュニティの特徴を明らかにする。

2　ターミナル・商業地域――北区曽根崎・堂島地区

2.1　曽根崎・堂島地区「キタ」の地域概況

本節では、大阪駅・梅田駅を中心とした都心ターミナルエリアをとりあげる。この一帯には、JR大阪駅・北新地駅、阪急・阪神の私鉄2線の梅田駅、大阪メトロの3線で合わせて11路線が集まる。1日の乗降客数は約240万人、世界で4番目の巨大ターミナル地域である。この地域は、通称「キタ」と呼ばれており、難波を中心とするエリア「ミナミ」と並ぶ大阪の2大繁華街のひとつである。本節では、JR大阪駅南側に位置する曽根崎地区と、その南側に隣接し日本有数の高級歓楽街である北新地を含む堂島地区を対象として具体的に議論を展開する。

JR大阪駅を含む曽根崎地区では、実際に居住して地域の活動に参加する人は5～60人程度であり、居住区としては「限界集落」化している。この地区では、今もなお1970年代に行政主導で発足した連合振興町会制以前に存

在していた旧「町会」の枠組みで住民同士が繋がっており、高齢者の見守りなどの互助活動をおこなっている。一方で、曽根崎・堂島の両地区とも、数少ない居住民の活動に大企業などの事業所住民を取り込むことによって地域活動を維持し活性化をはかっている。その活動の中心は、地域にある数々の商業組合であり、その求心力の核となったのは、千年以上継承されてきた地域の信仰であった。こうした大企業を巻き込んだ新しい形態の都市祭礼は、再開発などでこの地を離れてしまった旧住民との絆をも繋ぎ、そのことにより地域アイデンティティや経済活性化が創出されていることに注目をしたい。

2.2 地域住民組織の特徴――「限界集落」と事業所住民

1950年の国勢調査では、曽根崎地区には6073人、堂島地区に3549人の住民がいたが、1970年代の大阪駅前再開発を契機に人口が激減した。近年はマンション建築により住民はやや増加しているものの、2015年に曽根崎地区で308人、堂島地区で617人と住民登録者数は3桁にとどまっている。曽根崎・堂島地区とも、住民登録者数と実際の居住人口は異なり、実際の居住人口は登録者数よりも少ない。旧住民を中心に、地区内に住民登録を残してはいるが実際の住居は近隣のマンションや郊外などに別に構えており、仕事の際に自ビルの一角にある店舗やオフィスに出勤する姿が多く見受けられる。

以下、本項では曽根崎地区における「限界集落」化と事業所住民の状況を中心に展開する。曽根崎地区における実際の住民居住地区は、御堂筋より東部の限られた地域である。曽根崎地区では近松門左衛門の「曽根崎心中」で有名な通称、お初天神と呼ばれる露天神社がある。主たる居住区は、その周囲にあるアーケードで囲まれた商店街の店舗付き住宅と1970年の大阪万博を契機として開通した新御堂筋と呼ばれる高架道路を隔てており、地区からは分断された感をもつ一角である[1]。曽根崎地区の運営は、数少ない住民がさまざまな職を兼務しながら組織の維持を図っているのだが、少子高齢化も進み「限界集落」化している。だが、焦土と化した戦後を共助しながら復興に貢献した高齢者の住民たちの絆は強く、連合振興会長自らがほぼ毎日、高

齢者の見守りを行うなど、現在でも親密な近所づきあいが行われている。

　1975年、大阪市の主導により、現在の大阪市の行政枠組みとなる連合振興町会の組織制度が発足した。だが曽根崎地区では、その区分を受け入れずに 1955 年頃から運営してきた旧「町会」の枠組みのままで現在まで引き継がれている。旧「町会」が定められた当初より各町の規約が作成されており、現在もその規約を元にして運営が行われている。この旧「町会」の境界線は、同じビルの入居者でも異なる旧「町会」に属するなど、歴史的な人の「つながり」によって維持継承されている。それぞれの町会は数十人程度の規模であるが、この地で生まれ育った 2 代目、3 代目の自営業者が事業を継承して居住しており、少人数ながらも次世代の旧「町会」を担っていく中心的人間が育っている。

　つまり曽根崎地区には主として①旧「町会」、②行政上の振興町会、③お初天神商店会振興会の 3 つの組織が多層的に存在している。実際には③の商店会が中心となって地域の運営をしているのだが、居住者に対しては①の旧「町会」の枠組みで町会費を徴収し、見守り活動などを行なっている[2]。

　現在、曽根崎地区の新規参入者は大部分が事業所住民であり、地区では事業所住民と共存していく方針をとっている。世話役たちは、大企業を回って地域への協力を要請するなどの地道な努力を続けている。また企業側も近年 CSR（企業の社会的責任）についての意識が高まり、地域行事への協賛と社員の派遣を惜しまず、いわば「カネもヒトも」供与するようになってきている。曽根崎地区では、事業所の経費支出での事務処理簡素化に協力するため、町会費については毎月徴収するのではなく、イベント時に協賛金を頂戴するという形で配慮をしている。近年、曽根崎地域活動協議会の新年互礼会は、大阪駅に直結する高級ホテルの宴会場で開催され、居住民や事業所住民以外にも行政や学校関係者等の来賓が招かれて約 100 人が参加しており、地域の行事は盛大に行われている。

　ここからは曽根崎地区に限った話ではないのだが、都心地区の住民にとって、とうの昔に廃校になってしまった校区の小学校の存在とその跡地利用のあり方は、重要な課題であり続けてきた。なぜならば大阪市内の連合振興町

会は明治初期に発足した小学校区を元に現在も編成されているため、各校区の小学校は、PTA活動などを通して地区に住まう新旧住民を結びつけるコミュニティの要となっているからである。ゆえに、小学校の統廃合や小学校跡地の活用問題は、少子高齢化にともなう地域の活力の減少の問題というだけではなく、地域の人々の統合にも大きな影響をおよぼしている。何より旧北区の小学校は、明治初期の学制発布後すぐに設立されたところが多く、どこの小学校出身者であるかということが、地域アイデンティティの創出にとって非常に重要な役目を担っている。また跡地利用では、如何に住民が自由に集うことができる場所（コモンズ）や、地震などの災害時の避難場所や備蓄物資を保管する倉庫の確保も欠かすことはできない。

　堂島地区では、住民の粘り強い交渉の結果、（旧）堂島小学校の運動場跡地はそのまま広域の広場として確保された。夏の盆踊りには地域住民が集い、災害時には避難することが可能な都会における貴重な空間となっている。隣接地には2階建ての地域の複合センターである「堂島地域集会所・堂島・中之島老人憩いの家」が建設された。この建物は、大阪市の所有であるが管理は地区の住民によって行われている。しかしながら小学校の跡地のすべてが地域の住民が利用できる場所とはならず、2013年には小学校の跡地の一画に39階建てのタワーマンションが建設された。堂島地区の人々は、若い子育て世代が転居してくることで、コミュニティが活性化することを期待していたのだが、実際に居住しているのは3分の1程度で、残りは投機目的もしくはセカンドハウスとしての所有であり、旧住民との交流や地域の行事への参加はあまり進んでいない[3]。

　両地区とも日本有数の巨大ターミナル地区であるため、近年多発している自然災害への対策は、両地区にとって深刻な問題である。北区の試算によると、大阪駅周辺の帰宅困難者は18万人、津波や淀川氾濫による水害が発生した場合の死者は1.7万人、複雑に巡らされた地下街への浸水に停電が重なった場合には、さらに甚大な災害となることが予想される。一方で、北区における災害時避難所の受入可能人数は区民の2割程度、備蓄食料にいたっては区民20人に1人、それも1日分だけしか準備が出来ていないのが現状

である[4]。

2.3 「伝統」的資源による地域活性化のとりくみ

本項では、地域に伝わる「伝統」的資源が、いかに地区の人的資源の動員と地域活性化に寄与しているのかについて、曽根崎・堂島の両地区の事例を紹介する。

(1) お初天神の「例大祭」——曽根崎地区

曽根崎地区のシンボルでもあるお初天神には、地域の統合にとって不可欠な求心力が今も備わっている。お初天神では、年間を通してさまざまな祭事が行われている。2月の節分祭には豆まきが行われ、曽根崎地区女性会が準備したうどんやぜんざい1000食が境内でふるまわれる。7月の例大祭には、地区の一部上場の大企業も参加する盛大なもので、近隣地区の小どもたちも含めて約350名が参加する。また氏子巡行の接待や、高層ビルの敷地内やビルの屋上などに散在する地蔵盆の祭りなどには、この地を離れた旧住民たちが子や孫たちと一緒に参集している。こうした信仰が、現在もこの地を離れた旧住民との絆を繋ぎ、この地域出身であったという地域アイデンティティを継承する鍵となっている。

(2)「堂島薬師堂節分お水汲み祭」——堂島地区

堂島地区にある堂島薬師堂は、約1400年前に聖徳太子が四天王寺を建設する際に暴風雨で漂着した建築資材が流れ着いた中洲の島にお堂を建てたことがはじまりと言い伝えられている。江戸時代には堂島の米市場にも近かったこともあり、薬師堂は人々の信仰を集めてにぎわった。明治以降は、地域の開発などで何度も移設を余儀なくされたのだが、継続して地域の人の崇敬を集め続けた。1999年に堂島アバンザビルの建設がきっかけとなり、元来あった場所に戻されることになった。現在は、ビルの庭園の池の一角に、三角形のミラーガラス127枚を使用したモダンなデザインの御堂が建てられ、中には薬師瑠璃光如来像などの仏像などが祀られている。

2003年には堂島薬師堂を中心として、新たに「節分お水汲み祭」が企画された。第1回の開催に当たっては、国会議員塩川正十郎や大阪出身の建築家の安藤忠雄、桂文枝と政財界から芸能人まで、そうそうたるメンバーが発起人に名を連ねている。現在も実行役員には、堂島地区に本社があるサントリーに加えて、京阪電鉄、北新地社交料飲協会、関西経済同友会、大阪21世紀協会など、地域と縁がある大企業や組織が参加している。

　この薬師堂が中心となる「堂島薬師堂節分お水汲み祭」では、奈良の薬師寺から僧侶が招かれて法要を執り行う。オフィスビルのエントランスに特設ステージが設営され、御神酒やぜんざいをふるまうテントや護摩木などの陳列販売所が設けられる。特設ステージでは、例年、毎日放送の人気アナウンサーが司会を務め、薬師寺僧侶による声明、「曽根崎心中」のお初・徳兵衛の文楽人形、芸妓による奉納舞、さらにその年に選ばれた北新地クィーンなどが紹介される。この祭りのクライマックスは北新地のお練り隊列である。北新地クィーンたちによる花魁道中と約20メートルの龍の巡行がお練りに華やぎと迫力を添える。他に芸妓や僧侶、北新地の女性約150名が「お化け」という節分に行われる花街の風習に則って、アイデアを凝らした仮装の隊列をなして加わり、北新地を練り歩く（**図7-3**）。

　祭りの企画書は、大企業が中心となって作成したプロ仕様の詳細なものである。この祭りの開催以前には、北新地社交料飲協会と地元町会のかかわりは希薄であった。だが現在、この祭りが堂島のさまざまな立場の人々が集まる接点となっている。祭りでは、堂島地区女性会のメンバー約30人が、ふるまいぜんざい1000人分とスタッフへのふるまい粕汁100人分を、前日から仕込みを開始して手作りで準備している。鬼には「殺陣の会」のプロの人々が扮装するなど、祭りは地域の人々と大企業のプロ集団が共に作り上げているものである。こうしてこの小さな薬師堂の祭事は、政財界を巻き込んだ一大イベントとなり、地域住民・事業所住民のつながりを作り、約2万人もの集客を集めるという経済効果を地域にもたらしている。

図 7-3　第 15 回堂島薬師堂お水汲み祭の様子
出典）筆者撮影（2018 年 2 月、盧月ビル前）

(3)「伝統」資源の継承によるまちづくり「北新地プライド」――堂島地区

　前述したように、堂島地区には東京の銀座と並ぶ日本でも有数の高級歓楽街として有名な北新地がある。この地域は、江戸時代から堂島の米相場が繁栄したことから高級な遊里としてにぎわい、1920 年代後半の大大阪時代にも遊興の花街として栄えた。北新地は 1970 年の大阪万博頃より、芸妓でにぎわうお茶屋が連なる花街から、バーや高級クラブのまちへと変貌をとげた。元々、北新地は大企業の社用族などの商談の場であった。しかし、「新幹線の開業によって東京から大阪へ日帰り出張が可能となったために遊び方が激変した」と関係者は語る[5]。

　1990 年代後半バブルの崩壊により、北新地は上品で高級感のあるまちから、それまでの北新地にはなじまないようなカジュアルな業種が出店しはじめた。それにともない立て看板や放置自転車、ビラ配りや客引きなどマナーの問題が顕在化し、人と人のつながりも希薄化しはじめた。このような変化に対し、新地本通りの道の補修をきっかけとして北新地の若手 2 代目、3 代

目オーナーたちが中心となって、堂島連合振興町会、堂島地域活動協議会、堂島地域社会福祉協議会、北新地社交料飲協会、北新地商店会、地元の不動産会社10社が協働し「50年後もカッコいいまち」でありつづけるための新しいまちづくり「北新地プライド」が始動した。

「北新地プライド」は、指標として「安心を守り続ける」「人と誇りを育む」「伝統と文化を継ぐ」「新しい憧れを生み出す」をかかげている。2018年夏には、カッコいいまちづくりを「レジェンド」に学ぶために「温故新地」と命名された勉強会が開催された。第1回目には今もなお北新地で活躍する6人の芸妓のうちの1人である西川梅十三氏、第2回目には、北新地で創業50年を超える老舗高級クラブのオーナーママで、北新地社交料飲協会筆頭副理事長である山名和枝氏の話を聞く会が開催された。2回目の会には、山名氏と山名氏のご子息で「北新地プライド」の会の活動の中心人物でもある上代直紀氏が登壇し、対談形式で北新地のあり方や継承が語られた。会には、おもてなしの心と北新地の品格を学ぶために約160名が集まり、現職の北区区長である上野信子氏も参加している（図7-4）。

図7-4　第2回2018年9月26日北新地プライド『温故新地』パンフレット（左）
出典）堂島・北新地プライドの会

北新地プライドの会「クラブ山名」のオーナーママ（山名和枝氏とご子息の上代直紀氏）（右）
出典）筆者撮影

このように地域の「伝統」資源の活用と継承をめぐって、さまざまなイノベーティブな活動が生まれている。

地域に重層的にはりめぐらされる住民組織に選択肢がある場合、住民側は自分たちにとって最も利益を与えてくれる組織にコミットしていくのは当然の選択と思われる。本節でとりあげた両地区とも、大部分のマンション新住民たちは、既存の住民組織に対して不参加という選択をし、同時に企業の地域貢献・社会的責任という時代の流れに乗った事業所住民たちの積極的な参加によって地域コミュニティが再編されている。旧「町会」の存在は、次々に押し寄せた地域再開発の影響と行政の突然の政策転換を、したたかに乗り切って自らの自治を貫こうとする大阪人のたくましさと、急激な時代・まち・人間の変化に対応しきれない行政の枠組みのゆらぎとを、如実に物語るものだ。付言すれば、巨大ターミナル地区ゆえの自然災害に対するリスク管理は、両地区だけではとうてい対応不可能な問題である。これは行政に突きつけられた重要かつ喫緊の課題といえるだろう。

3　ビジネス地域――中央区集英地区

3.1　集英地区の地域概況

東は東横堀川、西は三休橋筋、北は土佐堀川、南は平野町通の南側背割に囲まれたほぼ500 m四方の集英地区は、大阪を代表するビジネス街である。秀吉の大阪城築城に際して太閤下水など計画的な市街地として形成され、江戸期には大坂三郷の一角として大阪城から東西に伸びる通り沿いに間口5〜6間、奥行き20間の両側町が成立している。かつては鴻池をはじめとした豪商が本拠を置いた地域であり、天王寺屋五兵衛と平野屋五兵衛が向かい合って店を構えたことから名づけられた十兵衛横町が往時の雰囲気を伝えている。商業・金融のセンターとして大阪のみならず日本経済とともに発展してきた地域であり、現在も大阪取引所が存在し、一帯には銀行や製薬会社が集積している。奇跡的に戦災を逃れた地域でもあり、江戸期から明治期の歴史的建造物が残存しているのもこの地域の特色である。また、江戸期には町

人(持家層)による自治が行われており、明治期以降も学区制のもとで豊富な財力をもとに集英小学校が維持されてきた。

2015年下期に放映されたNHKの連続ドラマ「あさが来た」にも描かれていた店主家族と使用人が多数同居する船場商家は、環境の悪化などから、まず経営者層が阪神間に転出した。そして、1970年ごろからは住み込んでいた使用人も転出し次第に働く場に特化していった。もちろん、地付の自営業者がビルを建設し最上階等に居住するものが残存し、この地付層が事業所を持つ製薬会社や金融機関と良好な関係を形成することで地域そのものが維持されてきたのである。その後大阪経済は低迷する。繊維産業の不況、工場や事業所の海外移転、金融機関の統合、企業の中枢管理機能の東京一極集中などによって事業所数そのものが減少する。業務ビルの空室率が増加し、企業合併や事業所の統合により不要となったビルも出現した。地域には遊休地が発生し、その土地を有効活用して、タワーマンションの建設が行われるようになってきた。その代表が、2005年に閉店した三越大阪店の跡地を活用して2009年に竣工した複合ビル北浜プラザと北浜マンションで、57階建ての威容を誇っている。さらに海外からの観光客が増加するなか、ホテルの建設も相次いでいる。

図7-5　大阪取引所(左)と北浜プラザ(右)　　　図7-6　小西家住宅
出典)筆者撮影

都心のオフィス街となったこの地域の人口は、1955年の2,017人から

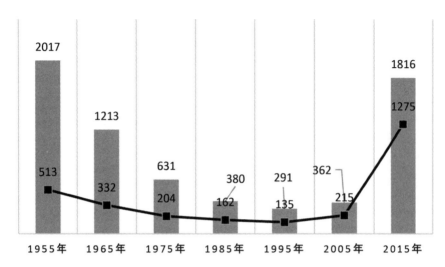

図 7-7　集英地区の世帯数・人口推移
出典)『国勢調査』より筆者作成。

1975 年には 631 人まで急減した(**図7-7**)。1970 年代に大阪市のコミュニティを調査した山本登は業務地区の代表として集英地区を取り上げており、住民登録なき町会役員など地域コミュニティのメンバーが夜間人口に限定されない地域として描いている。そのうえで、業務を優先する地域ならではの居住環境の悪さ、コミュニティ関連施設の欠如を問題としながらも、地域への愛着やプライドの高さなどの地域特性を示した。

その後も業務地区への特化は進展し、人口は 2000 年には 237 人と 25 年間で 3 分の 1 まで減少した。しかし 2000 年代に入ると、合併した金融機関のビルなど比較的広い用地が確保できること、ステイタスの高い地域であることなどからタワーマンションの建設が行われ、人口が急増した。2005 年から 2010 年で 1,000 人近くが、そしてその後の 5 年で 500 人が増加したことになる。事実、集英地区の町会別に 2015 年の住民構成をみると、大規模なマンション開発が行われた地域で、巨大な人口集積が起こっている。そし

てこの地域では、年少人口も一定程度存在しており、ファミリー層の入居があることが確認される（**表7-2**）。ちなみに2010年の国勢調査結果によると、戸建て居住者は50人にとどまり、居住者の8割を超える706人が11階建て以上のマンションに居住している。

我々が2015年に実施した集英地区居住者に対する住民アンケートによると回答者130人の内訳は、1戸建てなどの居住者が16人、分譲マンション居住者が70人（うち居住歴5年未満34人、5年以上36人）、賃貸マンション（含む給与住宅）居住者が44人となっている。一戸建て層は、6割以上が店舗併用住宅に居住する自営業者であり、近所づきあいや町内会活動を支えている。分譲マンション居住者は、大阪市内や大阪府下からの移住者が多く、専門職や管理職を中心とした高所得層が中心である。5年以上の居住者ではリタイア層も一定数おり、かつてこの地域で生まれ育った人がUターンした例もみられる。賃貸マンション居住者は、30代を中心とした専門職や事務職で単身女性も多い。近畿圏以外からの移住者が多く、地域とのつきあいはほとんどない人も多くなっている。そして、この地区に住んでいることのプライド感が分譲マンション居住者層を中心に非常に高くなっていることが特色となっている。

表7-2　町丁目別人口と年齢構成

	北浜		今橋		高麗橋		伏見町		道修町		平野町	
	1丁目	2丁目	1丁目	2丁目	1丁目	2丁目	1丁目	2丁目	1丁目	2丁目	1丁目	2丁目
15歳未満	2	3	17	×	86	9	―	×	―	2	11	×
15〜64歳	9	69	154	×	621	133	―	×	72	55	343	×
65歳以上	2	15	42	×	115	11	―	×	7	2	25	×
総数	13	87	213	×	822	153	―	×	79	59	380	×

出典）『2015年国勢調査』より筆者作成。

3.2　地域住民組織の特徴

船場地区は豪商たちが地域の基盤整備や人材育成を自ら支えてきた地域でもある。財力を背景に自治を維持しようという伝統が今日にも存続している。たとえば、集英地区には大阪市の地域活動協議会は設置されていない。設置

時における行政との手違いがその要因の一つであるが、地付層の親睦のために維持されてきた活動内容が地域活動協議会の補助金制度の枠におさまらないのが本当の要因のようである。

　現在、集英連合振興町会のもとに、11の振興町会が組織されているが、活動メンバーは限定されている。連合振興町会長の話によると、活動の中心は夏祭りやクリスマス会などの親睦活動である。それらは、会費制で実施されており、地域の老舗の料亭や有名レストランが会場となる。参加者は昔からの住民と自営業者や企業の担当社員が中心で、催しによっては地域にオフィスをもつ企業の従業員が参加することもある。回覧板や掲示などで行事を周知しているため、マンションから参加者が出ることもある。

　町会長をしているのは、大半が自営業者やビルオーナーなどの地付層で、仕事を通じて地域とのつながりの強い人びとである。地区外居住者もおり、逆にマンション住民で町会長をしているのは1人のみである。このマンションは、総合商社系の高級マンションで床面積も広い。入居時の取り決めにより入居者は町会加入を義務付けられている。結果としてそのエリアの町会加入者の大半がマンション住民ということになり、前町会長の依頼によってマンション住民から町会長を出すことになった。それも、大阪市南部の高級住宅地からこの地区にいわばUターンした高齢女性に話が持ちかけられ、当人は無理だからとリタイアした男性が女性たちの依頼を受けて引き受けることになったという経緯を持つ。ただ、マンション入居者の多くが町会活動はおろか、管理組合の活動にも参加しないという状況にあり、マンション住民の町会の催しへの参加は少ないという。

　インタビューに応じてくれた町会長の一人は、この地域に立地する自社ビルのオーナーで住宅は阪神間にあるという。明治期に福井から出てきて洋服商を始めた家の4代目で、この地域で事業をしているので当然のこととして町会長を引き受けている。振興町会の活動は広報の配布などが中心だが、加えて事務所の職員とともに地域の清掃を担っている。難波にある商店街の会長もしている地域の名望家ともいうべきこの男性は、船場博覧会の実行委員長を努めるなど、住民としてというより、事業家として地域の活動を支えて

いる。なお町会と彼が店子と呼ぶ賃貸マンションの入居者との関係はまったくないという。

　もう一人は薬業関係者の多いこの地域の守り神である神社の名誉宮司であり、教育関係の仕事も行っている。彼によると、かつて地域には住民や事業所関係者の親睦グループがあり、振興町会とは別に自分たちの活動を行っていた。分譲マンションと町会のかかわりは理事長によって異なり、今は北浜プラザの理事長が地域で商売をしている関係からマンション住民の町会活動へのかかわりがみられるようになっている。なお、マンション住民の増加により神社への初詣客が急増し、餅つきなどの参拝者サービスも始まっている。また、電線の地中化など地域の景観形成への取組みを企業とともに検討中だ。

　以上、インタビュー結果から集英連合振興町会をめぐる地域住民、住民組織や地域団体等の関係を一覧表にまとめたのが**図7-8**である。地域とのかかわりの異なる住民が併存していること、事業活動を基盤とした活動が多様に行われていることがこの地域の特色である。なお、船場地区の小学校は戦前期には集英、汎愛、浪華、愛日、船場、久宝の6校であったが、戦後は戦災を逃れた集英と愛日の2校となった。集英では1973（昭和48）年まで集英千里山寮での宿泊教育が、そして1982（昭和57）年からは大阪府の柏原市で「農園活動」が行われている。そして1990（平成2）年に集英小学校の跡地に2校

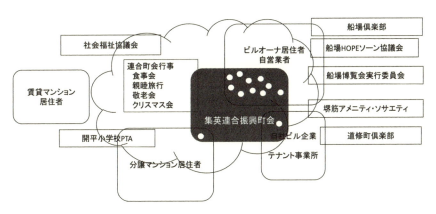

図7-8　集英連合振興町会をめぐる地域関係

出典）筆者作成。

が統合され開平小学校が開校している。現在は、多くの活動が集英地区に限定されず、歴史文化的なつながりを持つ船場地区一帯や、教育行政にかかわる開平小学校区に展開している。

3.3　地域での取り組み

　集英地区の住民・事業者が連携した地域活動を支えているのは、現在60〜70代の集英小学校に学んだ地元の住民たちである。集英小学校に学び、この地域に独特のプライドと愛着を持つ人びとが地域活動のスタイルに大きな影響を及ぼしている。そのポイントは、船場の歴史文化の継承への強い思いであり、住機能のみが強化される地域への危機意識といえるだろう。この地域には大阪商人の「お金を儲けさせてもらったらそれを地域に還元する」という心意気が遺産と作法として残存しており、そのことが地域活動協議会という形で、行政のチェックのもとに補助金を使う仕組みに馴染まない地域特性を生んでいる。その作法を維持していくためには、地域での事業活動が不可欠との思いがある。

　事実、この地域には大阪商人が培ってきた文化的蓄積が歴史的な建造物として、家々に引き継がれた雛人形や家具や美術品として、さらには教育への熱意や文学や芸能に結晶した象徴的な価値として残存している。「船場HOPEゾーン協議会」の活動は、船場に残る良質な歴史的建造物を保存するとともにまちづくりに活用しようとするものであり、「船場博覧会」はこのような歴史的建造物を活用して、船場の歴史や文化を継承、創造しようとする試みである。そしてこれらの活動を支えているのが、企業からの寄付や集英教育会、東教育財団などに蓄積された資金である。集英小学校の特色ある活動を支えた千里や柏原の用地は、学校統合を契機に大阪市の財産となる。それを嫌った住民たちがその用地を売却した基金をもとに大阪集英教育会が形成されたのである。その資金が地域活動を支えていることも重要であろう。

　船場への思いをどう伝えるか。開平小学校の教職員によって地域の歴史や文化を伝える260ページにもおよぶ読本『わが町船場　－いま・むかし－』が編集され、タワーマンションに住む子どもたちにも入学時に配布される。

2016 (平成 28) 年度からは「船場に学び、人、地域とのつながりをめざす」総合学習も進められている。カリキュラムには三井住友銀行、田辺製薬の見学など地域ならではの体験学習が組み込まれた。小学校の PTA 会長には、マンション住民がつくようになっているが、地付の住民が開援隊というボランティア団体を組織し、絵本の読み聞かせや花壇の整備などを通じて子どもたちと交流するようになった。今後さらに増加が予定されている開平小学校の子どもたちに「キタでもミナミでもないもう一つの大阪」を伝えることから、集英地区の新しい地域づくりが始まる。

4　商店街地域——北区菅北地区

4.1　菅北地区（池田町）の地域概況

⑴菅北地区・池田町の人口動態

　菅北地区は JR 天満駅の周辺に位置し、北を都島通、西を天神橋筋通、南から東にかけて阪神高速 12 号守口線に囲まれたエリアである。地区内の天神橋筋一帯は江戸期の大阪市街地エリアの大阪三郷の天満組に位置し、地区全体はその境界域にある周辺村の一部であった。その後、1897（明治 30）年の第一次市域拡張に伴い大阪市の北区に編入された。地区には、江戸時代から 1931 年まで大川北側にあった天満青物市場をルーツとする天満市場や、日本一長いアーケードの天神橋筋商店街のうち 3 商店街がある。地区は池田町、天神橋六丁目、天神橋五丁目、天神橋四丁目、菅栄町、錦町、樋之口町の 7 つの行政上の区域（町）に区分され、特に池田町は天満市場が立地し小売卸売の商いの集積地の特徴を持つ一方で、マンション建設による急激な人口増加が生じた。

　そこで、ここでは菅北地区も踏まえながら、池田町を事例に、地域の商いや居住者層が変容する中での町会運営の現状や課題を記す。なお本事例は、2010 年に実施した菅北連合振興町会会長（当時）の荒起秀多氏と、2009 年および 2017 年に実施した池田町振興町会会長（当時）の中川章氏への聞き取り調査にもとづく。

図7-9と図7-10で、2015年の国勢調査で世帯と人口規模を見ると、菅北地区は6,175世帯10,443人となる。これは北区19地区中5番目に世帯と人口の多い地区である。中でも池田町は2,706世帯4,888人で、北区の中で最も世帯と人口が多い町となる。

長期的な世帯と人口の推移を見ると、菅北地区は他地区同様に2000年以降の都心回帰のほか、1980年に急激な人口増加が見られる。これは当時の池田町の人口増加による。池田町では、1975年の338世帯932人から1980年には1,663世帯4,950人と急増した。これは1975年を100％とすると世帯で492％、人口で531％の増加率となる。この人口増加は、東洋紡績(旧天満紡績)跡地に1979年にできた2棟14階の分譲マンションのローレルハイツ北天満(1,342戸)による。その後も天満市場の上部階に併設されたUR都市機構の賃貸マンションのぷららてんま(294戸)等、マンション建設により池田町と菅北地区の世帯と人口の増加にもつながった。菅北地区の人口は現在も増加しているが、新規マンション建設の用地がなくなった池田町では若干減少している。なおローレルハイツ北天満は、大規模であったため池田町振興町会から独立して独自の振興町会を作っており、これを除く池田町振興町会エリアの居住世帯数は1364世帯となる。

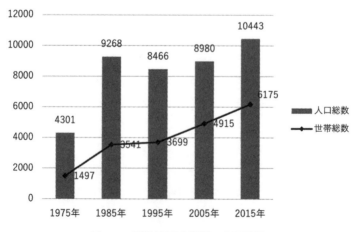

図7-9　菅北地区の世帯・人口推移

注) 数値は1975年から2015年までの国勢調査にもとづく。

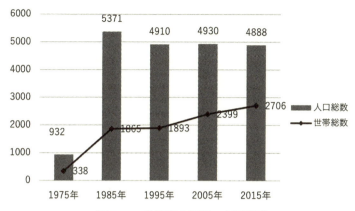

図7-10　池田町の世帯・人口推移

注1) 数値は1975年から2015年までの国勢調査にもとづく。
注2) 池田町の世帯数と人口には、振興町会として独立しているローレルハイツ北天満も含む。

(2)菅北地区・池田町の商業の変化

　商業の面では、1949年に天満市場が池田町の元東洋紡績天満工場跡地に再建されるなど、卸売・小売の集積地である。2014年の経済センサスでも、池田町の239の事業所(従業員1,417人)のうち、卸売・小売業97事業所(従業員531人)と飲食・宿泊業69事業所(従業員314人)が大部分を占める。なお飲食・宿泊業の大部分は飲食関係(67事業所・従業員283人)である。これを見ると依然として卸売・小売中心の商いが維持されているように見える。しかし、2006年の事業所統計では、池田町193の事業所(従業員959人)のうち、109事業所(従業員551人)が卸売・小売業で、40事業所(従業員146人)が飲食店・宿泊業であった。つまり短期間のうちにも卸売・小売業は徐々に減少し、その代わりに飲食関係の事業所が増えていることがわかる。

　実際に池田町の飲食店では週末の金曜日は商店街より賑わっているという。飲食店が増えることは、一見すると既存の卸売・小売業の需要も高まるように見える。しかし、新規飲食店では従来のように地元で仕入れないケースも多く、既存事業者の繁盛には必ずしもつながっていない。また既存の事業者の町会加入者は多いが、新規の飲食店等のテナントの町会加入者はいない。

このような新旧事業者間の希薄な関係による弊害も出ているという。たとえば新規飲食店の中には路上に座席を出すところがあり、救急車等の緊急車両が通れないことが問題となった。しかし、町会から飲食店に直接申し入れもできず、市の建設局を通じて対応を申し入れた。また風紀治安も悪化し、数年前から町内に大阪市が防犯カメラを導入して以降、警察からの画像確認依頼がたびたびあるという。

4.2　地域住民組織の特徴──町会の加入状況とマンション住民の動き

　大阪市の自治振興策の大きな流れとして、1975年の振興町会や連合振興町会の設立と2013年の地区の地域活動協議会の設立の推奨がある。しかし、池田町では他町同様に振興町会結成以前から町会は存在する。そのため町内運営は振興町会結成後も以前からの町会と実質的には変わらず維持されている。また菅北地区でも同様に、2013年に菅北地域活動協議会が新設されたが、その会長職を連合振興町会会長、副会長職を社会福祉協議会会長が担うなど、実際には以前と同じく社会福祉協議会と連合振興町会を中心に地区内の各種団体の連携関係の中で地区運営を維持している。

　菅北連合振興町会は、池田町も含む旧町名で呼ばれる10の振興町会(池田町、天六、天五、天四北、天四南、南錦町、北錦町、天満六、菅栄町、吉山町)と、先述したローレルハイツ北天満を加えた11の振興町会で構成されている。菅北地区では、2010年現在の加入世帯が2,681世帯(201班)で地区全世帯の半分程度が加入している。

　一方で、マンションが多い池田町振興町会の加入状況は厳しい。2009年度の池田町振興町会班長名簿では、振興町会の加入世帯数は事業所も含め273世帯で、町会加入率は全世帯の2割程度に留まる。また補足調査時の2018年度資料では、加入世帯は209世帯に減少し、町会加入状況はさらに悪化した。現在の町会の班は、6〜20世帯規模の17班に53世帯の分譲マンション(パラツィーナセシリア天満)1班を加えた18班構成となるが、20数年前から3班減少し、班規模も縮小している。

　池田町の既存住民は町会に加入している。自営業者で高齢者が多く、子ど

もとの同居世帯は少ない。子どもは家業を継がずにサラリーマンとなり就職や結婚を期に地域外へ出ている。実際に町会構成員の273世帯中100世帯以上が高齢世帯で、そのうち50〜60世帯は単身高齢世帯である。近年、自身の商売をやめて商店や事業所の階上に居住し、階下をテナントに貸す場合や、相続対策で賃貸ワンルームマンションを建てる場合も増えてきたという。

　なお、この増えた新規テナントやマンション住民は基本的に町会に未加入である。他にも、2001年にできたエイペックス天神橋Ⅰは、分譲マンションであるが単身者向けで専有面積も狭くウィークリーマンションなどの投資用のため町会加入にはつながっていない。また2005年できた、ぷららてんまは、町会から子育て層の増加を期待されたが、実際には子育て層は少なく、町内の担い手確保にはつながらなかった。しかし、一部の分譲マンション住民との間には良好な関係が築かれている。前述したように、パラツィーナセシリア天満は全世帯の53戸が池田町振興町会に加入している。なお前述したローレルハイツ北天満も、独自のマンション振興町会として、天神祭に御輿を奉納し、防災組織も作るなど、菅北地区では地域とうまく溶け込んでいる。

　ただし、これらのマンションとの良好な関係も町会運営の継承とは結び付きにくい。会長任期は1期2年で職務中は多忙を極め、菅北地区や北区等の地域の活動に参加する際のご祝儀など金銭面の個人負担も多い。そのためマンション住民等の新住民に気軽にお願いしづらいという。時間的には退職者であれば可能だがサラリーマン等の仕事をしながらでは難しい。当時の会長は米穀商を営んでおり、自営業でも商売との兼務の困難さを感じていた。また2009年の調査時には町内在住の40代の住民を後継者にすべく、会長と前会長も含めた50代後半から60代前半の3人が会長職を交代しながら町内運営を担うという将来展望を持っていた。しかし、2017年の調査時には後継者が転勤族になり、次世代の後継者がいなくなった。そのため当初の3人が現在も交代で会長職を担い続けざるを得ない状況になっている。なお池田町では数年前に町会を地縁団体化した。これは町会の維持と、寄贈され町内で所有する町会館の維持管理のためだという。

4.3　地域での取り組み——町内活動および天神祭とのかかわり

　菅北地区の活動は、上述した菅北地域活動協議会、菅北地域社会福祉協議会、菅北連合振興町内会も含めた 22 の各種団体が連携して、防災や福祉、子育てや住民交流等に関する地域活動を行っている。その活動経費は、他地区同様に各振興町会から地区への分担金と行政の補助金で賄っていた。2008 年度の菅北連合振興町会の会計収支は、収入総額は約 130 万円で、各振興町会からの分担金は各町一世帯あたり月 500 〜 1,500 円程度の負担となる。なお 2015 年度の大阪市北区地域活動協議会補助金決算額の公開資料では、菅北地域活動協議会の事業費約 657 万円のうち大阪市の補助金で約 228 万円を賄っている。その内訳をみると、菅北カーニバル（約 289 万円）や菅北大運動会（約 87 万円）等、住民交流に関する地区活動に事業費の多くが割かれている。この菅北カーニバルは地区のメイン行事で毎年約 2,000 人、大運動会も約 500 人の参加があり、地区の新旧住民をつなぐ重要な住民交流の役割を果たしている。

　池田町では、池田町振興町会の 2008 年度の収支決算書によると、会費収入は約 170 万円で雑収入も含め年間予算は約 200 万円となる。町会費は月額 500 円、年額 6,000 円を家屋や店舗等の規模等に関係なく一律で集め、別途大きな店舗等は祭の際などに寄付してもらう形をとっていた。その主な支出項目は総会費用と会館維持費が約 40 万円ずつ、会議費、女性会援助金、夜警費用、渉外費が 10 万円前後となる。また菅北連合への振興町会分担金が約 26 万円、各種団体への援助金や分担金は約 20 万円で、菅北地区への活動負担額が池田町振興町会の年間支出の約 4 分の 1 を占めていた。2017 年現在では、町会加入者が少なくなり町会費収入が減少しているが、菅北地区への分担金自体は変わらず、毎年町内の積立金を切り崩して支出せざるを得なくなっている。

　池田町の地域活動は、通常の振興町会の活動に加えて祭事祭礼が多い。2008 年度と 2016 年度の池田町振興町会事業報告書によると、池田町の年間の町内行事は 4 月の総会から始まる。6 月には、祭事委員会や天神祭り用提灯申込書配布など、天満宮界隈の特徴でもある天神祭りの準備が始まり、

7月には祭事委員会や各戸提灯点灯を経て、天神祭り神輿・太鼓巡行を行う。その後、8月と9月には会館委員会、10月に秋季重正稲荷大祭執行、12月には歳末防犯夜警を行い、翌年1月に新年互礼会を行い次年度に引き継ぐ。役員会や五役会も多く、年8～9回程度開催する。

　この中でも池田町の最大の行事は天神祭(7月24、25日)で、次が秋季重正稲荷大祭(10月25日)である。町内では、天神祭の神輿の担ぎ手を集めるのに苦労している。2009年の調査時は担ぎ手70名中、町内の住民が10名で町外参加者が60名であった。それが2017年の調査時には、天神祭りの日程が平日ということもあり、担ぎ手自体が23名、町内住民も5名と半減し、町外参加者も18名と大幅に減少した。町内では勧誘のために飲食店やマンションへのポスター掲示も行ったが、あまり効果はなかった。そのため、町内では「今後もできるだけやっていくつもりだが、ゆくゆく年寄りばかりになったら、神輿を担がず町内に置いたままにするなど、やれる範囲でやっていこう」と話しているという。

　一方で、天神祭の太鼓の打ち手の確保には異なった傾向も見られる。太鼓は4人1組で小学生がたたく。毎年、経験者の中学生がたたき方を教えて、3日間かけ町会館で練習を行う。例年5、6組ほど集まったが、町内の子どもの減少もあり2009年には3組に減った。しかし、2017年には、町内の子どもの参加は14～15名程度で前回と比べて若干増え、新たに町外の子どもが約20名参加し、合わせて菅北小学校生35名が参加した。町内では、いつも通りの回覧のみで、特に主体的に町外で勧誘をしたものではなかったが、町内の子どもが菅北小学校の友達を誘った。町内では気軽に参加しやすい雰囲気づくりや子どもに渡すお菓子の良さなどが町内外の子どもたちを惹きつけたのではないかと考えている。

　この天神祭の運営は約20年前までは町会が担っていた。現在も実際には町会構成員で担うが、町会会員から「特定宗教行事に町会のお金を使うのはどうか」という意見が出て形式的には振興町会とは別組織の天神祭祭事委員会を設けた。数年前からは、町会構成員の高齢化を見越して財団法人にするなど、伝統行事を維持するための組織的対応を行っている。

このように池田町は、マンション住民や新規テナントとの関係構築等、居住空間と商業空間の変化がもたらす大阪都心の現代的な課題を抱えている。そのため町会運営も新住民や次世代への世代継承は順風満帆とはいえず、住民自治の存続に対する危機を迎えている。しかし、最近でも神輿の新調費用の 500 万円のうち 400 万円の寄付が集まるなど、天神祭などの伝統行事を拠り所に町内は強く結束しており、今なお大阪都心の歴史的な町の特色を根強く残している。

5　商業・住宅地域——北区菅南地区

5.1　菅南地区の地域概況

(1)菅南地区の概要

　この地区は天満組[6]に起源をもつ天満と呼ばれる地域に含まれる。大阪天満宮の南側に位置し、此花町一丁目、市之町、天神筋町、天神橋筋一丁目、菅原町、鳴尾町、樽屋町、地下町の 8 つの旧町があるが、1975 年に天神橋筋と堺筋を境として天神橋一丁目、天神西町、菅原町の 3 つの行政区域 (町) に再編された。

　大川沿いの天神橋から天満橋にかけては、江戸期から昭和初期まで約 300 年続いた天満青物市場[7]や、船からの荷揚げ、近郊農家が野菜を売る立売場[8]などでも賑わっていた。また菅原町南側一帯には乾物問屋が集まっており、かつては乾物商の倉庫として使われていた白壁の土蔵群があった。北大組第六区小学校と呼ばれていた菅南小学校は 1873 (明治 6) 年に設立され、東隣の滝川地区の滝川小学校とともに周辺地域ではもっとも古い小学校であったが、1946 年に西隣の西天満地区の西天満小学校と合併し、廃校となった。(宮本 1977；菅南中学校 14 期同窓会 HP)

　この地区の特徴は天神祭りの講組織である御鳳輦講[9]が御鳳輦を、また鳳講[10]が鳳神輿を代々受け継いでいることである。住民組織の役員でもある彼らはこの伝統に誇りを持ち、大切に継承してきた。

　現在の菅南地区は、日本一長い商店街として知られる天神橋筋商店街の起

点にあたる天神橋一丁目商店街や大阪天満宮の隣接地域に商業施設が集積し、その他の地域には業務施設や住宅が混在している。

(2) 人口・産業・住宅の変化

国勢調査によると、連合振興町会発足の1975年には1,863人だった人口は減少し続けていたが、2000年以降上昇に転じ、2015年の調査では3,495人（世帯数2,202）に上り、1995年の人口（1,254人）と比べると2.8倍になった。

1995年と2015年の国勢調査結果を比較すると、産業別では第3次産業の割合が低下し（78.4％→71.8％）、中でも卸売・小売業の比率が大きく下がった（41.8％→15.7％）。職業別では管理的職業（6.5％→5.7％）が微減したものの、専門・技術的職業（9.5％→22.8％）、事務（12.8％→24.8％）などのホワイトカラー職が増加し、大阪市全体の比率と差が開いた。その一方で、ブルーカラー職は大きく減少した（生産工程：9.9％→4.8％）。また、経済センサス基礎調査結果から事業所数をみると、2009年と比べて2014年には74減少し、595となった。特に卸売・小売業の事業所の減少が21と大きく、これが昼夜間比率の低下（約2倍→1.28倍）にも表れている。

一戸建て世帯数は2015年で165となり、1995年と比べて49世帯減少したが、共同住宅（以下マンションと表記）の世帯数は増加し、6階建て以上では1995年時の12倍ほどになった（**表7-3**）。これが人口回復の要因である。旧住民の数に比べ、マンション建設により移住してきた新住民が急激に、圧倒的に多数となっている。地区内のマンションは、大部分が2000年以降に建設されたが、元々が中小の事業所や商店や個人住宅のため、マンションの大半は中小規模である。

菅南連合振興町会長の後藤孝一氏は、近隣の変化について以下のように語っている。

> 人口が増えているのは、中小のマンションが増えているためだ。（中略）高度成長期まではこの地域でも親子同居家族が普通だったが、若い人が結婚したら千里ニュータウンに移るようになり、老夫婦がここに残った。

表7-3 住宅の建て方別世帯人数（1995年〜2015年）

年	地域	総数(主世帯数)	一戸建	長屋建	共同住宅 総数	共同住宅 建物全体の階数 6階以下	共同住宅 建物全体の階数 6階以上	その他
1995年	北区	36,673	6,466	2,545	27,269	7,732	19,537（11階建以上を含む）	393
	菅南地区	574	214	38	277	133	144（11階建以上を含む）	45
2000年	北区	44,502	6,620	1,818	35,657	7,214	28,443（うち、11階以上は15,750）	407
	菅南地区	865	265	23	552	124	428（うち、11階以上は121）	25
2005年	北区	51,006	6,310	1,647	42,553	6,965	35,588（うち、11階以上は20,743）	496
	菅南地区	1,278	196	19	1,032	191	841（うち、11階以上は484）	31
2010年	北区	63,491	6,269	1,315	55,542	7,428	48,114（うち、11階以上は28,444）	340
	菅南地区	1,917	190	9	1,700	202	1,498（うち、11階以上は874）	18
2015年	北区	73,260	6,959	530	65,559	7,285	58,274（うち、11階以上は35,878）	212
	菅南地区	2,132	165	12	1,946	237	1,709（うち、11階以上は1,099）	9

出典）1995年〜2015年国勢調査結果にもとづき筆者作成。

　その老夫婦が亡くなると、相続でモータープールにするところが多かった。そういうケースが何軒か集まると、まとまった土地になるため地上げが入った。そしてそこがマンションになった。しかし、ここのところの数か月で（以前と違って）狭い土地でも、30坪くらいでも、10階建てマンションが建つようになった。大きくないので値段もそれほど高くなく、若い人でも買えるため、若い人が入り、子どもが増えた。(校区小の)西天満小は学童が100人を割っていて、合併しなくてはならないとも言われていたが、現在は200人を超えた。増築をして、4階建てを建設中である。(2016年12月)

　マンション住民が急増しても地域とのつながりは希薄である。菅南地区の

町会加入率は 2017 年 9 月現在、29.5％という状況である（菅南連合振興町会長調べ）。住宅の約 6 割弱が賃貸だが、賃貸マンションの場合はマンション経営者が加入しているのみで住民の加人は無い。同会長は以下のように語っている。

> 天神西町（菅南地区の行政区域の一つ）はモータープールが増え、さらに多くがマンションになったため、町会費収入がない。分譲マンションの場合は、はじめにうまく話しをすれば入ってもらえるが、賃貸マンションの場合は町会に入ってもらうのは無理だ。マンションができる時に、施工主が全体の建設費の何％かを予算化していて、挨拶に来るときには、いいことを言うのだが、出来上がって管理会社を移してしまうと払ってくれないことも多い。(2016 年 12 月)

5.2　地域住民組織の特徴
⑴変遷
　戦後 GHQ の命令で民主化に反するものとして解散させられていた町内会は 1952 年 4 月に占領体制が終了すると解散命令が解かれ、菅南地区では翌 5 月に菅南連合自治協議会を発足させた。その後、発足した菅南地域社会福祉協議会は菅南連合自治協議会と表裏一体のものとして運営されてきた。1975 年に発足した菅南連合振興町会と各種団体は、地域活動協議会が発足するまでは菅南地域社会福祉協議会の下に組織されていた。

⑵地域活動協議会の発足
　菅南地区の住民組織は、2013 年に大阪市の強い圧力によって作られた菅南地域活動協議会の下に組織される形となり、菅南地域社会福祉協議会が菅南地域活動協議会という形でまとめ役の機能を引き継いだ。これまで連合振興町会の采配で行ってきた各種団体への予算配分は廃止され、地域活動協議会が地域で行う事業ごとに大阪市から補助金を受けるという形となった。大阪市は、加入率の低下した振興町会を中心とした組織運営から各種団体も含

めて、水平的な組織運営への転換を図ろうとしたものとみられる。

　もっとも振興町会や各種団体の役員も地域活動協議会の運営に関わっている。現在の連合振興町会の会長は、地域活動協議会の副会長の1人であり、地域活動協議会の会長は地域社会福祉協議会の会長、連合振興町会では副会長である。役員は、ほとんどが重複し、1人が他の役を兼務し、あるいは親子二世代で引き受けている。限られた人材の中で地域の活動を担っていることに変わりない。

(3)会計

　地域活動協議会方式が導入されてからは各事業の活動費に基づいて大阪市からの補助金の予定額が決められている。町会費は振興町会ごとに各世帯当たり月額で800円～1,000円程度集められている。財源不足などの問題はみられないが、新住民からの寄付金集めは難しくなっている。天神祭では昔から住民は大阪天満宮に氏子として寄付をしてきたが、新住民からすると「祭りは宗教行事」ということになるからである。

5.3　地域での取り組み──町内活動およびマンションとの関係
(1)日常的な取り組み

　天満地区は大阪市の「HOPEゾーン事業」[11]に指定され、2008年に天満地区HOPEゾーン協議会を立ち上げた。菅南連合振興町会もその構成団体である。この事業は町並みや家屋の保存などを中心としているが、天満地区では"天神さんから大川浜へ「もてなし」のまちづくり"をテーマとして「心意気」、「しつらい」[12]、「装い」といったこの地区の精神的な財産を残そうとしている。「心意気」ということでは、大阪天満宮の天神祭は天満地区を代表する財産である。また大阪天満宮が敷地を提供して開設された天満天神繁盛亭は、大阪商人と芸人の「心意気」を表すようにすべて民間の寄付を集めて作られ、大阪伝統文化の復興に大きく貢献した。「しつらい」や「装い」の面でも折々の祭りに合わせた幔幕や提灯の飾り付けや天神橋筋商店街の天神えびす市、天満天神梅まつりなどの様々なイベント、丁目ごとのアーケードのカラー舗装

第 7 章　都心の地域社会の変動と町内会　183

などが取り組まれてきた (土居年樹 2003；天満地区 HOPE ゾーン NEWS Vol.30)。

(2)「ジーニス大阪」と地域振興町会

ここでは振興町会と比較的良好な関係を築いているマンションの例として「ジーニス大阪」を紹介する。「ジーニス大阪」は菅南地区のマンションの中で最大のもので、2003 年に菅原町に竣工したタワーマンションである。戸数 360 戸、地上 39 階と 17 階の部分がある。廃校となった菅南中学校の大阪市の土地を中心に、隣接する民家部分の土地を合わせて建設された。建設当時、高所得者向け都心型タワーマンションの先駆として話題になった。菅原町の人口は 1995 年には 238 人まで落ち込んだが「ジーニス大阪」建設後の 2005 年の国勢調査では 845 人となり、この地区の人口を急増させた。

360 戸のうち 29 戸には建設で立ち退きになった民家の住民が入居した。これらの旧住民の中に町会役員をするものや町会行事への参加を促すものなど、新住民と町会との仲介者のような役割を果たす住民が出てきた。それによって、新住民の町会参加が促され、360 世帯全戸が菅原町振興町会に入会した。マンション住民の中にも「この町が好きで、天神さんがあるこの町で子育てをしたい」という購入動機をもつ人が三分の一くらいいた。そういった新住民は振興町会のもちつき大会や盆踊りなどに積極的に参加しているという。地域と関わらない新住民がほとんどであるが、こういった子育て世帯の増加を手掛かりに、また地域の伝統的価値を味方にして「若年層なら子どもを通じて交流し、小学校の PTA 会長に役員をお願いする。親同士の交流

図 7-11　ジーニス大阪
出典) 筆者撮影

から町会への流れが出来ればいい。」(連合振興町会長) といった打開策もあるようだ。菅原町振興町会長でもある同氏は以下のように語っている。

　　菅原町の町会役員は13名だが、そのうち、7名が「ジーニス」(元地権者の住民が2名、新住民が5名) である。「ジーニス」は大きなマンションなので公開空地があり、そこで行事ができるのはラッキーだ。(中略) 12月23日に餅つきがあり、夏には縁日をしている。現状では限られた人だけしか手伝いに来ないが、そういう限られた人にいずれは町会の役員になってもらいたいと思っている。(2016年12月)

　このように大きなタワーマンションの住民であっても、仲介者の存在等、きっかけがあれば、地域住民組織へ加入し、コミュニティ形成の方向を見せるものもある。しかし、2016年12月の調査では、360戸のうち、80戸の住民が移動で入れ替わっており、全戸加入ではなくなったことが明らかになった。

6　工場・住宅地域──北区大淀西地区

6.1　大淀西地区の地域概況──工場地帯・労働者街からインナー住宅地区への変貌

⑴大淀西地区の概要

　大淀西地区は、(旧)北区と1989年に合併した(旧)大淀区に属する。明治以降、農村から工場地帯へ、そして1970年代以降、職住近接の住工混在地域へと短期間に地域変容した当地区は、旧北区とは異なる歴史性や住民構成の特徴を持つ。これらの地域的特徴が住民生活や地域住民組織に何をもたらしているのかについて検討する。

　大淀西地区は、北区の北西端に位置し、北は淀川、西は福島区に隣接している。大淀西地区は、1889(明治22)年以前は西成郡浦江村、その後は4村合併して西成郡鷺洲村と呼ばれた農村であった。日清戦争をきっかけに工場

が立地し、1911 (明治44) 年の町制施行では、西成郡鷺洲町となった。淀川改良工事や交通機関の発達とともに一帯は、機械・金属・紡績・染色などの工場が次々に進出し、工場従業員の住宅や寄席・飲食店・小売店が軒を並べた。大正後期、大阪市は「東洋のマンチェスター」や「煙の都」と呼ばれていたが、まさにそれを象徴する一帯であった。1925 (大正14) 年には、大阪市の第二次市域拡張により西成郡の全町村が大阪市に編入され、当地区も西淀川区浦江町へと変更された。1943 (昭和18) 年には、大阪22区への分増区および行政区の境界見直しが実施され、浦江町の一部、大仁町、中津町、豊崎町を併せて大淀区が創設された。

　太平洋戦争で大淀区は、工場施設の8割を焼失する甚大な被害を受けたものの、戦後直後からいち早く復活した。ところが1964年工場等制限法施行により区外へ移転する工場が相次ぐこととなった。1967年大阪市総合計画では、工場跡地を利用して中・高層住宅や公共施設を建設する「リバーサイド整備事業」が計画され、用途地域が工業地域から住居地域に変更された (大淀区史編纂委員会1988)。

　大淀西地区は、1970年代の大規模工場の移転、その後の工場・事業所の閉鎖により、大中小規模の共同住宅が建設され続けている。沿岸部には印刷、塗料、樹脂の大規模工場が立地し、内陸部には機械工業や軽工業の小規模工場と戸建てや共同住宅とが隣接する住工混在地域である。地区内には駅が設置されておらず、商業施設もあまり見られない。地区内には、5つの文教施設、3つの公園がある。用途地域は、準工業地域および住居地域 (第二種住居地域) である。

⑵ 人口、住宅、産業構造の変化

　次に大淀西地区における社会構成の変化状況について述べる。国勢調査によると、大淀西地区の人口及び世帯数は、1980年を底に増加し続けている。2000年〜2010年の10年間は、1980年〜2000年の20年間より人口増加率が高い。1980年と2015年では、人口は約1.7倍、世帯数は約2.5倍に増加し、特に世帯数の伸びが著しい (**図7-12**)。1世帯当たりの人数は、1980

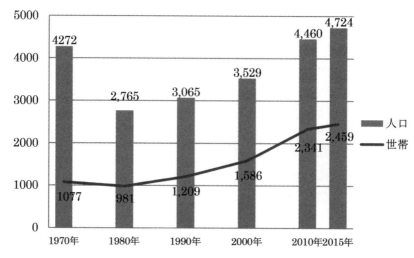

図 7-12　大淀西地区の世帯数と人口の推移
出典)『国勢調査』より筆者作成。

年の 2.82 人から 2015 年では 1.92 人と減少し、家族の小規模化が進行している。家族類型別では、1995 年には、「夫婦と子供からなる世帯」が 33.6％であったものが 2015 年には 21.1％に減少、それに対して「単独世帯」は、43.4％から 51.8％に上昇している。なお、2015 年の高齢化率は、17.6％である。

次に、住宅の所有関係と住宅の建て方別世帯数を 2005 年国勢調査から見ると、「持家一戸建」が 22.5％（北区 11.2％）、「持家共同住宅」が 25.6％（北区 24.9％）、「民営借家共同住宅」が 37.6％（北区 46.6％）であった。持家一戸建てと持家共同住宅がほぼ同じ割合であること、北区全体と比較するとかなり持ち家率が高い地区であることがわかる。

また、国勢調査から職業別就業者割合を 2000 年と 2015 年で比較すると、生産工程などのブルーカラー職が 27.9％から 18.3％（北区 12.6％）に、販売従業者が 21.9％から 15.4％（北区 15.0％）へと大きく減少し、専門的・技術的従事者が 12.6％から 17.8％（北区 19.9％）へと増加している。管理的職業従事者は 2.7％から 2.6％（北区 3.7％）とほとんど変化がない。生産工程など

のブルーカラー職比率は、年々減少しているものの、北区データと比較すると依然として高い割合であり、現在もなお「労働者のまち」としての特徴を保っていると言える。

6.2　地域住民組織の状況──「地域振興会」体制から「地域活動協議会」体制への移行

　大阪市は、2012年から地域住民組織の運営体制を連合振興町会を中心とした体制から地域活動協議会体制へ変更を迫った。しかし、大淀西地区では、熟考を重ね、すぐには「地域活動協議会」体制へ変更しなかった。

　「地域振興会」体制下では、地区内に17の各種団体（連合振興町会・女性部、地域社会福祉協議会、防犯協会、青少年指導員、青少年福祉委員、体育厚生協会、大淀小学校ＰＴＡ、子供会、ネットワーク委員会、民生委員・児童委員協議会、保護司会、豊崎女性会、福祉会館運営委員会、老人会、高齢者食事サービス委員会、ふれあい喫茶委員会、社団法人大淀区商工会館理事会）が結成されていた。これら各種団体の中心を担っていたのが、連合振興町会である。

　大淀西連合振興町会は、6つの振興町会と99の班で構成されていた。6振興町会の内、1つはマンション独自の町会である。このマンションは、振興町会に加入することを条件に地区住民が建設を承認し、1982年に建設された民間分譲マンションで、全221世帯の9割以上が町会に加入していた。それ以外の分譲マンション居住者も比較的町会に加入しており、戸建て・マンション居住者一律に月300円の会費を納めていた。さらに、住工近接の環境で良好な近隣関係を求める中小の事業所（2010年時点で194事業所）も班単位で所在地の振興町会に加入し、規模に応じた会費を納めていた[13]。2010年度の連合振興町会決算報告書によると、各振興町会から徴収した振興町会分担金が約290万円で、大阪市地域振興会交付金約60万円と比較しても振興町会費からの収入が多くを占めていた。そして、この連合振興町会収入は、各種団体への助成金や地域行事、諸経費に使用されていた[14]。各種団体が主催する行事は、連合振興町会や地域社会福祉協議会が協賛団体となり、連合振興町会役員や社会福祉協議会役員、振興町会女性部に所属する住

民ボランティアが運営スタッフとして加わり、各団体の活動行事をサポートした。

なお、地域社会福祉協議会に関して（旧）大淀区では、従来の地域福祉の増進に加えて、公害から地域を守るための工場移転や墓地の移転などの地域課題の解決にも積極的に関与し、連合振興町会長が地域社会福祉協議会会長を兼任する地区が多くみられた。大淀西地区の場合も会長が両職を兼任しており、連合振興町会と表裏一体の関係を築いていた。

以上のような連合振興町会を中心とした各種団体の活動体制が1975年以降続いていたが、2011年12月に就任した橋下市政下では、新たに地域活動協議会の結成が要請され、各地区で対応が迫られた。

大淀西地区では、補助金の全額カットで組織変更を迫る強引な行政方針や、区長権限による協議会設立認定のしくみに対して拒否感を示し、6振興町会分担金やその積立金からなる自主財源が当面はあることを理由に、連合振興町会長の任期中2年間は地域活動協議会の結成に反対の意を唱え続けた。そして、大阪市からの補助金削除後も地区の独自運営で地域活動を続けた。しかし、各種団体補助金全額カットの弊害は大きく、地域活動の一部打ち切りを余儀なくされた。今後、町会会員数の減少とともに自主財源の捻出が徐々に困難となることへの危機感から、ついには連合振興町会長職15年および地域社会福祉協議会会長職を23年間務めた会長の交代を機に、2014年12月に地域活動協議会が結成された。

地区の独自運営の末、2015年4月から活動を開始した大淀西地域活動協議会は、地域交流部会、地域福祉部会、体育青少年育成部会、地域防犯防災・環境部会の4部会制を取り、既存の19団体を構成団体、その代表者22名で構成される地域活動協議会運営委員会の決定事項をもとに活動を行っている。

地域活動協議会会長には、大規模マンションの振興町会長を21年、連合振興町会・社会福祉協議会副会長を13年間務めた人物が就任し、連合振興町会長および社会福祉協議会会長を兼任している。同様に、地域活動協議会副会長も連合振興町会および社会福祉協議会の副会長を兼任している。各種

団体役員も継続して就任している。このような体制を取ることで、既存体制をほとんど変化させずに新体制への移行が可能となっている。

6.3　地域での取り組み──連合振興町会を中心とした地区のまとまり

　現在の「地域活動協議会」体制下では、11の補助金対象事業を行っている。「地域振興会」体制下と同様に、「防災訓練」、「歳末防犯」、「地域防犯活動」、「高齢者食事サービス」、「ふれあい喫茶」、「ふれあいハイキング」、「ふれあい花壇の花づくり」、「クリーン大阪」の行事を行っている。地域活動協議会の補助金申請額は、前年度の決算書をもとに決定されるので、新規事業の立ち上げが難しく、毎年ほぼ一定額とならざるをえない。それでも新規事業として「かんがるーひろば」、「地域交流会あそぼ」、「いきいき百歳体操」を立ち上げ、未就学児と母親、児童、高齢者など各年齢層での仲間づくりを推進している。

　地区では特に地域福祉分野の活動が熱心に行われている。「地域振興会」体制下では、約25年間、月1回の「高齢者食事サービス」や月2回の「ふれあい喫茶」が開催され、食事メニューの決定から食材の購入、調理、配膳まですべてを連合振興町会役員や地域社会福祉協議会役員、振興町会女性部のボランティア約20名が行い、毎回80名程度の住民が参加して好評を博していた。その後大阪市の補助金削除とボランティアの減少で3年間の活動停止を余儀なくされたが、地域住民から再開の要望が強く出たことで、地域活動協議会の結成とともに事業が再開された。これまでの振興町会女性部のボランティアに加えて老人クラブからもボランティアを募ることでボランティアを確保し、一部食材の調理を外注して省力化し、自己負担額を引き上げて運営している。

　さらに、防災活動にも従来以上に熱心に取り組んでいる。「地域振興会」体制下では、各振興町会から選出された安全対策委員が防災講習会や防災訓練に参加し、9坪の防災倉庫を公園に設置して災害に備えていた。「地域活動協議会」体制下では、全住民を対象とした「避難訓練」の実施にあたって、より円滑な避難ができるよう各振興町会から95名ものサポーターを得て、本格的に実施している。町会員には町会名簿（任意）を作成し、災害時の対応や敬

老の日や成人の日、卒園・卒業への対応、要援護者の把握などに使用している。

　地区の将来展望についての話し合いも持たれている。地域社会福祉協議会は、2016年度から行政の働きかけで小地域福祉計画策定委員会を立ち上げた。委員会メンバーには、地域活動協議会運営委員22名に、マンション管理人、教育機関の学校長、一般住民など20名が加わった。地域に暮らす幅広い層の住民が1年間にわたる勉強会を重ねながら大淀西小地域福祉活動プランを完成させることで、役員や住民間の交流がより進むようになった。

　これらの地区活動に対して連合振興町会は、従来通り、会計面でも人員面でも地域活動のマネジメント部門を担っている。地域活動協議会全事業費の25％以上は地区負担となるため、振興町会分担金や振興町会積立金、活動参加費で充当している。そして、地域活動協議会の補助金対象外となった事業も振興町会分担金から予算執行している。たとえば、敬老会や新成人への記念品の贈呈、日赤社資の割当金や共同募金への補填、毎年約150名が参加する区民カーニバル大会参加者の弁当代、慶弔費などで、従来から地区で行っていた行事に対して予算を執行している。このように、「地域活動協議会」の枠組みに合わせて財政面や人員面で工夫を凝らしながらも連合振興町会を中心とした体制で事業を推進している。

　大淀西地区では、住工混住地域の互助意識から戸建て・共同住宅ともに持ち家層の多くが振興町会に加入している。そしてこの振興町会員の中から各種役員や行事のサポーターが輩出されている。連合振興町会が地域活動の中心になることで振興町会費が分担金として連合振興町会に集まる仕組みが作られている。そして長年地域活動に携わる連合振興町会長および地域社会福祉協議会会長の強いリーダーシップの下、各種団体役員の地域貢献への強い意志と協力体制が継続されることで、地域運営が滞りなく行われている。この強固な連合振興町会を中心とした体制があることで、大阪市の市政方針の変更にも揺らがず、まとまりのある地域活動運営が可能となっている。

7　まとめにかえて

　本章では、大阪市の「都心」地域に位置する北区・中央区内の5つの地区（小地域）を取り上げ、その地域特性を明らかにした。その際には、1) 地域特性と人口動態、2) 地域住民組織、3) 地域での取り組みという3つのポイントを緩やかに設定し、それらについて各節の執筆者がフィールドワークから得られた知見を提示した。また、橋下市政の下で導入された地域活動協議会体制への移行、およびそれへの地域社会サイドの対応についても適宜言及している。同じ「大阪都心」に立地するが、各地区ともに歴史や地域特性、産業や住民構成などによって個性的かつ異なった特徴を有している。その中にあって、各節の考察をもとに本章全体で得られたいくつかの知見について、以下に示したい。

　まず、それぞれの地区の人口動態をみてみると、大規模なマンション建設を伴っているところでの人口増加傾向がみて取れた。その一方で、既存の地域住民組織（地域振興会など）にマンション等に新規入居した住民層が参加・加入するような目立った動きは確認できなかった。全国的に町内会・自治会の組織率が低下し、住民組織としての地域代表性が揺らいでいる現状を鑑みれば、本書の対象となる「都心回帰」エリアにおいて既存の地域住民組織と新住民との関係形成や組織化がうまくいっていない点については容易に想像がつく。こうした全国的な傾向と併せて、地域社会の(再)構築に関する「都心回帰」エリア特有の問題について考えていくには、以前から当該地域に居住していた住民層（地付き層あるいは近隣からのマンション入居者）と地域外から移住してきた字義通りの新住民層との間に存在するライフスタイル、価値志向、人間関係、居住地域の捉え方（愛着心やモラル意識など）の違いと、それらが新住民層の「地域参加」に与える影響についての検証が必要である。それらの諸点については、次の第8章で詳述される。

　次に、地域活動協議会体制への移行が地域社会にどのような影響を与えたかについてである。第6章で見たように、大阪市における地域住民組織の再編には、戦後すぐの日赤奉仕団としての地域住民組織の再編と1970年代

に進められた地域振興会体制と日赤奉仕団体制の並立制への移行という、2つの大きな転換点があった。前者は戦時町内会の解体に伴う地域運営の混乱を解消するための（実質的な）地域住民組織の再構築、後者は郊外化や都心人口の空洞化に伴う日赤奉仕団の組織率低下と新興住宅地などで新規に住民組織を立ち上げる際のリクルート効果をねらってのもの（町内会組織としての日赤奉仕団、という言葉上のわかりづらさの解消）であり、それぞれの地域状況の中で新しい網掛けによって新規住民を地域の構成員として取りこもうという意図が明白であった。それに対し、この度の地域活動協議会体制は、地域運営の方式の公正化や他の地域組織を包含することによるその多機能化に主眼があり、「都心回帰」住民層などの組織化に向けた政策といった志向性は希薄である。結果として、地域活動協議会体制への移行の影響は地域振興会長や町会長および各役員といった地域住民のリーダー層への影響（地域運営計画業務の増加、補助金・助成金の使用方法の変更、地域活動協議会の結成を強いる行政のやり方への反発など）の形で主に現れている。

　そして、「都心回帰」時代にあって地域住民の多様性がにわかに増していく中で、本章で取り上げた各地区では地域のリーダー層の主導による、地域住民を巻き込んでの行事やイベント、各種取り組みがなされていた。その際に、多様な地域住民に関心を呼び起こし、関わりや参加を発生させるための異なる「地域資源」の存在とその活用が確認できた。1つには、地域の伝統、とりわけ地元にゆかりのある神社などの祭りを介した地域行事の開催という形である。特に、本章の2節、4節、5節では、多くの地域住民が祭りを楽しみ、自分たちが住む地域への「プライド（誇り）」の意識を喚起する要素が散見されたが、これらの地域は明治期の近代化以前から地域コミュニティが存在していた地域（大坂三郷など）と範域的に重なっている点が興味深い。もう1つには、自分たちの住む地域を「より住みやすく」していこうとする地域活動の展開である。この方向性はとりわけ6節の住工混合地域での諸活動に見られた。上述のような、伝統や歴史的権威のような要素を「地域資源」として持たない地域にあっては、地域に住む住民が共通に抱える生活ニーズの充足やリスク要因の軽減といった諸課題を地域のリーダー層がうまく課題化し、

地域住民組織の特長としていくことで、多様な住民層への働きかけをしていくことができる。以上のことより、「都心回帰」エリアでの地域社会の(再)構築に向けて、1)地域の歴史的・文化的資源の活用、2)地域内の共通の生活ニーズやリスク要因に主眼を置いた諸活動の展開といった戦略を各地区の特徴的な取り組み事例の中から看取できた。

　地域住民組織の運営については、リーダー層住民の高齢化、担い手の減少や後継者育成の難しさがある。そのことは2節や3節の都心ターミナル付近の繁華街やオフィス街に立地する住民組織ではとりわけ顕著であり、事業所住民の積極的な参加が地域運営の支えとなっている事例もみられた。各地区内の生活インフラや安全・防犯の取り組み、子どもの見守りや高齢化対応、レクリエーションのための諸活動の運営などを維持・推進していくためにも、多くの地域住民の参加とリーダー・役員層住民の確保・育成が不可欠である。本章は、広域かつ多様な「大阪都心」のいくつかの地区を取り上げるにとどまったが、他地域に見られる「先進事例」や特徴的な「地域課題」などを取りあげ考察していくことにより、「都心回帰」後の地域運営のあり方について検証していく作業が引き続き求められる。

注
1　地区内に賃貸マンションはあるのだが、住民は町内会には加入しておらず、旧住民たちとかかわる機会はほぼ皆無である。マンション居住者も頻繁に入れ替わるため、町内会からもほぼ把握されていない。
2　曽根崎1丁目には東町会と西町会があり、曽根崎2丁目には北町会と南町会がある。曽根崎2丁目の北町会／南町会は、現在の連合振興町会での単位振興町会の区分と一致しているが、曽根崎1丁目の東町会／西町会は、まとめて一つの振興町会として連合では扱っている。
3　(旧)曽根崎小学校(合併の後、閉校時は大阪北小学校)の跡地は、56階建てタワーマンションが計画され、2018年に着工した。低層部に店舗、中層部にホテル200室、中層部から上層階には賃貸マンションが900室、2階には地域の防災の要となるコミュニティセンターが建設される。
4　『大阪市北区ジシン本』2018年9月、大阪市北区役所制作概要版パンフレットより
5　2018年7月10日、第1回「温故新地」、西川梅十三氏の語りより。
6　1619(元和5)年に起源をもつ大阪三郷の1つで船場地域の北組、南組とともに天満組と呼ばれていた(大阪市史編纂所編 2004:154)。

7　天満青物市場は天神橋北詰東角一帯の河岸に沿ったところにあり、大阪三大市場の1つであった（宮本 1977:151）。
8　江戸幕府は天満青物市場を許可制にしていたが、「立売場」は許可外の販売場所にあたる（宮本 1977:154）。
9　天神祭を支える組織である「講」の1つ（大阪天満宮ウェブサイト参照(2010/02/05)）。御鳳輦講は 1876（明治 9）年に菅原道真公の御神霊を奉安する鳳輦を新調して天満宮に奉納し、創立された。菅原町振興町会と旧樋之上町の市之側筋の地域で組織する。「御鳳輦」は天神様の奉安船として天神祭の中心となっている（菅南中学校 14 期同窓会 HP 参照（2017/07/24））。
10　鳳神輿は神輿の上に金色の鳳凰を冠した大きな神輿である（井野辺潔・網干毅編著 1994:64）。現在は天神西町、天神橋一丁目、菅原町が受け継いでいる。
11　HOPE ゾーン事業とは文化的、歴史的、自然的な地域特性を生かして地域住民と連携して「住むまち大阪」の魅力の向上をめざすものである。他に船場地区、空堀地区、平野郷地区、田辺地区、住吉大社周辺地区が指定されている（大阪市立住まい情報センターウェブサイト参照（2010/02/06））。
12　「しつらい」とは「室礼」と書き、ハレの日に室内外を飾ることを意味する。天満では昔から「しつらい」により町並みに華を添える生活文化があった（『天満地区 HOPE ゾーン NEWS　Vol.30』参照）。
13　この地区は単身用賃貸マンションが増加傾向にあるが、マンション経営者も居住者も町会活動には無関心で、町会加入も地域行事参加も行われていない。そのため振興町会への加入率は、2010 年では 2,341 世帯中 1387 世帯で約 59％であったが、賃貸マンションが増加した 2016 年時点では約 50％と下がっている。
14　連合振興町会が各振興町会に課す分担金の内訳や連合振興町会の支出については、（鯵坂ほか 2011）を参照。

（執筆分担：1 節＝鯵坂、2 節＝中村、3 節＝杉本、4 節＝田中、5 節＝加藤、6 節＝柴田、7 節＝徳田）

第8章　マンション建設と地域社会

鯵坂　学

1　大都市都心の人口動態

　これまで見てきたように、高度経済成長期に日本の大都市で生じた人口の郊外化が、1980年代のバブル経済期を経て90年代後半に陰りを見せ、2000年ころから東京や大阪では都市圏の中心都市や都心区の人口が増加に転じている。2015年の国勢調査でも、この傾向は引き続き顕著である。これは郊外や周辺区から住民が都心に流入してきた、あるいは以前ならば郊外に流出していた層が都心区に留まっているために、都心の人口が増えているのである。

　これらの人口増をもたらした直接の要因としては、住居形態の変化がある。それは、90年代後半から大都市の都心区に大規模・高層のマンションが大量に建てられ、これらの共同住宅に住む人が急速に増えているからである（**表8-1**）。

表8-1　大阪市における地域別の新規共同住宅の建設動向

	1980-1989	1990-1999	2000-2009	2010-2016
都心部	81,685	59,078	118,265	80,613
北東部	93,989	64,899	54,583	29,483
東部	54,154	48,048	36,925	19,609
南部	54,379	43,407	29,970	15,249
西部臨海部	43,908	34,650	25,239	11,164

出典)『国勢調査』より筆者作成。
注）都心部とは北・中央・西・福島・天王寺・浪速の6区である。
　　数字は住戸数

国勢調査から共同住宅＝マンションに住む世帯の割合を見てみよう。1980年では共同住宅に住む世帯は、全国で25.6％、東京23区では59.1％、大阪市では46.7％、横浜市44.9％、札幌市49.5％、福岡市50.2％で、大都市ではすでに50％前後となっていた。また、それらの大都市の都心区を見ると、東京都の港区では65.8％、大阪市北区では51.6％、横浜市、札幌市など主要な大都市の都心区では、50％〜60％であった。なお、伝統都市である京都市では全体で32.7％、中京区ではまだ20.6％と他の都市として比べるとかなり低いのが特徴である。

　2015年になると、共同住宅に住む世帯は全国で42.7％、東京23区では73.4％、大阪市では70.8％、横浜市、札幌市、福岡市など主要な大都市では70％以上で、古都の京都市でも50％を上回るようになった。さらに、それらの大都市の都心区を見ると、東京都中央区では90.0％、港区で89.9％、千代田区で89.2％、大阪市北区で89.5％、中央区では89.4％となっている。福岡市中央区で91.8％、名古屋市中区89.6％であり、札幌市中央区で87.1％、横浜市中区でも74.1％、京都市の中京区・下京区でも70％前後である (**表8-2**)。つまり、共同住宅に住むことは、21世紀の日本の大都市の都心では標準的なこととなっている。このことは地域コミュニティの形成や維持を考える際には、注目に値することである。

2　都心へのマンション建設の動因

　都心への共同住宅＝マンション建設が急増し、そこに多くの人が移住してきた動因には二つの側面がある。まず、サプライ・サイドの側面である。第1に、1990年代初頭のバブル経済の崩壊により土地を含み資産とする日本的な「土地」資本主義が終焉するとともに、企業の倒産や合併が生じ、また製造業の海外移転により工場や倉庫も減少し、企業が都心や湾岸に資産として保有していた土地が遊休地となって売りに出された。第2に、それらにより都心に生れた利用可能な空地には、従来ならばオフィスビルや商業施設が建設されるなどの傾向があったが、経済的低迷の長期化からそれらの需要

表 8-2 大都市およびその都心区の共同住宅に住む世帯の割合（2015 年）

	住宅に住む一般世帯	共同住宅世帯	内 11 階建以上
全国	52,460,618	22,410,483	3,254,220
		42.7%	6.2%
札幌市	912,774	579,543	102,288
		63.5%	11.2%
東京 23 区	4,723,233	3,466,022	777,862
		73.4%	16.5%
横浜市	1,605,481	971,904	127,569
		60.5%	7.9%
名古屋市	1,037,072	669,154	127,951
		64.5%	12.3%
京都市	696,570	367,867	41,169
		52.8%	5.9%
大阪市	1,333,086	944,144	353,109
		70.8%	26.5%
福岡市	753,984	579,853	127,663
		76.9%	16.9%
札幌市中央区	130,612	113,702	35,348
		87.1%	27.1%
東京都中央区	77,889	70,088	50,363
		90.0%	64.7%
横浜市中区	70,321	52,111	16,475
		74.1%	23.4%
名古屋市中区	52,252	46,804	22,855
		89.6%	43.7%
京都市中京区	58,550	39,207	23,014
		67.0%	39.3%
大阪市北区	73,260	65,559	36,080
		89.5%	49.2%
大阪市中央区	57,940	51,827	31,661
		89.4%	54.6%
福岡市中央区	114,437	105,002	36,741
		91.8%	32.1%

出典）『国勢調査』より筆者作成。

は停滞し、居住用のマンション建設が試みられた。しかも、第3に高度成長期に生じた都心人口の減少への危機感から大都市自治体は常住人口を増やそうと企図して80年代から90年代にかけて規制緩和政策を実施し（上野淳子 2017）、これに誘導されてこれまでにない大きなマンションの建設が可能となり、大規模で高層のマンションが建てられた。さらに、第4に90年代になって建築技術面で高層の居住用のビル＝タワー・マンションの建設が容易になった。最後にバブル崩壊による90年代中頃からの地価の下落もあり、マンションの価格も比較的安くなっていった。以下に述べる消費者側の事情と響き合って、都心でのマンション建設には弾みがついたのである。

　もう一つの側面として、都心のマンションに対するデマンド・サイドの面がある。次節でも触れるように、第1に日本における産業構造の変化による都市の職業階層の変動によるものである。まず、高度成長の時代まで職住一体で都心就業していた商工業経営者とその従業員層が70年代以降急激に減少していった。都心には郊外から多くのホワイトカラー、サラリーマン層が通勤するようになった。しかし80年代後半になって、脱工業化・金融・情報・サービス化のなかでの労働形態の変化（一方での専門職・富裕層＝ジェント

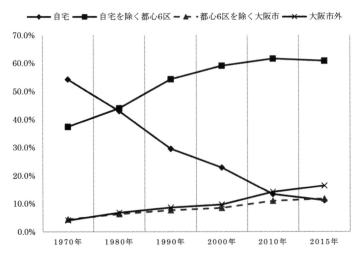

図8-1　大阪市における都心区居住者の就業状況

出典）『国勢調査』より筆者作成。

リファイヤーの増大と、他方での非正規雇用の深化）により、都心では24時間対応の販売・サービス業に従事する人が増え、郊外からの通勤では対応しにくい職種が増大した。結果として、都心に住み都心で就業（職住近接）する層が増加したのである（**図8-1**）。

　第2に、家族・世帯の変化である。①家族・世帯の小規模化と単身化（**表8-3**）、女性化（単身で働く女性の増加）がすすみ、この人々は郊外より都心あるいは都心近くに住むことを選択した。また、少子化により、郊外の広めの住宅でなくとも都心のマンションでの子育ても可能となった。さらに、②大都市でも共働きや兼業主婦化が一般的となり、郊外でなく都心・都心近くの地域に住む方が働き易い状況がある（**図8-2**）。つまり、共働きの広がりにより、性別役割分業により成り立つ「郊外住宅地」は避けられ、通勤時間の短縮と「都心居住」（マンション居住）は選択されて広がっているのである。付け加えると、③郊外に住んでいた団塊世代の世帯が夫婦のみ（空の巣）になり、また多くが退職しているが、これらの中で資金的に余裕が出てきた層が郊外住宅を売却し、利便性と都市の魅力を求めて最寄りの地域の都心のマンションに移ってきている。シニア世代の「都心回帰」である（高木 2012）。つまり、ファスト風土化した郊外（三浦 2004）に住むより、職住近接の利便性を評価する都市的な生活スタイルを好んだり、マルチハビテーション（都心と郊外の両者に住居を持つ）を取る市民が創出されたのである。以上の2側面が響き合って、都市マンションが建てられ、人々が都心居住を選択するようになったのである。

表8-3　大阪市における小世帯化

	大阪市の世帯人員の推移（構成比）(%)						
	1人	2人	3人	4人	5人	6人	7人以上
1980年	23.2%	20.5%	18.4%	23.9%	9.3%	3.3%	1.4%
2000年	39.6%	25.5%	15.8%	13.3%	4.2%	1.1%	0.4%
2015年	48.6%	24.7%	13.5%	9.5%	2.8%	0.6%	0.2%

出典）『国勢調査』より筆者作成。

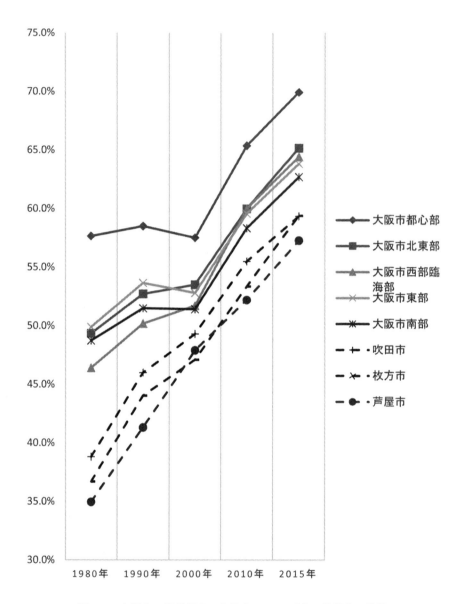

図 8-2　大阪市＋郊外都市の女性（15 〜 64 歳）の就業率の動態
出典:『国勢調査』より筆者作成。

3 都心住民の階層的変化と新たな都市問題

　こうしたなかで、全国の人都市（東京都23区、大阪市、名古屋市、札幌市、福岡市、京都市）の就業構造が2000年→2015年の間にどう変化しているかを国勢調査を用いて調べてみた。80年代後半のバブル経済のころから、管理的職業従事者層は大都市全体としても減少しているが、近年は東京都や大阪市の都心区では、その比率は減少していても絶対数では増加しているところも見られる。また、専門的・技術的職業従事者層は、都市全体としても増加し、特に都心区ではかなり増加している。事務職層は、殆どの都心区で漸増している。サービス職はその内容を変化させながら、数及び構成比には大きな変化はない。それに対して、生産工程や建設・採掘、運搬・清掃・包装業は、都市全体として減少し、特に都心区ではかなり減少している。それにより、これまで地域コミュニティの主要な担い手であった商工自営業者層も減少している。

　ところで大都市都心のなかでも都心区と準都心区の間や、都心区の中の小地域（小学校区など）間で比較すると、人口の増減には様々な差異が見られる。例えば第7章でもふれたように人口の増減で見ると大阪市の中央区では1995年人口を100として2015年の20年間の人口動態の指数を見ると、大阪市中央区全体では平均176となって急増していることが分かる。さらに中央区の25ある（旧）校区のなかで、400（4倍化）をこえる急激な人口増が見られる校区が3つ、200〜400未満の校区が5つもある[1]。北区には（旧）19校区があるが20年間の指数は平均で145であり、200〜400までのものが3つ、人口が減少している地域が1校区ある。大規模な高層マンションが建設された地域とターミナルや繁華街が広がる地域では、かなり差がみられるのである。比較対象となる東京都中央区や京都市中京区でも（旧）校区・（元）学区の小地域別で見ると、都心回帰の増減の状況にもかなりの差があることが分かる（上野・中野2017；鰺坂ほか2018）。

　さらに、人口が増加する中で居住者の世帯類型による違いが見られる。特にワンルーム・マンションや賃貸マンションが多く建てられた地域では、単

身者や夫婦共働き世帯が多くなり、地域住民どうしの近隣関係はかなり疎遠なものとなっている。その結果、町内会・自治会への加入率はかなり低くなっている。一方で、子育て層が多くファミリー・マンションが多い地域では学齢期の子供が増え、80年代の子供の減少時代に多くの小学校を統廃合したために、現在では小学校の教室が満杯となり、新たに学校の建設を計画しなければならなくなっている。同様に幼稚園や保育所、さらに介護施設が不足しているという現象もみられる。新たな住民の増加に対して、日用品の買い物施設が不足している地域も出ている。高度経済成長期の大都市圏郊外地域における「共同消費手段の不充足」といった言葉が思いだされる。

ところで、これらの都市では規制緩和により都心の建築物の容積率や建物の高さ制限を緩めているので、幼稚園や保育園の周りに新たな高層ビルが建てられて、日照がさえぎられ、環境の悪化が懸念されている。園や父母が反対運動を行い、自治体に要望を出しているようである。都心に住むことは通勤や通学には便利であるが、長期的な計画性のないマンション建設は、子育てや教育の環境としては問題をはらんだ居住状況を生じさせている。そもそも、土地用途指定では商業地域に指定されていたところに、規制緩和により住宅専用のマンションが建つこと自体についても、都市計画の観点から検討がなされなければならない。単に人口が回復することだけでは、「都市の発展」とはいえないのではないかと思われる。

4　マンション住民・地域住民の近隣関係：質問紙調査の分析から

第4章で見たように、大阪市では1990年代後半より都心6区（北区・中央区・西区・浪速区・福島区・天王寺区）では人口が増え、一方で多くの周辺区で人口の減少が生じている。我々は、大阪市内でマンション住民が急増している都心区のうちで最もマンション住民が増加している中央区と北区の住民に対して、それまでの地理学・建築学や社会学の成果（富田 2005；関谷・滝本 2009；浜岡 2009）を参考にして、いくつかの質問紙調査を行ってきた。その中から「近所付き合いについて」の調査データを分析することにより、都心のマンショ

ン住民の近隣交際の特徴・傾向について検討してみる[2]。

4.1　一戸建て住民（旧住民）とマンション住民（新住民）の比較

　まず、2015年秋に大阪市中央区の二つの（旧）校区の全住民を対象に行った質問紙調査を見てみよう。一つの（旧）校区は江戸期からの大阪の商業地の中心である船場に、もう一つの（旧）校区は大阪城の近くで中央区の周辺地域に位置している。両校区ともマンション住民は2005年以降に建てられた新しいものに住む人がほとんどである。この両地域の回答データを統合して分譲マンションと賃貸マンションの住民とに区分して集計してみた。また、これらのマンション住民と一戸建て・長屋建て住民の比較も行った。

　表8-4の「地域住民の付き合いの程度」（大阪市中央区）を見てみよう。問は居住するマンション内の住民間での付き合いの程度と、マンション住民が立地している地域の近隣住民との付き合いの程度を尋ねたものである。一戸建て・長屋建て層は、多くが20年以上住んでいることもあり、地域の近隣住民と「あいさつ程度」の付き合いはほぼすべての人が、「おすそ分け」「相談・頼み事」など深い付き合いも6割以上の人が行っていた。

表8-4　一戸建て住民とマンション住民の近隣の付き合い比較（大阪市中央区）

		戸建て・長屋建て	分譲マンション	賃貸・給与住宅
挨拶程度	マンション内	—	89.7%	49.4%
	地域住民	96.6%	68.8%	39.1%
世間話程度	マンション内	—	58.1%	9.4%
	地域住民	89.9%	55.3%	23.9%
おすそ分け	マンション内	—	31.6%	4.7%
	地域住民	82.0%	35.5%	12.0%
相談・頼み事	マンション内	—	19.9%	2.4%
	地域住民	61.8%	32.6%	13.0%
家の行き来	マンション内	—	21.3%	5.9%
	地域住民	42.7%	39.0%	17.4%
回答者数	マンション内		136	85
	地域住民	89	141	92

一方、分譲マンションに住む人は、マンション内での「あいさつ程度」や「世間話程度」は6割以上が行っている。しかし、「おすそ分け」以上の深い付き合いは、2割から3割程度である。また、賃貸マンション・給与住宅に住む人は、マンション内で「あいさつ程度」の浅い交際でさえも行う人は半数しかなく、「世間話」はかなり少ない。さらに「おすそ分け」などの深い関係を持つ人はほとんどいない。そして、マンションが立地する地域の住民との付き合いをみると、分譲層は3割台の人が地域住民と付き合っているが、賃貸層は地域住民と付き合っている人は、かなり少ないことが分かる。ただ、分譲であれ賃貸であれ、マンション内の交際よりもマンション外の地域住民との関係の方が交際の程度が少し高いことは注目される。また、振興町会への参加は、分譲層が2割台で、賃貸層ではほとんど加入していない。

4.2　マンションの類型別の付き合いの比較

次に、2010年に行った大阪市北区の天満エリアに位置するマンション住民に対する調査を見てみよう。ここでの回答者は、1978年に建てられた①旧来型の分譲マンション、1996年に建てられた②旧来型の賃貸マンション、ほとんどが2000年以降に建てられた③ファミリー型分譲タワー・マンション、2005年に建てられた④UR（都市整備公団）の賃貸タワー・マンション、2000年以降に建てられた⑤新しいワンルーム・マンションとに5分類される住民である。

旧来型の分譲マンションと同じく賃貸マンションには振興町会が組織され、多くの住民がそれに加入していた。2000年以降に建てられた新しいマンションには、振興町会は組織されておらず、地域の振興町会にも加入している人はほとんどいなかった。**表8-5**「マンション類型別住民の付き合いの程度」（大阪市北区）をみてみよう。20年以上前に建てられた旧来型のマンションでは、分譲・賃貸を問わず、そのマンションの住民どうしだけでなく、マンション外の地域住民ともかなりの量と深さで近隣交際がなされていることが分かった。地域コミュニティは、存続しているのである。

一方で、「都心回帰」が進行した2000年以降に建てられたほとんどのファ

ミリー型分譲マンション、URの賃貸マンションの住民では、マンション内においては浅い交際はある程度なされているが、深い交際は2～3割程度であることが分かる。また、マンション外の地域住民との交際は、かなり低くなっている。さらにワンルーム・マンションに住む住民の内外住民との交際の少なさは、注目に値する。このようにマンションのタイプの相違により近隣関係のあり方が、大きく異なることが分かる結果であった。

表8-5 マンション類型別住民の付き合いの程度（大阪市北区）

付き合い	類型	旧来型・分譲	旧来型・賃貸	タワー型・分譲	タワー型・UR賃貸	ワンルーム型
挨拶程度	マンション内	100.0%	96.2%	93.7%	75.7%	20.8%
	地域住民	80.6%	41.7%	47.7%	61.2%	17.0%
世間話程度	マンション内	83.1%	36.0%	61.8%	35.8%	10.4%
	地域住民	73.8%	29.2%	39.4%	54.5%	10.6%
おすそ分け	マンション内	64.5%	42.3%	31.2%	19.4%	4.2%
	地域住民	51.7%	29.2%	25.8%	26.2%	8.5%
相談・頼みごと	マンション内	48.4%	32.0%	22.8%	7.5%	10.4%
	地域住民	43.1%	25.0%	23.7%	16.7%	14.9%
家の行き来	マンション内	41.3%	26.9%	21.7%	10.4%	8.3%
	地域住民	43.3%	29.2%	24.3%	15.2%	21.3%
回答者数	マンション内	65	26	316	70	48
	地域住民	62	24	304	67	47

4.3 マンション住民の都市間比較：大阪市と京都市

2014年秋に行った大阪市中央区と京都市中京区のマンション住民への調査結果の比較を紹介しておきたい。マンション内の活動に参加した経験のある住民は大阪市中央区では31.6％、京都市中京区では55.5％、マンションのある地域での地域活動に参加した経験のある住民は大阪市中央区51.6％、京都市中京区76.3％と京都市と比べると一定の差がある。また、マンションが立地する地域の振興町会（町内会・自治会）に加入しているマンション住民は、大阪市中央区では35.9％、京都市中京区では76.7％である。振興町会・町内会に加入している率は、同じ大都市都心でも大阪市と京都市では大きな

違いがみられることには注目しておきたい(鯵坂ほか 2018)[3]。

5 旧住民とマンション住民の関係

　人口の「都心回帰」によって現在の都心の地域コミュニティではこの「新住民」と従来からその地域で暮らしてきた「旧住民」との関係が大きな問題となっている。実態として、空間的には近接して居住していても、新住民と旧住民の交際・社会関係は疎遠であることが多く、かつてシカゴ学派が指摘したような Urbanism の状況がくっきりとみられる。

　大阪市北区や中央区の連合振興町会(連合町内会)や振興町会(単位町内会)の役員へのインタビューによると、新住民の多くは地域活動には関心が低く、振興町会にはほとんどが加入しない。特に、大規模なタワー型マンションなどの場合は、一棟丸ごと加入を「拒んでいる」ケースが多い。アンケートの分析で見たように、現在の新住民は煩わしい近隣関係を「避けたい」という生活スタイル(地域文化としての「プライバシー主義」、「ミーイズム」)の選好の結果、都心のマンションに住んでいる人が多いともいえる。

　マンション建設の事前説明会のときに、建築主・施工企業と交渉して、販売後に「マンション居住者」が振興町会へ入会することや地域活動に協力するよう伝えるとの約束をとっても、完成時には他の業者に転売されて、約束を反故にされることがあるという。また、振興町会への入会を勧めるために、マンション住民を訪問しようにも、近年のマンションはオートロックなどセキュリティが厳しく外部のものの入棟を拒んでいる。

　もう一方で、親睦活動や広報、防犯・防災などの活動、高齢住民への対応などにおいて、「顔の見えない」マンション住民とどのような関係をもつかが都心の地域コミュニティにとって大きな課題となっている。旧住民を中心とした振興町会の役員は、新たなマンション住民を地域コミュニティに組織しようと取り組んでいる一方で、「新住民が振興町会などに大量に入ってくることに不安を感じ」、マンション住民＝新住民を組織することをためらい、加入促進に消極的になっている。また、新住民とどのように付き合って行け

ばよいのかと、逡巡している傾向も見られた。結果として、新住民の振興町会への加入は進まず、大阪市の都心では、地域振興会を初めとする地域住民組織は、機能不全を見せ始めている。それは、加入率の低下によく示されており、町内会の「住民の全員・自動加入」の原則に危機が生じている。災害や犯罪などに対応する社会的な資源・関係が枯渇し始めている。

　ただし、振興町会の連合である連合振興町会などが取り組む地区カーニバル・祭りや盆踊りなどには、マンション住民を含めてかなりの参加がみられる。このことは新しいマンション住民の中には、プライバシー重視型の生活を志向する人とマンション内・外における交際を志向するソシアビリティ型の人々がいることを示唆している。つまり、この二つの志向の存在は、地域の振興町会への加入を遠慮・拒否する人が多い反面、地域イベントには一定の参加者が見られることに表れている。旧住民や地域振興会の役員の側から見ると、これらの地域イベントにフリーライダーとして参加する新住民は、人的・財政的には負担となっているが、振興町会への加入者・担い手の候補であり、これらの人々とどのような関係を取り結ぶかが地域コミュニティ形成の課題となっている。なお、新住民の参加を誘引する地域活動としては、親睦・祭礼活動を中心としながらも、阪神淡路大震災や東日本大震災を受けて、防災活動が真剣に取り組まれているマンションも少しではあるが存在しており、リスク・コミュニティ形成の可能性も示唆している。

6　これからの都心社会＝マンション社会のゆくえ

　マンション住民には、プライバシー志向やソシアビリティ志向を持ちつつもフリーライダー型の住民が多いことは分かったが、よく考えるとマンションこそ人々は同じ構造物に密集して住み合っているわけであるから、何らかの近隣関係を形成しておくことは必要なはずである。そうしないと、災害時の助け合いや犯罪（たびたび起こるわけではないが）も防げないし、今流行りの「民泊」などへの対応もできなくなるかもしれない。法的にみても区分所有により廊下やエレベーターなどの供用部分があり、共同で管理することが必

要である。そのために分譲マンションでは、管理組合を作ることが法律で義務付けられている。にもかかわらず、マンション住民の多くは、あまり近所付き合いをせず、サラサラとした人間関係を好む人が多い。しかも、管理は管理会社(管理人)任せにして、管理費や積立金は安い方が良いと考えている人が多いようである。プライバシー重視型の暮らしを否定するものではないが、最低限の近所付き合いと管理への参画は必要なはずである。

大阪市の場合は、振興町会への加入はかなり低いといえるが、そうしたなかでも、地域コミュニティの形成とりわけ振興町会への参加率の向上に取り組んでいる事例を以下に見ておこう。

第7章5節でもふれられたが大阪市北区のK校区にある2003年に竣工した360戸のタワー・マンションであるGマンションでは、入居時にすべての世帯が地域の振興町会に加入している。その背景としては、建設地が市立K中学校跡地とその周りの戸建て住宅の土地だったことから、立ち退きになった元からの住民29世帯が補償としてこのGマンションに入居した。この旧住民たちが、地域の町会への加入を来住者に積極的に働きかけた結果である。それにより、マンション住民の一定数が振興町会主催の餅つき大会や盆踊り、大川の護岸清掃活動に参加している(加藤2017)[4]。

もう一つの事例として、同市中央区のT校区の連合振興町会の活動がある。この連合町会では、大規模なマンションの建設計画が持ち上がった時に、建設業者に対して入居者に振興町会に入るように求めることを確認させている。入居した新住民に当該の振興町会や連合町会の役員が町会への加入を働きかけた結果、次第に入居者が町会に加入し、数年後にはそのマンションを単位として新たな振興町会を結成させることを実現させている。また、親睦活動以外に、この地域は上町断層の上に位置していることもあり、連合振興町会として地震などの防災対応の活動を行い、多くの参加者を得ている(鯵坂2013)。

なお、我々の調査への回答者の数パーセントではあるが、「居住しているマンション内には町内会はないが、近隣付き合いをしたいので、マンションが立地する地域の町内会とかかわりを持ちたいと考えている」と回答した人

もいた。このように、旧住民や振興町会や連合振興町会の役員側が、地域のお祭りやイベント、広報の仕方や住民組織の運営を広く新住民にも公開する工夫をし、媒介的な役割を果たす場合は、地域コミュニティの組織化は不可能とはいえないと思われる。また、地域住民の自主性を尊重したうえで、そのための自治体行政の協力姿勢も不可欠であろう[5]。

注

1 大阪市では(旧)校区などの小地域別の人口データは1995年からしか公表されていない。京都市では(元)学区のデータが1960年からある。
2 これらの調査は、以下の方法による。2010年マンション調査は、大阪市北区の天満エリアにある5つの(旧)校区の中からおおよそ100世帯を超える大規模なマンション19棟をえらび選挙人名簿から約1000人を選んで郵送方法で行った。詳細は鰺坂ほか(2011)を参照。2014年のコミュニティ調査は大阪市中央区と京都市中京区のなかで、人口の増加が著しい2つの(旧)校区・2つの(元)学区をえらび、選挙人名簿及び住民基本台帳からすべての住民を対象に約1000名ずつを無作為抽出して、郵送により行った調査である。詳細は鰺坂ほか(2018)を参照されたい。
3 大阪市と京都市のマンション住民調査の比較に現れた地域活動や振興町会・町内会への参加の差異にはどのような要因が働いたのであろうか。十分には分析出来てはいないが、①大阪市の都心区の場合は、「都心回帰」の進展があまりにも急激であったこと、②その結果として住民間を結び付けていた旧住民層がかなり少なくなっていることが、挙げられよう。
4 その後、約80世帯の住民が入れ替わり、それらの多くの世帯は振興町会には加入していない。ただ、このGマンション内にあった市の施設の使用目的が変更されようとした折には、住民が結束して集会を開き、署名も集めて反対の意思を示し、市に撤回をさせるなどの活動を行っている(『朝日新聞』大阪本社版2016年10月3日、『毎日新聞』大阪本社版2016年10月3日)。
5 自治体行政の取り組みの例として京都市を挙げておく。京都市の都心でもマンションが建ち新しい住民が増えて、以前より町内会への加入率は低下してきている。こうしたことから京都市行政はそれまで町内会との関係については自主的な団体として間接的なスタンスを取っていたが、2003年に「市民参加推進条例」を2011年には「地域コミュニティ活性化推進条例」を制定し、町内会・自治会の組織化や加入の呼びかけを積極的におこない始めている(鰺坂2018)。

第9章　ジェントリフィケーションとしての都心地区の変動

丸山　真央・徳田　剛

1　はじめに

　周知のように、東京をはじめ日本の主要な都市圏と同様に、大阪市の都心・インナーシティでも 2000 年代に入るあたりから、高度経済成長期以降続いてきた人口減少が底を打ち、増加に転じる傾向が顕著にみられるようになった。こうした人口動向の地理的な変化は、「都心回帰」と呼ばれたり、都市圏の発展段階論に即して「再都市化」と呼ばれたりしている。その要因としては、主として、かつて大企業のオフィスビル、倉庫などの物流施設、工場などの生産施設、労働者住宅などであったところが、売却されたり用途転用されたりして、大小さまざまな規模の共同住宅（マンション）が建設され、都心・インナーシティの一部が居住空間化したことに伴うものがあるとみられている（本書第 I 部参照）。

　このことはまた都心・インナーシティ地区において景観的・社会的な変化を引き起こしているわけだが、では大阪の都心・インナーシティ地区におけるこうした現象を理解する際、「ジェントリフィケーション (gentrification)」をめぐる一連の議論はどの程度有益なのであろうか。本章では、大阪都心部のある地区を例に、ジェントリフィケーション研究の概念や知見を用いて、そこでみられる変化をどの程度説明できるかを検討したい。

　以下では、まずジェントリフィケーションに関する議論を概観したうえで (1 節)、事例を検討していく。最初に、事例地区の景観や住宅など建造環境の変化を跡づけ (2 節)、次に、新たに来住した人びとの特徴を検討する (3 節)。さらに、この地区で近年新たに小商店を営むようになった人びととそこを訪

れる人びとの特徴を明らかにする(4節)。こうした諸変化は、ジェントリフィケーション研究の観点からどのように解釈できるのか。最後にジェントリフィケーション研究のいくつかの論点に沿って考察していくことにしたい(6節)[1]。

2　研究の文脈

　ジェントリフィケーションをめぐっては概念定義や守備範囲に関して長い議論があるが、まずは出発点とされる社会学者 Ruth Glass の定義を確認しておこう。

> 「ロンドンの労働者階級地区の多くに、上層から下層まで中間階級が徐々に侵入している。各階2間の2階建の安普請のアパートや家屋は、賃貸契約が終了すると接収されて、気品あふれる高価な住宅へと生まれ変わっている。より規模の大きなビクトリア様式の家は、このところ格落ちして、下宿屋や多世帯が同居する家として使われていたが、それが改めて格上げされるようになっている。今日こうした住宅の多くが、高級アパートや「ハウスレット」(最近の不動産屋のキザな造語)として再分譲されるようになっている。このような住宅の近年の社会的地位や価値は、かつての地位と反比例していることもしばしばで、近隣の以前の水準と比べて著しく高騰していることもある。このような「ジェントリフィケーション」の過程がある地区で始まると、元からいる労働者階級の住民のすべてあるいは大半が立ち退かされて地区の社会的性格が一変するまで、急激な勢いは止まらない」(Glass 1964: xviii-ix)

　ここでは近隣スケールにおける住民の入れ替わりと社会階層の上昇(労働者階級の住宅地区への紳士階級 (gentry) =中間階級の侵入)および古い住宅の再活用や高級化(紳士たちの好むスタイルへの老朽住宅のリノベーション)が、ジェントリフィケーションの基本要件とされている。その後のジェントリフィケー

ション研究は、この Glass の定義に、旧住民の物理的な立ち退き（displacement）の有無、抵抗運動の有無などを要件に付け加えるかどうか、直接的な立ち退きを伴わない空地への住宅の新築（new build）をジェントリフィケーションに含めるか、居住空間の再生だけであれば再開発（redevelopment）と呼んで区別すべきではないか等々、多くの議論を積み重ねてきた（Lees et al. 2008; Lees et al. 2010）。

　それでも Glass のジェントリフィケーションの定義は、都市の近隣地区の変化を捉えるうえでの核心をついており、それゆえ今日でも参照されつづけている。ただその一方で、Glass の定義が住宅様式に関する部分などでロンドン固有の文脈の影響が色濃いことも指摘されてきた。また近年では、イギリス以外の都市の事例を研究する際に、とくに非欧米都市の場合には、西欧での現象形態を基準とするという方法論それ自体、つまりそこにある欧米中心主義的なバイアスの問題も指摘されている（Lees et al. 2016）。かつて欧米都市の一部でみられる現象という見方も根強かったジェントリフィケーションが、非欧米を含む各地の都市（時に郊外や農村まで含む）の景観的・社会的な変化を説明する概念となり、グローバルサウスを含めた事例報告が増えているが（Atkinson 2005；Lees et al. 2016）、そうしたことも以上の指摘と関連している。

　そこで近年では、特定の都市や時代の経験から導出されたものではない形で定義を設定し、それと各都市の現象形態との偏差を測定するという方法が採用されることが増えてきた。たとえば次の定義はその一例である。

　「ジェントリフィケーションは、土地利用者の人口面の変化を含む過程である。つまり新しい土地利用者はかつての土地利用者より社会経済的地位が高い。そこでは固定資本への再投資を通じた建造環境の変化が関連している。社会経済的地位の落差が大きいほど、その過程は顕著なものとなる。とくに新しい利用者が大きな権力をもっているほど、そこで生じる建造環境の変化は著しいものとなる。それがいつ・どこで発生するかは問題でない。こうしたことに合致する変化の過程はどれでもジェ

ントリフィケーションであると理解したい」(Clark 2005: 258)

　ここでは、ジェントリフィケーションは土地利用者の社会経済的地位の上方変化とそれに伴う建造環境の変化の2点から定義されている。結果的にGlassが挙げたジェントリフィケーションの2つの要件と重なっているが、特定の都市や時期に限定されない抽象度の高さゆえ有用性は高い。本章では、大阪の都心部の近隣地区の現象をとりあげるが、ここでもClark（2005）に従って、ジェントリフィケーションを「土地利用者の社会経済的地位の上方変化」と「それに伴う建造環境の変化」と捉えることにしたい[2]。

3　都心地区の景観変化

　本章で検討対象としてとりあげるのは、大阪市の都心区のひとつである北区にある済美（せいび）地区である。この地区は、JR大阪駅や阪急・阪神電車の梅田駅を中心とする梅田の繁華街から徒歩10〜15分圏内に位置する。地区内には、大阪市営地下鉄谷町線で東梅田駅から1駅目の中崎町駅がある。
　かつてこの地区は、程近い淀川沿いの工場で働く労働者の住宅地区であった。長屋造の住宅とともに労働者住民向けの商店も点在し、「東洋のマンチェスター」と呼ばれた大阪の工業発展を支えた町のひとつであった。この地区の大半は第二次大戦末期の空襲の被害に遭わず、今も戦前からの木造低層住宅が残っている。そうした住宅の間には、自動車が通行できない幅の路地が今も縦横に走っている。景観あるいは土地利用の面からいえば住商工混淆地区であり、大企業のオフィスや大型商業施設や官公庁などに機能特化した都心地区というよりは、都心周辺地区・都心隣接地区あるいはインナーシティ地区といったほうが正確かもしれない。
　近年この地区は大きな変化を経験している。地区全体に小住宅や長屋が密集しているが、1990年代以降、共同住宅が相次いで建設されるようになった。それ以前にも地区の一部に住宅公団の中層共同住宅があったが、1990年代以降に建設された共同住宅は、いずれも民間企業によるものである。この地

区の地価は、日本の多くの大都市の中心部と同様、1980年代末から90年代初めのバブル経済の時期に急騰し、バブル崩壊後に以前の水準にまで戻った。民間主導の住宅再開発が進行したのは地価低迷の時期であった。バブル期の地上げ跡を活用したものもあれば、下落した地価によって土地集めが可能になったところに建設されたものもある。

2000年代以降もこうした動きは継続したが、この時期の大きな出来事のひとつが、地区の中心部に位置する公立小学校(1916年開校)が2004年に閉校し、その跡地の一部が民間企業に売却されて高層の分譲マンションが建設されたことである[3]。

このような共同住宅の建設ラッシュによってこの地区の人口は増加した。高度経済成長期以降、長らくこの地区の人口は減少してきたが、こうした共同住宅の建設ブームの2000年前後から、地区の人口は増加傾向に転じるようになった(**表9-1**)。1995年と2010年の国勢調査の結果を比べると、主世帯数でも主世帯人員でも、一戸建て、長屋建て、1～2階建ての共同住宅、3～5階建ての共同住宅の割合は、1995年より2010年のほうが、いずれも小さくなっている。その一方、6階建て以上の共同住宅の割合は大きくなっていて、主世帯数では4割から7割強に、主世帯人員だと3割から7割近くにのぼるまでになっている。低層の住宅が集まる町から中高層の共同住宅

表9-1 済美地区、北区、大阪市の人口

	済美地区		北区		大阪市	
	(人)	指数	(人)	指数	(人)	指数
1970年	6,857	168	102,149	119	2,980,487	115
1975年	5,993	147	86,425	101	2,778,987	107
1980年	5,252	129	87,969	103	2,648,180	102
1985年	5,177	127	91,285	107	2,636,249	101
1990年	4,440	109	87,446	102	2,623,801	101
1995年	4,075	100	85,487	100	2,602,421	100
2000年	4,136	101	91,952	108	2,598,774	100
2005年	5,092	125	100,385	117	2,628,811	101
2010年	5,959	146	110,405	129	2,666,371	102

出典:『国勢調査』から作成。指数は1995年の数値を100として算出した。

表 9-2 済美地区の「住宅の建て方」別の主世帯数と主世帯人員

	主世帯数				主世帯人員			
	1995 年		2010 年		1995 年		2010 年	
一戸建	413	(20.4%)	393	(10.3%)	1,175	(29.8%)	951	(16.6%)
長屋建	305	(15.1%)	176	(4.6%)	706	(17.9%)	329	(5.7%)
1・2 階建の共同住宅	159	(7.9%)	115	(3.0%)	240	(6.1%)	133	(2.3%)
3～5 階建の共同住宅	327	(16.2%)	347	(9.1%)	506	(12.8%)	435	(7.6%)
6 階建以上の共同住宅	804	(39.8%)	2,756	(72.4%)	1,288	(32.6%)	3,843	(67.1%)
その他	12	(0.6%)	20	(0.5%)	30	(0.8%)	33	(0.6%)
総数	2,020	(100.0%)	3,808	(100.0%)	3,945	(100.0%)	5,726	(100.0%)

出典)『国勢調査小地域集計(大阪市独自集計)結果』から作成。

が建ち並ぶ町へと景観が大きく変化したことをうかがわせるのに十分なデータである(**表9-2**)。

4 新・旧住民

　済美地区の人口の再増加が、住民の入れ替えと階層的な上昇を伴うものであることは、国勢調査の再集計結果をみると明らかである。人口が減少から再増加へと転じた時期を挟んで、1995年と2010年の国勢調査の結果をみると、専門・技術職の割合は6％から20％に増えている一方で、販売職や生産工程職の割合は小さくなっている(**表9-3**)。

　新旧住民の違いをもう少し詳しく明らかにするために、済美地区の住民を対象に実施した質問紙調査(以下、「済美地区住民調査」)の結果を分析しよう。この調査では、国勢調査などの官庁統計で十分に明らかでない住民の情報、とくに階層、居住地移動、住宅に関して詳しく尋ねた。また近隣関係やコミュニティへの態度なども含まれていて、新旧住民の入れ替わりの実態を探るうえで有益なデータである[4]。

　ここでは、調査回答者を次の3つの住民層に分類しよう。住宅の所有形態(所有／非所有)と居住開始時期(2004年以前／2005年以後)の2つを基準として、

表 9-3　済美地区の職業（大分類）別の 15 歳以上就業者数

1995 年			2010 年		
A 専門的・技術的職業従事者	228	(6.0%)	B 専門的・技術的職業従事者	597	(20.2%)
B 管理的職業従事者	136	(3.6%)	A 管理的職業従事者	101	(3.4%)
C 事務従事者	444	(11.8%)	C 事務従事者	585	(19.8%)
D 販売従事者	583	(15.4%)	D 販売従事者	433	(14.6%)
E サービス職業従事者	450	(11.9%)	E サービス職業従事者	419	(14.2%)
F 保安職業従事者	19	(0.5%)	F 保安職業従事者	24	(0.8%)
G 農林漁業作業者	−	(0.0%)	G 農林漁業従事者	1	(0.0%)
H・I 運輸・生産工程・労務等	560	(14.8%)	H〜K 運輸・生産工程・労務等	330	(11.2%)
J 分類不能の職業	1,358	(35.9%)	L 分類不能の職業	466	(15.8%)
総数	3,778	(100.0%)	総数	2,956	(100.0%)

出典：『国勢調査小地域集計（大阪市独自集計）結果』から作成。

・2004 年以前から居住している「旧住民」層（131 人、49％）、
・2005 年以後に居住開始し住宅を所有している「新住民 - 住宅所有」層（62 人、23％）、
・2005 年以後に居住開始し住宅を所有していない「新住民 - 住宅非所有」層（72 人、27％）

の 3 つに分類する（かっこ内は該当者数と全回答者 270 人に占める割合）。居住開始時期の基準を 2005 年としたのは、済美地区で人口が減少から再増加に転じる傾向──都市全体でみれば人口の都心回帰ないし再都市化──が顕著になったのがおおむねこの時期であったためである。

「旧住民」層の住宅は戸建・長屋と共同住宅が半々であるが、新住民は 9 割前後が共同住宅に住んでいる（**表 9-4**）。

若くて高い社会経済的地位というジェントリファイアー像は、済美地区にもあてはまるだろうか。新住民層は、20 〜 30 代の割合が大きく、平均年齢も 40 歳前後である。しかし新住民のなかでも住宅所有層と非所有層とでは、非所有層のほうが若干若いという違いがある（**表 9-5**）。学歴や職業は質問項目が十分でないが、従業上の地位をみると、経営・管理職は新旧住民の間でその構成比に違いがない。新住民の中心は常雇の非管理職であり、新中間階級にあたるとみてよいだろう。旧中間階級である自営業者は旧住民の半分程

表 9-4　各住民層の住宅の建て方と面積

	建て方			面積						平均
	戸建・長屋建	共同住宅	(N)	40㎡未満	40〜59㎡	60〜79㎡	80〜99㎡	100㎡以上	(N)	(㎡)
旧住民層	45%	55%	(127)	12%	28%	29%	12%	19%	(130)	69
新住民 - 住宅所有層	15%	86%	(62)	2%	25%	54%	8%	11%	(61)	70
新住民 - 住宅非所有層	8%	92%	(72)	36%	36%	19%	9%	1%	(70)	54

出典）『済美地区住民調査』から作成。住宅面積の平均は各回答の選択肢に次の値を割りあてて算出した。「40㎡未満」= 40、「40〜60㎡未満」= 50、「60〜80㎡未満」= 70、「80〜100平米未満」= 90、「100㎡以上」= 100。

表 9-5　各住民層の年齢構成

	20〜30代	40〜50代	60代以上	(N)	平均（歳）
旧住民層	12%	43%	44%	(129)	56.0
新住民 - 住宅所有層	47%	37%	16%	(62)	42.9
新住民 - 住宅非所有層	68%	27%	6%	(71)	35.6

出典）『済美地区住民調査』から作成。

表 9-6　各住民層の職業構成

	経営・管理職	常雇の非管理職	非常雇	自営業・家族従業	無職	(N)
旧住民層	12%	15%	14%	20%	40%	(128)
新住民 - 住宅所有層	17%	38%	15%	10%	20%	(60)
新住民 - 住宅非所有層	17%	42%	14%	9%	18%	(66)

出典）『済美地区住民調査』から作成。

度である（**表 9-6**）。

　世帯年収をみると、旧住民より新住民がかなり高階層であるのが一目瞭然である。とくに新住民のなかでも住宅所有層は高収入である。「1千万円以上」の割合は、新住民の住宅所有層では旧住民層の4倍にのぼり、反対に「300万円未満」の割合は、旧住民層の3分の1しかない。新住民のうち、住宅非所有層は、住宅所有層ほど高収入でなく、「300〜599万円」層や「600〜999万円」層が占める割合は、住宅所有層とそれほど大きく変わらないが、「1千万円以上」層の割合が小さく、「300万円未満」層の割合が大きいという特徴がある（**表 9-7**）。

表 9-7 各住民層の収入（世帯年収）階層の構成と平均世帯年収

	300万円未満	300〜599万円	600〜999万円	1千万円以上	(N)	平均（万円）
旧住民層	36%	40%	18%	6%	(126)	490
新住民 - 住宅所有層	12%	33%	30%	25%	(57)	760
新住民 - 住宅非所有層	27%	26%	29%	18%	(66)	650

出典）『済美地区住民調査』から作成。「平均（万円）」は各選択肢に次の値を割りあてて算出した。「200万円未満」= 200,「200万円以上〜300万円未満」= 250,「300万円以上〜400万円未満」= 350,「400万円以上〜600万円未満」= 500,「600万円以上〜800万円未満」= 700,「800万円以上〜1000万円以上」= 950,「1000万円以上〜1500万円未満」= 1250,「1500万円以上」= 1500。

表 9-8 各住民層の世帯類型の構成

	単身	夫婦のみ	夫婦と未婚子	その他	(N)
旧住民層	25%	21%	40%	14%	(131)
新住民 - 住宅所有層	16%	42%	35%	6%	(62)
新住民 - 住宅非所有層	49%	29%	17%	4%	(69)

出典）『済美地区住民調査』から作成。

　これまでのジェントリファイアー研究でよく指摘されたのは、脱近代家族の諸特徴、すなわちDINKsが多いことや同性カップルも少なくないことなどであった。単身世帯が多いこともよく指摘されてきた。しかし済美地区の新住民の場合、住宅所有層には夫婦のみ世帯が多く、住宅非所有層は単独世帯が多く、一様ではない。しかも住宅所有層の3分の1は夫婦と未婚子の核家族世帯であり、旧住民層の夫婦と未婚子世帯の割合とほとんど変わらない。（**表 9-8**)。

　衰退した都心やインナーシティにおける人口の再増加は、欧米では1970年代から80年代にかけて、都心回帰（back-to-the-city movement）といわれたが、ジェントリフィケーション研究が進むにつれて、このような人口再増加を牽引する人びとの多くが、郊外から都心・インナーシティに流入してきたわけではなく、都心・インナーシティの比較的近距離のところから移動していることが明らかになった（Lees et al. 2008）。済美地区の場合、調査回答者の前住地は、共同住宅の住民の回答結果しかないが、新住民のうち、住宅所有層はたしかに区内での居住地移動が半数を占めていて、都心回帰（back-to-the-city）ではなく都市内移動（stay-in-the-city）が中心であるのは明らかである。し

かし新住民のなかでも住宅非所有層は、区内での居住地移動がそれほど多くなく、大阪府外からの流入者がかなり大きな割合を占めている(**表 9-9**)。

表 9-9　各住民層の前住地

	北区内	北区以外の大阪市内	大阪市以外の大阪府内	大阪府外	(N)
旧住民層	27%	32%	24%	17%	(66)
新住民‐住宅所有層	47%	25%	17%	11%	(53)
新住民‐住宅非所有層	19%	31%	13%	37%	(62)

出典)『済美地区住民調査』から作成。

　以上から明らかなように、ジェントリフィケーションを「土地利用者の社会経済的地位の上方変化」と「それに伴う建造環境の変化」とする理解に従えば、済美地区の近年の変化は、たしかにジェントリフィケーションといえる。木造低層の長屋や小住宅が密集する地区の景観の一部は、中高層のマンションに置き換えられつつあり、建造環境の変化が着実に進行している。そこへ新たに「侵入」してきた住民たちの社会経済的な地位が、元からの住民に比べて相対的に高いことを示す指標は少なくない。ただ、ジェントリファイアーと一口にいっても、分譲マンションを購入して居を構えた住民と賃貸マンションを賃借している住民とでは社会経済的地位や世帯構成などで、小さくない違いが結構みられた。

　ジェントリファイアーの多様性という意味で、この地区の近年の変化を語るうえで欠かせないもうひとつの事実がある。それは、この地区にあるかつての労働者向けの長屋や商店のいくつかが、近年リノベートされて、飲食店、雑貨・アンティークショップ、古着を含む衣料品店、ギャラリーなど、衣・食・雑貨関連の小店舗に生まれ変わり、それを目的とする来街者が増加していることである。梅田から徒歩圏内でもあることから、平日夜や週末ともなれば、そうした店を訪れる若い女性をはじめとする来街者が多くみられる。なお、こうした文脈では、済美地区は、最寄り駅名から「中崎町」と呼ばれることが多い(弘本 2004；中道 2015)。

　近年のジェントリフィケーションの定義を思い起こすと、「土地利用者の

人口面の変化」となっていて、ジェントリファイアーが定住者に限定されない広い射程をもって捉えられるようになっている。そこで「もうひとつのジェントリファイアー」として、かかる小商店主や来客の特徴を検討してみよう。

5 長屋リノベーション店舗の商店主・スタッフ

　本節では、2010年に行った中崎町の新規出店店舗の店主・スタッフを対象に行ったインタビュー調査などを基にして、同町に新たな特徴を加味することになった長屋リフォーム店舗群の来歴、経営者・スタッフの属性、客層や地域との関係、同町についての印象と今後の見通しなどについて概説する[5]。

　まず、調査した店舗の開店時期については、3年未満が55件中23件（41.8％）、3年～5年未満と5年～10年未満が13件（23.6％）、10年以上が6件（10.9％）であった。調査時点が2010年のことであるので、調査対象店舗の約9割が2000年以降に開業した、比較的新しい店舗であることがわかる。また、どのような業種の店舗であるかについては、多い順に飲食店が23件（41.8％）、雑貨・アンティークショップが14件（23.6％）、衣料品店が7件（12.7％）、ギャラリーが3件（5.5％）、その他が8件（14.5％）という内訳であり、衣・食・雑貨が主な取扱商品となっている。店舗の形態については、所有状況としてはほとんどが賃貸であり（51件、94.4％）、建物の種類としては共同住宅が33件（62.3％）、戸建てが19件（35.8％）であった。中には、古い学校の校舎のような建物がリフォームされて、複数の店舗が雑居しているような様態を取っているところもあった。

　次に、本調査の回答者である店舗経営者・スタッフについてであるが、年齢は20代以下が4名（7.4％）、30代が33名（40.7％）、40代が19名（35.2％）、50代以上が9名（16.7％）であり、30-40代が多いという回答が多かった。性別は男性が18名（33.3％）で女性は36名（66.7％）と女性が多い。回答者の現住所については、同一町内在住者が17名（31.5％）、中崎町外の北区が13名（24.2％）と半数強が同じ北区内に居住している。また大阪市内他区と大阪市

以外の府内在住者を併せると19名（35.2%）で、回答者の約9割が大阪府内在住者であることがわかった。

　この仕事に就くまでのキャリアについても質問した。店舗開業以前の仕事について聞いたところ、「現職とは違う職に就いていた」が26件（48.1%）、「現職と同じだが違う場所で働いていた」が14件（25.9%）、「現職に就くために専門学校で学んだり修行をしたりした」が6件（11.1%）となり、業種転換とともに開業を志した回答者が約半数であった。そして、26件の中で、前職が「会社員」であった人が18名（69.2%）であり、派遣・契約社員とパート・アルバイトが4名（15.4%）、自営業が2名（7.7%）とあり、全回答者の3分の1がいわゆる「脱サラ」による店舗開業であったことが明らかとなった。

　次に、中崎町に展開する店舗の特徴についてみていく。出店理由について質問したところ（複数回答）、「お店を開くことが夢だったから」が23件、「自分の好きなものを広めたかったから」11件と、出店そのものや自分のこだわりの商品の普及といった自己実現に関連する動機が見て取れた。また「機会に恵まれたから」という回答も14件あった。

　出店地である中崎町をどのようなきっかけで知ったかについては、「もともと中崎町に住んでいた」という回答は6件（10.7%）と少数であるのに対し、「家族・知人から紹介された」が16件（28.6%）、「家族・知人が中崎町に住んでいた（いる）」が6件（10.7%）と地縁による紹介に基づいた地域外からの出店が4割弱見られた。また、「不動産会社の紹介」と「マスコミによる」がそれぞれ6件（10.7%）あり、メディアによる報道や世間の評判に由来すると思われる出店も確認できた。

　この町を出店場所に選んだ理由については、「町の雰囲気がお店にあっていたから」23件（27.1%）、「お店の立地条件が良かったから」20件（23.5%）、「賃貸料が安かったから」14件（16.5%）などが主な理由であった。「レトロなまちなみ」に惹かれたといった理由とともに、（大阪梅田などの）都心ターミナル地区に近い立地でありながらテナント料などが比較的安価であるなどの立地条件も出店にあたって少なからず影響を与えたようである。

　それでは、これらの店舗の集客および経営状況はどのような様子であろう

か。おおよその来客数について平日と休日に分けて質問したところ、30人以上の来客のある店舗は休日では23件(56.1%)であったのに対し、平日では12件(25.5%)と人数に差があった。開店当時と比較しての客数の変化については、「増えた」が37件(68.5%)、「減った」が10件(18.5%)、「変わらない」が7件(13.0%)という回答であり、全体的には来客数は増加している傾向が見て取れた。

支払い時の平均額については、飲食店では22件中16件(72.7%)が1000円未満、雑貨屋は10件中8件(80.0%)が1000円以上5000円未満であった。衣料品やアンティークショップについては1万円未満から3万円以上まで店ごとの違いが見られた。

そして、店舗の経営状態については、「順調である」が8件(15.4%)、「何とかやっていける」が30件(57.7%)と7割強が肯定的な回答であった。とはいえ、自由回答からは「1人で生活するにはきついだろうが、夫の収入があるので」といった回答や「何とかやっていけているが必死で。ただ、それを出さないようにしている」など、それほど余裕がある店舗ばかりではないようである。実際のところ、当地での店舗経営については景気の動向、ブーム・流行による観光客数の増減などによって浮き沈みが激しく、現地での聞き取りによれば、店舗の入れ替わりは少なくないとのことであった。

以上の情報より、2010年の調査の調査対象者である中崎町の商店主たちがどのような人たちかについて、イメージが浮かび上がってくる。まず、商店主たちの属性については、30代から40代の女性が多く、会社勤務からの業種転換、もしくは専門学校から起業・出店に至ったケースが散見された。また、出店時期が比較的新しく、出店してから10年以内の店舗が半数以上を占め、カフェなどの飲食、衣料、雑貨・アンティークを取り扱う店舗が多くを占める。

出店の経緯については、(収入増や階層上昇といった動機よりも)開業や取り扱う商品へのこだわりなど自己実現欲求が主な動機付けとなっている商店主が多くみられた。このことは、出店理由として(梅田などの都心エリアからの近接性・交通の利便性とともに)賃料の安さを挙げていることや、取り扱う商品(と

りわけ飲食と衣料）の客単価の低さといった特徴とも関連しているものと考えられる。実際に収益面でいうと半数以上が「何とかやっていける」という回答であり、マイナス収支や配偶者の収入による補てんを示唆する発言もあることから、家計における有力な収益源とはなっていないことがうかがえる。このような収益構造の不安定さは、平日と休日の客数の違い、すなわち、中崎町の「レトロな街並み」に惹かれて訪れる外来客が来店者の多くを占めている（逆に平日は客数・売り上げともに減少する）ことが一因になっているのではないかと推測される。

　以上のことから、"中崎町のリノベーション店舗の商店主たちをジェントリファイアーとみなすことができるか"という本稿の問いからすれば、いささか疑問符を付けざるを得ない。彼ら・彼女らの現職に至る経緯において（とりわけ"脱サラ"による転職のケースでは）必ずしも経済的・社会的な地位"上昇"を伴っているとは言えず、主要な商品・サービスの客単価の低さや収益構造の不安定さを鑑みれば、（ヒット商品の輩出や"有名店"化などの特殊例を除けば）先行きにおける飛躍的な階層上昇を見込める商店主は決して多くはないと予想されるからである。

6　来訪者

　最後に、この地区の"構成員"とみなすことのできるもう一つのアクター層として、中崎町を訪れる来訪者の特性について概観する。2010年に同町で実施した我々の調査では、上記のような商店主への聞き取り調査と並行して、町内の8つの店舗の協力を得て、それらに立ち寄った客に対する質問紙調査（以下、「来訪者調査」）も行っている[6]。その結果から浮かび上がってくる、中崎町の来訪者層について素描してみたい。

　来訪者の属性については、性別は有効回答226件中、性別は男性が14.6％、女性が85.4％であり、女性の比率がかなり高かった。店舗への聞き取り調査においても、主な来客が「女性客」「男女半々くらい」を併せると9割を超えていたことから、この地域にやってくる顧客層は女性が中心であ

ると言えそうである。また、回答者の年齢層については、有効回答数283件中20代が56.2％、30代が21.9％となっており、8割近くを20-30代の若年層が占めている。

　次に、回答者の現住所について都道府県と市町村名を質問したところ、訪問者の居住地について「大阪市外で大阪府内」が100件（36.6％）と一番多く、次に「大阪市内」82件（30％）、「兵庫県」41件（15.0％）の順であった。遠方からの来訪については、関西地方以外では、東京・名古屋のほか、東日本では宮城県・栃木県・千葉県、西日本では熊本県、愛媛県などからも来訪者があった。訪問回数については、今回が初めてという回答が112件（42.9％）であることから、今回の回答者群においては複数回訪問したことがある人（リピーター）が多く含まれていることが推測される。また、「また中崎町に来たいと思うか」という質問に対して、有効回答数285件中、「はい」という回答が272件（95.4％）もあり、訪問者の満足度やリピーター率の高さがうかがえる。

　中崎町への訪問目的については、多い順に「カフェ」195件、「町歩き」142件、「買い物」94件の順となっており、店舗での商品やサービスの購入とともに、レトロな街並みの散策や屋内の雰囲気を楽しみたいという目的意識がかなり強い印象を受けた。このことは、回答者の「町のイメージ」の傾向とも符合するが、この点はあとでもう一度検討することにしよう。

　この調査が中崎町のすべての店舗をカバーしているわけではなく、あるカフェへの来客者による回答が多くを占めていることからサンプルバイアスの影響を差し引いて考える必要はあるが、上述の通り同町への来訪動機において「レトロで雰囲気の良い町中を散策するため」という理由がかなりのウェイトを占めていることは注目に値する。以下の引用を参照されたい。

　　「おしゃれで古い街並みもステキです。また遊びに来ます。路地のどこかにカフェや雑貨屋マップが置いてあったら便利ですね。ちょっとわかりにくいので。」
　　「アメ村や堀江みたいにはなってほしくない。かわいくて庶民的でおしゃ

れな中崎町であってほしい。」
「すごく静かなのに、都心に近くて便利で、しかも落ち着きのあるいいエリアだと思います。」
「ひとりでぷらぷらすると知らないお店や路地をみつけテンションあがります。」
「懐かしいのに、新しいような、でも落ち着く感じです。」
「昭和のにおいがしました。」[7]

　以上から浮かび上がってくるのは、20代から30代の女性が多く、大阪市内あるいは府内など比較的近郊からの来訪者が中心であるものの、かなり遠方からこの地域を訪れる者も含まれていることである。また、訪問動機や実際に訪問した時の行動などを見てみると、商品やサービスの購入という目的とともに、レトロな街なみの散策や路地歩きを楽しむといった声も多く聞かれた。

　本章の前半で論じられたように、大阪都心部の他地域と同様に、この済美地区でも低層住宅や町工場群から高層マンションへの土地利用の変化が見られ、地域のリニューアルと住民層の階層上昇の傾向が見られることは確かである。しかし、こうしたジェントリフィケーション現象とも見える同地区の地域変容と、1990年代後半から2000年代にかけて進行した町屋リノベーションによる店舗群の出現と中崎町への来街客の増加現象とは（時期的には重なるものの）連動した動きと見るだけの材料に乏しく、両者を別の視点から考察し評価する必要性が感じられる。

　同町のレトロな街並みがメディアやインターネットなどで取り上げられ、「中崎町ブーム」とも呼ばれるような他地域からの来訪者の急増を見た背景には、ターミナルと商業の集積が見られる大阪梅田や下町の商店街の象徴ともいえる天神橋筋商店街を擁する天満地区に挟まれたインナーエリアである中崎町、済美地区の地域イメージの大幅な向上があることは間違いない。しかしその内実は、高級感や有名ブランド店が軒を連ねるような「ヤッピー」的な雰囲気[8]に惹かれてというよりは、上述のように（昭和時代を想起させる）

「レトロな街並み」が醸し出す雰囲気によってもっぱら誘引されたものである。つまり、レトロな街並みに惹かれて来訪して気ままに散策したり雰囲気のよい店に足を踏み入れたりする中で、街の雰囲気や特性の店に「はまった」人がリピーター化する、といった性質のものと整理できる。だとすれば、レトロな街並みとそれにマッチした長屋リノベーション店舗の増加と来訪者の増加の"相乗効果"は、(大阪であれば空堀商店街界隈と同様)「昭和モダン」や「レトロな街」をキーワードとした、いわゆる「コンテンツツーリズム」[9]に近いものとして位置づけるのが妥当ではないか。

7 考察

本章でとりあげた地区の事例をジェントリフィケーション研究の観点からみると、どのような解釈が可能であろうか。また既存のジェントリフィケーション研究に対してどのような知見を加えることができるだろうか。

まず、ジェントリフィケーションの「生産」に関して検討しよう。近年のジェントリフィケーション研究では、ジェントリファイされた空間や建造環境が誰によってどのように供給されるのかを「生産」サイド、かかる空間や建造環境を誰がどのように消費するのかを「消費」サイドの研究として切り分けるのが一般的である (Lees et al. 2008)。東アジア大都市のジェントリフィケーションに関しては、その「生産」過程は、しばしば国家の巨大な力や、国家と資本が協調してジェントリフィケーションを推し進めることが、「国家主導 (state-led) 型」や「国家支援 (state-supported) 型」といった形容詞とともに、たとえば中国都市の事例などを踏まえて指摘されてきた (Lees et al. 2016; Shin et al. 2016)。

それに対して本章の事例地区の場合、民間資本によるマンション建設と小商業者のリノベーションが主な要因となっており、国家主導のジェントリフィケーションというわけではない。ただ、マンション建設の増加が建築規制の緩和の所産であり、また公有地 (公立小学校跡地) へのマンション建設が地区全体の景観変化の大きな契機となっているという点で、「国家支援型」

ジェントリフィケーションと通底するところもなくもない。また、東アジア大都市のジェントリフィケーションは、「高層ビル (tower-block) ジェントリフィケーション」ともいわれるが (Waley 2016)、本章の事例地区も、長屋街がマンション街へと変貌しつつあるという意味で、そうした特徴をもっているのは確かである。

では、「消費」サイドについてはどうか。本章の事例地区のジェントリファイされた居住空間に住みつくようなった人びとは、その多くが上層新中間階級に属し、従来のジェントリフィケーション研究でいわれるジェントリファイアー像に近い。しかしもう少しよくみると、この地区に住宅を購入して住みつくようになった人びとと、賃借して住んでいる人びととでは、同じ新来のジェントリファイアーといっても、社会経済的なバックグラウンドがだいぶ異なる。住宅購入層はそれなりに高い社会経済的地位にあるが、住宅非所有層はそれほどではない。来歴という点でも、これまでのジェントリフィケーション研究でいわれてきた、「都心回帰 (back-to-the-city)」でなく「都市内移動 (stay-in-the-city)」という移動歴の特徴は、たしかに住宅所有層にはあてはまるが、非所有層にはそれほどあてはまらない。また、住宅所有層は、単身者や DINKs が多いわけではなく、夫婦と未婚の子からなる子育て世帯がかなり多い。その意味でも、ジェントリフィケーション研究で描かれてきたような、脱近代家族的な世帯像とはいくらかの隔たりがある。こうした背景には、この地区に限らず、都心・インナーシティ地区での住宅供給が増加して、それに伴って非常に高価なものでない住宅も供給されるようになり、都心居住が大衆化したことがあるだろう。

さらに、この地区の特筆すべき変化として、かつての労働者階級の住宅や商店の古い長屋造の建物をリノベートした小規模店舗が多数誕生していることに注目した。たしかにジェントリフィケーション研究では、これまでもこのような小商店の新規開業が地区に変化をもたらすことに注目されてきたし、それらの小商店が、旧来の労働者階級の住民ではなく新中間階級上層のヤッピーたちの嗜好に合致するものであることが、しばしば指摘されてきた。この地区の小商店も、ブティック、カフェ、ギャラリーなど、そうした研究に

おける小商店像と非常に近いものである。しかし、我々の調査の結果によると、それらの経営者や顧客は、それほど高い社会経済的地位にあるわけではなく、「ヤッピー向けの消費空間の形成」というにはいささか抵抗がある。

　ただし、古い長屋住宅や空き店舗に目をつけた若い商店主たちが、若者向けの古着店やカフェをオープンしていったことが、地区全体のイメージを変えることにつながったというプロセスは、古典的なジェントリフィケーション研究を彷彿とさせなくもない。インナーシティの空きビルに若い芸術家たちが移り住み、次第に「文化・芸術性のある」地区をみなされるようになるにつれて、若い上層ホワイトカラーたちの目に留まり、地区全体が高級化（ジェントリファイ）されていったというプロセスは、例えばニューヨークのSoHo の事例がよく知られている (Zukin 1989)。最近では、商業ジェントリフィケーションの「ABC」という表現で、ギャラリー (art gallery)、ブティック (boutique)、カフェ (café) が地区のジェントリフィケーションの呼び水となるという指摘もある (Zukin et al. 2016: 13)。

　済美地区の住民を対象とした質問紙調査(注４参照)と来訪者対象とした質問紙調査(注６参照)で、ともに同じ質問項目で、この地域のイメージとして当てはまる言葉を選んでもらった(複数回答)。「再都市化」以前から定着している旧住民たちも、新たにこの地区に住むようになった人びとも、「庶民的な」「交通の便がよい」といった言葉を挙げた人が多いという点で共通している。しかし「おしゃれな」という言葉を挙げた人に注目すると、旧住民層の場合、上位に入ってこないのに対して、新住民-住宅所有層と新住民-住宅非所有層とでは第３位にあがってきている。来訪者では第１位である（**表9-10**）。旧住民たちにとっての済美地区が、都心に隣接した庶民的な街であるのに対して、新住民たちにとっては、やはり都心に近い便利な庶民的な街であるが、ちょっと「レトロ」で「おしゃれ」な街である。そうした「おしゃれ」なイメージは来訪者にとってはより強いものであり、「文化・芸術性のある」街とさえ映っているのである。

　つまり、長屋をリノベートした小商店たちは、労働者住宅街を商業地区に変貌させるほどの広がりではなかったが、かえってそれが、「隠れ家」的な商

店を生みだし、「レトロ」で「おしゃれ」な街として受けとめられる変化を作り出していった。そして、こうした地域イメージは、新たに建設された集合住宅の購入者たちにも共有されていった。すなわち、単なる古い元労働者住宅街ではなく、「レトロ」で「おしゃれ」で、しかも都心に隣接する利便性の高い地域というイメージである。

表9-10　住民層別にみた済美地区のイメージ（上位7位まで）

	旧住民層		新住民－住宅所有層		新住民－住宅非所有層		来街客	
1位	庶民的な	(77%)	庶民的な	(71%)	庶民的な	(54%)	おしゃれな	(63%)
2位	交通の便がよい	(73%)	交通の便がよい	(56%)	交通の便がよい	(49%)	庶民的な	(58%)
3位	若者向けの	(21%)	おしゃれな	(34%)	おしゃれな	(42%)	文化・芸術性のある	(42%)
4位	伝統的な	(17%)	若者向けの	(27%)	文化・芸術性のある	(31%)	活気のある	(27%)
5位	都会的な	(15%)	都会的な	(16%)	若者向けの	(26%)	伝統的な	(21%)
6位	おしゃれな	(11%)	活気のある	(16%)	女性向けの	(19%)	若者向けの	(14%)
7位	物価の安い	(11%)	伝統的な	(15%)	伝統的な	(15%)	交通の便がよい	(9%)
	商業施設が充実した	(11%)	女性向けの	(15%)				

出典）『済美地区住民調査』と『来訪者調査』から作成。（　）内は全回答者のうち当該イメージがあてはまると答えた割合（複数回答可）。

8　おわりに

　本章では、大阪の都心・インナーシティ地区のひとつを事例として、そこでこの20年ほどの間にみられた建造環境と地域社会の変化を、ジェントリフィケーション研究の観点から検討してきた。ジェントリフィケーション研究は、都市の景観と地区の社会的構成の変化を明らかにするうえで有益な視点を提供してくれるのは確かであるが、同時に、必ずしもジェントリフィケーション研究に収まらないこの地区に固有の事情もみられた。一般的な特徴と個別の特殊性の双方に注目することの必要性が改めて浮かび上がったといえよう。

　ジェントリフィケーション研究は近年、都市の景観・社会の変化を包括的に説明する志向を強くもち、また世界各地の事例報告を積みかさねて、それ

までの欧米偏重のジェントリフィケーション像を書き換えようとしている。そうした中で、非西欧世界の東アジアの大都市での現象形態にも注目が集まっているが、日本の事例報告は必ずしも多くない。本章ではそうした現状に一石を投じることをめざした。

注

1　本章は、1～4 節と 7 節を丸山が、5～6 節を徳田が起稿し、全体の構成や行論は両者で調整した。

2　日本でもジェントリフィケーション研究は、地理学者の成田孝三 (1981) などによって早くから紹介されてきた。なかでも、欧米圏の研究動向の紹介にとどまらず、この現象の実証研究を積み重ねてきたのは地理学者の藤塚吉浩であった。日本の大都市の近隣地区の変化に照準したものとしては京都市西陣や大阪市福島区の研究がある。藤塚は、ジェントリフィケーションの基本的性格として、Glass の定義に即して住民の階層上昇と居住空間の改善の 2 点を挙げているが (藤塚 2017 : 2)、西陣の研究でも、住民の職業階層 (専門・技術職) や、地区の人口増加の要因となっている共同住宅の新築状況を確認している。また、住民の階層上昇や居住空間の改善に伴う立ち退きについても、共同住宅が建築される前の土地利用から検討している (藤塚 2017 : 第 2 章)。西陣の事例は 1980～90 年代のものであるが、2000 年代の大阪市福島区の事例研究でも、住民の職業階層の上昇 (専門・技術職比率の上昇) がみられることや、また時期や都市の違いから、西陣の事例と異なって居住環境の変化として超高層の共同住宅がみられることを指摘している (藤塚 2017 : 第 10 章)。

3　この小学校の閉鎖は児童数の減少から 1997 年に決まっていたものであった。また学校跡地の売却は、2005 年に大阪市が打ちだした「市政改革マニフェスト」のなかでうたわれていたものであった。このマニフェストは当時の関淳一市政が新公共経営 (New Public Management) 論の発想を全面的に採り入れた行政改革の基本方針であり、「マネジメント改革」のひとつに「資産の流動化」が掲げられ、「土地の有効活用の促進」がうたわれていた。

4　済美地区住民調査は標本調査として実施し、標本 (調査対象者) は、大阪市北区選挙管理委員会で選挙人名簿を閲覧して、等間隔法により、閲覧日現在 20～79 歳の男女 959 人を抽出し、名簿記載の住所に質問紙を郵送した。不達分については、北区役所で住民基本台帳を閲覧して正確な住所を検索し、判明分は再送した。その結果、有効回収数 270、有効回収率 28.2％ であった。詳しい調査方法、調査結果、単純集計結果等は丸山・岡本 (2014) を参照。なお、以上の調査方法から明らかなように、この調査の対象者 (回答者) は、調査時点で済美地区に居住している人に限られており、共同住宅の建設などに伴ってすでに地区外に転出した人 (「立ち退き」にあった人びと) は捕捉できていないという方法上の限界がある。以下でいう「旧住民」とは、あくまでも調査時点で残っている人びとである点には留意する必要がある。

5　この調査は、同志社大学社会学部の社会調査実習の一環として、2010 年 7～8 月

に実施された。調査対象店舗は、同町の観光マップ等で確認された 131 件のうち調査許可を得られた 55 件である。調査は半構造化法による聞き取り調査として実施したが、不在あるいは面会の都合がつかない場合は調査票を留め置きして後日回収した。
6 来訪者調査は、聞き取り調査とほぼ同時期の 2010 年 8～10 月に実施し、協力店舗の各テーブル上に質問紙を留め置きし、店主の方に来客者に対して回答を薦めていただく形で実施した。質問紙の回収数は 289 件であったが、その多くはカフェ業態の来店客からの回答であった。
7 来訪者調査の「まちのイメージ」についての自由回答より（一部抜粋）。
8 大阪都心においてこのようなアッパー化を伴う「おしゃれな街」イメージの獲得に成功しているのは、元々は問屋や倉庫が多く立地していたところに高層マンション群の出現と高級なファッション店舗やアートギャラリーなどが進出した大阪市西区の堀江地区を挙げることができるだろう。
9 酒井亨は、「地域に関わるコンテンツ（映画、テレビドラマ、小説、まんが、ゲームなど）を活用して、観光と関連産業の振興を図ることを意図したツーリズム」のことを「コンテンツツーリズム」と呼称している（酒井 2016：29）。

付記
　本章は JSPS 科研費（25285160、16H03703、16K04086）の研究成果の一部である。済美地区の調査は、大阪都市研究会・大都市都心研究会（鯵坂学代表）の共同研究の一部として、また同志社大学社会学部の社会調査実習（2010 年度＝徳田担当、11～12 年度＝丸山担当）の一環で実施したものである。済美連合振興町会をはじめ調査にご協力いただいた皆様、実習ティーチングアシスタント、実習受講生ほか関係各位に感謝いたします。

第10章　「都心回帰」と大阪市の商業

杉本　久未子・柴田　和子

1　はじめに

　商都大阪は、小売業以上に卸売業のウエイトの高い街である。卸売業販売額の全国シェアは1980年以降減少しているとはいえ2013年には8.6％を占め、販売額30兆8,055億円は、小売業販売額の（3兆9,893億円）の10倍に達し、その販売額の73.4％を中央・北・西の3区で占めているのである。そして卸売業は、南北久太郎町、南北久宝寺町、丼池、道修町、松屋町、心斎橋筋などの問屋街に集積してきた。

　そのため、都心回帰と大阪市の商業とのかかわりを検討する場合、専門商店街ともいえる卸売問屋街とのかかわりに触れることが必要となる。ここでは、都心回帰と商店街について、2つの面からアプローチする。一つは、都心回帰を可能としたタワーマンションの建設用地がどこから供給されたかという面であり、もう一つは都心回帰による居住人口の増加、住民の階層やライフスタイルの変化が商業にもたらす影響である。

　以下、マンション建設の種地となった卸売業の状況について若干の考察をしたのち、大阪市の商店街調査から都心商店街の特質を踏まえて都心商店街が居住人口の増大を顧客増に結び付けていない面があることを示す。そして、中央区住民に対するアンケート調査やフィールドワークをもとに商店街以上にコンビニや食料品スーパーなどがマンション住民の需要に対応していることを示したい。

2 大阪都心部の卸売業と高層マンション

「2000年頃には繊維問屋の集積地は『シャッター通り』『倒産通り』などと大阪の衰退のシンボルになった」(谷口 2010) 大阪中央区の船場周辺。そこでは、商業・業務地区に高層マンションが着実に増加しており、アーケードに虫食い状にマンションが面している「通り」すら見られる。大阪市の卸売業の推移と現状について簡単に整理しておく。

大阪市には、繊維製品、身の回り品雑貨、機械工具、紙製品などの専業卸売企業がそれぞれ特定地区に集中立地し「問屋街」を形成して発展した歴史があり、全国の流通の中心地として賑わいを見せていた。1960年には全国の販売額の約27％を占めていたとされる。しかし、大阪市の取扱シェアが大きかった繊維産業の衰退、問屋街を形成していた事業所の市外への転出、大阪発祥の大手総合商社の合併と東京移転、主要取引先であった地方の中小小売店の低迷などによって、大阪市の卸売業の全国的地位は年々低下を続けている。

表10-1 卸売業の推移

	事業所数（ヶ所）	増減率（％）	全国シェア（％）	従業者数（人）	増減率（％）	全国シェア（％）	年間販売額（百万円）	増減率（％）	全国シェア（％）
1982年	35,664	—	8.3	426,612	—	10.4	55,832,218	—	14.0
1985年	33,917	▲4.9	8.2	422,839	▲0.9	10.6	60,359,469	8.1	14.1
1988年	35,220	3.8	8.1	448,918	6.2	10.4	61,547,287	2.0	13.8
1991年	36,805	4.5	7.7	467,114	4.1	9.8	74,562,376	21.1	13.0
1994年	33,691	—	7.8	432,460	—	9.4	63,535,364	—	12.4
1997年	30,023	▲10.9	7.7	394,389	▲8.8	9.5	60,917,502	▲4.1	12.7
1999年	31,034	3.4	7.3	398,664	1.1	8.9	55,331,031	▲9.2	11.2
2002年	26,251	▲15.4	6.9	355,338	▲10.9	8.9	44,094,823	▲20.3	10.7
2004年	25,228	▲3.9	6.7	318,395	▲10.4	8.4	41,110,016	▲6.8	10.1
2007年	21,675	▲14.1	5.8	283,346	▲11.0	7.4	42,752,623	4.0	10.3
2009年	25,434	—	6.3	328,532	—	8.0	—	—	—
2012年	23,843	—	6.4	319,038	—	8.1	—	—	—
(2011年)	16,368	—	—	228,104	—	—	34,434,073	—	—

出典）2007年以前は「商業統計表」、2009年は「経済センサス──基礎調査」、2012年は「経済センサス──活動調査」から筆者作成。

大阪市の卸売業は都心部、特に中央、北、西の3区に集中立地している。なかでも中央区は、2012年の「経済センサス――活動調査」によると事業所数で26.8％、従業者数で33.9％、販売額で36.2％のシェアを占める。中央区には、船場を中心とした本町の繊維品、衣服・身の回り品、松屋町の人形・履物・玩具、道修町の医薬品、久宝寺町一帯の繊維雑貨・化粧品などの問屋街があり、それらに関連した事業所が集積してきた。

しかし、中央区においても卸売業の沈滞は著しく、調査資料の連続性に問題はあるが、事業所数は1991年の9,898から2007年には5,787店と4,000を超える事業所が無くなり、2012年（別統計）でも6,379店にとどまっている。また販売額も1991年の36,928,048百万円から2007年には16,279,679百万に半減し、2011年では12,479,212百万と1/3程度まで落ち込んでいる。この地域での卸売業の衰退を物語るものと言える。

表10-2　事業所数の推移

		1985年	1991年	1994年	1999年	2002年	2004年	2007年	2009年	2012年
大阪市		33,869	36,724	33,691	31,034	26,251	25,228	21,675	25,434	23,843
都心部地域	計	20,827	23,482	21,474	19,592	16,304	15,626	13,517	15,550	14,743
	北区	3,395	4,281	3,852	3,524	2,823	2,756	2,304	2,832	2,717
	中央区	8,310	9,898	9,270	8,533	7,052	6,679	5,787	6,562	6,379
	天王寺区	1,435	1,499	1,323	1,152	971	897	728	793	742
	福島区	2,001	2,000	1,864	1,651	1,409	1,311	1,128	1,226	1,120
	西区	3,826	3,993	3,543	3,316	2,851	2,772	2,530	2,950	2,704
	浪速区	1,860	1,811	1,622	1,416	1,198	1,211	1,040	1,187	1,081

出典）『商業調査』から筆者作成。

つぎに、卸売業の変化が土地利用に及ぼす変化を久宝寺町界隈の地図から確認してみよう。図10-1は2015年春のフィールドワークの結果をもとに高層マンション、タワーマンションを建設中のものも含めて黒色の着色で示したものである。企業のビル、雑居ビル、モータープールなどの間に高層マンションが点在していることが確認される。2005年と比較すると、10年前には空き地になっていた空間にやや規模の大きいマンションが建設されているとともに、南久宝寺1丁目の通りに面した企業のいくつかがマンションに変化していることが確認される。また、大阪市立東商業高等学校の広い用

表 10-3　販売額の推移　　　　　　　　　　　　　　　　　　　　（単位　百万円）

		1985 年	1991 年	1994 年	1999 年	2002 年	2004 年	2007 年	2012 年
大阪市		60,359,469	74,562,376	63,535,364	55,331,031	44,094,823	41,110,016	42,752,623	34,434,073
都心部地域	計	53,691,836	65,576,388	55,380,149	45,827,663	36,377,916	33,859,898	35,291,447	27,272,966
	北区	14,917,649	16,110,647	13,544,684	10,798,175	9,985,993	8,762,960	11,244,128	8,651,084
	中央区	29,452,168	36,928,048	31,477,206	25,353,152	17,557,814	17,300,174	16,279,679	12,479,212
	天王寺区	814,491	1,104,936	989,592	763,707	578,557	496,558	388,322	377,843
	福島区	1,969,287	2,390,583	2,135,271	2,104,920	1,646,903	1,352,054	1,177,663	1,266,770
	西区	5,387,135	7,502,854	5,377,644	5,494,547	5,210,763	4,796,062	4,920,017	3,703,441
	浪速区	1,151,106	1,539,320	1,855,752	1,313,162	1,397,886	1,152,089	1,281,643	794,616

出典)『商業調査』から筆者作成。

地を利用してプレサンスタワーが建設中で、この地域の変化を象徴している。

同様に**図 10-2** の松屋町筋周辺については、松屋町筋に面した伝統的な玩具・人形店、菓子卸業者、企業社宅などがタワーマンションや高層マンションに変化しつつあるのが確認できる。久宝寺町界隈に比べて建物の規模が大

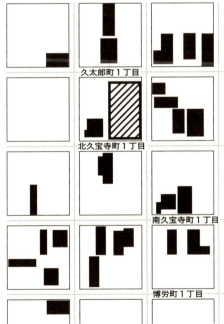

図 10-1　久宝寺界隈

出典)筆者作成。

236 第Ⅱ部 都心に暮らす

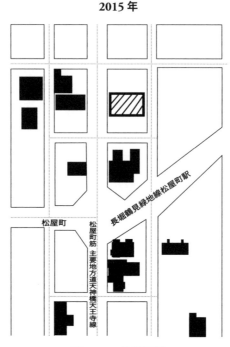

図 10-2 松屋町筋

出典）筆者作成。

きいことから建設されたマンションはファミリータイプが多い。この区域を通学エリアに含む中央小学校は、大阪市学校現況調査によると、児童数が 2005 年度の 624 人から 2016 年度には 837 人と 10 年で急増している。このことからも夫婦と未婚子からなるファミリー層の増加が著しいことが確認できる。また、空堀商店街やその周辺の住宅密集地域においても住宅や小売店がマンションに置き換わっているところがあることが確認できる。

3 大阪市の商店街・都心と周辺の格差

3.1 大阪市の小売業

大阪市の小売業はかつて個人経営の商店が集積する商店街と小売市場が中

表10-4 小売業事業所数の推移

		1997年		2002年		2004年	
		実数	構成比	実数	構成比	実数	構成比
大阪市		42,696	100.0	36,558	100.0	34,707	100.0
都心部地域	計	13,321	31.2	11,901	32.6	11,745	33.8
	北区	4,186	9.8	3,524	9.6	3,579	10.3
	中央区	4,279	10.0	3,945	10.8	3,789	10.9
	天王寺区	1,362	3.2	1,233	3.4	1,233	3.6
	福島区	1,092	2.6	913	2.5	835	2.4
	西区	1,215	2.8	1,214	3.3	1,200	3.5
	浪速区	1,187	2.8	1,072	2.9	1,109	3.5

		2007年		2009年		2012年	
		実数	構成比	実数	構成比	実数	構成比
大阪市		31,521	100.0	31,450	100.0	28,620	100.0
都心部地域	計	11,373	36.1	11,780	37.5	11,354	39.7
	北区	3,331	10.6	3,511	11.2	3,532	12.3
	中央区	3,803	12.1	3,932	12.5	3,902	13.6
	天王寺区	1,208	3.8	1,176	3.7	1,106	3.9
	福島区	765	2.4	755	2.4	645	2.3
	西区	1,157	3.7	1,319	4.2	1,180	4.1
	浪速区	1,109	4	1,087	3.5	989	3.5

出典)『商業調査』から筆者作成。

心的な位置をしめてきた。しかし近年では、従業員規模の大きい小売業・スーパーが増加しており、全国に比べても大阪市の大型小売店の販売額が増加している。そして、首都圏に次いで駅前・駅近辺型の立地が多いのが大阪府の特徴となっている。

　2012年の経済センサス活動調査から小売業の実態を見ると、都心部地域には事業所数の39.7％、従業者数の47.2％、年間販売額の61.6％、売り場面積の47.7％が集積している。なかでも、北区と中央区への集積度が高い。1985年からの推移を見ると、かつて中央区は事業所数で1/4、従業者数で5割近いウエイトを占めていたが、次第にその割合を低下させており、逆に北区のウェイトが拮抗しつつあることが確認される。

　なお、産業分類別に見ると、北区・中央区は就業員数、販売額ともに各種商品小売業(百貨店)のウエイトが高く、生活に密着した飲食料品(各種食料品小売業)のウエイトが小さいことが確認される。中央区では織物・衣服が、

北区では無店舗の販売額が特に多いことも注目される。

3.2 大阪市商店街調査による都心商店街の状況

大阪市では1946年に結成された大阪市商店会総連盟のもと、各区毎に区商連が組織され商店街の活性化や地域環境の整備などに取り組んできた。大阪商業の隆盛のなか1990年代には会員商店会は480、商店数は20,000店という状況であったが、その後大型店の出店などに伴い会員数は減少し、2006年には428商店会、16,395店になった。そして筆者たちが調査協力を依頼した2013年には321商店会、11,478商店という状況であった。

商店街実態調査はこの321商店会の会長に、質問紙によって商店街および地域の現状と実態を問うたものである。調査は2014年の3月に郵送配布・郵送回収で実施した。有効回収数は115サンプル、有効回収率は36.2％であった。この調査から周辺環境の変化に関する都心商店街の印象（そう思うの％）を全体と比較すると、「高層マンションが増加」、「商業施設が増加」、「集客施設が増加」、「交通利便性向上」、「観光客増加」などの割合が10～20ポイン

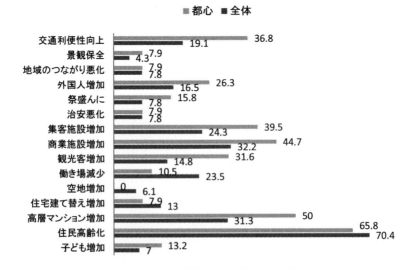

図10-3　商店街および周辺地域の印象

出典)『商店街実態調査』より筆者作成。

ト高くなっており、良好な商業環境になっていることが確認できる。その結果として、「景況がいい」という商店街は都心に集中する。

　しかし、都心でも商店街タイプで見ると、「繁栄」と答えた割合は近隣型で5.9％、地域型で25.0％、広域型で33.3％、超広域型で40.0％である。近隣型は都心地区に立地しても「衰退」＋「やや衰退」が6割近い。都心の賑いから取り残されている近隣型の商店街が多数存在している。この傾向は、商店街を取り巻く環境変化の認識においても同様である。都心の商店街は商店街タイプに関係なく商圏内の人口が増加していると認識している割合が高い。しかし、他のタイプが「商圏の広さが増加」、「店舗数が増加」、「来街者数が増加」と答える割合が比較的高いのに対して、近隣型では増加と答えているのは5.9％（1店）にとどまっている。

　商店街の顧客層も異なっている。都心近隣型の顧客層は、市全体と同様に主婦と高齢層を中心としており、外国人や観光客は全体平均を下回る。ビジネスマン・OLがやや多いのが近隣型とは言え都心立地の特色となっている。

　以上、商店会長へのアンケートからは、都心商業は一定の賑わいを見せているものの、日常品を中心とした近隣商店街は、従来からの高齢者や主婦をターゲットとした営業を行っており、近年増加しているマンション居住者に十分対応できていない状況が推測できる。

　また、商店街の会長インタビューからは立地場所に対応してさまざまな取り組みを行い、地域コミュニティに貢献している姿も確認される。都心の商店街では観光客や近隣施設従業員の増加に対応するとともに、居住者がほとんどいないなかで地域の町内会を商業者が担っている。また、地域づくりと商店街の活性化を一体化して新たなまちづくりを進めてきたところ、周辺住民の高齢化に対応するとともに、マンション住民（子育て世代）の来街機会としてイベントを開催するなどの取り組みを進めている。しかし、どの商店街においても後継者不足が大きな課題となっている。

4　都心住民の買い物行動

4.1　中央区における小売店の状況

　大阪市中央区は、1970年代からは常住人口が急速に減少し、業務・商業地区へと特化した。しかし、2000年以降、常住人口が増加し、かつてのドーナツ化現象の逆転となる「都心回帰」の現象が見られるようになった。

　このような人口の増減は、小売店舗にどのような影響を与えているのだろうか。中央区内の小売店舗の立地と人口の関係について考察する。

　まず、店舗面積1000㎡を超える大型小売店舗数の推移について、週刊東洋経済『全国大型小売店総覧』(1994年版、2006年版、2016年版) を用いて業態別に表したのが**図10-4**である。中央区の場合、昼間人口比率が市内で一番高く、1995年の1092.7より減少しているものの、2017年でも761.8、昼間人口は約50万人と多いため、店舗数の変化は比較的少ない。

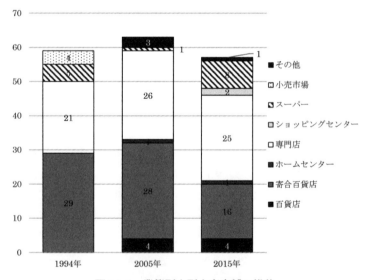

図10-4　業態別大型小売店舗の推移
出典) 週刊東洋経済『全国大型小売店総覧』(1994年版、2006年版、2016年版)

しかし、業態の内容はかなり変化している。「百貨店」は、三越、松坂屋、そごうの老舗百貨店が撤退し、東京資本のマルイが進出して、百貨店の入れ替わりが見られる[1]。複数の多業種多店舗から構成され、買回り品を扱うことの多い「寄合百貨店」は、2005年の28店から2015年の16店に大幅に減少している。戦前から長らく都心居住者の生活を支えてきた「小売市場」は、1994年は4店であったが、2005年には閉鎖に至っている。その代わりに、「スーパー」が、2005年1店から2015年には8店と急増している。そして、ファミリー層をターゲットとし、大規模な敷地を必要とする「ショッピングセンター」は、これまで中央区には建設されていなかったが、2015年からは2店出店している。これは、マンション居住者の増加や広大な未利用地の出現が影響している。

次に、1000㎡以下の小売店舗の推移をタウンページ及び大阪市商店会総連盟の資料から業態別に見ていく。

「商店会」は、年々商店数の減少がみられる。立地の良好な中央区でも空き店舗や廃業が見られる。「コンビニエンスストア」は、業態の急成長も影響して、2015年は1995年の4倍近くに増加している。新築マンションや新設商業施設に多数併設されている。昼間人口、常住人口のいずれのニーズにも対応していると見られる。「スーパー」は、1995年では19店で、個人経営の小規模店が出店していたが、2005年ではその多くが閉店し、同地点での継続営業はわずか3店舗である。この間出店が見られるのが中規模のチェーンストアである。2015年では前出の大型店舗も含めて駅に直結した用地や人口急増地区などのさまざまなエリアで相次いでチェーンストアが出店して

表10-5 業態別小売店舗の推移

	1995年	2005年	2015年
商店会（商店数）	48 (2580)	43 (2523)	45 (2052)
コンビニエンスストア	62	152	208
スーパー	19	9	11

出典）タウンページ（1996年版）、デイリータウンページ（2006年版）、タウンページ（2016年版）、大阪市商店会総連盟データより筆者作成。

いる。それらは、生鮮食料品中心、高級食品中心、総合スーパーなど店舗ごとに特色を備えており、多様な階層や居住者ニーズに応えることができるように内容が充実してきている。

4.2　居住者の買い物行動

　2015年10月に大阪市中央区内の3地区で行った住民に対する質問紙調査では、都心で暮らす人々に密接な関わりを持つ日常食料品の購入先について、複数回答で尋ねた[2]。

　日常食料品を購入する場所は、「食品スーパー」(92.4%)、「コンビニエンスストア」(45.8%)、「百貨店」(40.0%)、「商店街」(35.7%)、「ショッピングセンター」(15.0%)、「生協（宅配）」(13.6%)、「ネットスーパー」(4.2%)、「食材の宅配」(3.8%)、「その他」(1.6%)、「生協（店舗）」(1.1%) の順であった。「食品スーパー」が食料品の購入先として欠かせないものとなっていることが読み取れる。また、「百貨店」が「コンビニエンスストア」や「商店街」と同様に日常食料品の購入場所として広く利用されていることは、都心居住者の特徴といえる。

　次に、属性別に有意差のあった項目を挙げると、年齢別では、「コンビニ」と「食品スーパー」で年代が低いほど利用率が高い ($p<.01$)。それに対して「商店街」と「百貨店」では年代が高いほど利用率が高くなった ($p<.01$)。世帯構成別では、「コンビニ」で未婚子のいる世帯よりは単身世帯の利用率が高く ($p<.01$)、「商店街」や「生協の共同購入」で単身世帯よりは未婚子のいる世帯や三世代同居を含むその他世帯の方が利用率が高くなった ($p<.01$)。また、「百貨店」は、単身世帯よりは夫婦のみ世帯やその他世帯の方が利用率が高くなった ($p<.05$)。このように、日常食料品の購入先には、年齢や世帯構成が関係していることが分かった。

　さらに、「都心回帰」以前から都心に暮らす居住者と、それ以降に移住してきた居住者とでは、異なる購買行動を持つと考えられるため、2000年以降に移住してきた人々を「新住民」、それ以前から居住する人々を「旧住民」として分類し、日常食料品の購入場所を比較した。新住民の回答を見ると、「食

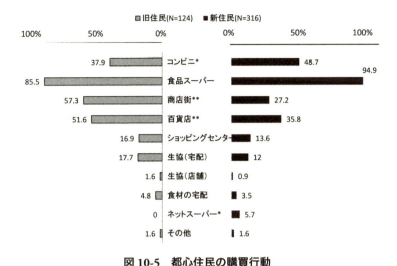

図 10-5　都心住民の購買行動
注)複数回答「買い物する／しない」の2件法の回答(有効回答のみ) **p<.01 *p<.05

品スーパー」(94.9％) は、ほとんどの人が利用し、次に「コンビニエンスストア」(48.7％) を多く利用している。「コンビニエンスストア」は、旧住民よりも 10.8 ポイントも高い。その他には「ネットスーパー」(5.7％) の利用は、旧住民より高いものの、それ以外の業態の利用は、旧住民の方が高い結果となった。旧住民は、「商店街」(57.3％) が新住民よりも約2倍の 30.1 ポイントも利用率が高く、「百貨店」(51.6％) は、新住民よりも 15.8 ポイント高くなった。したがって、新住民は、近年急成長し、店舗数の多い「食品スーパー」や「コンビニエンスストア」の業態は気軽に利用しているが、都心ならではの業態で、新住民には馴染みが薄い「商店街」や「百貨店」を利用する機会は少ない。旧住民の方が、旧来から都心に立地する多様な業態の小売店舗を幅広く利用していることがうかがえる。

　ただし、これらの利用率状況は、小売店舗の立地状況に大きく関係している。地区内に商店街を要する桃園地区の場合、旧住民の「商店街」利用率は、82.5％と高く、新住民でも 51.2％が利用している。それに対し、地区内に商店街を有しない集英地区の場合は、利用率の高い旧住民でさえ 20.0％と

低調である。同様に、徒歩圏内に3つの百貨店を有する大宝地区の場合は、「百貨店」を旧住民の87.0%の人が利用し、新住民も旧住民の半数ではあるものの、42.7%が利用している。このように、小売店舗の立地状況と利用率には関連性があり、利用したい小売店舗が徒歩圏内にある場合は、比較的手軽に利用する傾向にある。そして、その傾向は、長年都心に居住している旧住民の方に強いようである。

表10-6　日常の食料品の買い物先3地区比較（％）

		コンビニ	食品スーパー	商店街	百貨店	ショッピングセンター
集英	新住民（n=114）	46.5	97.4	**3.5**	43.0	6.1
	旧住民（n=15）	60.0	93.3	**20.0**	40.0	20.0
	sig.			*		
桃園	新住民（n=127）	47.2	93.7	**51.2**	25.2	22.0
	旧住民（n=63）	34.9	85.7	**82.5**	28.6	19.0
	sig.			**		
大宝	新住民（n=75）	**54.7**	93.3	22.7	42.7	10.7
	旧住民（n=46）	**34.8**	82.6	34.8	87.0	13.0
	sig.	*			**	

		生協（宅配）	生協（店舗）	食材の宅配	ネットスーパー	その他
集英	新住民（n=114）	4.4	1.8	2.6	7.0	1.8
	旧住民（n=15）	6.7	6.7	6.7	0.0	6.7
	sig.					
桃園	新住民（n=127）	21.3	0.8	3.9	**7.1**	1.6
	旧住民（n=63）	23.8	1.6	4.8	**0.0**	0.0
	sig.				*	
大宝	新住民（n=75）	8.0	0.0	4.0	1.3	1.3
	旧住民（n=46）	13.0	0.0	8.7	2.2	2.2
	sig.					

注）「買い物する／しない」の2件法の回答（有効回答のみ）をクロス集計して、「買い物する」の割合のみ表示。
**$p<.01$ *$p<.05$ 太字は調整済み残差が絶対値2以上。

4.3　近隣商店街の最近の変貌──空堀商店街を例にして

　それでは中央区内の近隣型商店街である空堀商店街を取り上げて、周辺や近隣に住む顧客との関係を見ていきたい。空堀商店街は、明治期の市から始まり、大正期に公設市場の開設により発展し、太平洋戦争時は、奇跡的にこの一帯だけが戦火を免れたことで、戦後いち早く復興を遂げた商店街である。

生鮮食品、生活用品、衣料品、飲食店など約150店舗が東西約800メートル続く商店街は、近隣住民が手軽に利用できる商店街として長らく賑わってきた。現在でも地元の商店主が営み、店舗内居住率が高く、テナント率が低い商店街である。我々の2014年に行った商店街調査では、全体の景況感は現状維持で、来客層は従前どおり主婦、家族連れ、高齢層、ビジネスマン・OLであるとの回答を得た。ゼンリン住宅地図（2005年と2015年）で店舗数の変化を見ると、生鮮食品や米・酒・乾物類などの食料品販売はやや減少し、医療・福祉や美容分野などのサービス業や飲食店は増加している。近年では、商店街周辺地区には中規模のマンションが次々と建設され、核家族、サラリーマン層が多く居住するようになり、2000年時点からでは居住者は1.7倍に増加している。

　2015年に行った現地調査においてこの地で古くから営業する生鮮食品の商店主へ行った聞き取りでは、10年ほど売り上げには変化がないということであった。しかし、マンション住民からは、商店街は、営業終了時間が早く仕事帰りに買い物ができないため、終了時間の遅いスーパーに買い物に行くといった声も聞かれた。つまり、長らくこの地に居住する住民は、継続して商店街を利用しているが、新規住民が新たな顧客となりえず、周辺住民の増加が、必ずしも顧客獲得につながっていない様子が明らかとなった。

　ところで、近年のインバウンドの影響により、状況はまた違った様子を呈してきている。空堀商店街の周辺住宅地では、建築家集団が、老朽長屋の問題解決のために戦前長屋を改修した店舗を2001年にオープンさせた。それ以降、新規参入者による長屋を改修した雑貨店やカフェ・飲食店の開業が相次いでいる。さらにこの動きに合わせて2004年からは、同エリアが大阪市のHOPEゾーン事業に指定されたことで、商店街内の老舗食料品店数軒が歴史的建造物として修景された。そのことにより、空堀商店街を含めた周辺地域は、大阪市内では珍しいレトロな町並みと長屋を改修したおしゃれな店の混在した地域として来街者によるまちあるきが盛んになっている。最近は、長屋を改修した民泊も見られるようになり、外国人観光客にも人気のスポットとなっている。このように、都心の商店街の場合は、近隣商店街から商圏

をより広域とした広域型商店街、街の賑わいを味わいながら消費活動を行う観光型の商店街に変容しつつある。

5　おわりに

　都心回帰と大阪市の商業とのかかわりについて、一つは、都心回帰の原因であるマンション建設とその用地となった卸売業の衰退について、もう一つは、都心回帰による居住人口の増加、住民の階層やライフスタイルの変化が商業にもたらす影響について明らかにした。

　大阪市の卸売業は、事業所数、従業員数、販売額ともに下降し続けている。大手総合商社の東京移転、地方の中小小売店の低迷、卸売業事態の低迷により、全国的地位は年々低下を続けている。特に都心区の中でも商業の中心を担ってきた中央区の衰退は著しく、販売額は、ピーク時から 1/3 に落ち込んでいる。中央区に位置し、かつて大阪の商業にとって繁栄の象徴であった問屋街は、事業所の倒産に伴い、モータープールとなり、やがてマンションが建設されていく。そして、大規模な卸売業者の跡地ほど敷地面積の広いファミリータイプのマンションが建設され、地区の人口構造や職業構造には、大きな変化が生じている。大阪の都心は、業務・商業に特化した地域から業務・商業地の中に一定数の居住者が存在する住・商混住地域に様変わりしている。

　これらの大阪商業の衰退とそれに伴う土地利用のあり方が、小売業の状況にも影響を与えている。小売業や卸売業の集積地であった大阪都心区は、長らく全国規模の流通や来街者に対応した店舗展開を行ってきた。近年ではそれに加えて、都心居住者、特に新規マンションの居住者が増加し、一定の常住人口数となることで、新たなニーズを拾い上げた業態が都心に進出している。そして、新規居住者は、自身のライフスタイルに合った施設としてこの新しく進出した業態を選択している。さらに、インバウンドの影響から交流人口の増加とともに、商店街の様相も変化の兆しが見えている。このような、利便性の高い都心ならではの立地と大量の流入人口に合わせて常住人口と交流人口の増加により、新たな小売業が展開し、さらなる商業における構造変

換が行われる可能性も秘めている。

注
1 週刊東洋経済『全国大型小売店総覧』(1994年版) では、百貨店の分類に当てはまる店舗が挙げられていなかったが、記述のように中央区に戦前から立地する百貨店は確かに存在している。
2 大阪市中央区内で行った「地域自治とコミュニティ形成に関する実態調査」では、大阪市中央区25連合町会の中から3つの連合町会を選定し、この連合町会に該当する地区の選挙人名簿の中から20歳〜80歳までの男女を等間隔抽出法で抽出、2015年10月に郵送配布、郵送回収を行った。回収数は、1534票中448票 (回収率29.2％) であった。

第11章　変貌する新世界
──戦後新世界の地域イメージと商店街──

八木　寛之

1　はじめに

　大阪市浪速区恵美須東1～3丁目の通称「新世界」は、大阪を代表する観光地として知られる。中央には高さ108mの展望塔・通天閣があり、年間およそ100万人が来塔する。また周辺の商店街には大小およそ60軒の串かつ店がひしめきあい（2016年4月現在）、国内外から多くの観光客が訪れる。しかしながら、こうした観光地としての新世界のイメージは、主として2000年代以降のものである。新世界は1912年に開業した商業空間であり、戦前の大阪を代表する盛り場であった。しかし戦後、大阪都市圏の拡大とともにターミナル駅を擁する他の盛り場が商圏を広げる一方で、新世界は隣接する西成区釜ヶ崎の日雇労働者が集う盛り場というイメージが定着していく。

　新世界のなりたちについては、橋爪（1996）や加藤（2005）、水内・加藤・大城（2008）などの研究がある。しかし、これらは戦前に関するものが中心である。そこで本章では、戦後の新世界の変容について、大阪の都市化との関連から記述する。その上で、新世界の変容に対して、地元商業者を中心とした組織や団体がどのように対応してきたのかを検討する。

　本論に入る前に新世界の概要を述べる。新世界は、大阪市浪速区の東南端に位置する（**図11-1**）。2014年の経済センサスによると、新世界内の事業所数は383で、飲食サービス業・宿泊業（204）と卸売・小売業（85）が大半を占める。従業者数1～4人の事業所が273で、中小の商店で占められている。新世界の南部には、映画館や大衆演劇の芝居小屋、串かつ店、立ち飲み屋などが並び、新世界の観光イメージを形成している。一方北部は、商店と住宅

第 11 章　変貌する新世界　249

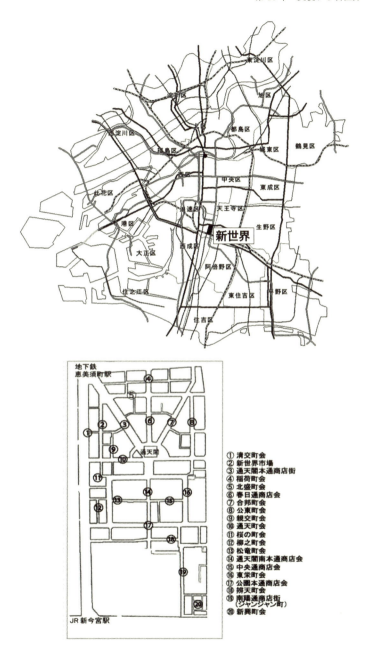

図 11-1　新世界周辺図および新世界町会連合会

地が中心だが、路地に入ればスナックやゲイバー、ラブホテルがある。こうした地域の多様性に対応するかたちで、20の商店会および町会が組織化されている。そして、これらを統括する「新世界町会連合会」が商店街活動の中心的な役割を担っている。

2 大阪の都市化と新世界イメージの変容

2.1 新しい盛り場・新世界

現在の大阪市浪速区一帯は、1897年の大阪市第一次市域拡張時に旧南区の一部として編入された。その後1925年に、南区より分離独立し浪速区が発足した。この時期、大阪の旧市街地周辺での工業化が進み、西日本を中心に労働者が大量に流入し人口が急増した。

1903年、現在の新世界および隣接する天王寺公園一帯を会場として、政府主催による第5回内国勧業博覧会が開催された。博覧会終了後、大阪市が所有していた跡地の西半分は、堂島米穀取引所の理事であった宮崎敬一が1911年に設立した大阪土地建物株式会社に払い下げられた。宮崎は、大阪商業会議所会頭の土居通夫を社長に招き、跡地を総合娯楽施設にする計画をたてる。行政と財界の思惑が交錯するなかで開発は進められ、1912年に「新世界」が開業した。道頓堀や千日前といった既存の盛り場との差別化をはかるべく、新世界にはニューヨークの遊戯施設コニーアイランドをモデルとした「ルナパーク」や、パリのエッフェル塔を模した通天閣（初代）など近代的な娯楽施設が建設された。しかし、思うように客足が伸びなかったため街の大改造が実施され、劇場や寄席からなる興行街、魚菜市場、カフェなどの飲食店街、さらには花街が作られた（徳尾野 1934）。大正期の新世界には、10の興行場のほかに飲食店が210軒あり、さらに300人弱の酌人の居住が確認されている（大林 1922：110-3）。

新世界の特徴のひとつは、大阪市の第一次市域拡張後に形成された点にある。1924年と1940年の新世界周辺の人口をみると、都心の浪速区が減少し（149,890→139,806人）業務地域化がみられるのに対し、郊外の西成区で

は人口が急増し (137,632 → 215,828 人) 宅地化が進展した[1]。新世界は、工場労働者という新たな都市住民の出現とともに誕生した、「新しい」盛り場だったのである。当時の新世界について川柳作家の岸本水大は、「歴史が新しいだけに肌合も新しく、歓楽地として道頓堀や千日前ほど洗練されてゐない」としたうえで、「絵看板一つにしても前者〔道頓堀や千日前〕は渋い好みがあるが後者〔新世界〕は原色でケバケバしく塗り立てなければ周囲と調和しない。しかし一方新しいだけに伸展力も強く、また洗練よりもスピードを好み、デリカシーよりはむき出しのエロ、グロ、イットの発散を喜ぶ近代人の嗜好には適するやうである（角カッコ引用者）」(酒井・岸本 1927：48) と、新しい時代の民衆の特徴を映し出す空間であると評している。

2.2 戦後の都市化と新世界

　戦後の大阪都市圏は、高度経済成長期から 1970 年代にかけて急速な郊外化を経験し、大阪市から大阪府下への人口流出が顕著となった。この間、梅田や難波などターミナル駅を要する盛り場では私鉄企業による開発が行われ、商圏を広域化し集客力を高めていった。

　1945 年 3 月の大阪大空襲により、新世界は壊滅的な被害を受けた。地元の商店主によると 1946 年ごろ、新世界から西成の飛田方面をつなぐ南陽通商店街 (通称「ジャンジャン町」) では、ある土建屋が通り西側一帯に長屋を建築し、そこへ戦前からの商店がいちはやく入居するようになり早期の復興の一助となったという。終戦直後の新世界は、林芙美子の『めし』(1951 年) や開高健『日本三文オペラ』(1959 年) などの小説によって、ジャンジャン町を中心に場末の盛り場といったイメージが付与されていく。当時の週刊誌は、「たしかに、ここは、品のよい繁華街ではない。柄は悪い。"梅田阪急で待っててネ"のアベックや、"青い灯、赤い灯"の道頓堀や心斎橋筋を愛好する人種は、余り足を運んでこないし、道路を隔てて東隣りは美術館、図書館、音楽堂はては動物園をもつ天王寺公園と境を接しながらも、そこから流れこむ家族連れが至って少い。その理由は、ここが東の吉原に匹敵する飛田遊廓を南に控え、これも戦前から全国的に名高いスラム街と南接しているという潜

在意識と、さらにまた天王寺公園とそのスラム街を中心に蝟集する浮浪者の、戦後、一時は一万に近いといわれた大集団のざわめきがまき起す不安と不潔感からであった」と描写している（『サンデー毎日』昭和29年1月10日号、54頁）。

1956年には戦時中に解体された通天閣が再建されるなど、新世界内の復興も進み、映画館を中心とした興行街が形成された。しかし映画産業の斜陽化とともに、1960年代以降、映画館の閉鎖が相次いだ。さらに、モータリゼーションの進行による市電の廃止は、新世界の商圏縮小を加速させた。新世界北西の恵美須町交差点は市電が交差し、多くの乗り換え客が北部の商店街や市場を利用していたが、1966年に廃止された。市電の廃線から3年後、その直下に地下鉄堺筋線恵美須町駅が開業したものの乗換駅ではなくなったために、新世界の利用客は減少した。

大阪都市圏の郊外化が進むなか新世界周辺では、隣接する西成区「釜ヶ崎」を中心に労働者人口が急増した。これは、主に大阪万博開催による建設需要の急増に対する労働力流入を見込んだ、釜ヶ崎内での簡易宿泊所の増設と、親族世帯の地区外移転を促す住宅政策によるものといわれている（原口 2016 白波瀬 2017）。1961年8月1日の「第一次釜ヶ崎暴動」などを契機として、行政による「あいりん対策」がおこなわれた。あいりん対策では、「大阪市の民生行政が家族持ちの労働者を標的として釜ヶ崎からの分散化に取り組む一方で、大阪府は、労働行政の面から単身の労働者に対する対策に取り組んだ」（原口 2016：146）。その結果、釜ヶ崎は単身の男性日雇労働者の集住地へと変化し、新世界では、彼らをターゲットとしたパチンコ店や居酒屋が、映画館の跡地などに出店していった。

2.3　1980年代以降の変化：再開発と観光化

近年の新世界の変化として、まず住宅地化が挙げられる。**表11-1**は、新世界（浪速区恵美須東）の人口および世帯数の推移である。人口は浪速区全体と同様に1960年代以降減少するが、1980年代からは横ばい傾向にある。また、1980年代以降は世帯数が増加するとともに、男性人口の比率が増加している。その要因として、地域内に単身世帯向けの集合住宅が数多く建設

されたことが考えられる。1980年代以降、とくに北部の旧花街の店舗や旅館がマンション・アパート経営へ転換した。浪速区の家賃相場は、他の大阪の都心地域と比べると安価なため、低所得の単身者や流動層が集住する傾向が強い。

表 11-1　新世界（大阪市浪速区恵美須東）の人口推移

年		1955	1960	1965	1970	1975	1980	1985	1990	1995	2000	2005	2010	2015
新世界(恵美須東)	人口	3,892	3,901	3,652	2,901	2,449	2,130	2,104	2,023	2,401	2,162	2,131	2,042	1,937
	男性	1,829	1,851	1,749	1,443	1,271	1,133	1,158	1,172	1,485	1,390	1,309	1,289	1,224
	女性	2,063	2,050	1,903	1,458	1,178	997	936	851	916	772	822	753	713
	世帯数	745	822	885	742	754	769	911	1,063	1,405	1,422	1,537	1,480	1,441
浪速区人口		70,827	83,063	77,867	65,746	55,725	50,104	49,074	48,480	49,122	50,188	54,174	61,753	69,766

1980年代後半から90年代にかけて、新世界内外で2つの再開発が実施された。ひとつは、新世界に隣接する大阪市立天王寺公園の有料化である。市が公園を有料化した目的のひとつは、野宿生活者の公園外への排除であったとされる。永橋・土肥（1996）によると、大阪市は公園が開設された戦前から、公園内の野宿生活者を社会政策上の問題として把握していた。しかし園内での博覧会開催のために、1986年に園内の野宿者排除が実施され、1990年2月の有料化に至った（永橋・土肥 1996：213-4）[2]。つぎに1997年大阪市は、新世界内の市電車庫跡地（約2.6ha）の再開発事業として商業施設「フェスティバルゲート」を開業させた。総事業費約500億円を投じ、新世界開業時を想起させるような遊戯施設を配置し、家族連れや若者などをターゲットとした。

これらの再開発の背景にあるものとして、大阪市の都市政策の転換が挙げられる。1980年代以降大阪の経済的な地盤沈下が深刻化し、さらに国際的な都市間競争が激化するなか大阪市は、「国際・文化集客都市」を標榜した政策を展開した。とくに、1990年のマスタープラン「大阪市総合計画21」は、都市のアメニティや文化の向上に重点を置き、それまでの製造業誘致等を中心とした都市計画とは一線を画すものであった（芝村 1999：126）。とくに、1994年の関西国際空港開港を前に、新世界および天王寺駅周辺地域は、「国際都市・大阪」の玄関口として位置づけられた。こうした都市戦略の一

環として、地域イメージを刷新すべくこれらの再開発は事業化されたといえる。また、1986年の地方自治法改正により、土地信託による公有地の活用が可能になったことが、車庫跡地など市所有の遊休地の再開発を加速させた（加藤2012: 221）。しかしフェスティバルゲートは、利用客の減少とともにテナントの撤退が相次ぎ、2004年には借入総額が350億円にのぼり経営破綻した。その後の再生事業計画も白紙となり、2008年に多額の負債を残したまま閉鎖された。

　こうしたなか1990年代後半ごろより、再開発とは異なる文脈から新世界の地域イメージが刷新されはじめる。1995年、NHKの連続ドラマ『ふたりっ子』で同地域周辺が舞台となり、新世界にあった囲碁将棋センターや歌謡劇場などが注目を集めた。1990年代前半まで年間20〜40万人程度で推移していた通天閣の入場者数も、ドラマ放送後増加に転じ、2008年度には1970年度以来およそ40年ぶりに100万人を超えた。こうした現象は、前述の再開発によって払拭しようとした「昔ながらの新世界」という地域イメージが、観光資源になったことを示している。また、周辺地域の再開発の一方で新世界内の商店街は、バブル期も大きな土地利用の転換がなく、景観的な変容があまり見られなかったことも大きかったといえる。

　2000年代に入ると、串かつ店を中心とした飲食店が急増し、新世界の景観は大きく変化する。戦後以来、新世界内では串かつ店がジャンジャン町を中心に集まっており、串かつは「新世界らしさ」を象徴する観光資源である。しかし近年急増したのは、地域外からの企業による新規出店が中心である。ある企業は2000年代以降、パチンコ店の跡地を中心に派手な意匠の串かつ店を複数出店した[3]。**図11-2**は、新世界内の映画館、パチンコ店、そして2000年以降に進出した串かつ店の出店状況を示した地図である。映画館がパチンコ店へ、そして串かつ店へと置き換えられていく土地利用の変遷がみられる。

3 新世界における商店街活動

3.1 新世界町会連合会と戦後の新世界

　ここでは、前節で述べた戦後新世界の地域的変容のなかで、地元商業者を中心とした商店街組織や地域組織がどのような対応をしてきたのかを検討したい。

　新世界では終戦直後の1946年に、地元商店主らを中心に「新世界復興会」が結成された。翌年、22（当時）の商店会と町会によって構成された、新世界町会連合会（以下、連合会）が発足した。ある商店主によると、「当時は物騒で、窃盗などから守るために各店は木刀を備えていた。警察があてにならない、自分らの街は自分らで守らなあかんから連合会はできたと聞いている」という［2010年4月4日聞き取り］。連合会は、客層や商圏など異なる特徴をもつ商店会と町会をとりまとめる役割をもつ。他方で、祭礼や葬儀といった地域行事の主体としての役割を果たしており、新春の振舞酒や夏祭りといった行事の多くは、連合会の主催でおこなわれる。

　1970年代ごろまでの新世界の商店では、各店が多くの従業者を抱えることで、商店主が連合会などの活動に専念することができたという。映画館などの大きな事業主ではなく「ちっちゃい商店の方が一生懸命盛り上げてきたのが連合会」だという［元連合会長、2006年3月23日聞き取り］。しかし、1980年代以降の新世界内における従業者数は、雇用者・自営業主・家族従事者ともに減少を続けている（八木2012：85）。従業者数が減ったことで商店主自身の仕事量が増えたために、商店街活動に従事することが困難になった。その結果生じたのが、連合会会長の就任期間の長期化である。1969年3月（初代から10代）までの会長の平均就任年数が2.2年なのに対して、1969年4月から2018年3月（11から19代）の平均就任年数は5.7年と3年以上の差がある。ある元連合会長は、以前は皆が商店会や町会の長になりたがっていたが、現在の会長職は「貧乏くじ」だと話す［2006年8月24日聞き取り］。

　前述のとおり、1980年代から90年代にかけて新世界では再開発が行われた。新世界の商店主のなかには、この時期に商店街が衰退した原因として公

256 第Ⅱ部 都心に暮らす

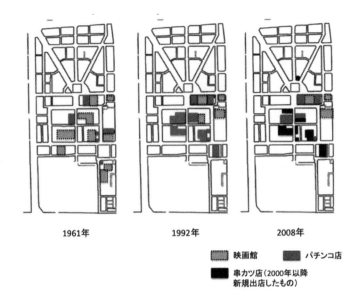

図 11-2 新世界の大規模店舗立地の変遷（住宅地図および聞き取り調査により作成）

園有料化の影響を挙げる者が少なくない[5]。ある公園近くの商店主は有料化を反対していたが、公園から離れた商店街からは、公園は必要ないとさえ言われたと話す［2013年6月11日聞き取り］。またこの時期から、一部の連合会役員を中心に市会議員の後援会活動が活発になり、「政治的なかけひき」が行われるようになったといわれている。天王寺公園有料化後には活性化資金が投入され、新世界内では街路舗装などが行われた。

　2000年代以降に新規進出した飲食店の多くは、各商店会・町会へ加入しているものの、店舗を統括するエリアマネージャーも数年で他の部署へ移動するため、商店街活動への積極的な参加は難しい。さらに、近年はマンションやアパートの建設により、自営業でない居住者の人口比率が高くなっている。既に述べたように連合会は、商店会と町会組織から成り立っている点に、一般的な商店街組織とは異なる特徴がある。2006年8月時点では連合会には約650の加盟があり、そのうち事業所・商店としての加入がおよそ400、住民としての加入が250であった。同年の地域内の事業所数が439で

あることから、9割を超える商店・事業所が連合会に加盟していることになる。その一方で、住民としての加入率は人口全体の1割であり、そのほとんどが元自営業主などである。新世界内のマンション・アパート住民は、ほぼ連合会へ加入していないと考えられる。

3.2 観光化のなかでの商店街活動

　最後に、観光化が進む2000年代以降の商店街活動についてみていきたい[4]。2001年7月、南陽通商店街（通称、ジャンジャン町）で、当時30から40歳代の若年世代の商店主および従業者を中心とした「若手の会・新世代」（以下、新世代）が発足した。新世代は、地域外出身者である同商店街副理事長（当時）のA氏（1951年、兵庫県生まれ）が同じく地域外出身者であるB氏とともに、若年世代の商店主や従業者13人に呼びかけて開催した飲み会が母体になっている。発足直後に作成した活動規約には、基本姿勢として「楽しくやろうを主眼に置き、自由な発想の元で創造して、行動することを活動の主旨とする。ただし、宗教、政治は持ち込まない」とある。立ち上げの時点では、既存の組織から独立した活動団体として、自立した活動姿勢が重視された。

　新世代による商店街活性化は、昔の商店街の写真展示にはじまり、アーケードのイルミネーション装飾など、しだいに規模の大きなものになった。それにともない費用捻出のための予算請求など、商店会への働きかけも行うようになった。また、若年世代による活性化の動きは、同時期の他の商店街でもみられた。通天閣本通商店街では当時の商店街役員が音頭をとり青年部組織が発足した。新世代による活動は、新世界の商店街全体での活動へ展開した。ストリートで活動する若手ミュージシャンに店先を提供して路上ライブを開催したり、新世界を舞台とした自主映画を制作した。また2009年には、新世代を発展的に解消し、新世界全体の若手活動団体として「新世界援隊」と名づけられた活性化団体が立ち上げられた。新世界援隊では、外部のイベント企画会社や、串かつ店のエリアマネージャーに協力を呼びかけ、商店街でのイベントを企画した。さらに2010年には、新世界100周年実行委員会が

結成され、2012年の新世界開業100周年記念事業に向けた活動がおこなわれた。

　観光化と住宅地化のなか新世界では、新世代から展開した活動が商店街活性化を牽引した。ここで注目すべき点は、若手世代の商店主らが、それ以前の商店街活動との違いを意識して商店街活動を実践したことである。それは、「なるべくお金をかけずに、商店主たちが自分たちの手で汗を流して活動をすること」であるという。つまり、できる限り助成金や補助金に頼らずに、自分たちの力で商店街活動を実践することを意味していた。こうした姿勢は、とくに新世代の発足当初に強く表れており、メンバーらの商店街活動へのモチベーションの維持に機能していた。

4　おわりに

　本章では、大阪・新世界の変容とそこでの商店街活動についてみてきた。しばしば「昔ながらの街」として表象される新世界だが、実際には大阪の都市化に応じてその機能と地域イメージを変化させてきた。新世界は、明治末期に商業空間として開業し、その新奇性から大阪を代表する盛り場となった。しかし、戦後の大阪都市圏の郊外化にともない、新世界は広域を商圏とする盛り場としての機能を失っていった。それと同時に、釜ヶ崎の労働者が集う盛り場として認知されていった。その後1980年代から90年代にかけて、行政主導の再開発によりネガティブな地域イメージを刷新しようとする動きがみられた。しかし2000年代以降、そうした再開発とは異なる文脈から新世界は観光化し、結果的に地域イメージは大きく刷新された。

　一方、新世界の商店街活動について、その中心的組織である連合会はとくに1980年代以降、会長の担い手が固定化していった。この時期におこなわれた再開発事業は、インフラ整備型の商店街活性化策であったといえる。2000年代以降、いわゆるひも付きにならないことを活動理念とした、若手世代による任意団体を発端として、彼らのネットワークを活かした商店街活性化が実践された。またそこでは、地域外出身者によるリーダーシップが発

揮された。もちろん、過去の新世界の商店街活動のなかで、青年部的な活動団体がまったく無かったわけではない。また、彼らの実践は、連合会などの地域社会構造に埋め込まれたものである。しかしここで重要なのは、2000年代以降の商店街活動が、「前世代」の商店街活動とは異なるものだという意識のもとで実践されたことである。商店街活動との関係のなかで、今後どのような新世界の地域イメージが形成されていくのか注目したい。

注

1　川端編（1957）、96頁より。
2　有料化されていた天王寺公園は、2015年、近畿日本鉄道（現在は近鉄不動産）が公園の管理運営事業者となり25年ぶりに無料化された。飲食店やサッカーコート、そして外国人向け宿泊施設などが公園内に設置された。
3　新世界内に複数飲食店を出店するA社の飲食事業部エリアマネージャーによると、1店舗を除き店舗はすべて賃貸契約であるという（2009年9月15日聞き取り）。
4　2000年代以降の商店街活動の詳細については、八木（2012）も参照。
5　こうした意見の理由として、天王寺公園から新世界への通行者の減少や、野宿生活者が新世界に来ることに対する懸念が、聞き取りなどからは挙げられる。

第Ⅲ部

都心の「周辺」
──マイノリティのコミュニティ

　バブル崩壊以後に生み出された多くの低・未利用地は、「都心回帰」の動きの中で高層マンションや複合型ファッションビル、さらには近年のインバウンドブームを受けて、新たなホテルや宿泊施設などの新たな生命を吹き込まれ、大阪市の都心部に華やかさをもたらしている。しかしながら、都心の周辺には様々な形で埋め込まれた社会階層、社会格差が大きな構造変容の中にある今も残存し、都心部の「光」と周辺部の「影」の対を成している。第Ⅲ部では、大阪都心部の周辺部におけるマイノリティの人たちのコミュニティの現状が明らかにされる。

　第12章では、大阪市の都心周辺部（インナーエリア）を中心に長らく課題となってきた貧困問題が俯瞰的に論じられる。西成区の日雇い労働者の多くは高齢期を迎え、釜ヶ崎と呼ばれる地域は「寄せ場」のまちから「福祉」のまちへと変貌を遂げつつある。加えて、都心部の構造変容は野宿者（ホームレス）の公共空間からの排除を伴い、「ネットカフェ難民」や「日雇い派遣」といった新たな貧困の形態も散見されるようになった。同章ではこのような現代の貧困のありようについて、大阪市の状況を踏まえて論じられる。

　第13章では、大阪都市圏の夜間中学校が取り上げられる。夜間中学校は、戦前・戦後期の社会的混乱や貧困などの事情で普通教育を十分に受けられなかった人たちの教育の場として、紆余曲折を経てこれまで運用されてきた。最近では、不登校や引きこもりなど、通常の学校教育への不適応に悩む子どもや若者たちの「居場所」として、さらには日本で働くニューカマー外国人の日本語教育の場としても機能している。

　第14～16章では、大阪に暮らす外国人住民について論じられる。大阪の「都心回帰」現象は、もっぱら国内（さらには大阪市と周辺地域）の人口移動

の動向を受けての名称であるが、グローバル化が進む現在にあって、大阪市への外国人の流入状況や分布（の変化）についても改めて確認されなければならない。

　第14章では、大阪市に暮らす外国人住民の属性、出身国・地域別の居住分布、就労状況などが明らかにされる。そこでは、大阪市などに近年来住する外国人の多くが製造業や商業・サービス業に従事する東・東南アジア系の人たちであり、特に大阪市中央区や浪速区辺りを中心に、外国人人口が増加していることが示される。第15章では、そのような大阪都心部に暮らすニューカマーコリアンの生活状況やネットワーク化の現状が生活史の聞き取り調査の結果から明らかにされる。第16章では、浪速区から西成区にかけて最近よく見かける、ニューカマー中国人によるカラオケ居酒屋の事例が紹介される。人口減少や高齢化によって衰退傾向にある西成区のアーケード商店街の空き店舗にニューカマー中国人（新華僑）によるカラオケ居酒屋が多く出店し営業しているのであるが、その背景には中国の福建省の出身者による同郷ネットワークを頼った連鎖移住（チェーンマイグレーション）と、新規来住者のサポートや地元の商店主や町内会メンバーらとの間の仲介者的役割を担うキーパーソンの先住移民の存在があった。これらの事例から、「都心回帰」時代のエスニック人口の分布やコミュニティの様態が明らかにされる。

（徳田　剛）

第 12 章 「都心回帰」する大阪の貧困

堤　圭史郎

1　はじめに

　大阪市で都心への人口回帰が始まった 1990 年代半ばは、日本社会の雇用の仕組みが大きく変化し始めた時期でもあった。非正規雇用が拡大するとともに、都市の貧困は拡大・深化した。そのようなドラスティックな社会変動の兆しを極大値をもって示したのが、大阪市における野宿生活者[1]の激増現象であった。都心部の人口回帰と併行し拡大・深化した、大阪市における貧困とそれに付随する諸動向について、主に「野宿生活者問題」を軸に論じるのが本稿の目的である。

　そもそも大阪市はその近代化において都心部をコアにした商都化・工都化（東洋のマンチェスター）とともに、それをとりまく多様な特徴をもつ分厚い都心周辺（インナーエリア・インナーリング）が同心円状に形成されてきた都市である。都心部は、歴史的な都市空間構造の遺産・遺制を部分的に引き継ぎつつ、資本主義の発展とともに人・モノ・資本・情報の集合する、都市交流の結節点である。それを支えるようにインナーエリアは工業化における労働力の供給を担ってきた。

　インナーエリアは「部落、在日、日雇、沖縄というタームを冠にした人々が、空間的には、東部から西南部にかけて、大阪環状線をとりまく三日月状に『現象』」（水内 2005：33）し、その色合いは現在にも色濃く残る。インナーエリアでの人びとの暮らしは、濃淡はあれ困窮しがちであった。大正期より大阪市では、釜ヶ崎をはじめインナーエリアから生み出される貧困への対応として都市社会政策が重視され、都心周辺・外縁に隣保館、更生施設、救護

施設等の都市社会政策施設を蓄積してきた（水内・加藤・大城 2008）。高度経済成長期を境に大阪市行政によるインナーエリアへの政策的介入が、被差別部落と寄せ場（日雇労働市場）・釜ヶ崎（あいりん地域）において集中的に行われた。被差別部落では同和対策特別措置法に基づき、住環境改善を中心としたインフラ整備をはじめとする各種事業が展開した。不就学児童、売春等の問題により社会的に注目された釜ヶ崎では、1961年に寄せ場労働者による第一次暴動の発生を契機に、手配業者のあいりん職安への登録義務、雇用保険日雇労働被保険者手帳（白手帳）の整備、市立更生相談所の設置による野宿化した労働者の施設収容ルートの構築等々、一連の「あいりん対策」が講じられ、（全く）不十分ながらも労働者の劣悪な労働と生活の「改善」に向けた行政的介入が進められた[2]。

　一方で寄せ場は労働者の求職、労働、生活、困窮（への対応）、そして死がその地域内で完結するよう機能し、むきだしの貧困を生みだしながら豊かさを追求するという「社会の矛盾」を、都市社会において隠蔽する装置としても機能してきた（島 1999；堤 2010）。寄せ場労働者たちは、排除の対象でもあり包摂の対象でもあるというように、都市社会において両面価値的に扱われてきた。大阪市は国土開発において不可欠な、日雇労働力の日本最大の供給基地を抱えながらも、都市住民にとって寄せ場・釜ヶ崎の存在は、境界線の向こう側のものとして認識される。大阪市の近代化とは、都市住民の間にそのような認識上における分断を生みだしうる都市空間形成の過程でもあった。

　その後、あいりん対策は1970年以降の20数年間は大きな展開をみせることなく（水内 2005：41）、1990年代を迎えた。野宿生活者の激増現象は、大阪市が都市下層民統制に係り形成してきたシステムのほころびを示すものでもあった。

2　寄せ場の無用化と野宿生活者問題

　90年代以降の社会変動は、大阪市における都市下層民統制システムの限

界を顕わにした。公園、駅、河川敷、路上等に出現した野宿生活者の存在はそれを先鋭的に表象した。その多くは大阪都心をはじめとする全国の建造環境の創出、国土開発に携わってきた建設日雇労働者であった。高度経済成長期に大阪万博 (1970年) を控えていた大阪には全国の職安を通じて日雇労働力が集められた。西成区にある釜ヶ崎は日本最大の寄せ場となった。当時、若く屈強だったかれらは、万博後においても寄せ場に据え置かれ過酷な労働を通して生き抜いてきた。その間も資本の蓄積欲を満たすべく日単位で必要労働力の調整が手配師を通して行われるのと併行して、野宿に追い込まれる人が少なからずみられた。脆弱な生活基盤の上に親族による相互扶助の埒外に置かれたかれらは、求人数の減少や天候不良、体調不良等が、たちどころに野宿への圧力となる。寄せ場は剥き出しの貧困を常に生み出しながら周縁から都心の発展を支えてきたのである。その意味で、野宿は近代都市の生理である。ただし、この頃の野宿の多くは、それらの悪条件が好転し再び仕事に就くまでの「仕事待ち野宿」として現象していたと考えられる (島 1999)。

　バブル経済がはじけ、建設不況が深刻化する過程で大阪市が直面した「野宿生活者問題」における野宿は、従前とはやや異なる様相を呈していた。かれらは歳をとった。日々労働力を評価し分類、選別する寄せ場、あるいは建設労働市場は、若年労働力を囲い込む一方で、彼らを容赦なく「非労働力」とみなし大量に路上に追いやった。それは、寄せ場が建設業の構造変容や一般労働市場における非正規雇用の拡大とともに、「解体」の過程へと移行したことのあらわれであった。その後、00年代に日本は史上最長の好景気期 (いざなみ景気) を迎えるが、その間も寄せ場の求人数が回復することはなかったのである[3]。

　既存のあいりん対策のメニューでは到底カバーしきれない程圧倒的なボリュームの野宿生活者数を前にし、大阪市は1998年5月に「大阪市野宿生活者問題検討連絡会」を設置し、大阪市立大学に市内の野宿生活者の概数概況調査 (1998年)、実態調査 (1999年) を委託し実施した。国は自治体に対して生活保護等既存施策の活用を促すばかりであったが、あまりの深刻な状況に1998年11月に磯村隆文・大阪市長は小渕恵三首相に、野宿生活者問題

への国による取り組みを要望し、関係省庁と大阪市を含む関係地方自治体 (5 省庁6自治体) で構成する「ホームレス問題連絡会議」が設置された。99年2月には連絡会議によるとりまとめ「ホームレス問題に対する当面の対応策について」が発表され、その後のホームレス自立支援施策に道筋がつけられた。それは日本史上初のホームレス法 (ホームレスの自立の支援等に関する特別措置法。2002年施行) につながるものであった。

概数概況調査で集計された野宿生活者数は8,660人であった。それは調査担当者たちの想像をはるかに超える数だった[4]。**図 12-1** は概数・概況調査によって得られた、1998年夏の野宿生活者の地理的分布である。西成区で1,910人 (22.0%)、浪速区で1,585人 (18.3%)、中央区で1,117人 (12.9%)、天王寺区で1,084人 (12.5%)、北区で1,079人 (12.5%) と、都心部とその近隣であるこれら5区で、78.2%を占めていた。都心CBD地区に着目すると中央区では難波、千日前と少し北に上がった御堂筋、心斎橋筋、島之内や船場のオフィス街、問屋街と、大阪城公園に分布、北区では大川から中之島の河川敷、公園と梅田ターミナル近辺を主に、淀川河川敷も含め全町丁で確認された。西区でも靫公園を主としつつ万遍なく分布がみられた (大阪市立大学都市環境問題研究会,2001:5-6)。一方で、釜ヶ崎やターミナル駅周辺にとどまらず都心部を含む市24区全域に野宿生活者が確認されている。天王寺公園 (430人)、長居公園 (313人)、西成公園 (254人) をはじめ、市内の公園、寺社はブルーシートで設えたテントで埋め尽くされた[5]。野宿生活者の存在は明らかに市域全体に広域化した。野宿生活者問題における野宿の特徴は「量的増大」「広域化」「長期化」「テント野宿者の増大」であった (妻木2012：126-8)。

3 都市住民と野宿生活者

野宿生活者の存在は、都市住民にとって明らかに顕在的となったが、多くの都市住民にとってかれらの存在は物理的には近接しつつも、社会的な交流の乏しい対象であった。野宿者に対する認識もまた、両面価値的なものであった (堤2009)。

第12章 「都心回帰」する大阪の貧困　267

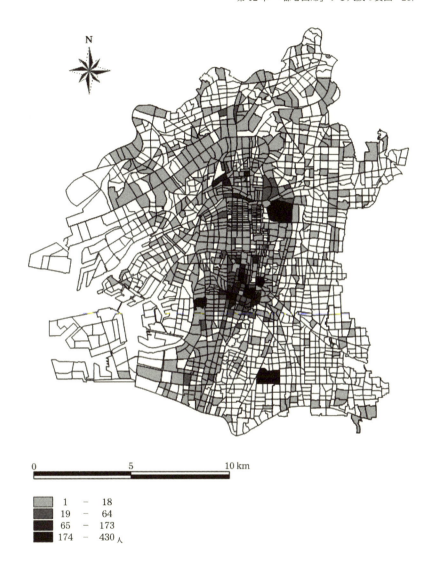

図12-1　1998年夏の野宿生活者の地理的分布
出典）大阪市立大学都市環境問題研究会（2001：11）

当時の経済不況を背景に、野宿生活者が街にあふれる要因について都市住民が想像するのは容易かったものの、それは旧来からの「怠惰」「自業自得」などのイメージに基づく理解と常に両論併記で語られもした（堤 2009）。いずれにせよ、そのようなイメージを基に、野宿者は都市住民から強烈な異質性をもって認識されていた。例えば長居公園周辺では不特定多数の野宿者への憎悪を喚起しうる明らかなデマ[6]が流れていた。

一方大阪市では、前述の会議等を受け、これまであいりん対策以外では具体的に講じてこなかった野宿生活者対策の構想を具体化し始めていた。野宿生活者の就労自立を支援する「ホームレス自立支援センター」が、大淀・淀川・西成という、旧来のあいりん対策で活用されてきた施設を用いて 2000 年 10 〜 12 月に開設されることになった。そして野宿生活者数が顕著に多い長居公園、大阪城公園、西成公園では、「自立支援センターに入所するまでの中間施設」という位置づけで「野宿生活者仮設一時避難所（以下シェルター）」の設置が、同年 7 月に発表されていた。この施策は東住吉区長居公園周辺の住民から猛反発を受け、3 つの団体が組織され強力な反対運動が展開された。

周辺地域住民（の一部）が猛反発した背景と運動の特徴については拙稿（堤 2001；Tsutsumi 2004）を参照されたい。住民たちは大阪市行政、マスメディア、地域住民等との相互交渉の中で、その場その場に「適切な」反対理由（「公園の適正化」「野宿生活者を支援」「野宿生活者は迷惑」等）をテクニカルに提示していた。そこには野宿生活者への偏見に基づくものが少なからずみられたのだが、反対運動が激化した理由は他にもあった。大阪市による当該地域住民への説明会で、大阪市が当該地域の地域振興会会長の承諾をもって「住民の合意」を調達するという、かなり古めかしい手続きをふんでいたこと、さらには会長に対してその事について箝口令を敷いていたことが顕わになった。それは多くの住民の市行政への信頼を失墜させるのに十分であった。住民層が大きく入れ替わる中で、当該地域周辺では既に、町内会加入率はせいぜい半数程度に低下していた。かつて住民運動により公営ギャンブル施設（競馬場・競輪場・オートレース場）を撤退させ、その後のスポーツ施設・文化施設が集積した都市公園を中心にしたまちの発展を経験し、地域ブランドの向上について

も意識してきた旧住民。御堂筋線・阪和線による都心への好アクセスと、利便性を求めて高層マンション等に移住してきた新住民。かれらにおいて、地域振興会会長は、自分たちが住む街のランドマークの「価値」に関わる重要事案の先行きを決定する「まちの代表」とは認識されようもなかったのであった[7]。また、この時期大阪市ではオリンピックの誘致活動も進められていた。シェルター施策はIOC視察を控えての「野宿生活者隠し」とも指摘されていた。強力な反対運動を受け、大阪市は設置期間を3年間に限定し、シェルター施策を強行した。

　施策の正当性を十分に調達できないままはじまったホームレス自立支援施策は、現場職員らの多大な努力にも関わらず、その成果において不調をきわめた。当時の野宿生活者のデモグラフィックな特徴（中高年・単身・男性）、その多くがたどってきた生活史（家族との別離、製造・建設における臨時・日雇労働等）と、施策が用意したメニュー（民間労働市場の活用）とは明らかにミスマッチであった。再野宿に至る人も少なくなかった。そして、このような包摂策が進行する一方で、公園や河川敷でのテント野宿は難しくなっていった。行政による野宿生活者排除が段階的に進行していった。2006年1月、大阪市長は靭公園（西区）、大阪城公園（中央区）に居住する野宿生活者らのテントについて、都市公園法27条1項に基づく除去命令を発し、行政代執行を行った（強制排除）。同様に、2007年2月には長居公園で残存していた野宿生活者と支援者によるテントが排除された。これらのテント集積地は、野宿生活者相互の見守りや、野宿生活者と非野宿生活者のかかわりを醸成する拠点でもあった（記録集編集委員会2007）。強制排除にあたり行政は「市民の理解」（が得られない）との説明を繰り返していたが、長居公園における強制排除に対してはそれに反対署名が全国から5,000筆以上集まり、内800筆以上が住吉区・東住吉区の住民によるものだった（記録集編集委員会2007）。

　長居公園での周辺住民とテント居住者・支援者らとの交流については、記録集編集委員会（2007）に詳しいが、このことは少なくとも、行政による排除理由が必ずしも「市民の理解」だけではなかったという推測を成りたたせるには十分な事実だと思われる。「行政代執行というきわめて強権的な手段

が、たてつづけに執行されるという事態は、まさに異例のこと」(原口 2008：29) であった。実際、靫公園・大阪城公園における強制排除は、世界バラ会議 (2007 年 5 月) 全国都市緑化フェア (同年 3～5 月) の前に、長居公園においては世界陸上選手権 (同年 8～9 月) を前にして実施されている。万博の成功とその後の経済機能の東京一極集中＝大阪の経済的位置の相対的低下を背景に、80 年代以降の大阪市は、脱工業化とともに堺屋太一を理論的支柱に「イベント・オリエンテッド・ポリシー」と呼ばれる都市政策 (大阪 21 世紀計画) へと傾斜していった (原口 2008)。周知のように 90 年代以降の大阪市のイベント主導ビッグプロジェクトは総じて不振であったが、その上で都市のスペクタクルを成立させるにあたり、野宿生活者は阻害要因、排除の対象とみなされる。それは「大衆に対し豊かな幻想やイメージを与える一方で、徹底的に現実的・日常的なものを排除し、隠蔽する戦略」(原口 2008：44) の一環である。原口剛はこの事態にはディズニーランドで用いられる「イマジニアリング」の手法が密接に関わっており、「イマジニアリングがもたらすのは、結局のところ都市的現実の忘却であり、都市問題の先送りでしかない」(原口 2008：44) と述べている。

　イベント主導のビッグプロジェクトの推進による都市政策に躍起になる一方でその過程が、社会変動のあおりを受け、経済的にも精神的にも厳しい生活を強いられる人々が草の根で築きつつあったささやかな社会的交流や協働を根こぎにし、公共空間の消費空間化を強力に推進させるものでもあることを忘れてはならない。

4　生活保護世帯の拡大

　筆者はかつて、国勢調査 (1980、1990、2000 年) の三次メッシュデータ (ブルーカラー比率と完全失業率) を用いて、大阪府を特徴づける「インナーリングエリア」の分布を検討した。その上で「結果確認されたのは、職業階層における地域分布の固定的現象と貧困 (高失業率) の空間的拡がり」であり、「近年の社会情勢は、地域社会において社会階層に基づく居住分化傾向を再生産し

続けており、また貧困の空間を再生産するだけでなく徐々に拡大させていると言わねばならないだろう」(堤 2006：135)と述べた。都心とインナーエリアは職業階層により見事に分化しており、失業はとりわけ大阪市インナーエリアでより深刻であった。

　生活保護世帯も他都市より顕著に増加している。全国的に拡大した野宿生活者問題の深刻化は、生活保護制度の運用に着目すれば 65 歳未満の男性について稼働能力があるとみなされ、申請を受け付けない「水際作戦」が一因としてあった[8]。ホームレス自立支援センターを活用した自立支援の不調を背景に、厚生労働省は 2003 年 7 月 31 付通知「ホームレスに対する生活保護の適用について」(社援保発第 0731001 号)を出し、野宿生活者の居宅確保に必要な敷金の支給を各福祉事務所に指導した。その後、大阪市の生活保護受給世帯は増加に拍車がかかる。さらにリーマンショック後の「派遣切り」を背景に 2009 年 3 月 18 日付通知「職や住まいを失った方々への支援の徹底について(社援保発第 0318001 号)」により、現在地保護が徹底された。生活保護受給者数の増加は野宿経験者だけが影響したのではない。高齢者世帯の増加とともに、リーマンショック後は生活保護統計における「その他の世帯」(稼働年齢層が含まれる)の増加が大きく影響している。

　生活保護世帯の増加、保護率の上昇については数多くの媒体で報告されている。**表 12-1** は、大阪市 24 区の生活保護状況を 2002 年と 2015 年で比較し整理したものである。保護率は人員ベースで集計した。表中の「被保護人員構成比／人口構成比」は、それぞれについて 24 区が占める割合の比を示したもので、帯グラフを比較する際の目安のようなものである。数値が 1 であれば被保護人員数は各区の人口構成比と同一であることを示す。

　まず、大阪市の保護率は 2002 年＝ 33.1‰ から 2015 年＝ 54.7‰ に上昇している(2012 年は 57.1‰ であり、以降保護率はわずかに減少傾向にある)。表 12-1 はすべての区で被保護者数が増加し保護率も上昇していることを示すとともに、大阪市 24 区で被保護人員が偏在していることを如実に示している。大まかに見れば表中の上位 5 列は都心 5 区が占め、保護率は上昇しているものの 12 〜 23‰ となっている。一方で都心周辺・外縁の区の保護率は 50‰

表 12-1　大阪市の生活保護状況（2015 年と 2002 年の比較）

24 区	被保護人員数 (2015 年)	保護率 (‰) (2015 年)	保護率の差 (‰) (2015 年 -2002 年)	被保護人員増加率 (%) (2015 年。2002 年 =100)
福島	913	12.6	4.5	198.1
西	1,594	17.2	8.2	263.0
天王寺	1,567	20.7	0.9	131.0
北	2,575	20.8	1.1	138.2
中央	2,166	23.3	2.4	173.0
鶴見	3,062	27.4	13.4	209.6
阿倍野	3,248	30.2	11.4	164.1
都島	3,352	32.0	13.4	182.8
城東	5,446	33.1	17.0	212.9
淀川	6,606	37.5	20.5	232.9
西淀川	3,712	38.9	20.0	208.9
此花	2,881	43.2	19.5	187.2
東成	3,734	46.3	25.2	225.3
旭	4,658	50.8	25.8	189.3
港	4,270	52.0	26.8	197.2
大阪市	147,327	54.7	21.7	170.4
住之江	6,898	56.1	32.4	218.2
大正	3,803	58.4	37.3	244.7
東淀川	11,043	62.9	29.7	182.6
住吉	9,929	64.4	29.6	177.4
東住吉	8,557	67.8	37.0	201.2
平野	13,646	69.4	35.2	197.4
生野	9,382	72.1	41.4	217.1
浪速	6,014	86.2	23.3	183.5
西成	27,389	244.8	109.5	147.9

を越える。西成区の保護率は突出して高い。下位 9 区で大阪市全体の約 66％の被保護人員を構成しており、インナーエリアを構成する区が並ぶ。

　都心においても保護率が上昇しているものの、都心 5 区と周辺区の同心円的な関係（偏り）は依然そのままである。参考に、筆者は試しに 2002 〜 15 年について 24 区の人口と被保護人員数データを用いてジニ係数を算出してみたが、2007 年の 0.308 を最大に、0.290 〜 0.308 の間で上下しながら推移している。2015 年のジニ係数は 0.306 であった。大阪市の生活保護人員は都市内部の同心円的な関係を維持しつつ全区的に増加している。

　しかし、都心周辺・外縁区においてはやや変化がみられる。2002 年と

被保護人員構成比(%)			被保護人員構成比／人口構成比			人口増減率(%)(2015年。2002年=100)	24区
(2002年)	(2015年)	(2015年-2002年)	(2002年)	(2015年)	(2015年-2002年)		
0.5	0.6	0.1	0.2	0.2	0.0	126.9	福島
0.7	1.1	0.4	0.3	0.3	0.0	137.5	西
1.4	1.1	-0.3	0.6	0.4	-0.2	125.1	天王寺
2.2	1.7	-0.4	0.6	0.4	-0.2	131.2	北
1.4	1.5	0.0	0.6	0.4	-0.2	155.5	中央
1.7	2.1	0.4	0.4	0.5	0.1	107.2	鶴見
2.3	2.2	-0.1	0.6	0.6	0.0	102.1	阿倍野
2.1	2.3	0.2	0.6	0.6	0.0	106.0	都島
3.0	3.7	0.7	0.5	0.6	0.1	103.6	城東
3.3	4.5	1.2	0.5	0.7	0.2	105.7	淀川
2.1	2.5	0.5	0.6	0.7	0.1	101.7	西淀川
1.8	2.0	0.2	0.7	0.8	0.1	102.8	此花
1.9	2.5	0.6	0.6	0.8	0.2	102.6	東成
2.8	3.2	0.3	0.8	0.9	0.2	93.2	旭
2.5	2.9	0.4	0.8	1.0	0.2	95.8	港
100.0	100.0	0.0	1.0	1.0	0.0	102.9	大阪市
3.7	4.7	1.0	0.7	1.0	0.3	91.9	住之江
1.8	2.6	0.8	0.6	1.1	0.4	88.3	大正
7.0	7.5	0.5	1.0	1.1	0.1	96.3	東淀川
6.5	6.7	0.3	1.1	1.2	0.1	96.0	住吉
4.9	5.8	0.9	0.9	1.2	0.3	91.3	東住吉
8.0	9.3	1.3	1.1	1.3	0.2	97.3	平野
5.0	6.4	1.4	0.9	1.3	0.4	92.4	生野
3.8	4.1	0.3	1.9	1.6	-0.3	133.9	浪速
21.4	18.6	-2.8	4.1	4.5	0.4	81.8	西成

出典）大阪市統計書をもとに筆者作成。2002年は修正推計人口、2015年は国勢調査人口を用いている。
なお、緊急入院保護業務センター等における人員数を省いているため、各区の合計は「大阪市」と一致しない。

2015年の被保護人員構成比を比較すると、西成区の構成比が低下し、そもそも被保護人員が少なかった西区を除く都心5区で構成比が低下する一方で、インナーエリアを主に周辺・外縁区の構成比が高くなっていることがわかる。

　生活保護統計の解釈には注意が必要である。窓口での制度運用の実態や生活困窮者自身の申請状況にも左右されようし、現在地保護した上で他区へ移管された場合も多数あるだろう。各区の家賃相場も関連するだろう。それでも近年のドラスティックな貧困の顕在化と深化の一方で、生活保護統計の数値自体は歴史的に形成されてきた都市内部の分断を色濃く反映したものとし

て、脈々と継続していることが指摘できるだろう。そして貧困は都心周辺・外縁のインナーエリアにおいて、西成区の集積がやや高止まりしつつそれ以外の区で、人口減少を伴いながらより厚みを増している。

さらに旧来から貧困の集積が指摘されてきた地域では、貧困はより集中的に顕現している。妻木進吾は大阪市の被差別部落A地区の「再不安定化」を明らかにしている（妻木 2012）。貧困と社会的排除が極端に集中してきたA地区は、一連の同和対策により中高層の公営住宅の建設などインフラの改善、現業職を中心とする公務員への就労斡旋などで大きく改善したものの、同和対策の終了と90年代以降の雇用不安定化が相まって、若者の就業状態の不安定化、安定層の地区外流出と不安定層の流入という「貧困のポンプ」現象が起こっている（妻木 2012）。由井義通は1998年の論文で公営住宅の入居条件に着目し、所得による明瞭な「輪切り」のような入居者選抜が作用し、公営住宅では周辺地域と明らかに異なる形で居住地域が形成されること、経済力の向上があまり期待できない高齢者の残留や生活困窮者や高齢者の転入などの、転出入の繰り返しにより特定階層が集積すると述べているが（由井 1998）、貧困の地域的顕現は被差別部落のみならず、公営住宅地域においても顕著になってきている。

5　都市サービス施設と貧困

厚生労働省が発表する大阪市の野宿生活者数は、2003年の6,603人から年々減少し、2007年に4,069人、2017年には1,208人となった。これは前述の生活保護制度の運用「改善」と、とりわけ民間支援団体による手厚い支援によるところが大きい。その一方で、路上には日々生活が立ちゆかなくなった貧者が排出され続けている。2006〜07年頃にはマスコミ報道によって、インターネットカフェ等で起居しつつ日雇派遣に代表される不安定な仕事に従事し、極めて困窮した生活をしている「若い」人々が「発見」され、「新しいホームレス」として注目された（いわゆる「ネットカフェ難民問題」）。同時期に釜ヶ崎支援機構などの相談機関では従前からの建設業の中高年男性ではなく、

若年の建設業以外のサービス業等従事者からの相談が徐々に増えてきたと認識されていた。それは従前の寄せ場や野宿生活者の問題と、どのような関係にあるのか、「新しいホームレス」はどう新しいのか、どのような支援策が必要か等々の問題意識に基づき、我々は2007年に大阪市で、ネットカフェ等で起居する／していた100人へのインタビュー調査を行った[9]。調査は天満・天六、梅田、京橋、上本町、心斎橋、難波・千日前、日本橋等々の都心部をはじめとする繁華街のインターネットカフェ等のサービス施設周辺で、深夜の格安パック料金の時間帯の開始時と終了時に店舗利用者に声をかけるなどして行った。

調査対象者において、長期間にわたりネットカフェを起居の場としている人は少数であった。多くは日雇等による細切れの雇用形態で劣悪な労働環境のもと働いていた。かれらはその時の仕事、所持金等の事情にあわせてカプセルホテル、サウナ、ビデオ試写室等々を利用しているのであり、当初マスコミがクローズアップした――1泊1,000円前後で利用できる――ネットカフェは、不安定就労・不安定居住的生活を辛うじて支え野宿を回避するギリギリの選択肢の1つにすぎない。

既に野宿経験をもつ人も少なくなく、かれらの生活は野宿と隣り合わせである。そこでの野宿は、寄せ場労働者における「仕事待ち野宿」ときわめて類似している。一方でかれらから多く聞かれたのは釜ヶ崎に対する忌避もしくは不案内、野宿に対する恐れであった。「釜ヶ崎は知っているが、小さい頃からのイメージがあるので行ったことはない。大阪の人間だから、それだけかえって西成（釜ヶ崎）の『悪いイメージ』が強い」（40代後半・男性）。「野宿はしたことがない。『それは嫌ですよ。そこまではおちたくない』」（10代後半・男性）。「いくら『仕事』といっても日雇い派遣の仕事は嫌である。安定した収入が確保出来ないような仕事は考えられない。特にアンコ（建設日雇）は嫌だ。『西成』の労働者のような生活スタイルには絶対に馴染みたくないし、『馴染まない』」（30代後半・男性）。等々。主観的な意識や認識において、かれらと旧来の野宿者層とは位相を異にしているのかもしれない。しかし、その生活のあらわれにおいては極めて近接した状況にあると言える。

この都市社会の変容は、80年代以降じわじわと都市社会の各所に「小単位の〈寄せ場にならない寄せ場〉」(下田平1988：87)が形成されてきたことによるものである。筆者は本調査を通して当時の状況を、「現在進行しているのは、『自ら隠れ込んでいる』『見えないホームレス』の拡大である」と述べたが(堤2010：22)、出会ったのは住居をもたない人ばかりではなかった。筆者は早朝調査の際に、インターネットカフェから出てきた年格好30～40歳代の女性と出会った。彼女は独身で平野区のアパートで一人暮らししていた。生活はオフィスビルでの清掃パートを3つ掛け持ちしていた。それでやっと暮らせるのだという。その日はキタのとあるビルでの仕事で、始業には自宅からでは間に合わないため、毎週ネットカフェの格安プランを利用しているのだという。櫻田和也は本調査を通して労働のあまりの劣悪・不安定性が、崩れかけた生計をたてなおすために働こうとすることで、かえって生計の破綻を招くという逆説的な事態を招いていると述べているが(櫻田2008)、本調査で把握されたホームレス状態の人々だけでなく、先の彼女のように労働条件・労働環境に生活が蝕まれ、都市の繁華街を利用しつつ「生活」する不安定就労・不安定居住者も生み出されているのである。

6　むすびにかえて

大阪市における「都心回帰」時代のはじまりは、大阪市が近代化の過程で構築してきた都市下層民統制システムの限界とともにあった。都市の各所に大量に排出された野宿生活者を前にした都市住民が、目の前の現実を直視することは困難であった。それは行政においても同様であり、講じられた当初のホームレス自立支援策は、2015年より全国で施行した「生活困窮者自立支援」の青写真づくりに多くの反省点を提供するものであった。行政がカバーしきれない、貧困における社会的孤立の側面に着目した支援が、野宿生活者問題を通して全国の民間支援団体において発達し、そうした草の根の知恵を制度に活かそうという挑戦が、(生活保護の抑制とトレードオフな制度ではあるものの)大阪市においても始まっている。

寄せ場機能が衰退する釜ヶ崎では、野宿生活者問題を通して地域住民、日雇労働者、ソーシャルワーカー、医療従事者、学者などが集まり「まちづくり」の視点に基づく地域再生の試みが続けられている。労働者が野宿化する中で福祉アパートに転用された元簡易宿泊所においては、日常生活支援を組み込んだ居住支援が展開している（白波瀬 2017）。そうした中で、2012年に市長就任間もない橋下徹から、西成区を改革するための「西成特区構想」という、実質釜ヶ崎への政策的介入を具体化させていく方針が提示された。検討会議には前述のまちづくりに携わるメンバーが多数入り、『西成特区構想有識者座談会報告書』では地域の再開発（子育て世帯向けの住宅供給、新今宮駅の再開発、大学分校の誘致、国際ゲストハウスのゾーニング、バスターミナルの設置等）を含む8分野56項目に及ぶ中長期的対策が提言された。白波瀬達也はこの動きが地域内の分断を再び生みだしかねないジレンマ含みな内容を多数含んでいることを詳細に明らかにしているが、その中で再開発による地価上昇が、手厚いケアを必要とする地域住民の居住困難を生みだしうるとも指摘している（白波瀬 2017：191）。隣接地域においても高級ホテルの建設計画が発表されるなど、現在釜ヶ崎は地域が大きく変わる岐路にある。

　旧来からの都市下層民統制の修正を図る行政、地域社会の事情とは独立に土地利用を展開しようとする資本、市民セクターによる草の根のまちづくり、そして今なお現役日雇労働者として活躍する人びとと、日々生みだされる支援を必要とする人びと、建設労働をリタイヤし地域で老後を送る地域住民。これらの動きは大阪市がそのなりたちにおいて形成してきた、都心部とインナーエリアとを分かつ分断線にいかなる「引き直し」をもたらすか／もたらさないか。それは大阪市の「都心回帰」現象の今後の動向を推し量る上でも重要な論点であるに違いない。

注

1　野宿を余儀なくされた人々への呼称は数多くある。それらについての検討は青木（2000）を参照されたい。ここでは大阪市が用いてきた「野宿生活者」を用いる。

2　「あいりん対策」が講じられるまでの一連の過程とその帰結については原口（2003）を参照。

3 2009年10月30日朝日新聞大阪本社記事「『釜』の底抜けた あいりん．求人激減で寄せ場機能失う」を参照。
4 概数概況調査では、夏期に目視で夜間と昼間に、野宿生活者の居住密度が高い地域では自転車、徒歩による悉皆調査、居住密度がかなり低いと思われる地域では、自転車・自動車による拠点調査が行われ、全ての街路とまではいかずとも大阪市中がかなり詳細に調べられた。
5 同調査で確認された野宿生活者の居住形態はほぼ半分が「敷物」系、4分の1が「テント・小屋」系、1割前後が「何もなし」「囲いダンボール」系であった（大阪市立大学都市環境問題研究会 2001：6）。
6 1999年2月15日読売新聞は、「偏見が生むデマ 『住民の女性レイプされた』摩擦解消は対話から」というヘッドラインで、この事を報道している。
7 以上の記述は筆者による長居公園問題におけるフィールドワークに基づく。反対運動団体のメンバーは、シェルターが着工した11月22日にテレビカメラの前で「わしらのふるさとを、長居公園を守りたいんや。それの何があかんのや‼」と述べていた。
8 大阪市においてはそれに加え、簡易宿泊所による現在地保護（ドヤ保護）を認めてこなかったことも挙げられよう。
9 詳細は、特定非営利活動法人釜ヶ崎支援機構・大阪市立大学大学院創造都市研究科（2008）を参照。

第 13 章　学ぶ都心
——夜間中学にみる大阪——

浅野　慎一

1　夜間中学と大阪

　本章では、夜間中学からみた大阪都心の特徴を明らかにする。

　夜間中学とは、学齢期に義務教育を受けられなかった人々を対象とする義務教育機関だ。2016 年現在、公立夜間中学は全国 8 都府県に 31 校あり、1860 名の生徒が学んでいる[1]。

　大阪、特にその都心は、日本の夜間中学の歴史において特に大きな役割を果たしてきた地域である。

　まず第 1 に、それは日本の夜間中学の発祥の地の一つだ。1947 年、義務教育年限が 3 年間延長され、新制中学が設置された。しかし当時、自らや家族を養うため働かねばならず、新制中学に通えない子供も多かった。そうした中で 1947 年 10 月、大阪市生野区に「夕間学級」が設置され、これが日本における夜間中学の「卵生」とされている[2]。

　第 2 に、日本の夜間中学は 1955 年以降、減少の一途をたどったが、これに一大転機をもたらした地域もまた、大阪の都心だ[3]。1969 年、大阪市天王寺区に公立夜間中学が新設され、これを機に全国的に夜間中学は急増に転じた。

　そして第 3 に、大阪市は今も、日本で最も多くの夜間中学が立地する都市だ。天王寺区・北区・阿倍野区・生野区に各 1 校、計 4 校が設置されている。それ以外に大阪府下には、岸和田市・堺市・八尾市・東大阪市・守口市・豊中市に計 7 校がある。2016 年、大阪府の夜間中学は学校数（計 11 校）で全国の 37.7％、生徒数（計 1042 名）で 56.0％を占める。これに次ぐのは、東京都

の8校、生徒数458名だ。

2　大阪の夜間中学の特質——東京との比較

さて、夜間中学は首都圏（主に東京）と近畿圏（主に大阪）に集中している。

ただし、両地域のそれはかなり異質だ。以下、2011年に筆者が実施したアンケート調査、及び、全国夜間中学校研究会による2011年度・2016年度統計に基づき、両地域の特徴を見ていこう。なお2011年の調査は、全国夜間中学校研究会の協力の下、全国で実施した。本稿では、大阪府下での回答結果（11校・464名）を用いる[4]。

まず生徒の属性をみる（**表13-1**）。

東京では、男女の比率が概ね拮抗している。また20歳未満が約半数、30歳未満が7割前後と若年層が多い。そして新来住の外国人（以下、【新渡日系】）の生徒が7割前後を占める。こうした傾向は2011年から2016年にかけ、一層顕著になっている。【新渡日系】の国籍は、2011年には中国が最多だったが、2016年にはネパールが急増し、最多となった。

一方、大阪の生徒は、女性が7割以上と多い。年齢は多様だが、60歳以上が3～4割、40歳以上が6～7割と中高年が大きな位置を占める。生徒は【新渡日系】だけでなく、日本人（以下、【日本系】）、在日韓国朝鮮人（【在日コリアン系】）、中国帰国者（【中国帰国系】）と多様に分散している。こうした傾向は、2011年に特に顕著だが、2016年も根強く維持されている。大阪の【新渡日系】の国籍は、一貫して中国が最多で、2016年には韓国朝鮮・ベトナムの比重が増し、いわば旧来型構成を維持している。

こうした生徒の属性の差は、各学校の個性・多様性にも反映している（**表13-2、表13-3**）。

東京では、ほとんどの学校で生徒の過半数が30歳未満と若年で、7割以上が【新渡日系】である。その意味で、学校間の同質性が高い。

これに対し、大阪では、各学校の個性・多様性が鮮明だ。

すなわちまず大阪市内（北区・阿倍野区・天王寺区・生野区）、及び、その北

表 13-1　生徒の基本属性（大阪府・東京都の比較）(%)

		2011年		2016年	
		大阪府	東京都	大阪府	東京都
性別	女性	75.7	59.5	71.1	50.4
	男性	24.3	40.5	28.9	49.6
年齢	15～19歳	5.6	46.9	4.4	54.1
	20～29歳	12.1	17.4	19.4	19.4
	30～39歳	13.6	7.4	14.6	7.2
	40～49歳	14.6	8.1	17.5	7.4
	50～59歳	14.1	7.4	14.2	3.5
	60～69歳	17.2	8.6	15.8	5.0
	70歳以上	22.8	4.2	14.1	3.3
属性	日本系	21.2	16.5	17.8	15.1
	在日コリアン系	21.0	1.2	4.5	0.7
	中国帰国系	19.5	14.6	12.5	4.6
	新渡日系　中国	18.6	30.6	24.3	26.4
	韓国朝鮮	4.2	5.3	13.9	0.9
	ベトナム	2.7	6.3	13.0	2.0
	ネパール	1.2	5.6	2.7	31.7
	その他	11.5	20.0	11.4	18.8
	小計	38.3	67.7	65.3	79.7
計		100.0	100.0	100.0	100.0

資料）全国夜間中学校研究会（2011）、同（2016）を元に著者が作成。

西部に位置する豊中市では、60歳以上の高齢の生徒が過半数を占める。これらの学校はいずれも、ＪＲ環状線の沿線、またはいわゆるキタやミナミから数駅の都心に位置する。

　その中でも、北部の都心（北区・豊中市）の学校では、【日本系】・【中国帰国系】、中国籍・韓国朝鮮籍の【新渡日系】の生徒が多い。

　一方、南部の都心の学校では、阿倍野区は【日本系】、生野区は【在日コリアン系】と韓国朝鮮籍の【新渡日系】、そして天王寺区は【日本系】・【在日コリアン系】・韓国朝鮮籍の【新渡日系】の生徒がそれぞれ多い。

　総じて大阪の都心では、日・中・韓の高齢の生徒が多く、民族毎に一定の

棲み分けが見られる。【日本系】・【在日コリアン系】の多くは、阪神工業地帯の隆盛期だった戦前・高度経済成長期[5]に大阪に流入・定住した。【新渡日系】も、【在日コリアン系】が多い学校に韓国朝鮮籍者が、また【中国帰国系】が多い学校に中国籍者がそれぞれ流入し、グローバル化以前からのチェーン・マイグレーションが継続している。

これに対し、東部・南部の郊外に立地する学校では、多様な年齢の生徒がともに学んでいる。中でも、八尾市・守口市・東大阪市の学校では、【中国帰国系】と中国籍の【新渡日系】の生徒が多い。東大阪市に位置するもう1校には、ベトナム国籍の【新渡日系】の生徒が多く通っている。そして岸和田市・堺市の学校では、フィリピンなど多様な国籍の【新渡日系】の生徒が多い。いわば郊外では、中国・ベトナム・フィリピン等の【新渡日系】がそれぞれ出身国毎に棲み分け、エスニック・コミュニティを形成している。

表13-2 学校別にみた生徒の年齢構成（大阪府・東京都の比較）

		大阪府	東京都
2011年	20歳未満		八王子・葛飾・世田谷・荒川
	30歳未満		足立・墨田・大田
	その他	岸和田・堺・八尾・守口 東大阪A・東大阪B	江戸川
	60歳以上	天王寺・北・阿倍野 生野・豊中	
2016年	20歳未満		八王子・葛飾・大田・世田谷 荒川
	30歳未満		足立・墨田・江戸川
	その他	岸和田・堺・八尾・守口 東大阪A・東大阪B	
	50歳以上	豊中	
	60歳以上	天王寺・北・阿倍野・生野	

注) 各年齢階層の生徒が過半数の学校所在地を記載。
資料) 表13-1に同じ。

表 13-3　学校別にみた生徒の属性（2016年。大阪府・東京都の比較）

		大阪府	東京都
新（全）		東大阪A・岸和田	大田・世田谷・荒川・八王子
	＊帰＋新（中）	八尾・東大阪B	墨田・江戸川
日		阿倍野	
在＋新（韓）		生野	
日＋在＋新（韓）		天王寺	
日＋帰＋新（韓・中）		北・豊中	
日＋帰＋新（中）		守口	足立
その他		堺	葛飾

注）日＝日本系、在＝在日コリアン系、帰＝中国帰国系、新（全）＝新渡日系、新（中）＝新渡日系（中国籍）、新（韓）＝新渡日系（韓国朝鮮籍）。
　各属性の生徒が70%以上の学校所在地を記載。ただし「＊帰＋新（中）」は50%以上。
資料）全国夜間中学校研究会（2016）を元に著者が作成。

3　夜間中学生の生活実態

　では、2011年に実施したアンケート調査に基づき、大阪の夜間中学生の生活と意識の実態を、さらに詳しく見ていこう。
　対象者は、大きく4タイプに区分しえた（**表13-4**）。
　まず第1は【日本系】で、全体の24.4%を占める。都心（大阪市北区・阿倍野区・

表 13-4　生徒の基本属性（%）

		日本系	在日コリアン系	中国帰国系	新渡日系			計
					中国	その他	計	
国籍	日本	94.7	5.6	31.7	8.5	2.3	5.6	31.9
	韓国朝鮮		89.3					34.3
	中国			67.1	87.2		45.6	20.7
	その他					95.3	45.6	8.8
出身地	日本	96.5	36.5	7.3		2.3	1.1	39.0
	韓国朝鮮	1.8	59.0					23.1
	中国			92.7	100.0		52.2	26.5
	その他					97.7	46.7	9.1

自己定義	日本人	96.5	2.8	12.2	4.3	18.6	11.1	28.9
	在日韓国朝鮮人		93.8					36.0
	中国帰国者			86.6				15.3
	在日外国人		1.7		93.6	72.1	83.3	16.8
話しやすい言葉	日本語	96.5	57.9	4.9	2.1	4.7	3.3	47.2
	複合日本語		5.6	19.5	25.5	30.2	27.8	11.0
	中国語			74.4	68.1		35.6	20.0
	韓国朝鮮語		36.0	1.2	4.3		2.2	14.4
	その他					65.1	31.1	6.0
日本語読み書き	全く問題なし	23.9	6.2		2.1	2.3	2.2	8.6
	日常は困らない	42.5	37.6	12.2	34.0	16.3	25.6	31.9
	日常も困る	21.2	43.8	42.7	38.3	53.5	45.6	38.4
	殆どできない	2.7	8.4	40.2	19.1	25.6	22.2	15.3
年齢	70歳以上	67.3	47.2	7.3	2.1		1.1	36.0
	60歳〜	24.8	29.8	28.0	17.0	2.3	10.0	24.4
	50歳〜	1.8	19.1	12.2	27.7	9.3	18.9	13.6
	40歳〜	1.8	2.8	18.3	23.4	23.3	23.3	9.3
	30歳〜		1.1	18.3	8.5	16.3	12.2	6.0
	20歳〜			11.0	10.6	16.3	13.3	4.5
	20歳未満	1.8		3.7	10.6	32.6	21.1	5.2
性別	女性	73.5	93.8	54.9	91.5	55.8	74.4	78.0
	男性	26.5	6.2	43.9	8.5	44.2	25.6	21.6
計		100.0	100.0	100.0	100.0	100.0	100.0	100.0
		24.4	38.4	17.7	10.1	9.3	19.4	100.0

注）無回答の表示は除く。
資料）『実態調査』より筆者作成。

天王寺区、豊中市）の学校で特に多い。国籍・出身地は日本で、自らを「日本人」と定義している。60歳以上が92.1％、女性が73.5％と多い。最も話しやすい言葉は日本語で、日本語の読み書きは66.4％が「まったく問題ない」または「日常は困らない」と感じている。識字率は一般の日本人と比べれば低いが、後述する他系に比べれば高く、言葉の問題は相対的に少ない。

　第2は【在日コリアン系】で、全体の38.4％を占める。南部の都心（大阪市生野区・天王寺区）の学校で特に多い。多くは韓国朝鮮籍で、自らを「在日韓

国朝鮮人」と定義している。60歳以上が77.0％、女性が93.8％と多い。出生地は韓国朝鮮が約6割、日本が約4割、最も話しやすい言葉も韓国朝鮮語が約4割、日本語が約6割とそれぞれ二分される。日本語の読み書きは過半数が「日常も困る」または「ほとんどできない」と感じており、識字が特に大きな問題となっている。

　第3は【中国帰国系】[6]で、全体の17.7％を占める。東部の郊外（八尾市・守口市・東大阪市）の学校で特に多い。年齢は多様に分散し、男性が4割以上を占める。国籍は中国が約7割、日本が約3割と別れるが、日本国籍者も含めて多くが中国に出生し、自らを「中国帰国者」と定義している。最も話やすい言葉は7割以上が中国語で、日本語の読み書きは「ほとんどできない」が約4割、「日常も困る」も含めると8割を超える。日本語は、会話・読み書きとも最も深刻な問題に直面している。

　そして第4は【新渡日系】で、全体の19.4％を占める。東部・南部の郊外（八尾市・守口市・東大阪市・岸和田市・堺市）の学校で特に多い。国籍・出生地・言語は多様だが、中国・中国語が約半数を占める。83.3％が自らを「在日外国人」と定義している。この中で中国系は40〜50歳代が約6割、女性が約9割を占める。一方、中国以外の他国系は20歳未満が32.6％、40歳未満が65.2％と若年層が多く、男性が4割を超える。【新渡日系】は日本語の会話・読み書きとも、【中国帰国系】に準じて困難を抱えている。特に他国系では、①日本語も出身国の言葉もどちらも中途半端なセミリンガルで、両親・家族ともコミュニケーションが困難、②非漢字圏出身者における漢字の壁等、固有の深刻な問題も見られる。

　さて対象者は系の違いを問わず、「経済的に苦しい」(26.9％)、「将来の生活が不安」(27.4％)等、経済的困難に直面している（**表13-5**）。また社会関係は狭隘で、生活上の悩みの相談相手も家族（同居・別居）以外は夜間中学関係者（生徒・教師）にほぼ限られている。

　とりわけ都心の学校に多い【日本系】・【在日コリアン系】の高齢層の生徒は、7割以上が無職で、年金・生活保護等の金額の低さが経済的困難の主な理由だ。また「自分の健康の問題」も抱え、これが「将来の不安」を助長している。

悩みの相談相手は家族、及び、夜間中学関係者であることが特に多い。

その中でも【日本系】は、日本語の読み書きができるので、夜間中学の情報を行政の広報等、広域的に伝達される文字媒体から入手した。そこで、過半数が通学に片道40分以上かかる遠隔地に居住している。都心は彼女達にとって居住地ではなく、通学先である。こうした傾向は、北部都心で特に顕著だ。

一方、【在日コリアン系】は、日本語の読み書きが特に困難なケースが多いため、夜間中学に関する情報を対面関係の口語（近隣の人、夜間中学の生徒）から入手している。そこで通学時間は片道20分未満が36.5%、30分未満が64.6%と、学校の近隣に居住している。都心は彼女達の集住地であり、彼女達は「学校の友達＝近隣の人」という稠密なコミュニティの中で暮らしている。特に日本最大の在日コリアンのコミュニティが位置する生野区では、約半数の生徒が通学時間20分未満、8割以上が30分未満と学校周辺での集住傾向が特に顕著だ。

これに対し、郊外の学校に多い【新渡日系】・【中国帰国系】等の相対的若年層は無職・失業者も多いが、たとえ働いていても不安定な非正規雇用が圧倒的に多い。低賃金・失業が、経済的困難・将来の不安の主原因だ。特に【新渡日系】では、非正規雇用が無職を上回り、「仕事がきつい」、「仕事がない／少ない」、「仕事時間が長すぎる」等、就労関係の悩みも多い。悩みの相談相手は同居家族に限定されがちで、「孤独・寂しい、友達が少ない」との悩みが多く聞かれる。その中でも【中国帰国系】と中国籍の【新渡日系】では、中高年を中心に学校から遠隔地の公営住宅に居住するケースが多い。こうした公営住宅では、もともと人間関係が希薄な上、対象者は日本語の壁もあり、孤立しがちだ。一方、中国籍以外の【新渡日系】は、若年層を中心に職・住・学が近接した学校の近隣に居住している。ただし彼等は職場・学校・自宅の3点を移動する多忙な日々で、また各エスニック・コミュニティの規模も限られ、やはり孤独や友達の少なさを実感している。

表 13-5　生徒の生活と社会関係 (%)

		日本系	在日コリアン系	中国帰国系	新渡日系 中国	新渡日系 その他	新渡日系 計	計
就労	非正規	12.4	15.7	24.4	48.9	46.5	47.8	22.6
	無職	73.5	73.6	62.2	38.3	37.2	37.8	64.4
	その他	6.2	8.4	11.0	2.1	16.3	8.9	8.4
通学時間	60分以上	34.5	11.2	24.4	19.1	2.3	11.1	19.2
	40分〜	18.6	10.7	19.5	23.4	14.0	18.9	15.7
	30分〜	16.8	11.8	13.4	25.5	30.2	27.8	16.6
	20分〜	7.1	28.1	17.1	14.9	25.6	20.0	19.4
	20分未満	20.4	36.5	20.7	17.0	27.9	22.2	26.9
悩み	健康	46.9	59.0	26.8	21.3	16.3	18.9	42.5
	将来不安	19.5	33.1	28.0	27.7	23.3	25.6	27.4
	貧困	23.0	31.5	23.2	23.4	30.2	26.7	26.9
	孤独	7.1	11.8	29.3	25.5	30.2	27.8	16.8
	日本語		12.9	58.5	31.9	58.1	44.4	23.9
	読み書き	17.7	50.6	31.7	23.4	32.6	27.8	34.7
	仕事	11.5	15.2	17.1	29.8	23.3	26.7	16.8
相談相手	同居家族	33.6	38.8	53.7	51.1	58.1	54.4	43.1
	別居家族	34.5	38.2	24.4	12.8	11.6	12.2	29.7
	夜間中学友達	31.9	37.1	26.8	21.3	16.3	18.9	30.4
	夜間中学先生	37.2	37.6	28.0	17.0	20.9	18.9	32.1
夜間中学情報源	役所広報	33.6	7.9	3.7	4.3		2.2	12.3
	近隣	8.8	30.9	14.6	8.5	14.0	11.1	18.8
	夜間中学生	15.0	46.6	36.6	42.6	18.6	31.1	34.3
	家族親戚	11.5	14.0	43.9	23.4	37.2	30.0	21.8
	その他友人	6.2	3.9	11.0	10.6	30.2	20.0	8.8

注）主要選択項目のみを掲載。
資料）実態調査より作成。

4　夜間中学校の意義と課題

　最後に、夜間中学校が果たしている役割、及び、直面する課題を明らかにしよう（**表 13-6**、**表 13-7**）。

　まず、いずれの系の生徒も、極めて多岐にわたる領域で、夜間中学の意義・

役割を高く評価している。

第1は、基礎学力の養成だ。「読み書きができるようになった」、「計算ができるようになった」、「いろいろな科目が学べた」等である。「日本の社会について学べた」も、【日本系】も含めて多くがあげていることをふまえれば、単なる経験ではない学力に支えられた社会認識という意味で、広義の基礎学力の獲得といえよう。

第2は、新たな社会関係の構築だ。「仲間・友達ができた」、「いい先生と出

表 13-6 夜間中学に通ってよかったこと、解決すべき課題

		日本系	在日コリアン系	中国帰国系	新渡日系			計
					中国	その他	計	
よかったこと	75％以上	⑥	⑥⑮	⑥				⑥
	50％以上	①③⑤⑧⑨⑪⑮⑯	①②③④⑤⑦⑧⑨⑩⑪⑫⑬⑯⑰⑱⑲	①④⑮⑯	⑤⑥⑮⑲	①⑥⑮⑲	①⑤⑥⑮⑲	①③⑤⑧⑪⑮⑯⑱
	25％以上	②④⑦⑩⑫⑬⑭⑰⑱	⑩⑭	⑤⑦⑧⑨⑩⑪⑫⑰⑱⑲	①③④⑧⑨⑩⑪⑫⑯⑰⑱⑳	④⑤⑧⑨⑩⑫⑬⑯⑱⑳	③④⑧⑨⑩⑫⑰⑱⑳	②④⑦⑨⑩⑫⑬⑭⑰⑲
	25％未満	⑲⑳	⑳	②③⑬⑭⑳	②⑦⑬⑭	②③⑦⑪⑭⑰	②⑦⑬⑭	⑳
解決すべき課題	50％以上		A	A D				A
	25％以上	A D E	B C D E I J	C E F I	A B D E F	A C F G H	A C D E F	C D E
	25％未満	B C F G H I J	F G H	B G H J	C G H I J	B D E I J	B G H I J	B F G H I J

注）よかったこと：①読み書きができるようになった、②計算ができるようになった、③いろいろな科目が学べた、④日本の社会について学べた、⑤仲間・友達ができた、⑥いい先生と出会えた、⑦自分と同じような立場の人と出会えた、⑧自分とは違ういろんな人々と出会えた、⑨わからなくても安心してたずねられる、⑩自分に自信がもてるようになった、⑪前向きに努力するようになった、⑫生きるために必要な知識が学べた、⑬いろいろなことを、よく考えるようになった、⑭中学卒業の資格がとれる、⑮勉強が楽しい、⑯学校の行事が楽しい、⑰毎日の生きがい・目標ができた、⑱勉強していると悩みを忘れられる、⑲日本語が学べた、⑳将来の進学・就職に役立つ。
解決すべき課題：A．夜間中学があることを、もっとたくさんの人に知らせてほしい、B．中学を卒業した人も、入学させてあげてほしい、C．もっと長く在学できるようにしてほしい、D．奨学金・就学援助金がほしい、E．給食がほしい、F．日本語だけを特別に教えるもクラスをつくってほしい、G．外国語ができる先生や職員を、もっと増やしてほしい、H．将来の進学や就職について、もっと相談にのってほしい、I．授業の内容や教え方をもっとよくしてほしい、J．先生の人数をもっと増やしてほしい。
資料）『実態調査』より作成。

表 13-7 【日本系】と【在日コリアン系】の通学時間・「よかったこと」(%)

		日本系			在日コリアン系	
		北区	豊中市	その他	生野区	その他
通学時間	20分未満		18.8	24.7	49.5	19.5
	20分〜	6.3	6.3	7.4	34.7	19.5
	30分〜	25.0	6.3	17.3	5.9	19.5
	40分〜	12.5	18.8	19.8	4.0	19.5
	60分〜	56.3	50.0	26.2	4.0	20.8
よかったこと	75%以上	⑥⑧⑮	⑥⑨⑫⑮	⑥	①③⑥⑮⑱	⑥⑮
	50%以上	①②③⑤⑦⑨⑩⑪⑫⑬⑰⑱	①②③④⑤⑦⑧⑩⑪⑬⑯⑰⑱	①③⑤⑧⑮⑯	②④⑤⑦⑧⑨⑩⑪⑫⑬⑭⑰⑲	①②③④⑤⑦⑧⑩⑪⑫⑯⑰⑱
	25%以上	④⑭⑯	⑭	②④⑦⑨⑪⑫⑬⑭⑰⑱		⑨⑬⑭⑲

注)無回答の表示は除く。主要選択項目のみを掲載。
　「よかったこと」の記号は、表 13-6 と同じ。
資料)実態調査より作成。

会えた」、「自分と同じような立場の人と出会えた」、「自分とは違ういろんな人々と出会えた」、「わからないことが安心してたずねられる」等である。前述の如く、対象者の社会関係が家族以外ではほぼ夜間中学関係者に限られていた事実をふまえれば、この意義は極めて大きい。

　第3は、自己肯定感や生き方の変化だ。「自分に自信がもてるようになった」、「前向きに努力するようになった」、「生きるために必要な知識が学べた」、「いろいろなことを、よく考えるようになった」等である。「中学卒業の資格がとれる」も、高齢者が多い【日本系】や【在日コリアン系】で特に多く聞かれることをふまえれば、自己肯定感・自信の獲得という要素が濃厚と思われる。

　第4に、学ぶこと自体が自己実現となり、精神的な安定をもたらしている。「勉強が楽しい」、「学校の行事が楽しい」、「毎日の生きがい・目標ができた」、「勉強していると悩みを忘れられる」等だ。

　以上の諸要素は、系の違いを問わず、多くの対象者が高く評価している。ただし、都心の学校に多い【日本系】と【在日コリアン系】で特に選択率が高い。長年にわたって不就学・非識字の苦難に耐えてきた彼女達は、夜間中学

の多様な意義を特に深く実感している。「世界が広くなった。夜間中学で勉強して読み書きができるようになり、行動範囲がとても広がった。町内会の行事にも積極的に参加するようになった。夜間中学に入学する前は引っ込みがちで、多くの人と交わることがなかった。自分に自信がなく、つい隣の人との交際も避けていた。夜間中学で多くのことを学び、人との交流にも自信がつき、地域の人達と一緒にボランティアに参加するようにもなった。もし夜間中学に入学していなければ、暗い人生が続いていたと思う。入学の前と後では、雲泥の差だ。夜間中学は今、生活する上で、なくてはならない学校だ」、「私は内気だったが、今は皆の前で話ができるようになった。夜間中学に入学した日は本当に遅くなってしまったが、良い所にめぐりあったと思い、心から泣けた」、「私は夜間中学に入れて今、とても幸せだ。わからないことを教えていただけることがうれしく、感謝している。今さら勉強してどうするのと言われることもあるが、気にしない。歳をとってもどこまでできるか、頑張ってみたい」等の声が聞かれる。またこうした肯定的評価は、【日本系】の中では遠隔地から通う北区・豊中市、及び、【在日コリアン系】の中では地元のエスニック・コミュニティに根差して生活・通学する生野区の学校において、特に顕著だ。

　一方、生徒が「改善すべき点」と感じていることから夜間中学が直面する課題をみると、系の違いを問わず、次の2点が指摘されている。

　第1は、自らの利益に直接関わることではなく、夜間中学の潜在的需要に関する指摘だ。「夜間中学があることを、もっとたくさんの人に知らせてほしい」、「中学を卒業した人も、入学させてあげてほしい」等である。実際には義務教育を受けていないにもかかわらず、夜間中学の存在を知らないまま、または形式的に卒業証書を受け取ったため、夜間中学に通えない人々が膨大にいる現実を、生徒達は熟知し、改善を求めていた。

　第2は、学習条件の改善だ。「もっと長く在学できるようにしてほしい」、「就学援助金がほしい」、「給食がほしい」等である。

　ここでは、東京の夜間中学との間で明確な差が看取しうる。

　東京では前述の如く、若年の生徒が多い。そこで、できるだけ早く夜間中

学を卒業して高校・専門学校等への進学を志望する者が多い。サービス業を中心とする広大な労働市場もある。そこで、長期在学を求める声は相対的に少ない。また東京の夜間中学は完全給食制により、暖かい食事が提供されている。これは、東京の行政の財政的なゆとりはもとより、生徒の出席・卒業・進学・就職等の教育成果が数値で示しやすく、行政が評価しやすいとの事情によっても支えられている。しかも東京では前述の如く、学校間の同質性が高く、同一歩調をとりやすい。都下の全校が参加する東京都夜間中学校研究会があり、東京都教育委員会と協議・交渉して課題解決にあたっている。

これに対し、大阪の場合、生徒に中高年が多く、しかも地元の労働市場が狭隘で、卒業後の適切な受け皿がない。夜間中学の卒業は、しばしば居場所・いきがい・社会関係・学びの場の喪失を意味する。そこで大阪では、「もっと長く在学できるようにしてほしい」との要望が多い。また大阪では、給食も「なし」またはパンと牛乳等、簡単なそれにとどまる。このことは、大阪の行政の財政基盤の弱さに加え、卒業・進学・就職・出席等の教育成果が数値化しにくく、行政が評価しにくいことも影響している。さらに前述の如く、大阪では学校毎の個性・多様性が顕著で、必要な対応も多様だ。近畿地方には近畿夜間中学校連絡協議会があるが、各校の所在自治体・教育委員会もそれぞれ個別であり、一律的改善は難しい。

5 夜間中学からみた大阪都心

簡単に総括しよう。

まず第1に、南部の都心（阿倍野区・天王寺区・生野区）の学校では、【在日コリアン系】や【日本系】を軸に、地元に居住する女性・高齢の生徒が多い。大阪南部の都心は利用空間として再開発されつつも、依然として低所得層・高齢者の集住地であり続けている。敗戦直後に生野区が日本の夜間中学の「卵生」の地となり、高度経済成長期に天王寺区が日本の夜間中学の再興の地となった地域的土壌は、今なお根強く息づいている。

第2に、北部の都心（北区、及び、これに準じる地域としての豊中市）の学校では、

【日本系】・【中国帰国系】を軸に、郊外から女性・高齢の生徒が通学してきている。大阪北部の都心は、広域的な低所得層・高齢者が集い、学ぶ空間として機能している。

　第3に、このような大阪の都心（北部・南部）の特徴・機能の維持・再生産を可能にしているのは、韓国朝鮮・中国からの【新渡日系】の流入だ。【在日コリアン系】の集住地である南部都心には韓国朝鮮から、また【中国帰国系】が多く学ぶ北部都心の通学圏には中国から、それぞれ【新渡日系】の生徒が来住している。これらはいずれも、グローバル化以前からのチェーン・マイグレーションの継続だ。また、それらの地域に集積する製造業零細企業と中国・韓国朝鮮系のエスニック・ビジネスの存在が、これを支えている。もとよりこうした産業基盤は決して安定したものではなく、特に製造業はグローバル化の中で危機に瀕している。しかし、代替的産業の不在の下、脆弱な地場産業と狭隘な労働市場の持続が、中高年を軸とする低所得層の労働・生活を支えている。その意味で大阪の都心には、ジェントリフィケーションに抗する一種の「抵抗力」が根強く存在しているといえよう。

　第4に、大阪府の東部・南部の郊外では、多様な年齢層の【新渡日系】と【中国帰国系】の生徒が、それぞれのエスニック・コミュニティに集住し、地元の夜間中学に通学している。ただしここでもまた、中高年の生徒が一定の位置を占める。また生徒の国籍は中国・ベトナム・フィリピン等、旧来型構成が維持されている。こうした特徴は、若年の【新渡日系】が多数を占め、しかも生徒の国籍が中国からネパールへと激変している東京の夜間中学とは異質である。こうした大阪の独自性もまた、東部・南部郊外における製造業零細企業の集積に支えられている。

　第5に、夜間中学は大阪、とりわけ都心のジェントリフィケーションに抗する「抵抗力」を側面から支えている。すなわちまず大阪、特に都心に多い【日本系】と【在日コリアン系】の生徒においては、日本語教育ではなく、識字・計算等、基礎学力の涵養が特に重要だ。また日常の生活でも「言葉と文化の壁」といった見えやすい孤立・困難ではなく、基礎学力の不足がもたらす生活の困難、学歴をはじめとする能力主義の社会規範とそれに根ざす差別・劣等感・

自信喪失等、表面化しにくい疎外・孤立が深刻な問題となる。ここで求められるのは、言語・異文化等の表面的な「国際化」対応ではなく、その深層にある階級格差・能力主義差別への対応だ。それだけに彼女達にとっての基礎学力は、単なる実用的知識、または階層上昇の手段ではない。それは、社会認識・社会関係の形成、自信・自己肯定感に支えられた生き方、精神的安定・生きる目標の基礎であり、いわば「よりよく生きる」ための文化的基盤である。
　ただし第6として、解決すべき問題も多い。生徒達は、かつての自らと同様、夜間中学に通えない多くの義務教育未修了者が取り残されている現実を熟知し、改善を求めていた。また高齢の生徒の卒業後の受け皿・学習の場の保障、就学に必要な経済的支援や給食の実施等を要求していた。しかもこうした課題の解決に際しては、東京とは異なる大阪に固有の困難さがあった。
　さて2016年12月、義務教育機会確保法が成立した[7]。従来、夜間中学の設置に否定的だった政府・文科省が一転して、その意義を認め、拡充に取り組み始めたのである。この転換をもたらした一つの大きな主体は、いうまでもなく夜間中学の意義・必要性を身をもって実感し、長年にわたって訴え続けてきた夜間中学生の存在そのものだ。新法により、前述の課題も改善の可能性が開けつつある。しかし同時に、これは従来の大阪の個性的な夜間中学の質的転換の契機でもありうる。新法は決して大阪の夜間中学の特徴を否定するものではないが、やはり東京のような若年・不登校経験者の就学促進を主な課題と想定している。しかも前述の如く、行政が把握しやすい教育効果の数値化という点で大阪の夜間中学はハンディを抱える。さらに政府・文科省による夜間中学の公認・増設は、公立義務教育機関における新自由主義的多様化・多元化の一環でもある。これに伴い、従来の【日本系】や【在日コリアン系】の高齢者を中心とする大阪都心の夜間中学もまた、新たな変貌を迫られる可能性は高い。夜間中学からみた大阪都心は今、大きな転換期にさしかかっている。

注
1　全国夜間中学校研究会（2016）。各校の開設・廃止の変遷は、夜間中学史料収集・

保存ワーキンググループ編(2016)の巻末年表も参照。
2　白井(1971：19)。ただし当時の実態は未解明の点も多い。浅野(2014)、草・浅野(2018)参照。
3　髙野(2004：第6章)参照。
4　同調査は全国の公立夜間中学30校・1048名、自主夜間中学10校・102名の生徒の回答を得た。浅野(2012)参照。また筆者は2009年にも近畿圏の夜間中学生を対象にアンケート調査を実施した。その結果は、浅野(2011)、浅野(2016)。
5　浅野・岩崎・西村編(2008：第3部)参照。
6　【中国帰国系】における夜間中学の役割については、浅野・佟(2016：289, 316, 333, 365)。
7　義務教育機会確保法以降の新たな動向については、浅野(2019)参照。

第14章　外国人たちの大阪都心

徳田　剛

1　はじめに

　本章では、グローバル化と人口の「都心回帰」現象が進む、大阪市の都心部における外国人住民の人口構成と空間分布、生活や就労の状況等の特徴を明らかにする。本章以降の内容は次のとおりである。まず本章では、大阪市全体および各行政区の外国人住民数の推移と産業別・職業別分類からみた就業構造について国・地域ごとに確認する。そして行政区ごとに見るとどの国・地域からの移住者が多いかについて、統計資料をもとに明らかにする。

　以下の議論で明らかになるように、全国の外国人人口の国・地域別比率と比べると、大阪市在住の外国人人口の場合は韓国・朝鮮籍と中国籍の割合が高く、おおよそ8割を占める。そこで第15章では在日コリアン系住民、とりわけ都心区に移住・滞在するニューカマーコリアンの現状について詳述する。つづく第16章では、大阪市におけるニューカマー中国人（新華僑）の最近の動向に見られる、都心周辺地域（西成区）のカラオケ居酒屋の事例を取り上げる。

2　日本への外国人移住者の来住の経緯

　まず、日本全体の外国人住民の状況について概観する。戦前・戦後期には、韓国・朝鮮籍や中国籍のオールドカマーの外国人による一定数の定住が見られたが、その後にニューカマーの外国人の来住を経て、現在のような外国人住民の構成を取るに至っている。ニューカマー外国人の入国の流れとしては、

1975年にベトナム・ラオス・カンボジアが社会主義体制へ移行したことを契機として国外へ脱出したインドシナ難民、「エンターテイナー（興行）」の在留資格で多数来日することになったフィリピン人女性、入管法改正の後の1990年以降に大挙して来日してきた南米日系人などが挙げられる。しかしながら、1990年代から2000年代前半にかけて増加傾向にあった南米日系人は、2000年代後半のリーマンショックに端を発する世界不況の時期を転機として急減へと転じた。それに代わって東アジアや東南アジアからの入国者・就労者の急増により、現在はとりわけフィリピン・ベトナム・インドネシア・ネパールなどのアジア系ニューカマーの人口の増加期にある。

こうした日本全体の外国人住民数の増減を整理したのが図14-1である。

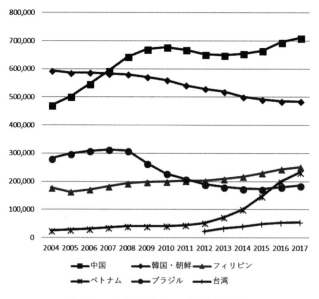

図14-1　在留外国人数の推移（国籍別）

出典）筆者作成。
注）① 2011年末までは，外国人登録者数のうち中長期在留者に該当し得る在留資格をもって在留する者及び特別永住者の数であり，2012年以降は在留外国人統計の数値をもとに作成している。なお，2016年までは12月末現在，2017年は6月末現在の数値。
② 2011年末までの「中国」は台湾を含んだ数である。2012年末以降の「台湾」は，既に国籍・地域欄に「台湾」の記載のある在留カード又は特別永住者証明書の交付を受けた人の数であり，在留カード又は特別永住者証明書の交付を受けていない者は，中国に計上している。

日本在住の外国籍住民の中で長らく最大人数を維持してきた韓国・朝鮮籍住民は、移民1・2世の世代の高齢化や帰化する者の増加などの理由から減少傾向にあり、2000年代にかけて急増傾向を見せていた中国籍住民の数が2007年末には上回ることになる。しかしながら、中国籍住民の数も2011年の東日本大震災や福島原発事故の影響で一時的に減少し、現在は微増傾向にある。3位のフィリピンについては、興行ビザの発行の厳格化が図られた影響で2005年には在留外国人数が減少しているが、その後は技能実習生などが増加している。最も人口増加率が高いのが、2017年の時点で4位の人口数となっているベトナム籍住民である。中国籍住民が数を減らした2011年以降に入れ替わるように流入人口が急上昇しているが、これはもっぱら日本各地に到来している技能実習生や留学生の増加によるものと考えられる。2000年代途中までは3位の人口数を誇っていたブラジルは、リーマンショック後の世界不況を転機として多くの帰国者を出した関係で急速に減少し、現在は5位の人口数となっている。ただしひと頃の減少傾向から2016年頃からは増加に転じている。

3　大阪市の外国人人口の構成

3.1 国籍別に見た外国人人口の推移

　次に、大阪市の外国人人口の動向を見てみよう。第二次世界大戦前の大阪は西日本の経済の中心地であると同時に、対東アジア地域への貿易の中心地でもあった。そのために、大阪市には戦前・戦後期に来日し定住したオールドタイマーの在日韓国・朝鮮人や老華僑と呼ばれる人々が多く居住した。その一方で、ブラジルやペルーなどの南米日系人の数が多くないことも大阪市の特徴と言える。1990年代の南米日系人の流入期には、大阪市内の工場の相当数が滋賀県や兵庫県播磨地域などの郊外へ移転してしまっていたからである。したがって大阪市には、在日コリアンや中国系の新旧住民とフィリピン・ベトナム・ネパールなどからやって来たアジア系ニューカマー住民が多く住んでいると言ってよいだろう。

298　第Ⅲ部　都心の「周辺」

　表14-1は、主な国籍別に見た大阪市の外国人住民数である。総数では、2000年代終わりには約12万人いた外国人人口が2014年には約11万5千人ほどに減少し、ここ数年に以前の水準に戻ってきているのが特徴である。国・地域別に見た場合、韓国・朝鮮籍はここ5年でおよそ7万人の減少と大きく人口を減らしているが、それでも大阪市の外国人人口の6割弱を占めている。中国籍はほぼ2万5千人から3万人のあたりを推移している。近年では、ベトナム籍と台湾籍の人口がかなり増えており、フィリピン・米国・ブラジルは微増している。

表14-1　大阪市在住の外国人住民数の推移（国籍別）

	2009	2010	2011	2012	2013	2014	2015	2016	2017
総数	121,550	120,597	119,474	119,499	116,191	115,705	117,199	121,073	126,154
韓国・朝鮮	82,565	80,549	78,470	77,329	74,952	72,980	71,484	70,070	68,709
中国	26,104	27,110	28,195	29,027	26,446	26,094	26,467	27,755	30,137
台湾					1,814	2,369	3,004	3,804	4,264
ベトナム					1,235	2,141	3,396	5,506	7,919
フィリピン	2,723	2,844	2,902	2,982	2,850	2,915	3,067	3,205	3,412
米国	1,242	1,192	1,208	1,246	1,238	1,301	1,356	1,408	1,469
ブラジル	1,348	1,379	1,196	1,090	998	933	870	910	918

出典）『大阪市統計書』をもとに筆者作成。

3.2　大阪市における外国人の就業状況―産業・職業大分類による分析から

　それでは、大阪市に暮らす外国人住民はどのような職業に従事しているのであろうか。**表14-2**は、大阪市の外国人人口の産業別にみた就業者数の一覧であり、総数と各国・地域ごとに上位3件のみを記載したものである。大阪市全体で見ると、製造業、卸売・小売業、宿泊・飲食サービス業の順となっている。

　各国・地域別では、市内人口の最も多い韓国・朝鮮籍で市全体と同様に製造業、卸売・小売業の順となっているが、3位に医療・福祉が入っており、移民1世・2世の高齢化に伴う同分野のニーズの高まりがうかがえる。中国籍では卸売・小売業が第1位となっており、製造業、宿泊・飲食サービ

業と続く。フィリピン系では製造業とサービス業の従事者が多く、医療・福祉分野での就労もみられる。ブラジル籍とベトナム籍では製造業の比重がかなり高いが、その一方で米国籍では半数が教育・学習支援業の割合が高く、英語教師や英会話学校で働く人たちが多いことが想像される。

表 14-2　大阪市の外国人住民の就業（2015 年国勢調査、産業別大分類より上位 3 件を掲載）

	第 1 位		第 2 位		第 3 位	
総数	E 製造業	5706 (17.6%)	I 卸売業, 小売業	4655 (13.9%)	M 宿泊業, 飲食サービス業	3615 (10.8%)
韓国・朝鮮	E 製造業	3651 (17.9%)	I 卸売業, 小売業	2975 (14.5%)	P 医療, 福祉	2386 (11.7%)
中国(含台湾)	I 卸売業, 小売業	1327 (22.7%)	E 製造業	1101 (18.8%)	M 宿泊業, 飲食サービス業	824 (14.1%)
ベトナム	E 製造業	283 (42.7%)	D 建設業	63 (9.5%)	M 宿泊業, 飲食サービス業	56 (8.5%)
フィリピン	E 製造業	192 (26.9%)	M 宿泊業, 飲食サービス業	110 (15.4%)	P 医療, 福祉	73 (10.2%)
米国	O 教育, 学習支援業	235 (52.1%)	N 生活関連サービス業, 娯楽業	67 (14.9%)	G 情報通信業	22 (4.9%)
ブラジル	E 製造業	109 (55.1%)	M 宿泊業, 飲食サービス業	17 (8.6%)	I 卸売業, 小売業	14 (7.1%)

出典)『大阪市統計書』をもとに筆者作成。

　表 14-3 では、職業分類に基づいてそれぞれ上位 3 件を示した。大阪市全体では、職種を国籍別に見てみると、韓国・朝鮮籍ではサービス職業従事者、生産工程従事者、事務従事者の順で、大阪市の総数と同じ並びとなっている。中国籍ではサービス職業従事者・販売従事者など商業・サービス業への就業が主である。販売業・サービス業、事務職、生産工程のそれぞれに一定数の従事者が見られるが、フィリピン籍はサービス業と生産工程がほぼ 4 分の 1 ずつで同数であるが、ベトナム籍とブラジル籍では生産工程が約半数を占めている。また、米国籍は 78.9% が専門的・技術的職業従事者であった。

　以上の考察より、大阪市の外国人人口の就業構造が浮かび上がってくる。大阪市で最大のエスニック・グループである韓国・朝鮮籍の人たちが商業・

表 14-3　大阪市の外国人住民の就業（2015 年国勢調査、職業別大分類より上位 3 件を掲載）

	第 1 位		第 2 位		第 3 位	
総数	E サービス職業従事者	5052 (15.1%)	H 生産工程従事者	4937 (14.7%)	C 事務従事者	3983 (11.9%)
韓国・朝鮮	E サービス職業従事者	3446 (16.9%)	H 生産工程従事者	3255 (15.9%)	C 事務従事者	2864 (14.0%)
中国（含台湾）	E サービス職業従事者	942 (16.1%)	D 販売従事者	920 (15.7%)	C 事務従事者	892 (15.3%)
ベトナム	H 生産工程従事者	332 (50.2%)	B 専門的・技術的職業従事者	61 (9.2%)	E サービス職業従事者	56 (8.5%)
フィリピン	H 生産工程従事者	202 (28.3%)	E サービス職業従事者	178 (25.0%)	K 運搬・清掃・包装等従事者	130 (18.2%)
米国	B 専門的・技術的職業従事者	356 (78.9%)	C 事務従事者	26 (5.8%)	D 販売従事者	19 (4.2%)
ブラジル	H 生産工程従事者	108 (54.5%)	K 運搬・清掃・包装等従事者	24 (12.1%)	E サービス職業従事者	20 (10.1%)

出典）『大阪市統計書』をもとに筆者作成。

工業分野での就業が中心となっており、大阪市の外国人人口の就業の基調をなしている。中国籍では商業分野、フィリピン籍では工業分野がやや多いものの、全体として商工業での就業が中心である点は変わらない。比較的最近の来住者の多いブラジル籍、ベトナム籍では製造業従事者の割合が高く、大阪市内に残っている中小工場の貴重な労働力となっている様子がうかがえる。また、医療・福祉業の従事者が韓国・朝鮮、中国、フィリピンでそれぞれ一定数存在することも明らかになっており、この分野での外国人の就労が進んでいることを裏付けている。

4　大阪市における外国人人口の空間分布

4.1　エスニック・グループ別で見た外国人人口の居住分布

ここでは、大阪市の 24 の行政区で外国人住民の総数がどのように変化したかを確認する。**表 14-4** は、大阪市の外国人人口の総数およびエスニック・

グループごとの居住状況を表したもので、各カテゴリーで人口の多い順に上位5区を並べたものである。

大阪市全体で見ると生野区・西成区・平野区などの都心周辺区に多くの外国籍住民が居住しており、その傾向は在日コリアン住民（韓国・朝鮮籍）の分布を反映したものである。その中にあって、中央区の韓国・朝鮮籍の人口も増加傾向にあり、この中には第2節で取り上げるニューカマーコリアンの人たちも含まれている。

それに対して、中国籍や台湾籍は浪速区・中央区など大阪都心地域の南部（いわゆる"ミナミ"）に多く住んでおり、第16章で論じられる、西成区に多く所在するカラオケ居酒屋の所在地域と近接している。また、東淀川区は中小工場が多く立地することから、製造業などに従事する中国系住民が一定数暮らしているのではないかと推測される。フィリピン籍の住民は繁華街の飲食店街が集積する中央区などに多く分布している。ベトナム籍は生野区・西成区・浪速区の順で多く、ブラジル籍は臨海工業地域のある西淀川区に集住が認められ、いずれも主に製造業に従事していると考えられる。

表14-4 国・地域別に見た大阪市内の外国人住民の分布（上位5行政区）

	第1位		第2位		第3位		第4位		第5位	
総数	生野区	27,516	西成区	7,931	平野区	7,888	浪速区	7,672	中央区	7,611
韓国・朝鮮	生野区	23,104	東成区	5,251	平野区	4,231	西成区	4,138	中央区	2,799
中国	浪速区	3,020	中央区	2,529	東淀川区	2,277	平野区	2,250	生野区	2,124
台湾	浪速区	612	中央区	454	西区	382	生野区	318	淀川区	278
ベトナム	生野区	1,345	西成区	1,197	浪速区	734	平野区	664	東淀川区	427
フィリピン	中央区	485	平野区	254	西成区	252	淀川区	229	浪速区	222
米国	中央区	148	浪速区	129	港区	114	北区	110	西区	108
ブラジル	西淀川区	226	中央区	109	住之江区	74	浪速区	67	城東区	53

出典）『大阪市統計書』をもとに筆者作成。

4.2 大阪都心地域における新しいエスニック・エリアの形成

上述のように、大阪市で外国人住民が多く暮らす地域と言えば、日本最大の在日コリアン住民の集住地域である生野区およびその周辺を指していた。しかしながら、近年では、大阪市の地域社会の構造や空間利用のあり方の大きな変化により、外国人住民の居住地域にも変化が見られる。

大阪市内24区の直近10年（2008年から2017年）の外国人住民の増加率を算出したところ、外国人人口の増加率が高かったのは、浪速区：149.6％、西区：142.9％、阿倍野区：128.9％の順となっており、大阪市の都心地域の南部が顕著である。逆に外国人人口の減少が見られるのは、生野区：86.1％、東成区：89.7％、大正区：94.5％の3区のみであった（『大阪市統計書』より）。第4章で見たように、とりわけ2000年以降に中央区や西区の人口が急増しており、浪速区や阿倍野区は少し遅れて開発が進み人口が増えてきている地域であることから、都心周辺に位置する旧来からのエスニック人口の集住地域の縮小と、都心地域における外国人住民数の増加が全体的な傾向であると言ってよいだろう。

　そうした中で、大阪市中央区の島之内界隈に新たなエスニックタウンが形成されつつある。この地域では、ニューカマーのコリアンのほかにも、中国やフィリピンの出身者をはじめとする多国籍のニューカマー外国人が生活している。東心斎橋1丁目に立地する大阪市立南小学校の校長によると、2005年頃からニューカマーの子どもたちが増加し、児童175名のうち、42〜43％は両親のいずれか、もしくは両方が外国籍である（2016年11月18日現在）。なかでも5年生のクラスは、外国籍の児童が半数以上を占める。児童の国籍は、フィリピン、中国、韓国、インド、タイ、ガーナ、ルーマニア、モルディヴ、ブラジル、アメリカなど10〜15ヵ国におよぶ。年間を通して、30数名の児童が転入・転出し、そのほとんどが外国人の子どもである。突然転出入が決まることもあり、「明日転校することになった」という申し出に対して、急きょ手続きに追われるというケースも珍しくないという。

　この小学校に通う児童の保護者は、地域柄、飲食店やホテルなどのサービス業に従事している場合が多い。保護者が夜間営業の店舗に勤務する場合、子どもの生活が乱れたり、犯罪に巻き込まれたりするケースもあり、同校にとって大きな課題となっている。その一方で、海外の大企業の駐在員や駐日大使として赴任した外国人の子弟も在籍しており、そのような子どもたちは概して階層が高い。児童の流動性が高いことに加えて、外国人の家庭の間に、そうした階層差があることも障壁となり、外国人どうしでネットワークを形

成し、相互扶助的な関係を持つことが困難となっている。また、同じ国籍の人どうしであっても、勤務先店舗の間の競争や対立によって、関係が悪化する場合もある。さらに、PTA活動は、日本人の保護者が中心となって運営されており、日本人の保護者のコミュニティに外国人の保護者が参加することも難しい傾向にあるという。

　こうした状況のもと、南小学校では、児童の学習面と生活面の課題解決に本校の関係者だけで取り組むことには限界があると判断せざるを得なかった。そこで、2013年より、地域の外国人支援団体と協働で、外国にルーツを持つ子どもたちの学習支援と居場所づくりを実施している。

　以上から、この小学校の児童とその保護者に関して言うと、ニューカマー外国人の流動性は概して高く、職業階層間の格差が大きいゆえに、エスニシティや現住地が同じであることが必ずしも紐帯を形成する要因となるわけではない。よって、何らかの生活課題に直面した場合でも、同じエスニシティに基づくつながりによる支援を無条件に期待することは難しいのである。また、日本人住民との親密なつきあいも豊富であるとは言いがたく、孤立無援の状態に陥るケースも起こりうる。

5　おわりに

　本章では、大阪市の人口の「都心回帰」と人口構成の多文化化の関連性を問うための作業として、大阪市在住の外国人住民の行政区別に見た居住状況、産業・職業別の就業者数の分布と増減について統計資料を基に概観した。

　まず、大阪市における国籍別の人口数を見ると、全国と比べても韓国・朝鮮籍と中国籍の比重が高く、フィリピン籍・ベトナム籍を加えてもアジア系が中心であることが一目瞭然である。とはいえ、これまでに最大のエスニック・グループであった在日コリアン住民は人口減少傾向が顕著であり、逆にベトナム籍住民の急増が目立つ。外国人住民数の都心区・周辺区の比較では、人口分布だけを見るといくつもの周辺区で多くの外国人人口を抱えているが、人口増加率で見ると、大阪市で最大の繁華街を抱える中央区および浪速区あ

たりで 10 年間での人口増加率が高く、都心部において外国人向けの雇用が増えつつある傾向がうかがえる。とりわけ、商業・サービス業に多く従事する中国系やフィリピン系の住民は大阪の"ミナミ"のエリア、すなわち浪速区あたりを円の中心とした一角に一定のボリュームで居住しており、隣接する都心周辺区である西成区などもそこに含まれてくる。

　また、大阪市在住の外国人住民の就労については、ベトナム籍・ブラジル籍などが製造業の現場で貴重な労働力となっているが、その多くは前者では技能実習生、後者では派遣・請負労働者が多くを占めていると考えられる。他にも、大阪市では医療・介護分野での外国人の就労が全国平均よりも高くなっているが、その背景には在日コリアン住民の高齢化によるエスニックな医療・介護人材のニーズが高まりつつあることや、市域全体の高齢化に伴って、この分野の人手不足を補う形で外国人労働者がこれらの業種・職種に就労していることが考えられる。

第15章　大阪都心のニューカマーコリアン

二階堂　裕子

1　はじめに

　近年、大阪市中心部において、「ニューカマー」と呼ばれる韓国出身の人々が増加している。この地域は、戦前から生活を営んできた「オールドカマー」の朝鮮半島出身者の集住地である大阪市生野区からわずか3キロメートルほどしか離れていないものの、ここを拠点とするニューカマーコリアンの生活様式や価値観、およびエスニック・ネットワークの様相は、オールドカマーの人々（以下、「在日コリアン」）のそれらと大きく異なっている。

　本節では、大阪市生野区における在日コリアンのコミュニティを取り上げたあと、ニューカマーコリアンの集住地とそこで生活する人々について記述し、両者を比較する。そのうえで、ニューカマーコリアンが大阪市中心部に集住しつつある要因を考察したい。

2　在日コリアンのコミュニティ

2.1　大阪市における近代化と朝鮮人の流入

　1910年の日韓併合以降、日本政府による植民地統治の進展とともに、多数の朝鮮人が職を求めて日本へ渡航した。大正期に、とりわけ大阪市は、アジア最大の商工業都市として膨大な労働力を要請しており、その需要に応じることとなったのが、大阪近郊農村から鹿児島や沖縄にいたる西日本各地の出身者に加えて、朝鮮半島の人々であった。1923年に、朝鮮半島の西南に位置する済州島と大阪を結ぶ定期航路が開設されたことにより、朝鮮人のな

かでも済州島からの移住者がその多くを占めた(杉原・玉井編1996)。

　大阪市では、大正期から昭和初期にかけて、商工業の発展にともない、市の周辺部に工場地帯が拡張された。とりわけ、ガラスやゴムなどの中小零細工場が集積する猪飼野(現在の生野区)周辺地域では、日本人の嫌がる劣悪な労働条件を強いるような仕事に朝鮮人が従事したため、済州島出身者の集住が進み、やがてスラムの様相を呈するようになった。当時、農業に適さない土壌の済州島では、済州島庁が日本への渡航奨励政策を推進したこともあり、多くの済州島民が血縁や地縁を頼って猪飼野へ流入したのである。猪飼野には、同胞を入居させる下宿屋や朝鮮市場が誕生したほか、1928年には済州島出身者の互助組織である済州共済会が結成され、新たな移住者の社会適応に便宜を図った(杉原・玉井編1996)。

2.2　在日コリアンの下位文化形成

　それ以後、大阪市生野区では、朝鮮半島や済州島の出身者とその子孫たちが独自のエスニック・コミュニティを形成してきた。当該地域では、戦前に誕生した朝鮮市場が戦中、戦後を通じて発展した。そうした商店街のひとつである御幸通商店街は、高度経済成長期になると、朝鮮の食料や生活用品が豊富にそろう場として広く知られるようになり、大阪府下はもちろん、近畿地方各地からの在日コリアンで賑わった。1980年代に客足が衰えて商店街の斜陽化が進んだものの、その後エスニックな特色を強く打ち出した「生野コリアタウン」として再生し、2000年以降に始まる韓流ブームの追い風にも乗って、現在も多くの買い物客を集めている。

　これに加えて、生野区では、在日コリアンの民族団体である在日本大韓民国民団(民団)と在日本朝鮮人総聯合会(総聯)の地方支部が設置されているほか、在日コリアンが運営する幼稚園や初級学校などの教育施設、病院や特別養護老人ホームなどの医療・福祉施設、キリスト教会や仏教寺院などの宗教施設がエスニック・ネットワークの拠点となっている。また、儒教的な祖先祭祀を執り行うことを通して、家族・親族の結合が強化されるとともに、次世代へのエスニシティ継承が進んできた(中西2002)。このように、大阪

市生野区では、過去100年にわたり、多種多様なエスニック機関や制度の媒介によって、在日コリアンのネットワークが維持されてきたのである。

　また、機械・金属関係の小規模工場がひしめく生野区では、町工場の職工・職人コミュニティが形成されてきた。谷富夫は、生野区における在日コリアンの職人の上昇移動を可能にする条件として、「自力主義」「家族・親族結合」「日本人を含む近隣結合」の3点を析出している。そのうえで、職業のような、「民族」役割以外の地位‐役割関係を迂回路として取り結ばれる民族を超えたつながりを、「バイパス結合」と呼んだ (谷2002)。

　以上のように、生野区におけるオールドカマーの在日コリアンには、出身地や職業のうえで同質性が高いという特徴が見られる。そして、戦前から今日にいたるまで、ときに近隣の日本人住民とも結合しながら、強い紐帯で結ばれたエスニックな下位文化を維持してきた。これに対して、近年、大阪市中心部で顕在化するようになったニューカマーコリアンの集住地のありようは、こうした在日コリアンのコミュニティとは大きく様変わりしている。以下では、グローバル化の影響を色濃く受けたニューカマーコリアンに目を向けたい。

3　大阪市都心のニューカマーコリアンをめぐる状況

3.1　大阪市中央区におけるニューカマーコリアンの増加

　表15-1は、2002年以降、大阪市北区と中央区、そしてオールドカマーの在日コリアン集住地である生野区の韓国および朝鮮の国籍をもつ人々の数がどのように変化したかを示したものである。

　まず、生野区については、前々年比で5％前後の人口減少が続いており、2016年は2002年のおよそ7割にまで縮小している。その要因として、在日コリアン社会における急速な少子高齢化や日本国籍へ変更した人の増加を指摘することができる。もっとも、零細な製造業の企業の衰退が進む生野区では、在日コリアンに限らず、住民全体の人口減少と少子高齢化の進行が著しい。こうしたインナーシティとしての特徴が在日コリアンの他出を推し進

表 15-1　大阪市北区・中央区・生野区における韓国および朝鮮の国籍者の推移

	2002	2004	2006	2008	2010	2012	2014	2016
北区（人）	2,044	2,011	1,965	1,951	1,942	1,919	1,832	1,849
対前々年度増減率（％）	—	▲1.61	▲2.29	▲0.71	▲0.46	▲1.18	▲4.53	0.93
中央区（人）	2,417	2,595	3,038	2,994	3,033	3,113	2,927	2,826
対前々年度増減率（％）	—	7.36	17.07	▲1.45	1.30	2.64	▲5.97	▲3.45
生野区（人）	34,325	32,805	31,324	29,690	28,246	26,847	25,075	23,766
対前々年度増減率（％）	—	▲4.43	▲4.51	▲5.22	▲4.86	▲4.95	▲6.60	▲5.22

出所）2012年までは大阪市「外国人登録国籍別人員調査」、2014年以降は大阪市「外国人住民国籍別人員調査」

め、在日コリアン・コミュニティの規模縮小に拍車をかけていると推測される。

　一方、中心市街地のうち、北区ではわずかながら減少しているのに対して、中央区では2002年から2012年の10年間に増加傾向が続いたことが見て取れる。特に、2004年から2006年にかけては、17％以上も増加しており、この時期に何らかの要因によってニューカマーのコリアンの流入が促されたと考えられる。

　実際に、中央区のミナミに広がる繁華街を歩けば、ニューカマーコリアンの日常生活を支える施設が数多く見受けられる（図15-1）。観光客でにぎわう心斎橋筋商店街から東へ進み、東心斎橋1丁目と2丁目に入ると、ハングルで書かれた看板を掲げる飲食店が目に付くようになる。さらに、堺筋を超えた東側の一帯は島之内1丁目と2丁目であり、そこには韓国料理店のほか、韓国直輸入の食品や生活雑貨を扱うスーパーマーケット、ハングル表記の目立つ不動産屋、クリニック、美容院などが立ち並ぶ（図15-2）。こうした施設の充実ぶりを見れば、この地域がニューカマーコリアンの生活拠点であることは一目瞭然である。

3.2　ニューカマーコリアンのネットワーク化の模索

　このような現状において、ニューカマーコリアンの横のつながりを築こうという試みも始まっている。この地域の韓国系スーパーマーケットなどに

第15章　大阪都心のニューカマーコリアン　309

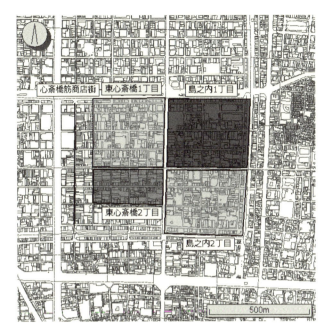

図15-1　ニューカマーコリアンの多い東心斎橋・島之内のエリア

図15-2　ハングルで書かれた看板

（2018年8月筆者撮影）

置かれている生活情報の月刊誌『ドングラミ』(有限会社ドングラミ発行) には、飲食店や美容などの娯楽情報のほか、教育や宗教、イベント開催などに関する多種多様な生活情報がハングルで掲載されている。このようなメディアには、大阪に在住するコリアンの地域生活における利便性を向上させるとともに、個人や組織のネットワーク形成を促そうという意図が見て取れる。

また、ニューカマーコリアンを結びつける組織のひとつとして、「在日本関西韓国人連合会」がこの地域に事務所を構えている。事務総長によると、ニューカマーコリアンのつながりが希薄であることを懸念した有志が、2001年に東京で「在日本韓国人連合会」を結成したのに続いて、大阪でも2010年に約500名の同胞が集まって同様の親睦団体を立ち上げた。韓国企業の駐在員や起業家、留学生らによって構成され、新年会やゴルフ大会などのイベントを通じて、同胞の団結力強化を図るほか、地域社会への貢献や次世代の育成を会の目的として掲げている。また、駐大阪大韓民国総領事館や民団大阪本部との緊密な連携を図りながら、韓国と日本の友好関係の構築に向けたフォーラムなども開催している。中央区には、韓国系の金融、貿易、運輸などに関連する企業が大阪事務所を多く設置していることから、親睦を深めつつ、互いのビジネスチャンスを拡大したいというねらいもあるようだ。

そこで次節では、都心部で暮らすニューカマーコリアンの具体的な生活とネットワーク形成の状況について、その実態に迫るとともに、彼・彼女らがどのような動機で来日し、今後どのような見通しを持っているかについて探ってみよう。

4 ニューカマーコリアンの意識とネットワーク

4.1 東京都心におけるニューカマーコリアン企業家

まず、都心部在住のニューカマーコリアンを取り上げた先行研究を参照したい。

林永彦は、韓国人企業家が日本でどのように資源を活用して起業するのかを明らかにするため、1980年代以降に来日した東京都内のニューカマー企

業家を対象とした質問紙調査を行った。林は、その結果をもとに、起業の時期は1995年以降が多数を占めること、そして、彼ら／彼女らの多くが、韓流ブームも積極的に活用しながら、日本でエスニック・ビジネスの活動を展開していることを指摘した。また、ニューカマーコリアンの起業パターンとして、日本で日本語学校、大学、大学院などを卒業したあと、日本で経済活動を展開している韓国系企業や日本企業で複数の職業を経験し、起業に必要な人的資本や社会関係資本が十分蓄積されれば起業に乗り出す、という経歴が多く見受けられたという。このほか、ニューカマーコリアンは、個々人が高度に原子化・個人化されており、同窓会、同郷会、趣味クラブなど、相対的に少人数が参加する団体活動を好む傾向にあるという知見も示されている（林　2006）。

4.2　あるニューカマーコリアンの生活史

(1)職業移動と居住地移動

　現在、大阪市都心部で生活する朴春美さん（仮名）の経歴は、林が抽出したニューカマーコリアンの特徴にきわめてよく合致している。朴さんは、韓国南部にある都市の出身で、30歳代の女性である（2017年1月13日現在）。韓国の大学で2年次まで観光について学んだあと、2004年に日本の中国地方にある提携大学へ編入した。卒業後は、中国地方の小都市に立地する製造業の会社に就職し、韓国へ製品を輸出する際の通訳などを担当した。1年ほどで大都市での生活に憧れるようになり、2007年に大阪市中央区内の人材派遣会社へ転職する。さらにその2年後の2009年、より大規模なグローバル企業での活躍をめざして、貿易促進と投資誘致を業務内容とする機関へ入社した。この機関は、世界86ヵ国に拠点を構えてビジネスインフラの構築を進めており、大阪市中央区の事務所に勤務する朴さんも日本国内のほか海外へ出張する機会が多い。

　こうした職業移動にともない、朴さんは転居を重ねてきた。韓国から中国地方の都市へ、そして大阪市内で就職したあとは、平野区、浪速区、中央区にそれぞれ移り住み、さらに中央区内では2度の引っ越しを経験している。

中央区には、単身者が手軽に生活を始められるシェアハウスの物件が多い。朴さんも「とりあえず」という気持ちで、1回目は韓国人の後輩の姉と、2回目は男女7人の日本人と共同生活を送った。2番目のシェアハウスでは、ルームメイトとの相性が良く、「あまりにも居心地がよすぎ」て、当初の予定よりも長期の滞在となってしまったという。その後、25軒もの物件を丹念に調べ上げた結果、2014年に職場から徒歩5分の高層マンションへ入居して今日にいたる。40㎡の広さをもつ現在の自宅に満足しているものの、毎月約10万円の家賃を支払うより、分譲マンションを購入したほうが経済的ではないかと考えるようになった。ただし、現住地は、朴さんにとって離れがたい場所である。なぜなら、近年高層住宅の建設が進んでいるため、深夜まで営業しているスーパーマーケットが増えているうえ、本国の味を堪能できるひいきの韓国料理店も近いからである。自分のような一人暮らしの就労者にとって、この地域には好ましい環境が整っているという。

(2)将来への展望

　朴さんは現在の仕事に少なからずやりがいを感じており、業務を通じて幅広い人脈を構築してきた。給与も高く、現職に対する満足度は高い。しかしながら、その一方で、近い将来、東アジアや東南アジアとのつながりを活用した個人ビジネスに着手するという願望を抱くようになった。なぜなら、日本で採用された朴さんよりも、韓国から赴任した駐在員のほうがさらに高額の報酬を得ており、今後もこの本国採用と現地採用の待遇差が縮小される見込みはないからである。また、大学時代の留学生仲間が中国で旅行業を起業して成功し、裕福な生活を営んでいるようすを知ったことも、自らの将来の方向性を再考する契機のひとつとなった。今後、朴さんは、営業職として最高評価を得た段階で現在の勤務先を退職し、起業後は顧客としてこの機関に貢献したいと考えている。この希望を実現させるために、現在は中国語を勉強中だという。

　このような将来設計を描く朴さんにとって、エスニックな組織への参加は、ビジネス展開のうえで有益となる社会関係や情報を獲得できる場である

か否かが、その決め手になるようである。前述の在日本関西韓国人連合会は、朴さんのそうした要望を十分に満たす組織ではないため、加入していない。このほか、世界67ヵ国に拠点をもつコリアンのビジネスネットワークとして、「世界韓人貿易協会」(OKTA)がある。朴さんは、以前、OKTAの大阪支会が主催する「次世代貿易スクール」に出かけたことがあったが、在日コリアンが活動の中心となっており、「気軽に参加しにくい雰囲気」を醸し出していた。一方、OKTAの東京支会では、ニューカマーコリアンの起業家らが、起業を目指す次世代のコリアンの育成に熱心に携わっており、朴さんの求める情報が豊富に提供されていた。現在の大阪には、自分の要望に沿った、なおかつ同世代の人々で構成される組織が見あたらないという。そのため朴さんは、仕事を媒介とした個人的なつながりを通じて人脈をさらに拡大させ、情報を収集することを余儀なくされている。こうした経験のもと、将来の起業後は、ニューカマーコリアンのネットワークを自ら立ち上げ、異業種の人々を結びながら、後輩の起業支援に尽力することが朴さんの夢である。

4.3　ニューカマーコリアンの生き方を支える条件

　以上をふまえると、日本での留学を皮切りとして、朴さんが意欲的にキャリア形成を進めてきたことが見て取れる。この間、エスニックな組織やネットワークは、朴さんにとって必ずしも重要な役割を担うものではなく、彼女の職業生活や日常生活における必要性や目的に応じて、個人的なネットワークが適宜活用されてきた。そうしたネットワークには、同胞に加えて日本人も含まれている。このように、朴さんの自力主義志向や志を共有する仕事仲間との結合が彼女のキャリア形成を加速させると同時に、キャリア形成によって、自力主義志向や仕事仲間との結合がさらに促されてきたことがわかる。そして、そのようなキャリア形成の過程において、日本人との「バイパス結合」も成立しているのである。

　また朴さんは、これまでの職業生活を通じて培われた能力と経験、職業的な価値観、および幅広い人脈と信頼関係を基盤としながら、アジアを舞台としたビジネスチャンスを獲得したいという将来展望を抱くようになった。今

後、日本のほか、海外在住のニューカマーコリアンとも連携を進め、さらに異業種交流を図りながら、新たなビジネス展開や次世代育成に取り組むことも視野に入れている。こうした戦略的な生き方を可能にしているのが、彼女の決断力、実行力、情報収集力といった個人的な資質に加えて、グローバル化にともなう情報通信や交通手段の発達により、国境を越えたヒト・モノ・カネ・情報の流通が活発となっているという社会情勢であることは、言うまでもない。

　朴さんの生き方の根底にあるのは、生活の質の向上、つまり自分らしい生活と幸福感の飽くなき探求だろう。そうした生き方を支えるのは、良好な人間関係、やりがいのある仕事、快適な住環境、十分な教育、余暇活動などであり、これらの要素を通じて社会的、経済的、精神的な安定を手に入れることができるか否かが、彼女の職業や居住地の決定を左右している。東京のニューカマーコリアンの企業家を対象とした林の調査結果（林　2006）をふまえると、朴さんの生き方や社会移動および地域移動のパターンは、大都市中心部を拠点にビジネス展開を進める他のニューカマーコリアンにも普遍的に見られるものとして、ある程度の一般化が可能だろう。

5　ニューカマーコリアンにとっての大阪市

　最後に、ニューカマーコリアンにとって、大阪市の特に中心部はどのような場所であるのかについて、検討を加えたい。

　戦前から生野区に生活してきた在日コリアンは、家族・親族の結合を維持するほか、同郷人として、また同業者としてのつながりを基盤とする同質性の高いエスニック・コミュニティを形成しながら、定住化を進めてきた。これに対して、グローバル化の進展という社会変動を背景に、就学や就職のために国境を越えて移動するニューカマーコリアンたちは、まず、個人の人的資本や文化資本を移住生活の土台としている。そのうえで、目的や利害関係の状況に応じて、エスニックなつながりや日本人とのネットワークを動員しながら、社会関係資本を確保し、日本での生活を営んでいる。その結果とし

て、大阪市中心部に住むニューカマーコリアンたちは、エスニックな紐帯にもとづくコミュニティへの参加に必然性を見出していない。

　その一方で、生活の質の向上を追求しようと試みるニューカマーコリアンにとって、大阪市中心部は彼・彼女らの需要に見合った生活を送れる場所ではないか。近年、中央区には、ニューカマー外国人向けの日本語学校や韓国系企業の大阪事務所が次々と開設され、教育や労働の環境が整備されつつある。また、高所得者向けの分譲マンションや低所得者向けのシェアハウスが多く供給され、個人の趣向や経済状況に応じた住環境を手にすることができる。さらに、心斎橋周辺の繁華街は、彼・彼女らが余暇活動を楽しむ場であるほか、就労の場としての役割も果たしている。このように、教育、労働、居住、余暇の機能が集積した大阪市中心部は、ニューカマーコリアンの生活拠点として、魅力に満ちた地域であると言えるだろう。

　しかし、当該地域が今後ニューカマーコリアンの定住地となるかどうかは、現在のところ判断がつかない。個人の志向性の変化や、大阪市の観光や外国人に関する施策の方向性、日韓関係の状況などによって、この地域がニューカマーコリアンの一時的な集住地に終わるか、あるいは新たなコリアン・コミュニティの拠点となるかが左右されるだろう。

第 16 章　インナーシティの新華僑と地域社会

陸　麗君

1　はじめに

　グローバル化と自由化の流れのなかで、国際的な人口の移動が活発になり、在留外国人が日本各地、特に都市部で一般居住者や経営者として日本人の隣人となり、地域社会の新しいメンバーとなる。彼らは地域とどう関わり、地域にどのような変化をもたらしているのか？日本人の居住者・経営者とニューカマーの外国人居住者・経営者とでは、地域社会との関わりや意味付けの相違が見られるのか。こうした問題意識を念頭におき、本章では西成区でカラオケ居酒屋を経営する新華僑たちを中心に、彼らがカラオケ居酒屋を経営していくなかで、ホスト地域の居住者、経営者たちとどう関わり、地域に何をもたらしたのかといった問題を中心に考察する。それらの問題の解明は、西成区の商店街の今後の動向、ひいては大阪市の地域変容を考える上でも、極めて重要な示唆を与えるものと思われる。

2　西成区あいりん地域の商店街と新華僑のカラオケ居酒屋経営

2.1　西成区あいりん地域のアーケード商店街

　本章で取り上げる商店街は、大阪市西成区の今池本通商店街、動物園前二番商店街、新開筋商店街、萩之茶屋商店街などのアーケード商店街であり、それらは JR 新今宮駅周辺のいわゆる「あいりん地域」に位置し（**図 16-1**）、日本の高度経済成長を支えてきた労働者の街として発展してきた。
　しかし 1990 年代以降は、商店主の高齢化にともない、シャッターを下ろ

す商店が増加した。また、労働者の高齢化によって、ニーズも変化し、従来のアーケード商店街は衰退の一途を辿る。ところが近年、これらの商店街におけるカラオケ居酒屋の新規出店が急増している。それら居酒屋の経営者は大部分が新華僑である。

図16-1　あいりん地域のアーケード商店街の分布図
出典）松尾卓磨氏（大阪市立大学）の協力により作成。

2.2　新華僑のカラオケ居酒屋経営

(1)カラオケ居酒屋の火付け役の一人——不動産会社の社長A氏

　A氏はアーケード商店街に進出するカラオケ居酒屋経営の先駆者的な存在の一人である。ここで、まず簡単に彼の来日した経歴を見てみよう[1]。

　A氏は1990年代末に中国の福建省から来日した。成功への願望が強く、勤勉で忍耐強い性格の持ち主である。A氏はビジネスにおいて常にアンテナを張り、商機を掴んできた。来日してからあいりん地域に居住し続けているため、この地域を熟知している。2002年にA氏が購入した店で、日本

人の妻がカラオケ付き居酒屋を開業したところ、たいへんな人気を博した。それをきっかけにA氏自身が2005年頃から居酒屋を経営するようになった。しばらくすると、カラオケ居酒屋の店舗を売買することに商機を見出し、2013年からは不動産経営へと展開した。現在は主に日本人から土地・建物を購入して中国人に売ったり、中国人や日本人に貸したりする不動産業務を営んでいる。

(2)カラオケ居酒屋の急増

2013年頃からアーケード商店街においてカラオケ居酒屋が急増したことは、A氏の不動産経営と深く関わっている。というのも、当初A氏の不動産経営がカラオケ居酒屋を中心とした物件であったからである。A氏は空き店舗を買い上げ、カラオケ居酒屋に改装し、中国人ネットワークを通じて買主あるいは経営者を募り、カラオケ居酒屋を増やしてきた。中国人のネットワークとは、「小春」[2]という中国人向けのWebサイトや、中国語新聞の「関西華文時報」、Wechat（微信）、福建同郷会などである。2013年当時で20店舗あまりだったカラオケ居酒屋は、産経West（2015.10.8）によると、2015年10月の時点では100店舗となり、2017年5月の時点では120店舗前後となっている[3]。

では、新華僑たちはなぜこの地域でカラオケ居酒屋の経営を選んだのか？その理由として、まず挙げられるのは、あいりん地域が交通至便の上に土地と家屋が比較的安価で入手可能であった点である。2017年2月時点で、10坪の店舗を購入する場合の価格は1000万円前後、店舗を貸借する場合は初期投資額は150-200万円、毎月の賃料10-15万円前後である。このように、比較的安価な資金で起業が可能であり、資金の回収がしやすい点がカラオケ居酒屋経営の特徴として挙げられる。さらに言えば、中国人は他人の下で働くより、たとえ小さくても自分の店（会社）を持ち、自分で経営したがる傾向があることも指摘しておきたい。

一方、顧客側にしてみれば、2000-3000円前後の料金で飲食してカラオケもできるという割安感があり、入りやすい。その結果、接客する従業員の大

部分が若い女性であるカラオケ居酒屋は、地元の中高年顧客の「オアシス的な存在」(産経 West 2015.10.8)となったのである。カラオケ居酒屋の主な客は地元の中高年男性であり、その一部は生活保護を受けている。近年は、マスコミなどで報道され、他所から遊びに来る客も増加している。

難波でスナックを経営したことのある新華僑のS氏(女性、49歳)によると「難波辺りは土地が高く、コストが高いうえ、よそ者が店を開いても、客が来ない」。それに比べると、あいりん地域は、「よそ者」、「外国人」に対して比較的オープンで、商売がしやすいところであった。

カラオケ居酒屋の経営者の多くは20代後半から40代までの女性である。彼女たちは前述した新華僑たちのネットワーク(「小春」や同郷のネットなど)、あるいはバイト先で知り合った中国人女性同士が共同で出資して、店を共同経営するケースもある。

大阪華僑総会の劉中耀会長[4]によると、女性経営者の多くは来日後、まず日本語学校へ行き、日本語を勉強する。その後、飲食店などでバイトをしながら、学校に通うが、同郷や友だちの紹介で、カラオケ居酒屋でバイトをしてから独立するケースが多い。カラオケ居酒屋は、小額の資金で特別な技能がなくても起業が可能なので、新華僑の女性にとっては参入しやすい業種だといえよう。

3 新華僑経営者と地元の日本人経営者との関わり

あいりん地域のアーケード商店街に入るとネオンが閃き、「一曲100円」の看板がいたるところで見られ、カラオケ居酒屋が軒を連ねている(図16-2)。2017年8月時点での商店街にあるカラオケ居酒屋の軒数および所有者についてみると、今池本通商店街は全部で27軒の店舗があるが、そのうち12軒がカラオケ居酒屋である。その12軒のうち中国系9軒(すべてA氏が所有あるいは関わっている)、フィリピン系が2軒、韓国系が1軒である。動物園前二番街では28軒店舗のうち、4軒がカラオケ居酒屋で、経営者はすべて中国系である。また新開筋商店街は以前はシャッター街で、昼間も暗かっ

が、現在はカラオケ居酒屋が約 15 軒で、新開筋商店街の半分以上の店舗がカラオケ居酒屋である。

短期間に急増した新華僑経営のカラオケ居酒屋に対して、地元商店街の人たちの意見は賛否両論である。賛成者たちは、「商店街に活気が戻ってよい」。特に新開筋商店街は以前シャッター街で、昼間も暗かったが、現在は明るくなった。一方、反対の声は主にカラオケ居酒屋の出現で、一時問題となった三つの事柄による懸念――「カラオケによる騒音問題」、「ゴミの不法投棄」、「店頭の客引き」である。また一部では、「中国人に（商店街が）乗っ取られる」、「中国人は金を稼いだら帰るから、地元のことを考えていない」といった意見が示された。

次節では、2015 年頃から顕著になった三つの問題、つまり、カラオケの騒音、ゴミの不法投棄、客引きなど商習慣の違いによる問題を、商店街組合と新華僑側がどのように対処してきたのかを通じて新華僑と地元の地域社会との関わりを考察したい。

図 16-2　アーケード商店街で営業するカラオケ居酒屋（2017 年 8 月に筆者撮影）

3.1　ゴミの不法投棄をめぐる両者の関わり

　2015年から一部のカラオケ居酒屋によるゴミの不法投棄問題が顕著になった。この問題の解決に当って、商店街側（日本人の商店主たち）はオーナー・仲介者のA氏に中国語で各経営者にゴミの正しい捨て方を説明してもらう形で対処するのが「一番うまくいく」方法だと考えた。

　一方、ゴミの不法投棄が問題になってから、A氏は契約時に新華僑たちに、店のゴミはゴミ処理業者に商業ゴミとして処理してもらうように指導した。しかし商店街の要請に対しては「それ以上のことは会費を徴収している商店街組合がやるべきだ」と主張し、さらに一歩踏み込んで商店街と手を携えて対処することはしなかった。その結果、商店街組合はA氏にそれ以上望めず、また新華僑の経営者たちと直接交渉しても効果があまり上らなかったため、前から設置してあった防犯カメラの映像を活用して不法投棄者を特定し、その映像を当事者に見せて不法投棄をやめさせるという方法で、ゴミ問題を解決した。

　しかし、カラオケによる騒音問題は商店街組合独自の力では解決できなかった。ほとんどのカラオケ居酒屋は防音措置を講じていないため、深夜営業の場合、騒音が問題となった。当初、商店街組合の役員が直接問題の店に行って説得をしたのだが、効果があまり見られなかった。そこで、日本人の商店主たちは会合を開き、連合会の名義で「要望書」を作成し、大阪市の保健所に提出した。行政へ「要望書」を出すまでのプロセスにおいて、新華僑の経営者と話し合う場を持つことはなかった。「どうせ、言ってもわからないから」というのが理由であった。

3.2　行政の対応

　商店街連合会による「要望書」は2015年6月に大阪市保健所南西部環境保全監視担当事務所に届き、受理された。

　これを受けて、2015年9月から行政による巡回が開始され、警察、保健所、入国管理局の合同巡回が現在まで続けられている。中国人をはじめ外国人商店主たちにカラオケ営業は23時までという大阪府の条例を周知徹底さ

せ、現場で指導するために、23時から巡回指導をすることが多い。条例内容を英語と中国語のパンフレットに作成し巡回指導の際には、各店舗に配布する。苦情があったあいりん地域のアーケード商店街は巡回の重点地域とされている。

こうした行政の関与もあり、現在、アーケード商店街では23時以降カラオケ居酒屋はカラオケ業務を停止するようになり、騒音問題はほぼ解決されている。

4　新華僑と地元コミュニティとの今後の関係——win-win の可能性

まず、新華僑側から見てみよう。中国にも「郷にいれば郷に従え」という諺があり、新華僑たちも意識している。このことは、あるカラオケ居酒屋の経営者が「他人の土地で商売をさせてもらっているのだから、この土地のルールに従うしかない」という発言に端的に表れていると言える。また彼らは「和気生財」(「周りと仲良くした方が商売はうまくいく」)を信じている。このように、新華僑の経営者たちは地域の人々（日本人の商店主）と仲良くしてビジネスに取り組み、win-win の関係を築いていこうという気持ちを有している。実際に新華僑と地元商店主が仲良く付き合うケースがある。例えば、A氏とある商店街会長B氏との付き合いがそうである。

しかし、win-win の関係を阻む要素が存在していることも看過できない。例えば、一部の新華僑経営者たちは、「商店街の人たち（日本人）が私たちのことを嫉妬している」、「行政に私たちの悪口を言っている」、「行政も日本人の言うことしか聞かない」と語るように、すべての新華僑ではないにしても、日本人経営主や行政に対して一種の不信感があることも事実である。

また、商店街組合に対する認識の違いも見られる。新華僑側は「商店街組合の会費」を払っているからサービスをすべきだと主張するが、日本人商店主側は「商店街組合の役員はほぼボランティアでやっているのだから、会員みんなが一緒にやっていくべきだ」と認識している。

一方、日本人商店主の側において、win-win を促す要素として挙げられるのは、新華僑のカラオケ居酒屋経営は「商店街に活気をもたらしてくれた」

と評価していることであり、みんなが仲良くするように努力すべきだという認識を持っている人も少なくない。また、「今いろいろな問題があるにしても、(新華僑たちの経営に対して)長い目で見る必要がある。日本人同士でも心が通うまで時間がかかるのだから、来日してまだ日が浅い中国人と互いのwin-winの関係を作るのに時間がかかるのは当然だ」といった、双方の関係性に寛容な見方を持っている人もいる。

しかし、日本人商店主側にもwin-winを阻む要素が存在している。「(外国人は)いずれ金を儲けてこの地域から去るので、地域のことをあまり考えていない」と語るように、新華僑と日本人のコミュニティに対する意味づけの違いが指摘されている。また、地域における外国人と日本人との信頼関係構築についても、「日本人同士は長い付き合いから築いた信頼関係があるが、外国人(新華僑)とは文化(マナー)が違うし、言葉も通じない」「外国人とはこのような信頼関係はできないのでは」と一部の日本人商店主は思っているようである。

5　おわりに

ここまで見てきたように、調査地であるあいりん地域のアーケード商店街において、今後、日中経営者が地域でWin-Winの関係を可能にするには、なお多くの課題が残されている。しかし、その可能性が存在していることも確かである。

若干競争関係にあっても、互いに気持ちよく同じ地域で商売したいという認識は共通している。また、B氏のように、双方の思いを共有させようと考える人物も存在している。これまでのエスニック・ビジネスは、日本人とほぼ棲み分けするようなビジネス形態が多かったが、今回の事例のように、日本人と競争関係にあるビジネスが営まれる場合、今後、双方の対話可能な土台あるいはパイプ役の存在が非常に重要となる。

そのパイプ役を担う可能性のある人物の存在(例えばA氏、B氏)に加えて、外部の力でそれを促進する必要があるだろう。そこでは行政やNPO組織な

どの関与が重要になってくると思われる。行政側はこれまでのように問題が発生してから動くのではなく、未然に防止することや、さらには外国人の力も借りて、行政が双方の意思疎通、協力しあうための土台づくりをし、そのような人材を見つけ出し育てていくことが非常に重要になってくるだろう。

「都心回帰」にともない、周辺地域が衰退していくという一般的な展開のなかで、今回の事例のように、グローバル化による移民の流入がインナーシティに急激に異質な要素をもたらしている。特に近年では、インバウンドの急増によって、西成区のようなインナーシティにおいて新たなビジネスの転換が見られる[5]。そこでは、これまでとは異なったメカニズムが働くことで、地域経済に活気がもたらされつつある。この点はVigdor（2014）が指摘したように移民によってニューヨーク市が活性化された事例と類似した傾向が指摘できる。

以上の考察により、このインナーシティにおいて、軋轢と問題を抱えながらも、地元経営主と新華僑の双方とも柔軟に対応しようということが読み取れた。先に来日した華僑が後に来た華僑を巻き込み、ビジネスを展開し、その結果、地元コミュニティの日本人経営者、住民をも引き込む形で、三者（先来者と後来者の華僑、日本人）がwin-winとなりうる図式が提示できるのか。この点から今後、大阪の地域変容・都市再生を考える上で重要なヒントが含まれているのではないかと考えられる。

注

1 本章において、商店街の新華僑たちおよび日本人経営者たちの事例は特別な説明がないかぎり、すべて筆者による聴き取り調査の内容である。なお本章と関連する文献として、陸（2017）、陸（2018）も参照されたい。
2 「小春」 https://www.incnjp.com/portal.php（2019年3月17日取得）。
3 西成区の不動産経営者T氏の聞き取り調査による。カラオケ居酒屋の店舗数の増減が激しく、はっきりとした数を把握しにくい。商店街の人たちは150前後の店舗があるという認識。
4 2017年9月、筆者インタビューによる。
5 海外旅行者の急増にともない、2016年以降、この地域で民泊施設も増加しはじめている。また2017年12月、この地域の新華僑たちが中心となって一般社団法人「大阪華僑会」を設立、2019年2月に「中華街構想」が発表され、地域は新たな展開を迎えていることを付記しておきたい。

終章　大阪の求心性はいかに回復されるか

岩崎　信彦

1　「公都」大阪の破れ

　江戸期、幕府の所在地江戸に対して商人の町として発展した大阪。町人たちは懐徳堂や適塾という学問所をつくって有為の人材を輩出し、文楽や歌舞伎など浪花文化を花開かせた。

　明治に入ると、東洋のマンチェスターと呼ばれるほどの工業の発展をみた。大阪はまさに商工ブルジョワジーの都市そして「民都」と呼ぶにふさわしい大都市となり、東京と「楕円の2中心 (2眼レフ)」をなしたのである。沖縄や鹿児島、そして朝鮮半島からの労働者の移入は増大し「移民都」ともいわれる様相を呈することになった。

　大阪にはもう一つ「公都」としての顔がある。明治以降、大阪に対する国家の援助は十分ではなく、大阪市自身が都市経営の道を進んでいった。市電など電気と港湾の事業で公営企業を発展させた。さらに1923年に市長になった関一は御堂筋の整備や地下鉄開設など都市計画と社会政策を進めた (水内2012b)。

　戦中、戦後、いくたの変遷を経ながら (序章参照)、1983年に市制100年を迎えた大阪市は、大々的に「テクノポート大阪計画」を展開した。1988年に基本計画が策定され、東京・大阪2眼レフ構想による大阪経済の成長、ならびに今後の国際化、情報化社会の進展に対応した国際情報都市としての発展を目指した。2010年度完成予定、予算2兆2000億円の事業であった。具体的には、東西軸と湾岸軸の交点で、広大な開発用地である埋立地 (咲州、舞洲、夢洲約775ha) に、WTC (ワールドトレードセンター)、ATC (アジアトレー

ドセンター)、MDC(湊町開発センター)を中核施設とする国際交易機能・テレポートを活用した情報・通信機能を集積し新たな都市核を形成しようとするものであった。

頼みとしていた高成長経済は1991年にバブル崩壊する。しかし、事業は修正されることなく進められた。WTC(事業費1193億円)は1995年の営業開始とともに経営破たんに陥り、特定調停や会社更生法によっても再建できなかった(WTCの特定調停に関する調査報告書2009年)。市・第3セクターの無責任体制がクローズアップされ、けっきょく2010年に大阪府によって咲州庁舎として約80億円で買い上げられたが、その時点の市の負債額は494億円であった。2010年→2015年における市の負債額は、ATCは312億円→213億円、MDCは61億円→44億円であった(2010年度、2015年度「大阪市財政の現状」)。また、その他の開発事業のこれまでの損失額は、オーク200が637億円、フェスティバルゲートが380億円、阿倍野再開発事業(1976年開始、2017年終了)が1961億円にのぼる(阿倍野再開発事業検証報告書2017年)。

戦前から都市事業体であった大阪市が、戦後いかに本来の公共性から乖離し、資本制的経営に走り放漫な無責任体制を強めていったかがわかる。大阪市財政の借金総額は、ピークの2004年に5兆5169億円に達した(類似都市のなかで市民一人当たりの負債は最大であった)。その後、市債発行の抑制、市職員の大幅な削減(2005年：47,608人→2015年：31,747人)によって、2015年には4兆4567億円になっている。

このような破れを招来した原因は、資本が工場生産だけでは利潤を十分にあげられないようになり、都市の土地や建造物の資本制的経営に乗り出したからである。ハーヴェイが解明した「資本の第2循環」であり、自治体それ自体がその経営主体となっていくのであるが、その典型が「山を削り海を埋める」という方式で一世を風靡した神戸市であった。神戸市も市財政の危機を惹起したのであり、大阪市のみが破れを生じたわけではない。

しかし、大阪市固有の条件もあり、それは、都市の規模的成長に対して大阪市の市域が狭域のままに据え置かれ、大都市化する大阪の課題に十分対応できなくなっていたこと、そのうえ、高額所得者ならびに新中間層市民の市

外、府外移住が進み、相対的に低所得者が市域に多く残ったことがあげられる。現在でも、個人市民税の割合が23％と低く（横浜市42％、名古屋市32％）、2017年度の「生活保護費などの扶助費」が1996年度（市税がピークであった）と比較して約2.4倍、「借金の返済のための公債費」については約2.7倍に増加している（「大阪市の財政状況」2017年度）。

このように大阪市民の経済生活が脆弱なために、大都市として発展するための着実な都市経営が行いにくくなり、その分どうしても現実遊離の一点突破的な思惑が入り込み、リスクの高い政策が打ち出されたのである。

2 「第二都市」大阪は「第一都市」東京を追いかけるだけでよいのか

21世紀に入っても、そうした一点突破的なやり方は続いている。新興地方政党「維新」を率いる橋下大阪府知事（のちに大阪市長）は「大阪都」構想を打ちだし、大阪市と大阪府の二重行政を解消し、大阪を東京都に対抗する西の「都」にすることを提案した。まさに都市大阪に求心力を取りもどそうという政治運動であった。大阪市や堺市は大きな政争の渦に巻き込まれていった。

2015年、大阪都構想をめぐる市民投票が行われたが、僅差で否決された（第5章参照）。その要因は、都心周縁区に住む相対的に低所得の市民が、「大阪都」になれば自分たちの生活が政策的に軽視されるのではないかという不安を抱き反対票を投じたからであろう。

そもそも、大阪都構想は関西財界の「道州制」推進（関経連2008）と一対のものであった。しかし、「維新」政治運動の早急な展開を企図した橋下氏は、道州制という壮大迂遠なテーマを前面に出すことを避け、「府市の二重行政解消」一本で勝負に出たのであった。しかしながら、もしも橋下氏が広域の「関西州」のあるべきコンセプトとビジョンを描き、その中心としての大阪都の意義を訴えたならば、関西財界との積極的な連携も得られ、勝負を制することができたかもしれない。

L. マンフォードは、都市は交易だけでなくある種の精神のもつ求心性（「磁力」）によって成り立っているという。「都市は、固定した住居の場となるよ

り先に、人びとが定期的に戻ってくる集まりの場として始まった。すなわち、容器より先に磁力があった。交易ばかりではなく交際や精神的な刺激のために住民でない人々を都市に引き寄せるこの力は、都市に備わった動力の証拠である」(Mumford 1961: 9-10=1969：83)と。近代に入ると大都市の求心的磁力は、首都に代表される政治権力ならびに集積を強める資本の経済権力によって担われるようになる。いわば物象化され精神性を薄弱化された「磁力」というべきであろう。

東京はアジア地域における世界都市に発展し、そのグローバルな経済権力と日本国の政治・行政権力を磁力として全国から大企業本社や人口を吸引して巨大に膨張していった。たしかに、世界の新技術やファッションや文化を発信する魅力は否定しがたいとしても、世界都市ならびに首都としての磁力を消去してみたとき、東京が都市としてどれだけの魅力があるのか、を想像してみることも肝要である。

大阪は1970年代以降の東京一極集中によって、かつて「楕円の二焦点」であった位置を大きく失い、いわば「第二都市」となった。大阪は、失われた求心性を取りもどすべく、輝ける「民都」「公都」の残像を追い、また国際化に対応しようと「テクノポート大阪」をはじめ多くの開発事業をてがけるのであった。それは、しかしながら、自らの足下を見ずに「第一」たる首都の後を追いかけるものであり、まさに、「なりたがり世界都市 (wannabe world city)」の姿がそこにあらわれている。

そして、都構想が挫折するなかで、「維新」の大阪府市の首長は、2025年の万博招致の活動を開始している。そこには、「テクノポート大阪」計画の負の遺産である未利用地・夢洲を活用する意図も込められている。そして、並行してIR (統合型リゾート施設) とカジノの誘致も推進している。はたして都市の求心性は、このような「文明」のイベントや「金 (かね)」の吸引力によってもたらされるものであろうか。

3 「京阪神三極ネットワーク都市」のなかの大阪

　F. テンニースの『ゲゼルシャフトとゲマインシャフト』(1887年)は、「大都市」と「都市」とではその性質がまったく異なるのだ、といっている。「都市」は共同社会というべきゲマインシャフトとしてとらえられ、「自治共同体の理念のもっとも完全に実現されたものは、一定の地域を支配する都市である。…市民は自己の自由と所有と名誉とをこの都市的自治体に負うている」(テンニエス 1957：下 170-1) といっている。それに対して、「大都市」は利益社会というべきゲゼルシャフトであり、「町が大都市に発展するとはじめて、家族的性格はほとんど失われ、個々の人格あるいは少なくとも個々の家族が相互に対立し、ただ偶然的な任意に選ばれた住所として共同の場所を有するにすぎないようになる」(テンニエス 1957：下 199)、と。

　このように 2 つのものが異なるものであるとすれば、「都市」と「大都市」の関係はどうなるのであろうか。テンニースは続ける。「しかし、その名 (Grossenstadt ＝大きな町) の示す通り、大都市内部には町が存在しているが――これと同様に一般にゲゼルシャフト的生活様式の内部には、たとえ委縮し、さらには死滅せんとしているにしても、ゲマインシャフト的生活様式が唯一の実在的なものとして存続している」(テンニエス 1957：下 199) のである。

　本書では、都心という「大都市」のなかに「萎縮し、死滅せんとしているにしても」根強く生き延びようとする「都市」すなわち地域コミュニティと新たに建設された「偶然的な任意に選ばれた住所として共同の場所」であるマンション群の住民たちが存在していることを対象としてとらえ、また両者の関係性を考察した (第Ⅱ部)。

　そこにおいて、両者の異質な生活状況と相互の分離の問題をとらえ、その解決の方向性を模索した。その方向はさだかにはとらえがたいが、しかしながら、今日のように大地震と津波、大型台風と風水害が大都市を襲い、固有の「都市災害」をもたらそうとしているとき、旧来からコミュニティを形成している住民と新来のマンション住民は、それぞれに独自の防災対策をつくるとともに、双方の支援、協力態勢を組まないわけにはいかない状況になっ

ており、一部でその取り組みは始まっている。

そして、その都心(「大都市」)を囲む周縁地域ではまさにゲマインシャフト的状況(「都市」)が豊かに残存している。平野などの旧環濠都市の自治をひきつぐまちづくり、通天閣とジャンジャン横丁で賑わう新世界、西成の日雇い労働者のまち、生野のコリアンタウン、ニューカマー外国人の営業と暮らしなど、多様な町(「都市」)の姿が見られる(第Ⅲ部)。

このような「大都市」と「都市」の相互前提的な関係性は、もう一段上位の都市関係に、すなわち「多極型ネットワーク構造の都市圏」(成田 2010)というとらえ方に応用することもできる。テンニースも「その都市が他の都市とともに属している連合体との間に、ギリシャのポリスと連合体との間におけると同様な関係が成立」する(テンニエス 1957:下 171)といっているように、大阪、京都、神戸の都市連合体を想定することができる。

大阪市、京都市、神戸市は空間的に離れており、常住者の自市内就業率がそれぞれ80%前後と高く三極構造をなしている(2010年において大阪市81%、京都市84%、神戸市76%。首都圏は東京区部のみが高い一極集中構造)が、三つの中心市への通勤率が10%以上という指標をとると、京阪神大都市圏の圏域が一つのまとまりとして浮かび上がってくる。さらに、人口の転出入を見ると、京都圏、神戸圏の諸都市が、出入で大阪圏と10～30%という繋がりを有している(成田 2010:57-9,89)。

京都には「千年の都」という歴史と文化があり、国内外の多くの人びとを観光でひきつけている。神戸は明治の開港によって「ハイカラさんの町」という港湾都市としての魅力があり、大阪への通勤住宅地としても選ばれている。大阪には船場や道頓堀の町人文化の名残があり、こんにちでは街のエスニックで活気ある賑わい、「お笑い」や「USJ(ユニバーサル・スタジオ・ジャパン)」がそれにとって代わっている。広く大衆芸能・大衆文化の町ということができ、アジアを中心に外国からの観光客に人気がある。

加えて、近年は神戸の医療産業都市、大阪のライフサイエンス研究開発拠点の彩都、京都のiPS細胞の研究拠点など、最先端の医療の研究開発で新しい都市産業の連携ができつつある。

4 大阪の求心性回復のための「都心」と「都心周縁」のあり方

　大阪は、京阪神の三都市連携の中心都市としての格と機能をもっており、その求心性を高めている。最近新しく「うめきた」の開発事業（2004 年基本計画、2005～12 年度土地区画整理事業 80 億円）を進めている。梅田は JR、阪急、阪神、地下鉄 3 線の交通の結節点であり、京阪神大都市圏の中心といえる位置にある。開発事業者 12 社により提案・開発がすすめられた、ナレッジキャピタルを中核施設として商業、業務、ホテル、住宅を備えるグランフロント大阪が 2013 年 4 月にまちびらきし、タウンマネジメントが組織されて、エリア巡回バスや「うめきた広場」での盆踊りやイベント、水遊びや人工芝の上でゆっくり過ごす時間、うめきたで働く人たちを含めた地域のサークル活動「ソシオ」、ストリートミュージシャンの場など多彩に取り組まれている。開設 4 年目で商業施設 266 店、オフィス棟もほぼ満床となり、合わせて約 2 万人が働き、465 億円の売上高があるという（『朝日新聞』「人工の街 うめきた 2 部 問われる発信力」2017 年 6 月 26 日～7 月 7 日）。

　大阪自身の中心は、戦前は心斎橋筋や堺筋であったが、阪急電鉄の開業以来、しだいに梅田に移っていき、こんにち京都、神戸、大阪のネットワーク大都市圏の中心地の様相を強めている。「ナレッジ（知の創造）」や「緑」をコンセプトとするうめきた 2 期（2017 年度大阪市予算 46 億円）がこれからどのように展開していくかが注目される。

　そして、そこには世界やアジアへの視点も織り込まれている。コンベンション機能を装備した「コングレコンベンションセンター」が活動し、また、新大阪－北梅田－難波－関西空港を一本で結ぶ「なにわ筋線」の実現がめざされている。さらに、関西国際空港、伊丹空港、神戸空港の一体的運用も検討されている。

　ここで少し迂回して「世界都市」という概念を考えてみよう。世界都市には二つの異なった意味がある。一つはワールドシティ world city であり、L. マンフォードは「世界都市の文化的機能」という節で次のようにいっている。「われわれは最悪の事態（都市への核爆弾の投下）に直面して、歴史的メトロポリ

スの機能を、国民経済あるいは帝国経済の焦点としてではなしに、それよりずっと重要な、世界的中心という潜在的役割をもつものとして理解する地点についに到達した。」(Mumford, 1961:561, 訳447) 被爆都市である広島や長崎は、その悲惨な経験を踏まえて No More Hiroshima、Nagasaki として世界に「核廃絶」を訴えているが、まさに world city を体現しているのである。

もう一つはグローバルシティ global city である。世界的に資本活動を行なう多国籍企業群が所在する都市、「帝国経済の焦点」である。そのような位置づけをすれば、広島や長崎は原爆被害の悲惨と核廃絶の祈りを世界に発信する world city であるが、global city ではない。逆に東京は global city であるが、世界に発信する精神文化性を必ずしも有していないとすれば world city ではない。

大阪が「第二都市」として「なりたがり世界都市」であるという場合は global city の意味であるが、本来なりたがるべきは world city である。それではどうすれば world city になれるのか。広島や長崎の場合がそれを教えてくれる。その都市の住民がみずからの深い体験を反省的にとらえその地で生きていく何らかのイデアをもって生活していくことである。広島や長崎では「核廃絶」というイデアが市民に共有されているのであり、その形象化されたものが原爆ドームであり平和祈念像であるのである。

都市大阪の求心性は「うめきた」の開発事業だけによってもたらされるものではない。また、カジノや万博の誘致によって実現されるものでもない。それらにどのような精神性が盛り込まれているかにかかっている。京都、大阪、神戸はそれぞれ都市の個性と求心性をもっている。三都市はお互いにそれらを尊重しあいながら、それぞれの都市文化を創造的に混淆させ三都市の新しい文化と歴史を形成していかなければならない。それが、世界水準の先端医療の連携的な研究開発であるか、芸術と文化の創造的発展であるか、アジアと世界の民衆との民際的交流であるか、などはこれからの重要課題である。

そして、このような大都市の求心性を支えるのは、「都心周縁」の町々の市民の生活文化とイデアである。そうした町々は都心の「磁力」を支えそれ

に活力を与える「容器」なのである。そして、都市大阪の町々は魅力に富んでいる。「都市の将来の活動的役割は、かずかずの地方、文化、人間個性などに見られる多様性と独自性を最高度に発展させることである」(Mumford 1961: 570=1969：454) にほかならない。

都市大阪の「容器」の魅力といくつかのテーマを示唆的にあげるとすると、一つは、かつての環濠都市・平野のまちづくりに見られる民衆の自治の再生のテーマである。「平野の町づくりを考える会」は、「会長なし・会則なし・会費なし」の三原則を掲げ、様々な背景を有する人々が個人の資格で緩やかに連帯する、というネットワーク型の形態を維持しながら、「おもしろいことをいい加減にやる」をモットーに、「まちぐるみ博物館」など自分たちが本当に興味を持って取り組めるテーマを厳選し、ひとりひとりが持続可能なエネルギー配分で取り組めるようお互いが心掛ける、という点に特徴があります。行政とも常に一定の距離を保ち、結果的に地域活性化を果たすことになっている点は、外から見ても中から見ても痛快そのものです、といっている[1]。民衆自治の歴史を現代に生かそうとするこの試みは、大阪市内に広く存在する地域コミュニティの活動に連なっている。本書の第Ⅱ部はその現状と可能性を探究している。

二つ目は、大阪の「笑いの文化」を豊かに発展させることである。天満天神繁昌亭が天満宮と商店街をつなぐ位置に作られ落語の常設館としてにぎわっている。漫才や喜劇をたんに「お笑い」として消費するだけではなく、暮らしと仕事の場にまでユーモアやウィットが広がる「笑いの文化」へと成熟させていくことである。桂文枝（六代目）の創作落語はそういうきっかけを示しているし、大阪商人に生きる「三方よし（買い手よし、売り手よし、世間よし）」の精神と結びつくとき、大阪の文化として花開くであろう。

三つめは、エスニックの交流を発展させるテーマである。生野における在日コリアンの集住は、いくたの苦難をはらみながらも日本人住民との共存の歴史であった。コリアンタウンはその共存と交流の結節場である。そのような結節場はより流動的な形をとりながら都心をはじめ各地で形成されている。「寄せ場」を一つの求心点にしている西成においても世界の各地から旅行者

が宿を求めてやってきている。大阪は韓国、中国を中心にアジアとの知と芸術の交流と新しい共同創造を進めていくことである。うめきたの「ナレッジ」やATC（アジアトレードセンター）をそのインキュベーターにしていくことができれば、大きく変わっていくであろう。

テーマはまだたくさんあるであろう。そのようなテーマが市民・住民に共有され生きられていくときに「京阪神三極ネットワーク都市」の中核としての都市大阪は真に世界都市 world city としての輝きを得るであろう。

終章の筆を置いた2018年秋、2025年万博の大阪開催が決定した。松井知事は、「夢洲は五輪招致の失敗後、20年間見向きもされなかった」が、万博を契機に「用地の資産価値」を上げて、「IR（カジノを含む統合型リゾート）を夢洲全体のまちづくりとしてエンターテインメントの拠点に」し、この「ベイエリアを拠点として、大阪・関西の成長をけん引する」と抱負を述べている（毎日新聞、2019年2月3日）。また吉村大阪市長は、万博跡地利用に言及して「F1のモナコ・グランプリのような大会を誘致し、…『世界屈指のエンターテインメントエリア』を目指す」（産経WEST、2月12日）としている。

ここに万博事業の本質が明瞭に語られている。ローマ帝国衰亡期に「パンとサーカス」の時代があったが、まさに「カネとエンターテインメント」の時代が大阪に招来されようとしているのである。

松井知事と吉村市長は、住民投票ですでに否決された「大阪都構想」について再び民意を問うとして、異例の「知事・市長入れ替え選挙」（4月）に打って出た。知事、市長は都構想について「府市対立（ふしあわせ）の解消のために」（3月8日記者会見）と説明しているが、やはりそこには大阪と関西の将来をどのように構想するかの知見をうかがうことはできない。

注

1 おもろいで平野（http://omoroide.com/index.html.）より。

あとがき

　本書は、鯵坂学同志社大学教授（現名誉教授）を研究代表として交付された科学研究費補助金に基づく研究成果をまとめたものである。
　この研究に関してこれまで交付された科学研究費は、
　Ⅰ.「都心回帰」時代における大都市の構造変容 - 大阪市を事例として（2008－2010年度科学研究費基盤研究（B））
　Ⅱ.「都心回帰」時代の大都市都心における地域コミュニティの限界化と再生に関する研究（2013－2015年度科学研究費基盤研究（B））
　Ⅲ.「選択と集中」時代における大都市都心の構造変動の研究：6大都市の比較（2016－2018年度科学研究費基盤研究（B））
　の3件である。
　私たちは、2008年に「都心回帰」時代における大阪市の構造と都心コミュニティの変容に焦点をあてた調査研究を開始した。その後、札幌市、東京都、名古屋市、京都市、福岡市を調査対象都市に加え、現代日本における大都市の構造変容と都心コミュニティの特質を解明すべく研究を重ねてきた。
　これらの研究に研究分担者として参加したのは（五十音順、（　）内は参加科研）、浅野慎一（Ⅰ、Ⅱ）、岩崎信彦（Ⅰ）、上野淳子（Ⅱ、Ⅲ）、魁生由美子（Ⅰ）、斎藤麻人（Ⅲ）、杉本久未子（Ⅰ～Ⅲ）、田中志敬（Ⅱ、Ⅲ）、堤圭史郎（Ⅱ、Ⅲ）、徳田剛（Ⅱ、Ⅲ）、西田芳正（Ⅰ）、西村雄郎（Ⅰ～Ⅲ）、丸山真央（Ⅱ、Ⅲ）、文貞實（Ⅰ）であった。
　また、研究協力者として参加したのは加藤泰子、柴田和子、中野佑一、二階堂裕子、浜島幸司、松川杏寧、八木寛之、吉田愛梨、陸麗君であった。

　私たちがこの研究を始めた2008年は橋下徹氏が大阪府知事に就任した年である。これ以降、大阪市、大阪府では、橋下氏が党首となって結成した大阪維新の会による「大阪都構想」をめぐり政治的混乱が現在までつづいている。
　戦前期、大阪市は市域拡張による都市機能・権限の拡大を構想した。他方、

大阪府は、戦後大阪市がすすめた特別市運動に対抗する「大阪産業都建設に関する決議」の中で「府・市統合」を提起している。両案とも、大阪の経済力が相対的に低下するなかで、東京と並ぶ地位をいかに確保するかを目指したものであり、「第二都市」大阪のさまよいは100年ほど前にすでに始まっていたのである。

　グローバル期に入って、一層すすんだ「東京一極化」に対抗するものとして、「大阪都構想」は現れた。2010年に大阪府と大阪市が共同で策定した「大阪の成長戦略」でも、「日本の成長をけん引する東西二極の一極（副首都）として世界で存在感を発揮する都市」を目指し、新規産業を展開する「価値創造（ハイエンド）都市」、アジア市場を取り込んだ「中継都市」という都市像が設定され、医療産業の集積を活かした健康医療産業の展開、万博誘致やIR施設誘致などが提起されている。

　私たちは、このような社会的背景のもと、「都心回帰」がすすむ大阪都心地域でさまざまな研究をすすめてきた。この中で、本書は、都心地域の構造変容と都心コミュニティにおける住民生活の特質、その周縁に位置するさ人々のさまざまな活動の分析に焦点をあて、さまよう「第二都市」大阪の今日的特質を明らかにしようとしたものである。本書の企てが十分に伝わるものになっているかどうかは読者のみなさんのご意見を待つしかない。私たちの研究をよりすすめるために、多くのみなさんから忌憚のないご意見をいただければ幸いである。

　本書の編集にあたっては同志社大学大学院社会学研究科の得能司さんの協力を得た。また、出版にあたっては東信堂下田勝司社長に適切な助言、援助をいただいた。ここに名を記して謝意を示したい。

　最後に、いささか異例ではあるが、研究代表者である鰺坂学先生に感謝の意を示したい。鰺坂先生は、この研究を企画だて、定年に至るまでのこの10年間、私たちと調査研究、議論を行うなかで研究の方向性を的確に示してくれ、その成果が本書に結実することとなった。しかし、他都市の研究を含め残された課題は多い。先生はこの研究を今後も続ける強い意欲をもっており、私たちも先生とともに残された研究課題の解決に向けて研究を続けて

行きたいと考えている。
　今後とも、多くのみなさまにご指導、ご鞭撻をいただけることを期待して、おわりの言葉としたい。

2019年3月吉日
　　　　　　　　　　　　　　　　　　　西村雄郎、徳田剛、丸山真央

文献一覧

愛知県知事政策局，2012,『中京都構想具体化検討基礎調査報告書』
青木秀男,2000,『現代日本の都市下層——寄せ場と野宿者と外国人労働者』明石書店.
秋山國三編,1980,『近世京町組発達史——新版公同沿革史』法政大学出版局.
浅野慎一,2011,『夜間中学の意義と課題(研究報告書)』
―――,2012,「ミネルヴァの梟たち——夜間中学生の生活と人間発達」『神戸大学大学院人間発達環境学研究科研究紀要』6(1): 125-145.
―――,2014,「戦後日本における夜間中学の卵生と確立」『神戸大学大学院人間発達環境学研究科研究紀要』7(2): 157-176.
―――,2016,「夜間中学からみた大阪」鯵坂学編『「都心回帰」時代における大都市の構造変容』平成20-22年度科学研究費補助金基盤研究B研究成果報告書.
―――,2019,「夜間中学の変遷と未来への『生命線』」『日本の科学者』54(2)
浅野慎一・岩崎信彦・西村雄郎編,2008,『京阪神都市圏の重層的なりたち——ユニバーサル・ナショナル・ローカル』昭和堂.
浅野慎一・佟岩,2016,『中国残留日本人孤児の研究』御茶の水書房.
鯵坂学,2013,「「都心回帰」時代の大阪市の地域住民組織の動向——地域振興会を中心に」岩崎信彦ほか編『増補版 町内会の研究』御茶の水書房,525-542.
鯵坂学,2009,『都市移住者の社会学的研究』法律文化社.
―――,2018,「「都心回帰」と地域コミュニティ(4)マンション住民にとって近隣交流は必要か」『まちむら』あしたの日本を創る会,141: 33-36.
鯵坂学・徳田剛・中村圭・加藤泰子・田中志敬,2010,「「都心回帰」時代の地域住民組織の動向——大阪市の地域振興会を中心に」『評論・社会科学』同志社大学社会学会,92: 1-87.
鯵坂学・徳田剛,2011,「『都心回帰』時代のマンション住民と地域社会——大阪市北区のマンション調査から」『評論・社会科学』同志社大学社会学会,97: 1-39.
鯵坂学・中村圭・田中志敬・柴田和子,2011,「「都心回帰」による大阪市の地域社会構造の変動」『評論・社会科学』同志社大学社会学会,98: 1-93.
鯵坂学・上野淳子・丸山真央・加藤泰子・堤圭史郎・田中志敬,2018,「「都心回帰」による大都市のマンション住民と地域生活——京都市中京区と大阪市中央区のマンション住民調査より」『評論・社会科学』同志社大学社会学会,124: 1-105.
生田真人,2008,『関西圏の地域主義と都市再編——地域発展の経済学』ミネルヴァ書房.
石川雄一,1999,「戦前期の大阪近郊における住宅郊外化と居住者の就業構造からみたその特性」『千里山文学論集』関西大学大学院文学研究科院生協議会,62: 1-22.
―――,2008,『郊外からみた都市空間』海青社.
一柳弘,1997,「大阪市におけるコミュニティづくり」『都市問題研究』都市問題研究会,49(11): 112-127.
伊藤久志,2012,「明治期大阪市の町組織と氏子集団」『日本歴史』吉川弘文館,767: 53-73.

―――,2013,「昭和期における都市地縁集団の再編と町内会連合会」『史学雑誌』公益財団法人 史学会,122 (8): 1401-1423.
伊藤理史,2014,「ポスト55年体制期の大衆政治――大阪市長選挙における投票行動の実証研究」『ソシオロジ』社会学研究会,58 (3): 35-51.
―――,2016,「2011年大阪市長・府知事選挙における投票行動の規定要因分析――有権者の階層に注目して」『年報人間科学』大阪大学大学院人間科学研究科社会学・人間学・人類学研究室,37: 1-15.
伊藤理史・三谷はるよ,2013,「「大阪府民の政治・市民参加と選挙に関する社会調査」の概要と基礎的分析」『社会と調査』社会調査協会,11: 101-106.
伊藤毅,2010,「序 方法としての都市イデア」吉田伸之・伊藤毅編『伝統都市① イデア』東京大学出版会,v-xiv.
乾宏巳,1977,『なにわ 大坂菊屋町』柳原書店.
井野辺潔・網干毅編著,1994,『天神祭――なにわの響き』創元社.
林永彦,2006,「韓国人企業家の起業過程と経営活動――1980年代以降に来日したニューカマー企業家を中心に」社会安全研究財団『韓国系ニューカマーズからみた日本社会の諸問題』71-144.
上田篤・上田正昭・堺屋太一・小松左京・作道陽太郎・公文俊平などとのシンポジウムの記録
上田惟一,1977,「地域自治会の研究――大阪市の町内会(一)」『関西大学法学論叢』27 (1): 85-96.
―――,1989a,「近代における都市町内会の展開過程――京都市の場合」岩崎信彦ほか編『町内会の研究』御茶の水書房,77-103.
―――,1989b,「京都市における町内会の復活と変動」岩崎信彦ほか編『町内会の研究』御茶の水書房,105-117.
上野淳子,2017,「『世界都市』後の東京における空間の生産――ネオリベラル化と規制緩和をめぐって」『経済地理学年報』経済地理学会,63 (4): 275-291.
上野淳子・中野佑一,2017,「「都心回帰」下の東京都心における建造環境の更新とコミュニティの変容」『桃山学院大学社会学論集』51 (1): 73-142.
上山信一・紀田馨,2015,『検証 大阪維新改革』ぎょうせい.
大阪市南區鰻谷中之町々會,1940,『鰻谷中之町の今昔』
梅棹忠夫,1987,「文化都市から下司の町へ」梅棹忠夫編『日本三都論 東京・大阪・京都』角川書店.
梅棹忠夫・上田篤・小松左京編,1983,『大阪――歴史を未来に』潮出版社.
遠藤紘一,2003,「産業再生と産業政策の可能性」安井国雄・富澤修身・遠藤紘一編『産業の再生と大都市』ミネルヴァ書房.
大阪市,1991,『おおさかのまちづくり』大阪市都市計画局.
大阪市開平小学校,『わがまち船場―いま・むかし―』
大阪市北区曽根崎連合振興町会,2015,『幾多の変遷を経て~曽根崎~そして今』大阪市北区曽根崎連合振興町会.
大阪市経済局,2009,『大阪の経済2009年版』

大阪市経済局編, 2007,『大阪の経済 2007 年版』.
―――, 2010,『大阪の経済 2010 年版』.
大阪市史編纂所編, 2009,『大阪市の歴史』創元社.
大阪市社会福祉協議会, 1977,『大阪市社会福祉協議会二十五年史』.
大阪市政調査会編, 2004,『自治都市・大阪の創造』敬文社.
大阪市市民局, 2007,『地域振興（区政区政コミュニティ、市民公益活動）事業分析報告書』.
大阪市市民生活局市民部振興課, 1982,『コミュニティ育成事業の概要――地域的な連帯感のある近隣社会の形成をめざして』.
大阪市市民組織研究会, 1974a,『市民組織に関する調査研究報告書（1）赤十字奉仕団の実態と問題点について』.
―――, 1974 b,『市民組織に関する調査研究報告書（1）資料集』.
大阪自治体問題研究所, 1991,『世界都市とリバブル都市――大阪 21 世紀への選択』自治体研究社.
―――, 1999,『大都市圏の「自治体破産」』自治体研究社.
―――, 2003,『関西再生への選択――サスティナブル社会と自治の展望』自治体研究社.
大阪市, 2016,「大阪市地域活動協議会」, 大阪市ホームページ,（http://www.city.osaka.lg.jp/shimin/page/0000190407.html, 2019 年 3 月 14 日取得）.
大阪市東区史刊行委員会, 1980,『続 東区史 第一～三巻』.
大阪市東区法円坂町外百五十七箇町区会編, 1942,『東区史 第二巻』大阪市東区.
大阪市立大学経済研究所, 1990,『世界の大都市 7 東京・大阪』東京大学出版会.
大阪市立大学都市環境問題研究会, 2001,『野宿生活者（ホームレス）に関する総合的実証研究』.
大阪都市協会編, 1988,『大淀区史』大淀区史編纂委員会.
大阪 21 世紀協会, 1992,『大阪 21 世紀計画 新グランドデザイン――文化立都－世界都市・大阪をめざして』財団法人大阪 21 世紀協会.
大阪府商工労働部, 2013,「アジア主要都市と大阪の都市間競争力比較――企業立地の観点から（基礎調査）」大阪府,（2017 年 4 月 11 日取得, http://www.pref.osaka.lg.jp/attach/1949/00051733/136.pdf）.
大林宗嗣, 1922,『民衆娯楽の実際研究――大阪市の民衆娯楽調査』大原社会問題研究所.
大淀区史編纂委員会, 1988,『大淀区史』大阪市.
岡田知弘, 2008,『道州制で未来はひらけるか――グローバル時代の地域再生・地方自治』自治体研究社.
岡本哲和・石橋章市朗・脇坂徹, 2014,「ネットはだれに影響を与えたか――2011 年大阪市長選の分析」『関西大学法学論集』63 (5): 105-30.
香川貴志, 1988,「高層住宅の立地にともなう都心周辺部の変化――大阪市西区におけるケーススタディー」『地理学評論』日本地理学会, 61 (A-4): 350-368.
―――, 1993,「大阪 30km 圏における民間分譲中高層住宅の供給構造」『地理学評論』66A-11: 683-702.
―――, 2004,「バブル期前後の京阪神大都市圏における分譲マンションの供給動向と価格推移」『京都教育大学紀要』105: 21-36.

柏原誠, 2014,「橋下・大阪市政のコミュニティ改革と住民自治」『おおさかの住民と自治』大阪自治体問題研究所, 426.
――――, 2017,「大都市圏ガバナンスと住民自治――大阪大都市圏を事例として」重森暁ほか編『大都市圏ガバナンスの検証――大阪・アジアにおける統治システムと住民自治』ミネルヴァ書房, 78-113.
加世田尚子・坪本裕之・若林芳樹, 2004,「東京都江東区におけるバブル期以降のマンション急増の背景とその影響」『総合都市研究』東京都立大学都市研究センター, 84: 25-42.
加藤政洋, 2005,『花街――異空間の都市史』朝日新聞社.
――――, 2012,「大阪1990――空間構想と〈場所〉の創出」『現代思想』青土社, 40(6): 220-237.
加藤泰子, 2017,「『『都心回帰』が都心の地域社会に何をもたらしたのか――大阪市北区菅南地区を事例として」『評論・社会科学』同志社大学社会学会, 122: 107-127.
釜ヶ崎支援機構・大阪市立大学大学院創造都市研究科, 2008,『「若年不安定就労・不安定住居者聞取り調査」報告書――「若年ホームレス生活者」への支援の模索』
神谷国弘, 1992,『都市比較の社会学――日欧都市の原型比較』世界思想社.
加茂利男, 2005,『世界都市――「都市再生」の時代の中で』有斐閣.
川端直正編, 1957,『浪速区史』浪速区創設三十周年記念事業委員会.
関経連, 2008,『分権改革と道州制に関する基本的な考え方』
関西空港調査会, 1992,『世界都市・関西の構図』白地社.
菅南中学校14期同窓会, 2017, 菅南中学校14期同窓会ホームページ (kannan14.sakura.ne.jp/kannancyugakuhtm.htm, 2017年8月21日取得)
北新地社交料飲協会, 2010,『わが北新地』443 (2010年3月).
木津川計, 1981,『文化の街へ――大阪・二つのアプローチ』大月書店.
記録集編集委員会, 2007,『それでもつながりはつづく――長居公園テント村 行政代執行の記録』ビレッジプレス.
草京子・浅野慎一, 2018,「1947～1955年における夜間中学校と生徒の基本的特徴(前篇)」『神戸大学大学院人間発達環境学研究科研究紀要』11(2): 93-111.
久保倫子, 2015,『東京大都市圏におけるハウジング研究――都心居住と郊外住宅地の衰退』古今書院.
倉沢進編, 1986,『東京の社会地図』東京大学出版会.
倉沢進・浅川達人編, 2004,『新編 東京圏の社会地図 1975-1990』東京大学出版会.
桑原武志, 2017,「大阪大都市圏経済の衰退と再生」重森暁ほか編『大都市圏ガバナンスの検証――大阪・アジアにみる統治システムと住民自治』ミネルヴァ書房, 15-43.
小長谷一之, 1995,「都市社会における投票行動の近隣効果――1991年京都市議選の分析」『地理学評論』日本地理学会, 68(A-2): 93-124.
――――, 2005,『都市経済再生のまちづくり』古今書院.
酒井亨, 2016,『アニメが地域を救う!?――「聖地巡礼」の経済効果を考える』ワニブックス.
酒井眞人・岸本水府, 1927,『三都盛り場風景』誠文堂.
佐賀朝, 2001,「戦時町内会」佐藤信・吉田信之編『都市社会史』山川出版社, 399-402.
櫻田和也, 2008,「不安定労働における時間・空間・生計の破綻」『「若年不安定就労・不安

定住居者聞取り調査」報告書』釜ヶ崎支援機構・大阪市立大学大学院創造都市研究科, 67-79.
佐々木雅之・総合研究開発機構, 2007,『創造都市への展望』学芸社.
サスキア・サッセン, 2008,『グローバル・シティ――ニューヨーク・ロンドン・東京から世界を読む』筑摩書房.
塩沢由典・間藤芳樹編, 2006,『創造村をつくろう！――大阪・キタからの挑戦』晃洋書房.
重森暁・柏原誠・桑原武志編, 2017,『大都市圏ガバナンスの検証――大阪・アジアにみる統治システムと住民自治』ミネルヴァ書房.
重森暁, 2017,「自立都市ネットワークと構想と大都市圏ガバナンスの課題」重森暁ほか編『大都市圏ガバナンスの検証――大阪・アジアにみる統治システムと住民自治』ミネルヴァ書房, 1-12.
芝村篤樹, 1999,『都市の近代・大阪の20世紀』思文閣出版.
島和博, 1999,『現代日本の野宿生活者』学文社.
下田平裕身, 1988,「雇用変動時代のなかの寄せ場」『寄せ場』日本寄せ場学会, 1: 74-88.
ジョン・フリードマン, 1986,「世界都市仮説」ノックスほか編『世界都市の論理』鹿島出版会.
白井重行, 1971,「大阪における夜間中学校の歴史」全国夜間中学校研究会『第18回 全国夜間中学校研究会大会要項・研究資料』
白波瀬達也, 2017,『貧困と地域――あいりん地区から見る高齢化と孤立死』中央公論新社.
新修大阪市史編集委員会, 1989,『新修大阪市史 第3巻』大阪市.
―――, 1992,『新修大阪市史 第8巻』大阪市.
―――, 1995,『新修大阪市史 第9巻』大阪市.
菅原町地区市街地再開発組合, 2003,『ジーニス大阪事業誌』.
杉原薫・玉井金五編, 1996,『大正・大阪・スラム 増補版――もうひとつの日本近代史』新評論.
杉本久未子, 2016,「都心回帰と大阪市の商店街」『大阪人間科学大学紀要』15: 209-217.
杉森哲也, 2008,『近世京都の都市と社会』東京大学出版会.
砂原庸介, 2012,『大阪――大都市は国家を超えるか』中央公論新社.
関谷龍子・滝本佳史, 2009,「京都市中京区中心地区マンション住民の実態と意識――マンションアンケート調査の結果分析」『佛教大学総合研究所紀要』16: 137-170.
善教将大, 2016,「都構想はなぜ否決されたのか」『リヴァイアサン』木鐸社, 59: 59-74.
―――, 2017,「何が維新への支持態度を規定するのか――サーベイ実験による検討」『法と政治』関西学院大学法政学会, 67 (4): 845-877.
善教将大・石橋章市朗・坂本治也, 2012a,「2011年大阪市長・府知事同日選挙下の投票行動と政治意識に関する調査の概要」『関西大学法学論集』62 (2): 316-388.
―――, 2012b,「大阪ダブル選挙の分析――有権者の選択と大阪維新の会支持基盤の解明」『関西大学法学論集』62 (3): 247-344.
善教将大・坂本治也, 2013,「維新の会支持態度の分析」『選挙研究』日本選挙学会, 29 (2): 74-89.
全国夜間中学校研究会, 2011,『第57回 全国夜間中学校研究大会 大会資料』
全国夜間中学校研究会, 2016,『第62回 全国夜間中学校研究大会 大会資料』
高木彰彦, 1986,「選挙地理学の近年の研究動向――アングロサクソン諸国を中心として」

『人文地理』一般社団法人人文地理学会，38（1）：26-40．
高木恒一，1999，「東京における都心の変容とアッパーミドル」『日本都市社会学会年報』17：23-37．
─────，1996，「作られた空間と生きられた空間──再開発住宅地における空間の生産」『日本都市社会学会年報』14：109-124．
高木恒一，2012，「都心再開発地域における地域生活──つくられた空間と生きられた空間」『都市住宅政策と社会──空間構造：東京圏を事例として』立教大学出版会，121-137．
高野雅夫，2004，『夜間中学生 タカノマサオ』解放出版社．
高野良一，1982，「近代日本における教育の地方自治論争──明治20年代前半の大阪市学区廃止論議」『教育学研究』日本教育学会，49（4）：373-383．
高橋伸夫・谷内達編，1994，『日本の3大都市圏──その変容と将来像』古今書院．
竹ノ内雅人，2017，「町年寄と町方社会」池亮ほか編『東京の歴史2 通史編2 江戸時代』吉川弘文館，62-67．
竹村保治，1977，「市民組織としての大阪市地域振興会について」『都市問題研究』都市問題研究会，29（10）：92-107．
谷口康彦，2010，「大阪の歴史的都心核・船場の再発見──魅力ある暮らしとコミュニティの再生に向けて」広原盛明編『都心・まちなか・郊外の再生──京阪神大都市圏の将来』晃洋書房，262-285．
谷富夫，2002，「猪飼野の工場職人とその家族」谷富夫編著『民族関係における結合と分離──社会的メカニズムを解明する』ミネルヴァ書房，62-200．
谷富夫ほか，2006，「大阪の社会地図」『市政研究』150，大阪市政調査会．
谷富夫編，2002，『民族関係の結合と分離──社会的メカニズムを解明する』ミネルヴァ書房．
辻ミチ子，1999，『転生の都市・京都──民衆の社会と生活』阿牛社．
堤圭史郎，2001，「都市住民の野宿生活者『問題』に対する態度──長居公園仮設一時避難所建設反対運動を事例に」『現代の社会病理』日本社会病理学会，16：77-90．
─────，2006，「大阪のインナーリングエリア──その空間分布と動向」『市政研究』大阪市政調査会，150：128-36．
─────，2009，「ホームレスの人々への類型的な理解と『孤立』のリアリティ──『問題づくり』をめぐって」『ホームレスと社会』明石書店，1：50-57．
─────，2010，「序章 ホームレス・スタディーズへの招待」青木秀男編『ホームレス・スタディーズ──排除と包摂のリアリティ』ミネルヴァ書房，1-29．
妻木進吾，2012，「貧困・社会的排除の地域的顕現──再不安定化する都市部落」『社会学評論』日本社会学会，62（4）：489-503．
寺西俊一，1990，「大都市圏」宮本憲一編『地域経済学』有斐閣．
土居年樹，2003，『天神さんの商店街 街いかし人いかし』東方出版．
東京市政調査会，1943，『5大都市町内会に関する調査』
同志社大学社会学部社会学科編，2010，『長屋リノベーション地区における小規模店舗の展開とまちづくり──大阪市北区中崎町の事例（社会調査実習報告書）』
堂島連合振興町会編，2016，『堂島 千四百年の歴史』堂島連合振興町会．
徳尾野有成，1934，『新世界興隆史』大阪土地建物株式会社．

徳田剛・妻木進吾・鯵坂学，2009,「大阪市における都心回帰——1980年以降の統計データの分析から」『評論・社会科学』同志社大学社会学会，88: 1-43.
富田和暁，1994,「日本の三大都市圏における構造変容」高橋伸夫ほか編『日本の三大都市圏——その変容と将来像』古今書院，2-20.
―――，2005,「大阪市都心地区における新規マンション居住者の居住満足度と定住意識」『人文研究』大阪市立大学大学院文学研究科，56: 65-89.
―――，2015,『大都市都心地区の変容とマンション立地』古今書院.
富田和暁・熊谷美香・清水友香，2007,「大阪府北部地域における新規マンション居住者の居住満足度と定住意識——大阪市都心地区マンションとの比較」『人文研究 大阪市立大学大学院文学研究科』58: 68-91.
中西尋子，2002,「祖先祭祀——世代間の関連と比較」谷富夫編著『民族関係における結合と分離―社会的メカニズムを解明する』ミネルヴァ書房，620-645.
中道陽香，2015,「隠れ家的な街としての大阪・中崎町の生成——古着店集積を事例にして」『空間・社会・地理思想』九州大学大学院人文科学研究院，18: 27-40.
永橋為介・土肥真人，1996,「大阪市天王寺公園の管理の変遷と有料化が及ぼした野宿者排除の影響に関する研究」『ランドスケープ研究』公益社団法人日本造園学会，59 (5): 213-216.
成田孝三，1981,「大都市の将来——ソーシャル・ミックスを中心に（インナーシティ問題〈特集〉）」『都市政策』24: 17-30, 神戸都市問題研究所.
―――，1990,「再都市化段階の東京・大阪」大阪市立大学経済研究所編『世界の大都市7 東京・大阪』東京大学出版会，1-36.
―――，1995,『転換期の都市と都市圏』地人書房.
―――，2005,『成熟都市の活性化——世界都市から地球都市へ』ミネルヴァ書房.
―――，2010,「京阪神大都市圏の地域構造、空間構成の特徴——三極構造から多極型ネットワーク構造へ」広原盛明ほか編『都心・まちなか・郊外の共生——京阪神大都市圏の将来』晃洋書房，56-103.
西区史刊行委員会，[1943]1979,『西区史 第1巻』清文堂出版社.
西村雄郎，1994,「都市社会集団としての〈町内会〉」『地域社会学会年報第6集 転換期の地域社会学』時潮社.
―――，2007,「『三大都市圏の社会・空間構造の再編』再考——大阪都市圏を事例として」『都市社会学会年報』25: 58-61.
―――，2008,『大阪都市圏の拡大・再編と地域社会の変容』ハーベスト社.
―――，2011,「都市における「町」の生成・展開と〈まち〉づくり」『村落社会研究』農山漁村文化協会，47: 49-82.
橋爪紳也，1996,『大阪モダン——通天閣と新世界』NTT出版.
浜岡政好，2009,「人口の都心回帰と新しいコミュニティ形成の課題」『佛教大学総合研究所紀要』16: 171-191.
原口剛，2003,「『寄せ場』の生産過程における場所の構築と制度的実践」『人文地理』一般社団法人人文地理学会，56 (2): 121-143.
―――，2008,「都市のイマジニアリングと野宿生活者の排除―1980年代以降の大阪を事

例として」『龍谷大学経済学論集』47-5: 29-46.
―――, 2016,『叫びの都市――寄せ場, 釜ヶ崎, 流動的下層労働者』洛北出版.
原田敬一, 2005,「戦前期町内会の歴史――大阪市の場合」『ヘスティアとクリオ』コミュニティ・自治・歴史研究会, 1: 26-39.
広原盛明・高田光雄・角野幸博・成田孝三編, 2010,『都心・まちなか・郊外の共生――京阪神大都市圏の将来』晃洋書房.
弘本由香里, 2004,「新・長屋的大阪――空堀商店街界隈・中崎町界隈」橋爪伸也編『大阪新・長屋暮らしのすすめ』太洋社, 21-44.
藤塚吉弘, 2017,『ジェントリフィケーション』古今書院.
本田哲夫, 2013,『大都市自治体と中小企業政策』同友館.
町村敬志, 1994,『「世界都市」東京の構造転換――都市リストラクチュアリングの社会学』東京大学出版会.
―――, 1999,「現代社会学の最前線 (2) 現代社会学のトポス 社会空間への問い 知の実践 現代社会学の生成空間 グローバリゼーションの社会学――想像力からリアリティへ」『情況 第二期』情況出版, 10 (12): 184-95.
―――, 2016,「都市空間は誰のものか――転換期を迎える東京の風景から考える」『都市問題』都市問題研究会, 106: 62-70.
松下孝昭, 1986,「大阪市学区廃止問題の展開――近代都市史研究の一視角として」『日本史研究』日本史研究会, 291: 51-86.
松谷満, 2010,「ポピュリズムとしての橋下府政――府民は何を評価し, なぜ支持するのか」『市政研究』大阪市政調査会, 169: 18-29.
―――, 2011a,「ポピュリズム――石原・橋下知事を支持する人々の特徴とは何か？」田辺俊介編『外国人へのまなざしと政治意識――社会調査で読み解く日本のナショナリズム』勁草書房, 181-203.
―――, 2011b,「ポピュリズムの台頭とその源泉」『世界』岩波書店, 815: 133-141.
―――, 2012a,「誰が橋下を支持しているのか」『世界』岩波書店, 832: 103-112.
―――, 2012b,「「ポピュリズム」の支持構造――有権者調査の分析から」『歴史評論』校倉書房, 751: 36-47.
―――, 2012c,「有権者とポピュリズム――2011年名古屋市民調査・大阪府民調査の概要」『中京大学現代社会学部紀要』6 (2): 149-176.
松本康, 2007,「日本の三大都市圏における都市再編 東京・大阪・名古屋:1955-2000」, (2019年3月13日取得, http://www.rikkyo.ne.jp/web/ymatsumoto/dalianjianhua.pdf).
―――, 2014,「都市圏の発展段階――都市化・郊外化・再都市化」松本康編『都市社会学・入門』有斐閣, 104-26.
丸山真央, 2010,「ネオリベラリズムの時代における東京の都市リストラクチュアリング研究に向けて」『日本都市社会学会年報』28: 219-35.
―――, 2016,「『再都市化』と都心コミュニティの可能性――6都市の都心区におけるマンション住民調査の比較分析を手がかりに」『東海社会学会年報』8: 68-78.
―――, 2015,「大都市問題の変容――「都心問題」を中心に」『都市問題』都市問題研究会, 106 (11): 52-61.

丸山真央・岡本洋一，2014,「「都心回帰」下の大阪市の都心地区における地域生活と住民意識——北区済美地区での調査を通じて」『評論・社会科学』同志社大学社会学会，110: 21-67.
三浦展，2004,『ファスト風土化する社会郊外化とその病理』洋泉社．
————，2016『昭和の郊外——東京・戦前編』柏書房．
水内俊雄，2005,「マイノリティ／周縁からみた戦後大阪の空間と社会」『日本都市社会学会年報』23: 32-56．
————，2012a,「大阪の困窮化への歴史的背景と西成区への貧困集中の実態」『貧困研究』貧困研究会，12: 5-15.
————，2012b,「「公都」大阪の制度疲労と，新たな「民都」の創造」『現代思想』青土社，40(6): 238-245．
水内俊雄・加藤政洋・大城直樹，2008,『モダン都市の系譜——地図から読み解く社会と空間』ナカニシヤ出版．
水島治郎，2016,『ポピュリズムとは何か——民主主義の敵か，改革の希望か』中央公論新社．
宮澤仁・阿部隆，2005,「1990年代後半の東京都心部における人口回復と住民構成の変化——国勢調査小地域集計結果の分析から——」『地理学評論』日本地理学会，78(13): 893-912．
宮本憲一，1987,「大阪の危機と再生をもとめて——産業構造の変化を中心に」柴田徳衛編『21世紀への大都市像』東京大学出版会，67-115.
————，1999,『都市政策の思想と現実』有斐閣．
————，2015,「大阪の都市政策を考える——国際的歴史的な教訓から」宮本憲一ほか編『2015年秋から大阪の都市政策を問う』自治体研究社，5-15.
宮本憲一編，1977,『大都市とコンビナート・大阪』筑摩書房．
宮本又次，1977,『てんま 風土記大阪』大阪天満宮．
夜間中学史料収集・保存ワーキンググループ編，2016,『夜間中学関係史料目録』全国夜間中学校研究会．
室崎益輝監修,『大阪北区ジシン本』大阪市北区役所・北区防災冊子企画編集部会．
八木寛之，2012,「大都市中心市街地における商店街活性化をとおしたコミュニティ形成——大阪市浪速区「新世界」の商店主の社会関係に注目して」『日本都市社会学会年報』30: 77-92.
矢部直人，2003,「1990年代後半の東京都心における人口回帰現象——港区における住民アンケート調査の分析を中心にして——」『人文地理』一般社団法人人文地理学会，55(3): 79-93．
山﨑孝史，2011,「知事・市長意見交換会の言説分析からみた大阪都構想」『市政研究』大阪市政調査会，173: 84-94.
————，2012,「スケール／リスケーリングの地理学と日本における実証研究の可能性」『地域社会学会年報』24: 55-71.
————，2013,『政治・空間・場所——「政治の地理学」にむけて 改訂版』ナカニシヤ出版．
————，2017,「リスケーリングの政治としての「大阪都構想」」佐藤正志・前田洋介編『(シリーズ21世紀の地域⑤ ローカル・ガバナンスと地域』ナカニシヤ出版，82-105.

山田浩之・徳岡幸一，1983,「わが国における標準大都市雇用圏：定義と適用」『経済論叢』132：145-173.
山中永之佑，1995,『近代市制と都市名望家』大阪大学出版会.
山本登，1985,『市民組織とコミュニティ（山本登著作集４）』明石書店.
由井義通，1998,「大阪市における公営住宅居住者の年齢別人口構成の変化」『人文地理』一般社団法人人文地理学会，50（1）：43-60..
────，2003,「大都市におけるシングル女性のマンション購入とその背景──『女性のための住宅情報』の分析から」『季刊地理学』東北地理学会，55: 143-161.
吉田伸之，2017,「江戸の町と名主」池亮ほか編『東京の歴史２ 通史編２ 江戸時代』吉川弘文館，68-73.
吉原直樹，1989a,「大阪における日本赤十字奉仕団成立の一齣」岩崎信彦ほか編『町内会の研究』御茶の水書房，143-169.
────，1989b,「大阪市地域振興会──転換期の実相」吉原直樹『戦後改革と地域住民組織──占領期の都市町内会』ミネルヴァ書房，157-167.
陸麗君，2017,「越境にともなう起業と社会圏の形成──関西地域の新華僑・華人の経済活動を中心に──」『日中社会学研究』25：22-31.
陸麗君，2018,「5. インナーシティにおけるニューカマーと都市空間の再形成」（先端的都市研究拠点2017年度公募型共同研究によるアクションリサーチ）大阪市立大学都市研究プラザ『URP先端的都市研究シリーズ13』：54-60

英文リスト

Atkinson, Rowland, and Gary Bridge eds., 2005, *Gentrification in a Global Context: The New Urban Colonialism,* New York: Routledge.

Brenner, N., and R. Keil eds., 2006, *The Global Cities Reader,* New York: Routledge.

Burgess ,E.W.,1925 ,*The Growth of the City* Park,RE.ed.The City.(＝1965, 奥田道大訳「都市の発展」鈴木廣編『都市化の社会学』誠信書房.)

Camagni, R., and R. Capello, 2015, *Second-Rank City Dynamics: Theoretical Interpretations Behind Their Growth Potentials*, European Planning Studies,23（6）：1041-53.

Clark, Eric, 2005," The Order and Simplicity of Gentrification: A Political Challenge," Rowland Atkinson and Gary Bridge eds., *Gentrification in a Global Context: The New Urban Colonialism,* New York: Routledge, 256-264.

Florida, Richard, 2002, *The Rise of the Creative Class: And How It's Transforming Work, Leisure, Community, and Everyday Life*, Basic Books.(＝2008, 井口典夫訳『クリエイティブ資本論──新たな経済階級の台頭』ダイヤモンド社.).

Friedmann, J., 1986, "The World City Hypothesis," *Development and Change,*17(1)：69-83.(＝2012, 町村敬志訳「世界都市仮説」町村敬志編『都市社会学セレクションⅢ 都市の政治経済学』日本評論社，37-57.)

Friedmann, J., 1995, "Where We Stand: A Decade of World City Research," P. Knox and P. J. Taylor eds, *World Cities in a World-System,* Cambridge: Cambridge University Press, 21-

47. (= 1997, 廣松悟訳「世界都市研究の到達点——この 10 年間の展望」藤田宙晴編『世界都市の論理』鹿島出版会, 23-47.）

Fujitsuka, Yoshihiro, 2005, "Gentrification and Neighbourhood Dynamics in Japan: The Case of Kyoto," Rowland Atkinson and Gary Bridge eds., *Gentrification in a Global Context: The New Urban Colonialism,* New York: Routledge, 137-150.

Fujitsuka, Yoshihiro, 2015, "Gentrification in a Post-Growth Society: The Case of Fukushima Ward, Osaka," Masateru Hino and Jun Tsutsumi eds., *Urban Geography of Post-Growth Society,* Sendai: Tohoku University Press, 147-158.

Glass, Ruth, 1964, "Introduction: Aspects of Change," Centre for Urban Studies ed., *London: Aspects of Change,* London: MacKibbon and Kee.

Hill, R. C. and K. Fujita, 1995, "Osaka's Tokyo Problem," *International Journal of Urban and Regional Research,* 19 (2): 181-193.

Hill, R. C., and K. Fujita, 1998, "Osaka's Asia Linkages Strategy: Regional Integration in East Asia, Local Development in Japan," *Urban Affairs Review,* 33 (4): 492-521.

Hodos, J. I., 2007,"Globalization and the Concept of the Second City," *City & Community,* 6 (4): 315-333.

Hodos, J. I., 2011, *Second Cities: Globalization and Local Politics in Manchester and Philadelphia,* Philadelphia: Temple University Press.

Kresl, P. K., 1992, *The Urban Economy and Regional Trade Liberation,* New York: Praeger.

Kresl, P. K., and G. Gappert eds., 1995, *North American Cities and the Global Economy: Challenges and Opportunities,* Thousand Oaks: Sage.

Lees, Loretta, Tom Slater, and Elvin Wyly, 2008, *Gentrification,* New York: Routledge.

Lees, Loretta, Tom Slater, and Elvin Wylye eds., 2010, *The Gentrification Reader,* New York: Routledge.

Lees, Loretta, Hyun Bang Shin, and Ernesto López-Morales, 2016, *Planetary Gentrification,* Cambridge: Polity.

Ley, David, 1996, *The New Middle Class and the Remaking of the Central City,* Oxford: Oxford University Press.

Lützeler, Ralph, 2008, "Population Increase and 'New-Build Gentrification' in Central Tokyo," *Erdkunde,* 62 (4): 287-99.

Lynch, Kevin 1960,*The Image of The City,*Haevard University Press . (=1964, 丹下健三・富田玲子訳『都市のイメージ』岩波書店.

Marksen, A., Y. Lee, and S. DiGiovanna eds., 1999, *Second Tier Cities: Rapid Growth Beyond the Metropolis,* Minneapolis: The University of Minnesota Press.

Miyamoto, K., 1993, "Japan's World Cities: Osaka and Tokyo Compared," K. Fujita and R. C. Hill eds., *Japanese Cities in the World Economy,* Philadelphia: Temple University Press, 53-82.

Mumford, Lewis, 1961, *The City in History,* Harcourt, Brace &World. (= 1969, 生田勉訳『歴史の都市 明日の都市』新潮社.

Rimmer, P. J., 1986, "Japan's World Cities: Tokyo, Osaka, Nagoya or Tokaido Megalopolis?,

" *Development and Change,* 17 (1): 121-57.
Sassen, S., 1988, *The Mobility of Labor and Capital: A Study in International Investment and Labor Flow,* Cambridge: Cambridge University Press. (=1992, 森田桐郎ほか訳『労働と資本の国際移動——世界都市と移民労働』岩波書店.)
Sassen, S., 2001, *The Global City: New York, London, Tokyo,* second edition, Princeton University Press. (= 2008, 伊豫谷登士翁監訳『グローバル・シティ——ニューヨーク・ロンドン・東京から世界を読む』筑摩書房.)
Shin, Hyun Bang, and Soo-Hyun Kim, 2016, "The Developmental State, Speculative Urbanisation and the Politics of Displacement in Gentrifying Seoul," *Urban Studies,* 53(3): 540-59.
Shin, Hyun Bang, Loretta Lees, and Ernesto López-Morales, 2016, "Introduction: Locating Gentrification in the Global East," *Urban Studies,* 53 (3): 455-70.
Short, J. R., and Y-H. Kim, 1999, *Globalization and the City,* New York: Longman.
Smith, Neil, 1996, *The New Urban Frontier: Gentrification and the Revanchist City,* London: Routledge. (= 2014, 原口剛訳『ジェントリフィケーションと報復都市——新たなる都市のフロンティア』ミネルヴァ書房.)
Toennies, Ferdinand, *Gemeinschaft und Gesellschaft :Grundbegriffe der reinen Soziologie* (= 1957, 杉之原寿一訳『ゲマインシャフトとゲゼルシャフト——純粋社会学基礎概念 上・下』岩波書店.)
Tsutsumi, Keishirou, 2004, *The Homeless Issue and citizens: What was Shown and What was Hidden in the Course of an Incident, the Case of Nagai Park Problem,* Shidai Shakaigaku, 5:29-36.
van den Berg, L., L. Drewett, L. H. Klaassen, A. Rossi, and C. H. T. Vijverberg, 1982, *Urban Europe Volume 1: A Study of Growth and Decline,* Oxford: Pergamon Press.
Vigdor, Jacob L., 2014, *Immigration and New York City: The Contributions of Foreign Born Americans to Ner York`s Renaissance, 1975-2013.* New York: AS/COA.
Waley, Paul, 2016, "Speaking Gentrification in the Languages of the Global East," *Urban Studies,* 53 (3): 615-25.
Weber, M., 1921, *Die nichtlegitime Herrschaft :Typologie der Städte* (= 1964, 世良晃志郎訳『都市の類型学』創文社.)
Zukin, Sharon, [1989] 2014, *Loft Living: Culture and Capital in Urban Change,* New Brunswick: Rutgers University Press.
Zukin, Sharon, Philip Kasinitz, and Xiangming Chen, 2016, "Spaces of Everyday Diversity: The Patchwork Ecosystem of Local Shopping Streets," Sharon Zukin, Philip Kasinitz, and Xiangming Chen eds., *Global Cities, Local Streets: Everyday Diversity from New York to Shanghai,* New York: Routledge, 1-28.

本書に関連する研究成果
(※本書執筆者によるもの、発表順)

◇著書
浅野慎一・岩崎信彦・西村雄郎編, 2008,『京阪神都市圏の重層的なりたち——ユニバーサル・ナショナル・ローカル』昭和堂

西村雄郎, 2008,『大阪都市圏の拡大・再編と地域社会の変容』ハーベスト社

◇論文
徳田剛・妻木進吾・鯵坂学, 2009,「大阪市における都心回帰——1980年以降の統計データの分析から」『評論・社会科学』88

鯵坂学・徳田剛・中村圭・加藤泰子・田中志敬, 2010,「都心回帰時代の地域住民組織の動向——大阪市の地域振興会を中心に」『評論・社会科学』91

鯵坂学・中村圭・田中志敬・柴田和子, 2011,「『都心回帰』による大阪市の地域社会 構造の変動」『評論・社会科学』98

岩崎信彦, 2010,「『住縁アソシエーション』としての町内会・再編」『ヘスティアとクリオ』9

鯵坂学, 2013,「第11章第2節『都心回帰』時代の大阪市の地域住民組織の動向」岩崎信彦ほか編『増補版 町内会の研究』御茶の水書房

鯵坂学, 2013,「第12章2節 大阪市都心地域におけるマンション住民の急増と地域コミュニティ」岩崎信彦ほか編『増補版 町内会の研究』御茶の水書房

丸山真央・岡本洋一, 2013,「『都心回帰』時代の大阪市都心部の地域住民組織—— 北区済美地区の事例」『評論・社会科学』104

丸山真央・岡本洋一, 2014,「『都心回帰』下の大阪市の都心地区における地域生活と住民意識——北区済美地区での調査を通じて」『評論・社会科学』110

鯵坂学, 2015,「『都心回帰』による大都市都心の地域社会構造の変動——大阪市および東京都のアッパー・ミドル層に注目して」『日本都市社会学会年報』33

浅野慎一, 2015,「東日本大震災が突きつける問いを受けて——国土のグランドデザインと『生活圏としての地域社会』」『地域社会学会年報』27

八木寛之, 2015,「『都心回帰』時代における大都市の人口移動——国勢調査データによる5都市の比較分析」『都市文化研究』17

杉本久未子, 2016,「都心回帰と大阪市の商店街」『Human Sciences 大阪人間科学大学紀要』15

杉本久未子, 2016,「大阪市中央区における都心回帰——卸売業の変容とマンション建設」鯵坂学編『「都心回帰」時代の大都市都心における地域コミュニティの限界化と再生に関する研究』科学研究費補助金成果報告書

徳田剛, 2016,「大阪市における外国人住民の分布と概況——大阪市中央区を中心に」鯵坂学編『「都心回帰」時代の大都市都心における地域コミュニティの限界化と再生に関す

る研究』科学研究費補助金成果報告書
丸山真央，2016,「『再都市化』と都心コミュニティの可能性——6都市の都心区におけるマンション住民調査の比較分析を手がかりに」『東海社会学会年報』8
鰺坂学，2017,「『都心回帰』と地域コミュニティ（3）——大都市都心のマンション住民の近隣交際の現状」『まち・むら』140
浅野慎一・佐藤彰彦，2017,「国土のグランドデザインと地域社会——『生活圏』の危機と再発見」『地域社会学会年報』29
加藤泰子，2017,「『都心回帰』が都心の地域社会に何をもたらしたのか——大阪市北区菅南地区を事例として」『評論・社会科学』122
丸山真央，2017,「都心居住とその社会的矛盾——リスケーリング戦略を現場から問いなおす」『地域社会学会年報』29
八木寛之，2017,「『都心回帰』時代における大阪市中央区同仁地区（島之内）の地域社会」『神戸山手大学紀要』19
鰺坂学,2018,「都心回帰」と地域コミュニティ（4）——マンション住民に近隣交流は必要か」『まち・むら』141
鰺坂学・上野淳子・丸山真央・加藤泰子・堤圭史郎・田中志敬，2018,「『都心回帰』による大都市のマンション住民と地域生活——京都市中京区と大阪市中央区のマンション住民調査より」『評論・社会科学』124
陸麗君，2017,「越境にともなう起業と社会圏の形成——関西地域の新華僑・華人の経済活動を中心に——」『日中社会学研究』2017年第25号
陸麗君，2018,「5. インナーシティにおけるニューカマーと都市空間の再形成」（先端的都市研究拠点2017年度公募型共同研究によるアクションリサーチ）大阪市立大学都市研究プラザ『URP先端的都市研究シリーズ13』

◆報告書

鰺坂学・徳田剛・中村圭・加藤泰子・田中志敬，2010,『都心回帰時代の地域住民組織の動向―大阪市の地域振興会を中心に』(中間報告書) 木村桂文社.
鰺坂学編，2011,『「都心回帰」時代における大都市の構造変容——大阪市を事例として』科学研究費補助金成果報告書
鰺坂学編，2016,『「都心回帰」時代の大都市都心における地域コミュニティの限界化と再生に関する研究』科学研究費補助金成果報告書

索引

事項索引

アルファベット

ATC ································· 325
CSR ································· 158
GIS ·································· 72
IR（統合型リゾート）··········· 16, 328, 334
KANSAI ······························ 31
MDC ································ 326
NGO・NPO ························· 147
Urbanism ··························· 206
Wechat（微信）····················· 318
WTC ································ 325

ア行

アーケード商店街 ··················· 319
あいりん対策 ············· 264-265, 268
あいりん地域 ··················· 316-317
アジア系ニューカマー ·············· 296
新しいホームレス ··················· 275
新たなエスニックタウン ············ 302
新たな大阪万国博覧会 ··············· 16
アンコ ······························ 275
家守 ································· 148
猪飼野 ······························ 306
生野区 ·························· 301, 307
池田町（振興町会）······· 172, 174, 176
維新（ブーム）······· 107, 108, 122-123, 327
市街区ゲマインデ ··················· 128
今池本通商店街 ···················· 319
医療産業都市 ······················· 330
インターネットカフェ ·············· 274
インナーエリア ········· 6, 263-264, 271-272
インナーシティ（地区）····· 213, 218, 307, 324
インバウンド（ブーム）········· 261, 324
うめきた ···························· 331
梅田 ································· 331
エスニック・コミュニティ ····· 282, 292, 314
江戸 ································· 148
沿線開発 ······························ 6
エンターテイナー ··················· 296
大阪21世紀計画 ····················· 270

大阪維新の会 ···················· 107, 148
大阪華僑総会 ······················· 319
大阪市コミュニティ協会 ··········· 144
大阪市商店会総連盟 ················ 238
大阪市赤十字奉仕団 ··········· 133, 135
大阪市総合計画21 ·················· 253
大阪市地域振興会組織要綱 ········· 137
大阪市野宿生活者問題検討連絡会 ··· 265
大阪商人 ···························· 170
大阪市立天王寺公園の有料化 ······· 253
大阪市立南小学校 ··················· 302
大阪造幣局 ····················· 5, 152
大阪天満宮 ···················· 178, 182
大阪都市圏 ················ 5, 44, 69
大阪取引所 ························· 164
大阪の東京問題 ················· 28-29
大阪の都心・インナーシティ地区 ··· 229
大阪府企業局 ·························· 9
大阪府公衆浴場業同業者組合 ········· ii
大阪砲兵工廠 ·························· 5
大阪三郷 ·················· 128, 150, 164
大阪都構想 ······· 13, 107, 118, 120, 327, 334
鳳講 ································· 178
大淀西地域活動協議会 ·············· 188
大淀西地区 ························· 184
大淀西連合振興町会 ················ 187
オールドカマー ················ 295, 305
お初天神 ······················ 157, 160
御鳳輦講 ···························· 178
卸売業 ······························ 232

カ行

開援隊 ······························ 171
外国人観光客 ······················· 245
懐徳堂 ······························ 325
開発主義国家 ························· 29
開平小学校 ························· 170
開放都市論 ···························· 4
革新府政 ····························· 11
カジノ ······························ 328
家族・世帯の小規模化 ·············· 199
学区 ···························· 130, 150
歌舞伎 ······························ 325
釜ヶ崎 ·· 248, 252, 261, 263-264, 266, 275, 277
カラオケ居酒屋 ········· 295, 316, 318-321
空堀商店街 ···················· 244-245
菅北地域活動協議会 ················ 176

菅北地区	171
菅北連合振興町会	174
環境破壊	15
韓国・朝鮮籍	295, 297
韓国料理店	312
関西国際空港	31
関西華文時報	318
完全給食制	291
菅南小学校	178
菅南地域社会福祉協議会	181
菅南地区	178
菅南連合自治協議会	181
菅南連合振興町会長	179
管理組合	208
管理的職業	96
規制緩和(政策)	198, 202
基礎学力の養成	288
キタ	156
帰宅困難者	159
北新地	161-162
北新地プライド	163
技能実習生	297
義務教育機会確保法	293
(旧)大淀区	151
旧環濠都市	330
(旧)北区	151
旧住民	217
旧町会	141, 158, 164
(旧)東区	150
久宝寺町(界隈)	234
(旧)南区	151
京都	148
共同住宅=マンション	196
共同消費手段の不充足	136, 202
京都市中京区	205
京都都市圏	44
業務地区化	11
記録集編集委員会	269
近畿夜間中学校連絡協議会	291
近隣型(商店街)	239, 244
空間構造	72, 122
空間的疎隔体制	11
区会(議員)	129
串かつ店	248, 254
区地域振興会	139
グローバル化	43, 295

グローバルサウス	212
グローバルシティ global city	332
グローバル情報経済	25
グローバル性	32
京阪神三極ネットワーク都市	334
京阪神大都市圏	31, 44, 69, 72-73, 76, 80
ゲゼルシャフト	329
ゲマインシャフト	329
限界集落	157
建造環境	210, 213
広域型	239
後継者不足	239
工場跡地	89
工場等制限法	9, 14
公都	325
高度経済成長期	23
神戸都市圏	44
公立夜間中学	279
高齢者食事サービス	189
国際移民	34
国際・文化隼客都市	253
国内移民	35
子育て空間化	104
小春	318
ゴミの不法投棄問題	321
コングレコンベンションセンター	331
コンビニエンスストア	241-243

サ行

財産区としての学区	132
盛り場	251
済州共済会	306
再都市化	24-25, 37, 44, 117, 210
在日外国人	285
在日コリアン系	280, 282, 284
在日本関西韓国人連合会	310, 313
在日本大韓民国民団(民団)	306
在日本朝鮮人総聯合会(総聯)	306
歳末防犯夜警	177
堺・泉北コンビナート	9, 15
三大都市圏	23, 41
ジーニス大阪	183
シェアハウス	312
シェルター施策	269
ジェンダー都市	3
ジェンダーフリー	3
ジェントリファイアー	218-219, 227

ジェントリフィケーション (gentrification) ……………… 210, 211-212, 219, 226, 292	
シカゴ学派 …………………………………… 206	
事業所住民 …………………………………… 158	
自己肯定感 …………………………………… 289	
自己実現 ……………………………………… 289	
仕事待ち野宿 ………………………………… 275	
市制・町村制 ………………………………… 129	
自然増加 ……………………………………… 85	
ジニ係数 ……………………………………… 272	
芝居小屋 ……………………………………… 248	
島之内 ………………………………………… 302	
市民参加推進条例 …………………………… 209	
社会関係の構築 ……………………………… 288	
社会経済的地位 ……………………………… 213	
社会増加 ……………………………………… 85	
社会的分極化 ………………………………… 35	
社会福祉協議会 ……………………………… 142	
ジャンジャン町 ……………………………… 251	
集英教育会 …………………………………… 170	
集英小学校 …………………………… 165, 169	
集英千里山寮 ………………………………… 169	
集英 (地区) ………………… 152, 164, 166, 169, 243	
集英連合振興町会 …………………… 168-169	
就学援助金 …………………………………… 290	
住宅付置誘導制度 …………………………… 12	
十兵衛横町 …………………………………… 164	
住民統治 ……………………………………… 127	
収斂から多元化へ …………………………… 33	
出生コーホート ……………………………… 92	
小学校跡地 …………………………………… 159	
商店街 (実態調査) ………………… 238, 243	
商都大阪 ……………………………………… 232	
上方変化 ……………………………………… 213	
職業別就業者数 ……………………………… 97	
職業別通勤率 ………………………………… 50	
職住一体 ……………………………………… 198	
職住近接 ……………………………………… 199	
ショッピングセンター ……………………… 241	
自力主義志向 ………………………………… 313	
新開筋商店街 ………………………………… 319	
新華僑 ………………………………… 316, 318, 321	
人口動態 ……………………………………… 83	
振興町会 ……………………………… 139-140, 143	
新住民 ………………………………………… 217	
新世界 ………………………… 248, 250-251, 253-254	
新世界町会連合会 …………………… 250, 255
新世界復興会 ………………………………… 255
新渡日系 ……………………………… 280, 285
親睦団体としての町会 ……………………… 132
衰退する都市 ………………………………… 26
スーパー ……………………………………… 241
菅原町振興町会 ……………………………… 183
生活保護世帯 ………………………… 270, 271
生産者サービス ……………………………… 50
政治過程 ……………………………………… 106
済美地区 ……………………………… 213, 216, 225
世界韓人貿易協会 (OKTA) ………………… 313
世界都市 ……………………………… 36, 43, 328, 331
世界都市大阪論 ……………………………… 30
世界都市化 …………………………………… 25
世界都市仮説 ………………………… 27, 30, 36
世界都市戦略 ………………………… 29-30, 36
世界都市論 …………………………………… 26
赤十字奉仕団 ………………………………… 134
選挙地図 ……………………………… 113, 117
全国夜間中学校研究会 ……………………… 280
戦時町内会 …………………………………… 132
船場 …………………………………………… 234
船場 HOPE ゾーン協議会 …………………… 170
船場地域 (地区) …………………… 150, 167, 169
船場の歴史文化 ……………………………… 170
船場博覧会 …………………………… 168, 170
泉北ニュータウン …………………………… 10
専門・技術的職業 …………………………… 96
専門的・技術的職業従事者層 ……………… 201
総合商社 ……………………………………… 233
惣年寄り ……………………………………… 129
惣町 …………………………………………… 148
ソーシャルミックス ………………………… 104
ソシアビリティ型 …………………………… 207
曽根崎心中 …………………………………… 157
曽根崎 (地区) ……………………… 156, 160

タ行

第5回内国勧業博覧会 ……………………… 250
大合併構想 …………………………………… 6, 13
大衆芸能・大衆文化の町 …………………… 330
大都市の求心的磁力 ………………………… 328
第二次市域の拡張 …………………………… 6
第二都市 (論) ……………… 26, 33-35, 37, 328, 332
大宝地区 ……………………………………… i, 244
楕円型中心構造 ……………………………… 6

多極型ネットワーク構造の都市圏	330
立ち飲み屋	248
脱工業・知識資本主義	30
ダブル選	116, 119
タワーマンションの建設用地	159, 165, 183, 206, 232
男性日雇労働者の集住地	252
地域型	239
地域活動協議会（体制）	145, 147, 168, 191
地域コミュニティ	329
地域コミュニティ活性化推進条例	209
地域住民自治組織の変遷	137
地域住民のつきあいの程度	203
地域振興町会	136, 144
地域の名望家	168
チェーン・マイグレーション	282, 292
済州島	305
地縁団体化	175
千里ニュータウン	9
地付（層）	168, 171
中央区	203, 205, 240
駐大阪大韓民国総領事館	310
中国帰国系	280, 285
中国籍	295
中心性	41
中心都市	23
中道保守市政	11
超広域型	239
町人文化	330
地理的スケール	36
通天閣（本通商店街）	250, 252, 254, 257
帝国経済の焦点	332
低次の世界都市	26, 29, 31
適塾	325
テクノポート大阪（計画）	325, 328
天神祭	176, 182
天神祭（祭事委員会）	177
天神橋筋通	152, 171
「伝統」的資源	160
天王寺区	279
天王寺公園（有料化）	252, 256
天満	204
天満（青物）市場	171, 173, 178
天満地区HOPEゾーン協議会	182
東京一極集中	43
東京都夜間中学校研究会	291
堂島地区	156, 159-160, 162
堂島薬師堂節分お水汲み祭	161
道州制	15
同心円的空間構造	76, 80
同心円的地帯構造	8
動物園前二番街	319
東洋のマンチェスター	3, 185, 213, 325
都構想	108, 116
都市移住者	ii
都市ゲマインデ	128
都市災害	329
都市政治	122
都市中枢機能	41
都市的な生活スタイル	199
都市内移動	218, 227
道修町	234
都心6区	87, 89, 93, 96-97, 100, 102-103
都心CBD地区	266
都心・インナーシティ	210
都心回帰	24, 83, 87, 100, 106, 218, 227
都心区	117
都心周縁	332
都心周辺区	91
都心地域	86
「土地」資本主義	196
土地信託	254
飛田遊廓	251
『ドングラミ』	310
問屋街	233

ナ行

中崎町	152, 219, 221, 224
中上層ホワイトカラー	107
長屋リノベーション店舗	220, 226
浪速区	248
なにわ筋線	331
浪花文化	325
浪華	152
なりたがり（wannabe）世界都市	31, 328
南米日系人	296
西成区	272
西成特区構想（有識者座談会報告書）	277
日本維新の会	107
日本系	281, 283
日本語学校	315
日本赤十字社奉仕団設置要綱	136
ニューカマー	305

ニューカマー外国人	295
ニューカマーコリアン	295, 308, 311, 314
ニューカマー中国人	295
ネオリベラリズム	107
ネットワーク委員会	144
ネパール	280
年工場等制限法	185
野宿	265
野宿生活者仮設一時避難所	268
野宿生活者(問題)	253, 263, 264, 266, 268, 269, 276

ハ行

バイパス結合	307, 313
橋下旋風	107
花街	250
汎愛	152
「パンとサーカス」の時代	334
万博の大阪開催	334
東アジア大都市	226
東教育財団	170
被差別部落	264
非正規雇用	263, 286
百貨店	241, 243
標準大都市雇用圏(SMEA)	44
昼間流入人口	47
貧困のポンプ	274
フィリピン	282
フィリピン人女性	296
フェスティバルゲート	253-254
府会(議員)	129
福祉アパート	277
府市の二重行政解消	327
福建省	317
福建同郷会	318
プライド(誇り)	167, 170, 192
プライバシー重視型	207
フリーライダー	207
ブルーカラー職	186
ブルーカラー比率	73-74
ふれあい喫茶	189
文楽	325
平野	330
平野の町づくりを考える会	333
ベトナム	282
ベトナム籍住民	297
防災倉庫	189

防犯カメラ	174
報復都市論	4
ホームレス自立支援策	276
ホームレス自立支援センター	268, 271
ホームレス問題連絡会議	266
補完的多核化	49, 69
北大組第六区小学校	178
保守中道連合	11
ポピュリズム	122
ホワイトカラー比率	73, 75
本町	234

マ行

町会	141
町組	130
まちづくりセンター	147
町年寄	129
松屋町(筋周辺)	234, 235
マンション建設の動因	196
見えないホームレス	276
ミナミ	156, 301, 304, 308
御幸通商店街	306
民衆自治	333
民泊	245
民都	325
木造低層住宅	213
桃園地区	243

ヤ・ラ・ワ行

夜間中学(の再興の地)	279-280, 291
夜間中学の「卵生」(の地)	279, 291
ヤッピー	225, 227
夕間学級	279
Uターン	167
寄せ場	264-265, 333
寄せ場にならない寄せ場	276
「寄せ場」のまちから「福祉」のまち	261
予選団体	130
寄合百貨店	241
よりよく生きる	293
来訪者	223
リスク・コミュニティ形成	207
リノベーション(店舗)	223, 226
リバーサイド整備事業	185
流動化	120
両側町	164
ルナパーク	250
レトロ(な街並み)	225-226, 228, 245

連合国軍	136
連合振興町会	139-140, 143
連邦制	15
老華僑	297
ワールドシティ world city	331
若手の会・新世代	257
笑いの文化	333

人名索引

アルファベット

Clark	213
Florida	4
Glass	211, 212
Smith	4
Vigdor	324
Zukin	228

ア行

石川雄一	48
磯村隆文	114, 265
伊藤理史	108
伊藤久志	130
ウエーバー, M	128
上田篤	30
上野信子	163
梅棹忠夫	14
大島靖	113

カ行

カイル, R	32
香川貴志	89
上代直紀	163
神谷国弘	128
加茂利男	28
岸本水夫	251
木津川計	14
黒田了一	ii, 113
後藤孝一	179
近藤博夫	110

サ行

堺屋太一	270
坂本治也	108
サッセン, S	26
白波瀬達也	277
関淳一	114
関一	6, 325

善教将大	108

タ行

谷富夫	307
中馬馨	111
妻木進吾	274
天王寺屋五兵衛	164
テンニース, F	329
土居年樹	183
土居通夫	250
徳岡幸一	44

ナ行

中井光次	111
成田孝三	24, 31
西尾正也	114

ハ行

ハーヴェイ	326
バージェス	6
橋下徹	12-13, 107, 116, 119
林永彦	310
原口剛	270
平野屋五兵衛	164
平松邦夫	115, 119
ファン=デン=ベルグ, L	24
ヒル, R・C	29
フジタ, K	29
ブレナー, N	32
ホドス, J・I	33
フリードマン, J	27, 50

マ行

マンフォード, L	327, 331
松井一郎	107, 334
松下孝昭	130
松谷満	107
松本康	24, 41
宮崎敬一	250
宮本憲一	15-16, 28

ヤ・ラ行

山田浩之	44
山名和枝	163
山中永之佑	129, 148
山本登	166
由井義通	274
吉村洋文	116, 334
リマー, P・J	27
劉中耀	319

執筆者紹介(五十音順、〇は編著者)

　浅野慎一　　神戸大学大学院人間発達環境学研究科教授
〇鰺坂　学　　同志社大学名誉教授
　岩崎信彦　　神戸大学名誉教授
　加藤泰子　　同志社大学社会学部嘱託講師
　柴田和子　　龍谷大学社会学部非常勤講師
　杉本久未子　元・大阪人間科学大学人間科学部教授
　田中志敬　　福井大学国際地域学部講師
　堤圭史郎　　福岡県立大学人間社会学部准教授
　妻木進吾　　龍谷大学経営学部准教授
〇徳田　剛　　大谷大学社会学部准教授
　中村　圭　　成城大学経済研究所研究員、同志社大学人文科学研究所嘱託研究員
　二階堂裕子　ノートルダム清心女子大学文学部教授
〇西村雄郎　　大谷大学社会学部教授
〇丸山真央　　滋賀県立大学人間文化学部教授
　八木寛之　　神戸山手大学現代社会学部講師
　陸　麗君　　福岡県立大学人間社会学部准教授

編著者紹介

鰺坂　学（あじさか　まなぶ）
同志社大学名誉教授。1948年鹿児島県生まれ。大阪市立大学大学院文学研究科博士課程単位取得退学、博士（文学）。地域社会学・都市社会学。著書に『都市移住者の社会学的研究：都市同郷団体の研究』増補改題』（法律文化社、2009年）、共編著書に『地方都市の比較研究』（法律文化社、1999年）、『京都の「まち」の社会学』（世界思想社、2008年）、『増補版 町内会の研究』（御茶の水書房、2013年）など。

西村　雄郎（にしむら　たけお）
大谷大学社会学部教授。1956年北海道生まれ。金沢大学大学院文学研究科修士課程修了、博士（文学）。地域社会学。著書に『阪神都市圏における都市マイノリティ層の研究』（社会評論社、2006年）、『大阪都市圏の拡大・再編と地域社会の変容』（ハーベスト社、2007年）、共編著書に『京阪神都市圏の重層的なりたち――ユニバーサル・ナショナル・ローカル』（昭和堂、2008年）、『現代地方都市の構造再編と住民生活――広島県呉市と庄原市を事例として』（ハーベスト社、2017年）など。

丸山　真央（まるやま　まさお）
滋賀県立大学人間文化学部教授。1976年神奈川県生まれ。一橋大学大学院社会学研究科博士後期課程単位取得退学、博士（社会学）。政治社会学、都市研究。著書に『「平成の大合併」の政治社会学――国家のリスケーリングと地域社会』（御茶の水書房、2015年）。

徳田　剛（とくだ　つよし）
大谷大学社会学部准教授。1971年大阪府生まれ。神戸大学大学院文化学研究科博士課程単位取得退学、博士（学術）。地域社会学、宗教社会学。共著書に『外国人住民の「非集住地域」の地域特性と生活課題――結節点としてのカトリック教会・日本語教室・民族学校の視点から』（創風社出版、2016年）、『地方発　外国人住民による地域づくり――多文化共生の現場から』（晃洋書房、2019年）ほか。

コミュニティ政策叢書5

さまよえる大都市・大阪
――「都心回帰」とコミュニティ――

2019年5月15日　初版第1刷発行　　　　〔検印省略〕

＊定価はカバーに表示してあります。

編著者　鰺坂 学・西村 雄郎・丸山 真央・徳田 剛　　発行者　下田勝司　　印刷・製本　中央精版印刷

東京都文京区向丘1-20-6　郵便振替 00110-6-37828
〒113-0023 TEL 03-3818-5521（代）FAX 03-3818-5514

発行所　株式会社 東信堂

Published by TOSHINDO PUBLISHING CO.,LTD.
1-20-6, Mukougaoka, Bunkyo-ku, Tokyo, 113-0023, Japan
E-Mail tk203444@fsinet.or.jp　http://www.toshindo-pub.com

ISBN978-4-7989-1556-2　C3036　©2019 AJISAKA, NISHIMURA, MARUYAMA, TOKUDA

コミュニティ政策叢書趣意書

　コミュニティ政策学会は、コミュニティ政策研究の成果を学界のみならず一般読書界にも問うべく、『コミュニティ政策叢書』をここに刊行します。

　どんな時代、どんな地域にも、人が「ともに住む」という営みがあれば、その地域を「共同管理」する営みもまた展開していきます。現代日本において「コミュニティ」とよばれる営みは人類史的普遍性をもつものです。

　だが戦後の日本では、かつての隣組制度への反発や強まる個人化志向、また核家族化の一般化と世代間断絶の影響から、コミュニティ拒否の風潮が支配的でした。

　一方、明治の大合併、昭和の大合併という二度の大きな合併を経て大規模化した市町村のもとで、経済の高度成長を経て本格的に工業化都市化した日本社会に、身近な地域社会を対象とした政策ニーズが生じ、コミュニティ政策は行政主導で始まりました。さらに住民間においても高齢化の著しい進展はじめ地域社会に破綻をもたらす要因が拡大しつつあります。

　まさにこの時、1995年と2011年、10年余の時を隔てて生じた二つの大震災は、日本の政治、経済、社会等々のあり方に大きな問題を投げかけました。コミュニティとコミュニティ政策についても同様です。震災は戦後の「無縁社会」化が孕む大きな陥穽をまざまざと露呈させたのです。

　今日コミュニティ政策は、様々に内容と形を変えながら、それぞれの地域の性格の違いとそれぞれの地域の創意工夫によって多様性を生み出しながら、続けられています。今日基底をなすのは、行政の下請化へ導く「上からの」施策、また住民を行政と対立させる「下からの」意向一辺倒でもない、自治体と住民の協働に基づく「新たな公共」としてのコミュニティ政策です。特に、今世紀の地方分権改革によって、自治体政府は充実するけれども身近な地域社会は置き去りになるという危機感から、制度的には様々な自治体内分権の仕組みが試みられ、また自治体と住民の双方によってコミュニティ振興の多様な試みが実践されていて、コミュニティ政策にはますます大きな関心が注がれています。近年は、いわゆる新自由主義的な政策傾向がコミュニティ政策研究にも新たな課題を提起しています。

　コミュニティ政策を学問的な観点から分析し、将来に向かって望ましい方向性を提言するような学会が必要であると私たちは考え、2002年にコミュニティ政策学会を設立しました。そしてこのたび東信堂のご助力を得て、コミュニティ政策研究の成果を逐次学界と実践世界に還元していく『コミュニティ政策叢書』を刊行することとなりました。この叢書が、学会の内外においてコミュニティ政策に関する実践的理論的論議をさらに活性化させる機縁となることを大いに望んでいます。

2013年9月　　　　　　　　　　　　　コミュニティ政策学会叢書刊行委員会
名和田是彦(法政大学)、鰺坂学(同志社大学)、乾亨(立命館大学)、佐藤克廣(北海学園大学)、鈴木誠(愛知大学)、玉野和志(首都大学東京)